Wolfgang Schütte (Hg.)

Abschied vom Fürsorgerecht

Sozialrecht und Sozialpolitik in Europa

Schriftenreihe des Instituts für Sozialrecht
und Sozialpolitik in Europa der Christian-Albrechts-Universität zu Kiel
und der Forschungsstelle für Sozialrecht
und Sozialpolitik an der Fakultät für Rechtswissenschaft der
Universität Hamburg

herausgegeben von

Gerhard Igl (Kiel)
und
Dagmar Felix (Hamburg)

Band 21

LIT

Wolfgang Schütte (Hg.)

Abschied vom Fürsorgerecht

Von der
„Eingliederungshilfe für behinderte Menschen“
zum Recht auf soziale Teilhabe

LIT

Redaktion: Heike Jansen und Anneke Wiese

Gedruckt auf alterungsbeständigem Werkdruckpapier entsprechend
ANSI Z3948 DIN ISO 9706

Bibliografische Information der Deutschen Nationalbibliothek
Die Deutsche Nationalbibliothek verzeichnet diese Publikation in der Deutschen Nationalbibliografie; detaillierte bibliografische Daten sind im Internet über http://dnb.d-nb.de abrufbar.

ISBN 978-3-643-11481-5

Verlagskontakt:
Fresnostr. 2 D-48159 Münster
Tel. +49 (0) 2 51-620 320 Fax +49 (0) 2 51-23 19 72
e-Mail: lit@lit-verlag.de http://www.lit-verlag.de

Auslieferung:
Deutschland: LIT Verlag Fresnostr. 2, D-48159 Münster
Tel. +49 (0) 2 51-620 32 22, Fax +49 (0) 2 51-922 60 99, e-Mail: vertrieb@lit-verlag.de

Österreich: Medienlogistik Pichler-ÖBZ, e-Mail: mlo@medien-logistik.at

Schweiz: B + M Buch- und Medienvertrieb, e-Mail: order@buch-medien.ch

Inhaltsverzeichnis

Vorwort

Die „Eingliederungshilfe für behinderte Menschen" (§§ 53 ff SGB XII) ist ein wesentlicher Baustein im Recht der Rehabilitation und Teilhabe. Das geltende Sozialhilferecht folgt nach wie vor den Prinzipien der klassischen Fürsorge: Es gewährt „bedarfsgerechte" und einkommensabhängige Leistungen in kommunaler Steuerung und Verantwortung und im Rahmen eines Gestaltungsermessens der Leistungsträger; es öffnet sich für Leistungen generell erst dann, wenn eigene und familiäre Ressourcen ausgeschöpft sind und auch andere Sozialleistungen, die einem ähnlichen Zweck dienen, nicht verfügbar sind. Diese leistungs- und leistungserbringungsrechtlichen Bedingungen haben sich seit Inkrafttreten des Bundessozialhilfegesetzes (BSHG) im Jahre 1961 nicht grundsätzlich geändert, sie haben auch das Außerkrafttreten dieses Gesetzes und seine Ersetzung durch die neuen Regeln zur Grundsicherung (SGB II, SGB XII) im Jahre 2004 überlebt.

Ein halbes Jahrhundert nach Beginn der BSHG-Ära ist es Zeit für einen Neubeginn bei den Sozialleistungen für Menschen mit Behinderungen. Das offene Leistungskonzept des BSHG hat es den Leistungsträgern zwar ermöglicht, eine Vielzahl von Ideen zu finanzieren, doch die engherzigen rechtlichen Vorbehalte nötigen viele Leistungsberechtigte in einen behördlichen Hürdenlauf, ehe sie wissen, welche Unterstützungen sie am Ende des Verwaltungsverfahrens erwarten dürfen. In der lokalen Praxis findet sich eine Vielzahl von Bedarfsbemessungsverfahren, Angebotsformen und Finanzierungsmodellen, so dass bundesweit von „gleichwertigen Lebensverhältnissen" (Art. 72 GG) für Menschen mit schweren und schwersten Behinderungen kaum gesprochen werden kann. Die Kommunen sind politisch und finanziell nicht verlässlich genug, um als maßgebliche Garanten einer sozialrechtlich gesicherten sozialen Teilhabe fungieren zu können. Nicht zuletzt haben sich gesellschaftspolitische und sozialrechtliche Anschauungen weiterentwickelt. Die Eingliederungshilfe ist als rechtliche Basis für lebensgestaltende Assistenzleistungen für Menschen mit schweren und schwersten Behinderungen nicht mehr zeitgemäß, sie bedarf dringend der Reform durch ein verlässliches und wirksames Recht auf soziale Teilhabe für alle Menschen mit Behinderungen, die in dieser Hinsicht Unterstützungsleistungen benötigen.

Schon im Jahre 2001 setzte das Sozialgesetzbuch IX, Rehabilitation und Teilhabe, neue Maßstäbe für eine integrative und koordinierte Hilfegewährung im Rehabilitationsrecht; doch in der Eingliederungshilfe wurden diese Impulse so gut wie nicht aufgenommen. Die systematische Einordnung der Sozialhilfe in das Sozialgesetzbuch bei der Reform der Grundsicherung im Jahre 2004 ließ die Eingliederungshilfe nahezu unverändert; der Bund verweist seither auf die Primärverantwortung der Länder und Gemeinden und verhält sich gesetzgeberisch passiv. Seit gleichfalls einem Jahrzehnt dauert die Klage der Kommunen und ihrer Verbände an, mit den sozialen Hilfen für Menschen mit Behinderungen sei die örtliche Ebene finanziell überfordert. In Politik und Verbänden wird daher seit Längerem eine Reform angemahnt und beraten. Während die Länder mit den Verbänden im Rahmen der Arbeits- und Sozialministerkonferenz über mehrere Jahre schon eine Debatte um die Flexibilisierung des Hilfesystems führen („ASMK-Prozess“), sind die Auswirkungen der UN-Konvention über die Rechte von Menschen mit Behinderungen aus dem Jahre 2006 für eine sozialrechtliche Reform noch kaum ausgeleuchtet. Parallel zu den Insider-Debatten um die Arbeitsgruppen der ASMK werden andere große Leistungssysteme nach ihren jeweiligen Logiken reformiert, ohne dass erkennbar auf die Situation behinderter Menschen Rücksicht genommen wird: Gesundheitsreformen mit problematischen Selbstbeteiligungen und gegenüber behinderten Menschen abweisenden Anreizen an die Kassen, Reformen der Pflegeversicherung mit eigenen separaten Bedarfsbemessungs- und Beratungsmodellen, Reformen der Grundsicherung mit Auswirkungen auf die Bildung und Soziale Teilhabe gerade auch bei Behinderungen.

In dieser Übergangssituation versucht der vorliegende Band eine doppelte Zwischenbilanz: Er möchte die vorläufigen Ergebnisse der Reformdebatte innerhalb der Ministerialverwaltung dokumentieren und gleichzeitig darauf hinweisen, dass es durchaus eigenständige sozialpolitische und rechtliche Maßstäbe gibt, die über Pragmatismen einer kostenbegrenzenden Einzelfallsteuerung hinausreichen. Die Diskussionsrunden um den „ASMK-Prozess“ laufen Gefahr, in einer unangemessenen politisch-konzeptionellen Bescheidenheit, ja Verzagtheit zu verharren; sie „springen zu kurz“. Politische Initiativen, die zeitgemäße soziale Assistenzsysteme für Menschen mit Behinderungen befördern wollen und dabei ihre Gleichstellung und Inklusion im Auge haben, brauchen den Mut zur Grenzüberschreitung. Daher ist der Titel auch als Appell an Leistungsträger, Verbände und Parlamentarier gemeint: Nehmt Abschied von den Elementen des Fürsorgerechts, die die Leistungsberechtigten in rechtliche Ungewissheiten und in administrative Hindernisläufe zwingt! Traut Euch, in den Bahnen grund- und menschenrechtlicher Prinzipien zu denken und Traditionslinien im heutigen deutschen Sozialrecht zu überschreiten!

Meine Fachhochschule, die Hochschule für Angewandte Wissenschaften Hamburg (HAW-Hamburg), hat mir dankenswerter Weise die Möglichkeit eingeräumt, in den Jahren 2008 und 2009 zwei Tagungen zur Reform der Eingliederungshilfe in Hamburg zu veranstalten. Unterstützt haben uns dabei die Deutsche Angestelltenkrankenkasse (DAK), das Diakonische Werk Hamburg (DW) und die Evangelische Stiftung Alsterdorf (ESA) .[1] Die ESA hat auch maßgeblich dazu beigetragen, dass dieser Band nun erscheinen kann. Den Partnern der

1 HAW-Tagungen Soziale Rechte – Soziale Dienste: „Eingliederungshilfe in der Reform: Die künftige rechtliche Stellung von Menschen mit Behinderungen“, 14.11.2008 in den Räumen der DAK; sowie: „Abschied von der Fürsorge? Die Eingliederungshilfe für behinderte Menschen in der Reform“, HAW 23.10.2009.

Hochschule, namentlich Hanns-Stephan Haas vom Vorstand der ESA, danke ich für die Unterstützung.

Die Beiträge in diesem Band wurden überwiegend für diese beiden Tagungen verfasst. Den Referentinnen und Referenten danke ich, dass sie ihre teilweise überarbeiteten Vorträge für den Abdruck zur Verfügung gestellt haben. Insbesondere Christine Hohmann-Dennhardt (Bundesverfassungsgericht) und Peter Masuch (Bundessozialgericht) haben den Tagungen mit ihren sehr grundsätzlichen Einleitungsvorträgen den geistigen Stempel verpasst, der in den Diskussionen breiten Widerhall fand. Aus ihren Vorträgen und aus den Beiträgen meiner Hochschulkollegen Thomas Klie (Evangelische Hochschule Freiburg) und Gerhard Igl (Universität Kiel) wird m.E. deutlich, dass uns sowohl das Verfassungsrecht als auch das Sozialrecht sehr wohl zu einem Blick über den rechtlichen Tellerrand der geltenden „Eingliederungshilfe“ und zu nachhaltigen politischen Lösungen geleiten können.

Damit sollen die vielfältigen Versuche der Leistungsträger und -anbieter, im Rahmen des geltenden Rechts Konzepte und Steuerungsmodelle zu optimieren, nicht abgewertet werden; sie werden in diesem Band durchaus gewürdigt. Die Beiträge von Peter Gitschmann und Ingo Tscheulin (Behörde für Soziales Hamburg) und Lothar Flemming (Landschaftsverband Rheinland) lassen allerdings auch vermuten, dass es für die Bewältigung von Steuerungsdefiziten der Sozialhilfeträger einer rechtlichen Reform kaum bedarf. Für regionale Problemlösungen in Richtung "Ambulantisierung" bietet das geltende Sozialhilferecht durchaus einen flexiblen Rahmen. Wie dagegen ein teilhabeorientiertes Sozialrecht aussehen könnte, haben Horst Frehe und andere im Forum behinderter Juristinnen und Juristen jüngst in Form eines Gesetzesentwurfs durchbuchstabiert.

Weitergehende Anforderungen aus der Sozialen Arbeit an künftige Assistenzsysteme werden im Memorandum von Hanns-Stephan Haas (ESA) und Monika Treber (Katholische Fachhochschule Berlin) entfaltet. Gerade dieses sehr weitreichende Konzept lässt m.E. ahnen, dass wir aus dem Sozialrecht heraus die Diskussionen um Ideen, Konzepte und Realisierungsbedingungen eines neuen Rechts auf Soziale Teilhabe sehr viel stärker mit *den* Disziplinen führen müssen, die sich der sozialen Praxis widmen. Die Gerontologie als Wissenschaftsverbund und die Rolle, die die Arbeiten von Thomas Klie im Grenzbereich von Rechts- und Sozialwissenschaften hier spielen, sind für mich Modelle, an denen sich künftige Rehabilitations- oder Teilhabewissenschaften unter juristischer Beteiligung ausrichten könnten.[2]

Mein Einleitungsaufsatz versucht, eigene Bilanzen dieser und anderer Tagungen zur Reform der Eingliederungshilfe zu ziehen. Etwas systematischer habe ich mich am geltenden Recht der Eingliederungshilfe im Handbuch zum Rehabilitationsrecht abgearbeitet, das Ernst-Wilhelm Luthe im Jahre 2009 herausgegeben hat[3]. Meine Position zum laufenden Reformprozess konnte ich im Jahre 2010 beim Kontaktgespräch der Verbände in der Behindertenhilfe[4] und nachher in diversen Landesverbänden[5] vortragen. Und schließlich hatte ich in Hamburg 2010/2011 Gelegenheit, mehrere Kolloquien mit Experten aus Verbänden, Einrichtungen, Leistungsträgern, Anwaltschaft und Sozialgerichten zu veranstalten[6].

Dieses Buch wäre ohne die Beispiele aus der Praxis der Behindertenhilfe nicht zustande gekommen, die Maike Tönnies-Schütte, Diplom-Sozialpädagogin, fast täglich nach Hause trägt. Sie und ihre KollegInnen sind immer wieder den Zumutungen ausgesetzt, Unterstützungssysteme für Menschen mit Behinderungen auch unter unklaren und unzulänglichen sozialrechtlichen Rahmenbedingungen zu organisieren. Motivation und Geduld sind maßgebliche Bedingungen für eine erfolgreiche Soziale Arbeit; und damit Bedingungen für ihre Qualität.[7] Dass diese Ressourcen gepflegt und nicht unnötig verschlissen werden, dafür trägt das Sozialrecht meines Erachtens eine Mitverantwortung.

Unter den Kooperations- und Diskussionspartnern möchte ich Martin Eckert (Leben mit Behinderung Hamburg), Thomas Flint (Landessozialgericht Ham-

---

2 Erfreulich die Initiative der sogenannten „Kontaktgesprächsverbände" für Führungs- und Leitungskräfte der Behindertenhilfe, die mehr als 90 Prozent der Dienste und Einrichtungen für Menschen mit geistigen, seelischen, körperlichen und mehrfachen Behinderungen vertreten (Caritas, Lebenshilfe, Anthroposophen, Evangelische Behindertenhilfe und Bundesverband körper- und mehrfachbehinderter Menschen) zu einer interdisziplinären Fachtagung: „Teilhabeforschung jetzt! – Eine Einladung an Forschung und Lehre", Berlin, Katholische Akademie, 10.10.2011.

3 E.-W. Luthe (Hg.): Rehabilitationsrecht, Berlin 2009; darin W. Schütte: Leistungen zur Teilhabe am Leben in der Gemeinschaft, S. 249 ff, sowie: Einzelne Leistungsgesetze – SGB XII (Eingliederungshilfe), S. 526 ff.

4 Fachtagung der Kontaktgesprächsverbände: „Person(en)zentrierte Hilfen. Die neue Perspektive für die Reform der Eingliederungshilfe für behinderte Menschen", am 30.09./01.10. 2010 in der Katholischen Akademie Berlin.

5 U.a.: Der Paritätische Thüringen: „Zukunft der Eingliederungshilfe", 13.01.2011 in Neudietendorf bei Erfurt, Landesbehindertenbeirat Niedersachsen, Hannover 12.05.2011.

6 Siehe den Bericht von Anneke Wiese und mir: Bedarfsermittlung, Hilfeplanung und Sozialrecht, in: NDV H. 12, 2010. Die Hamburger Sozialrechtlichen Kolloquien werden künftig unter dem Dach der von Dagmar Felix und Karl-Jürgen Bieback geleiteten Forschungsstelle Sozialrecht und Sozialpolitik an der Universität Hamburg veranstaltet: http://www.jura.uni-hamburg.de/forschungsstelle-sozialrecht/

7 Mit der „Qualitätssicherung im Sozialrecht" befasst sich die Bundestagung des Deutschen Sozialrechtsverbandes (DSRV) 13./14. Oktober 2011 in Erfurt.

burg), Peter Gitschmann (Behörde für Arbeit und Soziales Hamburg), Klaus Lachwitz (Bundesverband Lebenshilfe) und Felix Welti (Universität Kassel) hervorheben. Klaus Lachwitz, den scheidenden Bundesgeschäftsführer des Bundesverbandes der „Lebenshilfe“, nun Präsident von „Inclusion International“, darf ich besonders würdigen: Ihm haben die Verbände der Behindertenhilfe und die Sozialrechtswissenschaft sehr viel zu verdanken, u.a. dass er über viele Jahre gesellschaftspolitische Debatten und internationale und nationale fachliche Entwicklungen in Diskussionen um die Rechtsstellung von Menschen mit Behinderungen zusammengeführt hat.

Heike Jansen (Lehrstuhl Prof. Felix, Universität Hamburg) und Anneke Wiese (Evangelische Fachhochschule Hamburg) danke ich für die sorgfältige redaktionelle Betreuung und Gestaltung.

Hamburg, im September 2011
Wolfgang Schütte

Einführung

Wolfgang Schütte

Abschied vom Fürsorgerecht.

Rechtliche und sozialpolitische Anforderungen an eine Reform der „Eingliederungshilfe“

I. Einleitung und Zusammenfassung

Die Soziale Pflegeversicherung und die Hartz-IV-Gesetze haben die Risiken der Pflegebedürftigkeit und der Einkommensarmut bei Langzeitarbeitslosigkeit zu gesamtstaatlichen Aufgaben umgestaltet, ihre Unterstützungssysteme weitgehend aus der kommunalen Fürsorge herausgelöst und mit Elementen zentralstaatlicher Steuerung versehen. Verblieben sind in der klassischen kommunalen Fürsorge jedoch die sozialstaatlichen Hilfen für Menschen mit Behinderungen, soweit diese der Unterstützung bei der sozialen Teilhabe und Inklusion bedürfen („Eingliederungshilfe für behinderte Menschen", §§ 53 ff SGB XII). Hier gelten noch immer die rechtlichen Grundsätze des Einzelfallbezugs, der Bedürftigkeitsprüfungen und der dezentralen Steuerung der Hilfen durch die Leistungsträger.

Eine Modernisierung dieses Kernstücks im Behindertenrecht ist seit Jahren in der Diskussion, bislang aber ohne Ergebnisse. Nun hat sich seit einigen Jahren die Konferenz der Arbeits- und Sozialminister der Bundesländer (ASMK) dieser Aufgabe angenommen und Vorschläge für eine mögliche Novellierung des SGB XII erarbeitet. Diese Vorschläge spiegeln den kleinsten gemeinsamen Nenner der 16 Bundesländer für eine Anpassungsgesetzgebung, lassen aber wesentliche Aspekte der Rechtsentwicklung der letzten Jahrzehnte unberücksichtigt.

Der folgende Beitrag schildert die sozialpolitischen Hintergründe dieses ASMK-Prozesses und seine sozialrechtlichen Implikationen. Er kommt zu dem Ergebnis, dass eine Reform, die sich an den Prinzipien der UN-Konvention für die Rechte behinderter Menschen, des Verfassungsrechts und des SGB IX orientiert, rechtspolitisch und rechtssystematisch dringlich ist. Dies gilt vor allem im Hinblick auf die Defizite des geltenden Fürsorgerechts und sein Spannungsverhältnis zum allgemeinen Rehabilitationsrecht und zum Verfassungsrecht. Die bisherigen Hauptakteure aber werden diese Spannung voraussichtlich nicht zu einer konsistenten Neuregelung führen können. Notwendig erscheint in der nächsten Legislaturperiode eine träger- und verbandsunabhängige parlamentarische Initiative nach Art etwa einer Enquete-Kommission des Deutschen Bundestages oder eines Rates analog zum Deutschen Ethikrat.

II. Die Eingliederungshilfe im Sozialrecht: Funktionen und Friktionen

Das Recht der Eingliederungshilfe steht in einem sozialpolitischen und rechtlichen Kontext, der bei einer Reform beachtet werden sollte. Die Rechtswissenschaft kann auf die Funktion des Rechtsgebietes innerhalb der Sozialrechtsordnung hinweisen, normative Entwicklungen und funktionale Verschiebungen nachzeichnen und die Friktionen aufzeigen, die das heutige Hilfesystem der Eingliederungshilfe charakterisieren. Dies soll hier mit einem Blick auf einige Daten und mit einer kritischen Bewertung der einschlägigen Sozialhilfegesetzgebung der vergangenen Jahrzehnte geschehen.

1. Ein Blick auf die Daten: Leistungen und ihre Finanzierung

Die „Eingliederungshilfe für behinderte Menschen" nach § 53 ff SGB XII[8] ist im bundesdeutschen Rehabilitations-Sozialrecht[9] das mit Abstand bedeutsamste Teilgebiet. „Eingliederungshilfe" erhielten im Jahre 2009 insgesamt rund 724.000 Menschen[10]. Darunter waren über 230.000 Personen im Wege der Sozialhilfe in Werkstätten für behinderte Menschen beschäftigt, ca. 130.000 Kinder erhielten heilpädagogische Maßnahmen und ca. 60.000 Kinder Hilfen zu einer angemessenen Schulbildung.

In ihrer lebensgestaltenden Wirkung und finanziellen Größenordnung ragen die *Wohnhilfen* hervor. Für fast 300.00 schwer- und schwerstbehinderten Menschen gewährt die „Eingliederungshilfe" Leistungen zum betreuten Wohnen und sichert damit eine dauerhafte sozialstaatliche Basisunterstützung zur persönlichen Lebensgestaltung und zur Förderung sozialer Kontakte. Ca. 400.000 Menschen sind - meist viele Jahre lang – auf andere durch Sozialhilfe finanzierte Dienste und Einrichtungen angewiesen, meist Werkstätten oder ambulante Assistenzleistungen. Die Zahl der leistungsberechtigten volljährigen Personen in vollstationären Einrichtungen dürfte nach Einschätzung der überörtlichen Träger derzeit bei etwa 195.000 liegen[11]. Die Prognosen gehen von einer leichten Steigerung bis 2014 auf ca. 197.000 aus.[12] Erheblich gestiegen sind in den vergangen Jahren die Empfängerzahlen bei ambulant betreuten Wohnmaßnahmen: von 64.000 (2005) auf 93.000 (2008). 2014 wird mit über 140.000 Leistungsempfängern gerechnet[13].

Auch für die *Werkstätten* rechnen die überörtlichen Träger befristet mit einem Anstieg, denn im Verhältnis zur Altersstruktur der Erwerbsbevölkerung insgesamt sind Werkstattbesucher deutlich jünger; auch tritt hier die Dynamik der

---

8 §§ ohne Zusatz in diesem Kapitel sind solche des SGB XII. Die im Gesetz verwandte Kapitelüberschrift der „Eingliederungshilfe" wird hier in Anführungszeichen gesetzt: Bei einer Novellierung wird man sich über einen angemesseneren Titel für diese Hilfen verständigen müssen. Dieser neue Titel sollte eher vom Ziel der sozialen Teilhabe und der Wechselbezüglichkeit ihrer Förderung geprägt sein als – wie bisher – vom Gedanken einer einseitigen Anpassung und Einordnung des Leistungsberechtigten an eine vorfindliche gesellschaftliche Umgebung.

9 Gemeint sind hier die Rechtsvorschriften, die von den in § 6 SGB IX genannten Rehabilitationsträgern umzusetzen sind.

10 Bundesarbeitsgemeinschaft für Rehabilitation (BAR): Statistik der Ausgaben für Rehabilitation und Teilhabe 2007-2009, BAR Reha-Info 1/2011.

11 Einen Einblick in die Struktur der Hilfen erhält man durch das Zahlenmaterial der BAR (FN 3) und des Statistischen Bundesamtes: Statistisches Bundesamt, www.destatis.de: Statistik der Sozialhilfe. Eingliederungshilfe für behinderte Menschen, Wiesbaden 2009. Die überörtlichen Träger geben regelmäßig Daten zur Entwicklung der Behindertenhilfen bekannt: Baur, in Jung, SGB XII-Kommentar, vor § 53, Rn 3 ff; ders., in: ArchSozArb H. 3/2006, S. 4 ff; diverse Artikel der BAGüS: http://www.lwl.org/LWL/Soziales/BAGues/vortraege_artikel/ ;

12 Schumacher, Ungebrochene Fallzahlenzugang in der Behindertenhilfe – Dritte Erhebung der überörtlichen Träger der Sozialhilfe, in: RdL 2010, H. 1, S. 7.

13 Zu den – aus der Sicht der Leistungsträger besorgniserregenden – Fallzahlentwicklungen siehe schon: Deutscher Verein, in: NDV 2003, S. 121 ff.

Verrentung um 30 bis 35 Jahre verzögert auf. Seit dem Jahr 2000 dürften die Platzzahlen um über 15% gestiegen sein, in den Tagesstätten um über 25%.[14]

Die Gründe für diese Fallzahlsteigerungen liegen in der demografischen Entwicklung und deren politischen Randbedingungen. Das im Vergleich zur Gesamtbevölkerung niedrigere Durchschnittsalter behinderter Menschen, die auf „Eingliederungshilfen“ angewiesen sind, führt seit Jahren und auch zukünftig noch einige Jahre lang zu steigenden Zugängen. Zudem sinkt das Eintrittsalter in betreute Wohnformen. Schließlich hat sich durch verbesserte Lebensbedingungen und medizinische Entwicklungen die Lebenserwartung der behinderten Menschen an die der nicht behinderten angeglichen. Weil es sich gerade bei den Wohnhilfen durchweg um Dauerleistungen handelt, steigt zudem die Verweildauer im Leistungsbezug. Und nach den Jahren der Vernichtungspolitik im NS-Regime kann nun die nachfolgende Generation behinderter Menschen unbedroht und gesundheitlich angemessen versorgt älter und alt werden.

Die *finanzielle* Verteilung und Dynamik folgen dieser Leistungsentwicklung: Im Jahre 2009 haben die Sozialhilfeträger über 20 Mrd. € auf der Basis des SGB XII ausgegeben, davon 13,3 Mrd. für die „Eingliederungshilfe“[15]. Nach dem Inkrafttreten des Pflegeversicherungsgesetzes in den Jahren 1995 und 1996 und der Zusammenlegung von Hilfe zum Lebensunterhalt und Arbeitslosenhilfe in der Grundsicherung für Arbeitslose im Jahre 2004 ist die stationäre Eingliederungshilfe die finanziell bedeutsamste Hilfeart im Sozialhilferecht des SGB XII. Etwa 7 Mrd. € werden für Hilfen zur Teilhabe am Leben in der Gemeinschaft aufgewandt, davon 5,5 Mrd. für Wohnhilfen. Daneben stehen die Kosten für Werkstätten mit 3,2 Mrd. € als zweitwichtigster Ausgabenblock. Finanzmittel für Wohnhilfen und Hilfen bei der Teilhabe am Arbeitsleben nach dem SGB XII fließen in diesen beiden großen Ausgabenblöcken überwiegend in Institutionen: Heime und Werkstätten. Im Jahre 2007 flossen in diese beiden Einrichtungsarten insgesamt knapp 8 Mrd. € von den kapp 12 Mrd. € der Eingliederungshilfe, das sind 66% oder zwei Drittel der Gesamtaufwendungen der Eingliederungshilfe, ohne dass hier etwaige teilstationäre Angebote oder andere stationäre Hilfen außerhalb von Heimen oder Werkstätten berücksichtigt wären – ein Hinweis auf die nach wie vor starke Zentrierung des Hilfesystems auf stationäre Hilfen.

2. Die „Eingliederungshilfe“ in der Fürsorgegesetzgebung: Vom Bundessozialhilfegesetz (BSHG) zum SGB XII

Gesellschaftsgeschichtlich ist die „Eingliederungshilfe“ das Resultat einer langen Entwicklung in Deutschland, die eine rechtlich gesteuerte Intervention bei benachteiligenden, also „hilfe-bedürftigen“ Lebenslagen in den Kreis nun

14 Hartmann (www.consens-info.de), Vortrag beim Paritätischen Wohlfahrtsverband am 12. 05.2006, Fachveranstaltung „Mehr Arbeit für behinderte Menschen durch persönliches Budget“; Schumacher aaO.

15 BAR aaO. (FN 3).

selbstverständlicher Staatsaufgaben hineinwachsen ließ.[16] Sozialpolitisch ist die expandierende Entwicklung des Hilfesystems eine Erfolgsgeschichte, was heute angesichts der Finanznot vieler Leistungsträger kaum mehr wahrgenommen wird. Politischer Friede im Innern und Äußeren, Individualisierung der familiären Lebensverhältnisse, Ausbau vorhandener Versorgungsstrukturen, Teilhabe an verbesserten Gesundheitsleistungen und eine größere Sensibilität der Gesellschaft insgesamt für die Gefahren einer sozialen Exklusion: Die derzeitigen Fallzahlsteigerungen können auch als Ausdruck und Ergebnis einer positiven Wohlfahrtsentwicklung in der zweiten Hälfte des letzten Jahrhunderts gelesen werden.

Das Bundessozialhilfegesetz (BSHG) hat von 1961 bis 2004 maßgeblich dazu beigetragen, vorhandene Unterstützungsangebote auf eine individualrechtliche Grundlage zu stellen und für eine Verteilung der finanziellen Lasten zu sorgen. Dazu wurden zunächst alle Arten der Behinderung in den sozialen Schutz gleichermaßen einbezogen. Das Körperbehindertengesetz von 1957, das Tuberkulosenhilfegesetz von 1959 und die Erstattungsgrundsätze zwischen den Fürsorgeträgern wurden hier aufgenommen. Später – nach mehreren Zwischenschritten – wurde 1974 der noch heute maßgebliche umfassende Behindertenbegriff (körperlich, geistig, seelisch) im Gesetz verankert.[17] Gleichzeitig wurde durch die Aufteilung zwischen Existenzsicherung („Hilfe zum Lebensunterhalt") und einer Reihe von „besonderen Lebenslagen" der bislang einheitliche, auf existenzsichernde Unterstützung ausgerichtete fürsorgerechtliche Begriff der Hilfebedürftigkeit rechtssystematisch aufgesplittet zwischen einer Basissicherung mit dem Charakter einer Ausfallbürgschaft und einer auf spezifischere Bedarfe ausgerichteten Lebenslage. Diese Aufnahme *besonderer* Hilfsbedarfe hat das BSHG geprägt: Seinen Schwerpunkt bildeten nicht geldförmige, sondern *dienstleistende* Unterstützungen in sozialstaatlich finanzierter Gewährleistung. Insofern war das BSHG als eine Art Rehabilitationsgesetz gedacht, zumal man Anfang der 60'er Jahre davon ausgehen konnte, die „Hilfe zum Lebensunterhalt" als fürsorgerechtliche Existenzsicherung werde sich durch das Wirtschaftswachstum weitgehend erledigen. Der Nachrang gegenüber den Möglichkeiten der Selbsthilfe wurde für behinderte Menschen und ihre Angehörige Schritt für Schritt durch großzügigere Einkommens- und Vermögensgrenzen gelockert.

Gleichsam stilbildend war neben diesem neuen, auf besondere Bedarfe und „ganzheitliche" Hilfen ausgerichteten Interventionskonzept auch die rechtsgeschichtlich bedeutsame Gewährung dieser Hilfen als *Rechtsanspruch.* Zwar hatte das Bundesverwaltungsgericht schon 1954 aus der Menschenwürdegaran-

[16] Umfassend: Welti, Behinderung und Rehabilitation im sozialen Rechtsstaat, 2005; Einzelheiten zur Geschichte bei Sachße/Tennstedt: Armut und Sozialhilfe; siehe auch Schütte: Sozialhilferecht, in: Luthe, Hg., Rehabilitationsrecht, 2009.

[17] Neumann, in: ders. (Hg.) Rehabilitation und Teilhabe behinderter Menschen (Handbuch SGB IX), 2004, § 1; Schellhorn in ders. u.a. (Hg.), SGB XII-Kommentar, 17. Aufl., 2006, Einf. Rn. 5 ff; Nachweise zu den Änderungsgesetzen des BSHG bei Baur in Jung, SGB XII-Kommentar, § 53, Rn. 1.

tie des Art. 1 GG herausgelesen, ein Fürsorgeempfänger sei kein der staatlichen Gnade und Willkür Unterworfener, sondern ein Rechtssubjekt, dem ein eigenständiges subjektiv-öffentliches Recht auf Sozialhilfeunterstützung zukomme.[18] Doch nun war ab 1961 im § 5 BSHG die alte Deutung im gesetzten Recht zum Abschluss gelangt und korrigiert, in der bis dato alle Fürsorgevorschriften lediglich als staatliche Auftragsnormen und Aufgabenbeschreibungen angesehen worden war. Ab nun gehörte der Rechtsanspruch auf Fürsorge de lege lata zum Grundbestand des Sozialstaats und seiner rechtlichen Ausgestaltung.

Im Ergebnis hat das BSHG die sozialstaatliche Verantwortung für Menschen mit Behinderungen entscheidend gesteigert und sozialrechtlich verdichtet, indem es

- den engen Bezug zu Verfassungsgrundsätzen, insbesondere zur *Menschenwürdegarantie* herausstellte;[19]
- Fürsorgeleistungen auf *Rechtsansprüche* gründete und sie damit einer materiellrechtlichen gerichtlichen Kontrolle zugänglich machte;[20]
- behinderungsspezifische Bedarfe allgemein für *alle Arten* der Behinderung aufgriff;[21]
- *individualisierte Dienstleistungen* und persönliche Hilfen einschließlich vollstationärer Versorgung als Regelleistung aufnahm;[22]
- gruppenspezifisch differenzierte, bei Behinderungen immer *zurückhaltendere Einkommens- und Vermögensanrechnungen* vorsah.[23]

In den folgenden Jahrzehnten nach Inkrafttreten des BSHG wurde auch die Ausdifferenzierung der fürsorgerechtlichen Hilfearten weiter vorangetrieben: Leistungen für Asylbewerber wurden gesetzlich aus der Hilfe zum Lebensunterhalt ausgegliedert;[24] die Grundsicherung für Alte und Behinderte wurde erst in ein eigenständiges Grundsicherunggesetz ausgelagert,[25] dann wieder in das zentrale Sozialhilferecht, nun das SGB XII, zurückverlagert;[26] bedeutsam war insbesondere die „Ausgründung" der Hilfe zur Pflege mit einer eigenständigen sozialen und privaten Pflegeversicherung,[27] die die relative Bedeutung der letzten großen „besonderen Lebenslage" im BSHG, der Behinderung, weiter anwachsen ließ. Infolge der lückenhaften Existenzsicherung bei Arbeitslosigkeit war die „Hilfe zum Lebensunterhalt" seit Beginn der wirtschaftlichen Strukturkrisen Anfang der 80'er Jahre zu einer unverhofften Bedeutung gelangt. Mit Wirkung zum Jahr 2004 verlor das Nachfolgegesetz des BSHG, nun als Zwölf-

---

18 BVerwGE 1, 159.
19 Art. 1 GG, § 1 BSHG, jetzt § 1 SGB XII.
20 § 4 BSHG, § 17 SGB XII.
21 §§ 39 ff BSHG und VO nach § 47 BSHG (Eingliederungshilfeverordnung – EinglVO), jetzt §§ 53 ff SGB XII mit VO nach § 60 SGB XII (Eingliederungshilfeverordnung – EinglVO).
22 §§ 3, 3a und 5 BSHG, jetzt §§ 9 – 11, 13 SGB XII.
23 §§ 43, 90 ff BSHG, jetzt §§ 82 ff SGB XII.
24 Asylbewerberleistungsgesetz – AsylbLG – vom 26.05.1997, BGBl. I S. 1130
25 Grundsicherungsgesetz – GSiG – vom 26.06.2001, BGBl. I S. 1335.
26 jetzt §§ 41 ff SGB XII.
27 Pflegeversicherungsgesetz – PflVG vom 26.05.1994, BGBl. I 1014.

tes Buch (XII) –Sozialhilfe- in das Sozialgesetzbuch eingefügt,[28] diese Aufgabe an die Grundsicherung für Arbeitssuchende im SGB II.[29] Finanzierung und Leistungsbemessung folgen nun neuen Grundsätzen, die sich von der strikten Einzelfallbetrachtung durch den kommunalen Fürsorgeträger im alten BSHG deutlich abheben.[30] Die neue „Hilfe zum Lebensunterhalt" im SGB XII hat ihre Restbedeutung zum Beispiel für alleinstehende Kinder und Jugendliche[31]; die „Grundsicherung" bleibt bedeutsam für Personen, die nicht erwerbstätig oder erwerbsfähig sind, d.h. vor allem für ältere und/oder schwerer behinderte Menschen[32].

Nachdem die Pflegeversicherung des SGB XI keine bedarfsgerechten, sondern an monatliche Höchstbeträge gekoppelte Leistungen verspricht[33], steht das SGB XII für eine ergänzende „Hilfe zur Pflege" bereit. Die rehabilitativ orientierte „Eingliederungshilfe" nach §§ 53 ff ist danach das letzte größere sozialpolitische Aufgabenfeld, das im Kernbereich des Fürsorgerechtes mit gewichtigen Anteilen als erstzuständiges Leistungssystem verblieben ist; inzwischen ist die „Eingliederungshilfe" im SGB XII zur bedeutendsten Hilfeart aufgestiegen.

3. Funktion der „Eingliederungshilfe" im Rahmen der Sozialrechtsordnung: Sekundäres und primäres Hilfesystem

Eine Reform des Rehabilitationsrechts ist heute vor allem im Bereich der *sozialen* Rehabilitation („Teilhabe am Leben in der Gemeinschaft") dringlich; dazu muss sie rechtspolitisch an dem für diese Leistungsgruppe wichtigsten besonderen Leistungsgesetz ansetzen, beim SGB XII (Sozialhilfe). Diese Zusammenhänge erschließen sich, wenn man die Rolle der „Eingliederungshilfe" (§§ 53 ff SGB XII) im Zusammenwirken mit den in SGB IX benannten verschiedenen Leistungsgruppen betrachtet[34] und ihre Konstruktionsprinzipien auf eine grundrechtliche, Nachteile ausgleichende Wirkung hin überprüft[35].

Staatsorganisatorisch bildet die Behindertenhilfe einen Schwerpunkt der kommunalen Sozialpolitik und Daseinsvorsorge[36], doch viele sozialrechtliche Aspekte der Rehabilitation und Teilhabe haben sich mittlerweile in die zentralstaatlichen Sozialversicherungssysteme verlagert. Die „Eingliederungshilfe" hat heute rechtssystematisch die Aufgabe, eine Art Ausfallbürgschaft in allen drei

---

28 Gesetz zur Einordnung des Sozialhilferechts in das Sozialgesetzbuch v. 27.12.2003 (BGBl. I S. 3022).

29 Art. 1 Viertes Gesetz für moderne Dienstleistungen am Arbeitsmarkt v. 24.12.2003 (BGBl. I S. 2954).

30 Zu den damit verbundenen Problemen etwa: Mrozynski, in: SGb 2009, S. 450 ff; zur verfassungsrechtlichen Bewertung: BVerfG U. v. 09.02.2010 (Regelsätze der Grundsicherung).

31 §§ 27 ff SGB XII.

32 §§ 41 ff SGB XII.

33 Siehe die Pflegestufen und die darauf gerichteten Leistungshöchstbeträge in §§ 15, 36 ff SGB XI.

34 § 5 SGB IX.

35 Art. 3 Abs. 3 Satz 2 GG.

36 Eingehend: Pitschas, Behinderte Menschen in der kommnalen Sozialpolitik, in: SGb 2009, S. 253 ff.

thematisch eigenständigen Leistungsgruppen der *medizinischen*, *beruflichen* und *sozialen* Rehabilitation vorzuhalten: Überall dort, wo vorrangige Leistungsträger nicht zuständig sind und sich gleichwohl Bedarfe an Rehabilitationsleistungen ergeben, spannt die Sozialhilfe mit dem Schwerpunkt der „Eingliederungshilfe“[37] ein letztes Netz für diejenigen Menschen mit Behinderungen, denen aufgrund rechtlicher Barrieren ein Zugang zu den vorgelagerten Teilsystemen der Rehabilitation versagt ist. Die Vorversicherungszeiten und Risikoabgrenzungen der Sozialversicherungen wirken hier selektiv und verweisen bestimmte Personengruppen bei Behinderungen auf die Sozialhilfe; betroffen sind vor allem Menschen mit einer Behinderung von Geburt an.

Diese Barrieren sind je nach Leistungsgruppe jedoch sehr unterschiedlich, weil die „Inklusionsgesetzgebung“ mit ihren Maßnahmen zur Universalisierung der Leistungsrechte sich in den Teilleistungssystemen sehr verschieden entwickelt hat: In der *medizinischen* Rehabilitation erfasst das deutsche System sozialer Sicherung mit den Sozialversicherungen der gesetzlichen Kranken-, Renten- und Unfallversicherungen beinahe alle medizinisch behandelbaren Risiken; hier ist die Bedeutung der Sozialhilfe gering, zumal in jüngster Zeit die Krankenversicherung auch auf Bezieher existenzsichernder Sozialhilfeleistungen ausgedehnt und seit dem Jahre 2007 ein Rechtsanspruch auf medizinische Rehabilitation im SGB V verankert wurde.[38] Gleichwohl gibt es auch hier eine Reihe von Abgrenzungsproblemen und Koordinationsmängeln, zum Beispiel beim Behindertensport und bei der Frühförderung. In der *beruflichen* Rehabilitation sind die Lücken in den vorrangigen Systemen gravierender; insbesondere die Finanzierung von Plätzen in Werkstätten und Tagesstätten für Menschen, die auf dem ersten Arbeitsmarkt keine oder nur eingeschränkte berufliche Chancen haben, ist gegenwärtig Aufgabe der Sozialhilfe.[39]

Zentrale Bedeutung hat die Sozialhilfe mit ihrer „Eingliederungshilfe“ bei der lebensweltlichen Gestaltung, also bei den Ansprüchen auf soziale Teilhabe, die vor allem Assistenzmaßnahmen in der Wohnung und im Wohnumfeld, beim Erschließen des sozialen Nahbereichs und beim Zugang zum öffentlichen Raum verlangen (*soziale* Rehabilitation). Bei diesen Aspekten der Lebensgestaltung und persönlichen Verwirklichung fehlt es für Menschen mit Behinderungen überwiegend an einer unterstützenden Zuständigkeit der nach wie vor erwerbszentrierten Sozialversicherungen; oder deren Leistungen sind mit Zugangsbarrieren verbunden, die Menschen mit geistigen oder mehrfachen Behinderungen nicht übersteigen können, weil ihnen eine Position im Erwerbsleben nicht zu-

---

37 Für Viele bedeutsam ist auch die nachrangige Rolle der Sozialhilfe bei pflegerischen Hilfen nach §§ 61 ff, bei Hilfen zur Gesundheit nach §§ 47 ff und bei der Hilfe zur Weiterführung des Haushalts und zur Überwindung besonderer sozialer Schwierigkeiten nach § 70 bzw. §§ 67 ff SGB XII.

38 Zum Verhältnis SGB V und SGB XII: Fahlbusch, RdE 69 (2009), S. 47 ff. Zum Rechtsanspruch auf Leistungen der medizinischen Rehabilitation siehe § 40 SGB V in der Fassung des GKV-Wettbewerbsstärkungsgesetzes vom 26.03.2007, BGBl. I S. 378.

39 Trenk-Hinterberger: Behindertenwerkstätten, in: Luthe (Hg.), Rehabilitationsrecht, Teil 2, Kap. J.

gänglich war oder ist.[40] Gerade bei den Leistungen zur *sozialen* Teilhabe reicht die Funktion der Sozialhilfe weiter als bis zur Ausfallbürgschaft, denn sie ist hier für die meisten Anwendungsfälle[41] erst- und letztzuständiges Leistungssystem.

4. Strukturmerkmale der Fürsorge und ihre Folgen

Wesentliche rechtliche Ursache für diese hier angedeutete Überforderung der „Eingliederungshilfe“ als Garant sozialer Teilhabe ist ihre historische Verankerung im Fürsorgeteil unseres Systems sozialer Sicherung.

Einkommensabhängigkeit

Die Wirksamkeit der Unterstützung von Menschen mit Behinderungen im geltenden Sozialrecht leidet am der fürsorgerechtlichen Nachranggrundsatz und damit an der Einkommensabhängigkeit der Hilfen. Nach wie vor stehen zentrale Unterstützungsleistungen, die der Verwirklichung des Grundrechts aus Art. 3 Abs. 3 Satz 2 dienen, unter dem Vorbehalt, dass weder Leistungsempfänger noch Angehörige aus eigenen Einkommen und Vermögen die Kosten für die benötigten Hilfen selbst tragen können. Der Grundsatz der Nachrangigkeit[42] ist im Behindertenrecht der Sozialhilfe allerdings bereits heute vielfach aufgehoben oder gemildert: So stehen die Eigenbeiträge generell unter dem Vorbehalt der „Zumutbarkeit“[43]; die Leistungsberechtigten sind durch gesetzliche Selbstbehalte beim Einkommen und Vermögen geschützt[44]; bei maßgeblichen Leistungen der „Eingliederungshilfe“ sind nur die ersparten Kosten des Lebensunterhalts einzusetzen[45]; die Sozialhilfeträger müssen im Sinne eines „Bruttoprinzips“ die Gesamtkosten übernehmen und sind auf das Einfordern von Kostenbeiträgen verwiesen[46]. Obgleich damit das fürsorgerechtliche Nachrangprinzip im Behindertenrecht erheblich gemildert wurde, bilden die geltenden Anrechnungsregeln Sperren bei der Inanspruchnahme eigentlich notwendiger Leistungen. So muss ein erwerbstätiger Mensch, der wegen der Schwere seiner Behinderung auf die Hilfe in einer stationären Einrichtung notwendig[47] angewiesen ist, damit rechnen, dass er sein gesamtes Einkommen bis auf ein „Taschengeld“ einzusetzen hat.[48] Bei ambulanten Hilfen für behinderte Kinder werden nach den geltenden Regeln auch Eltern mittlerer Einkommen bei der Inanspruchnahme von Leistungsanbietern für die familiäre Entlastung und die pädagogische Förderung

---

[40] Siehe z.B. die Vorversicherungszeiten der Gesetzlichen Rentenversicherung nach § 11 SGB VI oder die fehlende Zugehörigkeit zum Kreis der Versicherten nach § 2 SGB VII bzw. das Fehlen eines „Versicherungsfalles“ in der Gesetzlichen Unfallversicherung nach §§ 7 ff SGB VII.

[41] Das gilt etwa nicht für Leistungsberechtigte in der Gesetzlichen Unfallversicherung; Einzelheiten bei Schütte in Luthe(Hg.).

[42] § 2 SGB XII.

[43] § 19 Abs. 3 SGB XII.

[44] §§ 85-90 SGB XII.

[45] § 92 Abs. 1 SGB XII.

[46] § 92 Abs. 1 SGB XII.

[47] Siehe § 9 Abs. 2 SGB XII: Ambulant vor stationär.

[48] § 88 SGB XII.

schnell zu Selbstzahlern. Die Akzeptanz der Hilfen wird dadurch entscheidend gemindert, Unterversorgung und Defizite in der kindlichen Entwicklung sind die Folge. Dies nur zwei Beispiele, in denen die beabsichtigten nachteilsausgleichenden Wirkungen der angestrebten Hilfen durch Konstruktionsprinzipien der „Eingliederungshilfe" konterkariert werden. Hinzu kommt, dass die Milderung des Nachranggrundsatzes bei Maßnahmen der Behindertenhilfe im SGB XII die Unterbringung in stationären Einrichtungen rechnerisch privilegiert. Mit Recht weisen die Reform-Empfehlungen der ASMK darauf hin, dass man solche einrichtungsbezogenen Steuerungen durch individualisierende Planungen ersetzen müsse.[49]

Ungleichheiten im Leistungszugang

In einem weiteren Sinne ist das Hilfesystem der „Eingliederungshilfe" in seiner fürsorgerechtlichen Konstruktion überfordert: In Zeiten knapper Ressourcen erweist sich das geltende Sozialhilfe-Gefüge als nicht krisenfest. Dies geht zu Lasten des an qualifizierter Betreuung interessierten Fachpersonals und ihrer Einrichtungen, und zu Lasten gleichmäßiger Zugangschancen zu Teilhabeleistungen. Derzeit sind die Leistungsrechte der „Eingliederungshilfe" übermäßig anfällig für finanzpolitisch motivierte Steuerungsversuche. Damit verstärken sich Risiken im Leistungszugang und bei der Leistungsbemessung, die in der „Szene" jeder kennt: In den meisten Metropolen gibt es differenzierte Wohnformen je nach Grad des Unterstützungsbedarfs, in vielen anderen Regionen bleibt jungen Erwachsenen mit Behinderung als Alternative zum Elternhaus oft nur die Möglichkeit, in eine vollstationäre Einrichtung, also in ein Heim oder in eine Wohngruppe zu ziehen. Die Großstadt X gewährt behinderten Menschen zu Jahresbeginn einkommensunabhängig ein Heft mit Beförderungsgutscheinen, im Nachbarkreis Y dagegen müssen Betroffene begründen, warum sie meinen, ein Open-Air-Konzert besuchen zu wollen. Wer ein behindertes Kind zur Welt bringt, ist gut beraten, sich seinen künftigen Wohnort nach der Dichte der Unterstützungsangebote im Bereich der Frühförderung und Familienhilfen auszusuchen, und die variieren erheblich; so hat ein schleswig-holsteinischer Kreis im Hamburger Umland die ambulanten Hilfen für Familien mit behinderten Kindern aus seinem Programm gestrichen, während sie jenseits der Kreisgrenze auf der Basis von stadtstaatlichen Verwaltungsrichtlinien und Leistungsvereinbarungen zum standardisierten Hilfeangebot gehören. Unter den gegenwärtigen rechtlichen Rahmenbedingungen der „Eingliederungshilfe" sind Zugänge und Bemessung von Leistungen zur gesellschaftlichen Teilhabe in so hohem Maße der örtlichen und regionalen Gestaltungsfreiheit unterstellt, dass die Realisierung des sozialrechtlichen Leistungsanspruchs auch in der Basisversorgung für viele Betroffenen zu einem Lotteriespiel werden kann. Was das für die Erreichbarkeit bestimmter Hilfen bedeutet, soll hier nur an einem Beispiel ambulanter Hilfen verdeutlicht werden. Die Bundesarbeitsgemeinschaft der

[49] Bund-Länder-Arbeitsgruppe der ASMK: in diesem Band.

überörtlichen Sozialhilfeträger präsentiert auf ihrer Web-Seite[50] einen „Benchmarking-Report“, einen Kennzahlenvergleich der überörtlichen Sozialhilfeträger über gewährte Hilfen in der „Eingliederungshilfe“. Dort findet sich u.a. eine grafische Aufschlüsselung der Hilfen im ambulanten betreuten Wohnen und begleiteten Wohnen in Familien je 1.000 Einwohner.[51] Sind in Hamburg 3 bis 4 je 1.000 Einwohner in dieser Weise ambulant betreut, liegt die Vergleichszahl in Baden-Württemberg und Bayern deutlich unter 1. Diese erheblichen Differenzen erklären sich nicht durch die eventuell unterschiedlichen Zahlen über die Berechtigten pro Einwohner insgesamt, sondern durch den Ausbaustand der ambulanten Hilfen. In eine ähnliche Richtung weisen die Zahlen zum „Ambulantisierungsgrad“ der Hilfen, also zum Anteil der ambulant betreuten erwachsenen Menschen mit Behinderungen an allen erwachsenen Leistungsberechtigten der Eingliederungshilfe.[52] Hier kommen die Stadtstaaten Berlin und Bremen mittlerweile auf Quoten von 58%, während die ländlichen Regionen in Bayern um die 20% liegen. Man kann daraus schließen, dass es bezogen auf ambulante Betreuungsangebote für Menschen mit Behinderungen ein deutliches Nord-Süd-Gefälle gibt, überlagert von einem ebenso deutlichen Stadt-Land-Gefälle.[53]

Infrastruktur und Leistungserbringungsrecht

Die rechtlichen Rahmenbedingungen bleiben einstweilen defizitär, leider auch für das Leistungserbringungsrecht, das einem Bemühen um Rückbau stationärer Betreuungsangebote und darin liegenden Fehlsteuerungen und Autonomiebeschränkungen eher Grenzen setzt als dass es förderlich wirkt. Schon die Interessen- und Diskussionslandschaften sind erheblich vorbelastet: Unter dem Dach der Fürsorge und nun der Sozialhilfe hat sich seit der Kaiserzeit eine eigene, hochgradig institutionalisierte *Infrastruktur* entwickelt, das schon aufgrund ihrer fragmentierten Finanzierungswege Fehlanreize schafft und sich einer gesamtstaatlichen Steuerung entzieht: ein institutionelles Arrangement, in dem lokale Absprachen zwischen staatlichen Kostenträgern, Wohlfahrtsverbänden und aus Betroffenenverbänden hervorgegangenen Leistungsanbietern eine mächtige, gegenüber Betroffeneninteressen teilweise dominante Gestaltungsallianz bilden. Viele bauliche Zeugen einer medizinorientierten Sichtweise aus dem Beginn des 20.Jahrhunderts sind in Form von „Anstalten“ noch erhalten; manche Gebäude fernab der Herkunftsgemeinden der Betroffenen wollen belegt werden und wandeln sich nur zögernd in gemeindenahe Hilfelandschaften.[54]

---

50 http://www.lwl.org/spur-download/bag/endbericht%202009.pdf.

51 Kennzahlenvergleich der überörtlichen Sozialhilfeträger, S. 27.

52 aaO. S. 38.

53 Zur verfassungsrechtlichen Problematik dazu noch unten: III.1.; sowie den Beitrag von Hohmann-Dennhardt in diesem Band.

54 Ein Beispiel, wo eine radikale Umorientierung gelungen ist, ist die Umgestaltung der „Alsterdorfer Anstalten“ in die „Evangelische Stiftung Alsterdorf“ mit ihrem differenzierten Hilfeangeboten auf Hamburger Stadtgebiet. Dass aus einer solchen Einrichtung auch weiterführende fachliche Impulse für ein betroffenen- und gemeindebezogenes Hilfesysstem hervorgehen können, davon zeugt der Beitrag von Haas und Treber in diesem Band.

Aus heutiger Sicht hat die bis in die 90'er Jahre des letzten Jahrhunderts gültige kosten- und einrichtungsbezogene Finanzierung Fehlanreize gesetzt, die nun mühsam eingefangen werden müssen. Der seitherige Übergang von einer selbstkostenbezogenen zu einer „leistungsgerechten" Vergütung ist von vielen Ungereimtheiten flankiert. Vor allem hat sich die Vorstellung als irrig erwiesen, man könne top down Märkte ohne Konsumenten simulieren, d.h. die Vorteile einer Anbieterkonkurrenz gegenüber einem Monopolnachfrager (Sozialhilfeträger) nutzen und gleichzeitig die Betroffenen von der Mitbestimmung über das eingesetzte Geld weithin ausschalten. Viele Sozialhilfeträger nutzen ihr Nachfragemonopol, um im Wege eines externen Preisvergleichs die jeweils billigsten Leistungsentgelte durchzusetzen. Glücklicherweise wirkt die Rechtsprechung des BSG zur Preisfindung und ihre Umsetzung in den Schiedsstellen nach § 80 SGB XII nun mäßigend.[55] Anders ausgerichtete Versuche, die Hilfen über Persönliche Budgets dezentral zu steuern, stecken derzeit im Dickicht rechtlicher Mehrfachzuständigkeiten und gegenläufiger Trägerinteressen mehr oder weniger fest.[56]

Soweit sich unter dem Kostendruck Umsteuerungsversuche auf der Ebene einer korporativen Koordination von Leistungsträgern und Anbietern durchgesetzt haben, vollziehen sie sich weitgehend unabhängig vom geltenden Leistungserbringungsrecht[57]. Die ökonomischen Abhängigkeiten der Leistungserbringer von den örtlichen Leistungsträgern, die als Monopolnachfrager auftreten können, sind erheblich, die Konsenszwänge entsprechend hoch. In Hamburg vereinbaren Sozialhilfeträger und Anbieterverbände seit Jahren ähnliche Leistungsentgelte ohne maßgebliche Veränderungen, angesichts von Personalkostensteigerungen eine Strategie, die nicht ohne Rückwirkungen auf die Qualität der Leistungen und damit auf die Berechtigten bleiben kann; die Leistungsberechtigten aber sitzen nicht am Verhandlungstisch.

Das Leistungserbringungsrecht hat die Rechtsstellung der Leistungsanbieter in der „Eingliederungshilfe" im Vergleich zu anderen Systemen auch noch besonders schwach ausgestaltet, ein Effekt des starken Ländereinflusses auf die Sozialgesetzgebung. Anders als etwa im Recht der Sozialen Pflegeversicherung des SGB XI sind die Schiedsstellen in der Sozialhilfe (§ 80 SGB XII) nicht zuständig für Leistungsverträge: § 77 Abs. 1 Satz 3 i.V.m. § 76 Abs. 2 SGB XII beschränken deren Zuständigkeiten auf Vergütungsverträge, die aber selbst auf Leistungsvereinbarungen aufbauen müssen. Für die Anbieter von Leistungen besteht gegenüber den Leistungsträgern im Vertragsrecht des SGB XII bei den Leistungsvereinbarungen eine einseitige Abhängigkeit, also keine „Waffengleichheit". Eine transparente Ausgestaltung, Aushandlung und Konfliktregulie-

---

55 BSG-Rspr. zum internen und externen Vergleich, Urteile vom 29.01.2009, Az.: B 3 P 6/08 KR R; B 3 P 7/08 R; B 3 P 9/08 R; B 3 P 9/07 R; Hinweise auf die Verwaltungsrechtssprechung bei Flint: in Grube/Wahrendorf, 3. Aufl., SGB XII-Kommentar, § 75 Rn 28 f.

56 Siehe den Beitrag von Klie, Lehren aus den Modellprojekten zum Persönlichen Budget, in diesem Band.

57 Beispiel NRW: Flemming, in diesem Band; Beispiel Hamburg: Gitschmann/Tscheulin, in diesem Band.

rung von Vertragsbedingungen wird so entscheidend behindert; die Vertragsparteien werden zu Absprachen jenseits der Regeln des Leistungserbringungsrechts verführt.[58]

So ist es nicht verwunderlich, dass die Leistungserbringung in der „Eingliederungshilfe“ anfällig ist asymmetrische Ausgestaltungen des Leistungsdreiecks: für örtliche Koalitionen von Leistungserbringern und Leistungsträgern zulasten der Berechtigten, für Druckversuche von Großeinrichtungen auf die Leistungsträger, für lokale Traditionen in der Preisgestaltung und ihre Fortschreibung, für personelle Verflechtungen bei Leistungsanbietern bzw. ihren Verbänden und Leistungsträgern: Insgesamt eine in ihrer Vielfalt disparate und wenig an Maßstäben von Transparenz und Gleichheit ausgerichtete Hilfelandschaft.

5. Fazit zum rechtlichen status quo: Abschied vom Fürsorgerecht!

Einen verlässlicher Handlungsrahmen für die Betroffenen und die sozialstaatlich Verantwortlichen stellt die „Eingliederungshilfe“ des SGB XII schon länger nicht mehr dar. Als Teil der Sozialhilfe ist sie konjunkturabhängig und daher im Einzelfall mit hohen Unsicherheiten verbunden: Die Finanzverantwortung der kommunalen und überörtlichen Träger auf der Basis ihrer jeweiligen Steuereinnahmen kann zu einer Hilfegestaltung nach Kassenlage führen und damit zu hoher regionaler und örtlicher Ungleichheit. Diese strukturelle Schwäche lässt sich gegenwärtig normativ nicht kompensieren, weil das SGB XII wie schon das BSHG auf Eingliederungshilfe nur einen Rechtsanspruch dem Grunde nach gewährt, Art und Maß der Leistungserbringung aber in das Gestaltungsermessen der im Augenblick finanziell angeschlagenen kommunalen Leistungsträger überträgt und keinen Mechanismus enthält, den in ihrer Rechtsdurchsetzung sehr eingeschränkten Hilfeempfängern zur Seite zu stehen.[59]

Zudem laden normative Inkonsistenzen gerade ein, die jeweilige Verantwortung zu minimieren. Hinzu kommt, dass sich die - als Monopolnachfrager auftretenden - Leistungsträger der Sozialhilfe und soziale Unternehmen als Leistungsanbieter vielfach rechtlich und damit nach ihren jeweiligen Einflusschancen nicht „auf Augenhöhe“ befinden. Für Reformprozesse sind das ungünstige Ausgangsbedingungen: Selbst wenn die Ziele gemeinsam abgestimmt sind, ist jede Umsteuerung ein Zwangseingriff in die Unternehmenspolitik, mindert vorhandene Erwerbschancen und blockiert die Reformbereitschaft. Andererseits leiden die Sozialhilfeträger an einer Versorgungslandschaft, die mit Traditionen bepflastert ist: Entgeltstrukturen, Bauten, kommunale und regionale Koalitionen machen Umsteuerungsversuche zu einem politisch verminten Gelände.

---

58 Zum Gesamtkomplex der Konfliktregulierung über Schiedsstellen in den verschiedenen Bereichen des Sozialrechts: Schütte, Streitschlichtung im kooperativen Sozialstaat, in: NDV H. 6/2005.

59 § 17 Abs. 2 SGB XII.

III. Maßgebliche Ordnungsmodelle für eine Reform

Eine Neuregelung der sozialrechtlichen Leistungsansprüche im Bereich der sozialen Teilhabe jenseits des geltenden Fürsorgerechts wird sich rechtlich verorten müssen. Dies gilt zum Einen im Hinblick auf die verfassungsrechtliche Entwicklung seit Inkrafttreten des BSHG im Jahre 1961. Sodann haben wir mit der UN-Behindertenrechtskonvention (BRK) aus den letzten Jahren ein vom Bundestag ratifiziertes einschlägiges menschenrechtliches Dokument zur Verfügung, das den Stand der internationalen Debatten bündelt und maßstäblich auf nationalstaatliche Gesetzesprojekte wirken soll. Zum Dritten haben sich auch im Sozialrecht ringsum Entwicklungen vollzogen, aus denen sich Orientierungen für eine Neuregelung herleiten lassen. Insgesamt ein reicher Fundus an Ideen also, mit dem der „time lag" überwunden werden könnte, in dem sich das deutsche Sozialrecht mit der „Eingliederungshilfe" derzeit befindet. Das gilt zumindest für die rechtlich-konzeptionelle Seite einer Reform.[60]

1. Der verfassungsrechtliche Rahmen für eine Reform

Jede Reform wird ihre Ergebnisse irgendwann in Karlsruhe vor dem Bundesverfassungsgericht präsentieren müssen, voraussichtlich vor dem ersten, für Grundrechtsfragen zuständigen Senat. Denn irgendwann wird ein Betroffener sich nicht damit zufrieden geben, dass er an seinem bisherigen Wohnort ambulante Assistenzleistungen im Umfang X erhielt, an seinem neuen Wohnort jedoch nur im Umfang Y, ohne dass sich seine behinderungsbedingten Barrieren in der sozialen Teilhabe verändert hätten. Oder es wird ein Verband auf die Idee kommen, die Mobilitätshilfen der Sozialhilfe in den verschiedenen Regionen miteinander zu vergleichen. Oder Eltern von behinderten Kindern im Umland mancher Großstädte werden sich fragen, warum sie denn wieder in die Stadt zurückziehen müssen, um eine halbwegs gesicherte Infrastruktur vorzufinden, die eine ambulante Assistenz und Entlastung bereitstellt. Oder diese Eltern werden dagegen klagen, dass sie bei solchen Basisleistungen schon Eigenanteile aufbringen müssen, auch wenn ihre Erwerbseinkommen und ihr Vermögen kaum für einen durchschnittlichen Lebensstandard ausreichen. Oder diese Eltern werden sich und die Gerichte fragen, warum solche Basisleistungen für diejenigen ohne Eigenanteil gewährt werden, die als Arbeitssuchende auf staatliche Transferleistungen angewiesen sind, sie aber mit ihrem kleinen Gemüseladen einen familienentlastenden Dienst selbst finanzieren müssen. Oder ein Sozialgericht wird auf die Idee kommen, die Leistungskataloge und Bewilligungskriterien für nicht justiziabel zu erklären und Verstöße gegen das grundrechtliche und rechtsstaatliche Bestimmtheitsgebot bei mindestsichernden Vorschriften feststellen. Mit anderen Worten: Schon die heutige Konstruktion der „Eingliederungshilfe" wirft erhebliche Zweifel an ihrer Verfassungsmäßigkeit auf. Umso mehr ist es geboten, sich bei einer Neuregelung der Entwicklungen in der Verfassungsrechtsprechung zu versichern. Das gilt vor allem für Fragen zur Konkretisierung maßgeblicher Grundrechte.

---

60 Zur Reformstrategie noch unten: IV. und V.

Soziale Teilhabe und Grundrechte

Bislang konnte sich der Sozialgesetzgeber mit Blick auf Karlsruhe recht beruhigt zurücklehnen, weil sich das Bundesverfassungsgericht zwar zu Maßstäben der Gesetzgebung äußerte, die Gestaltungsfreiheit des Parlamentes aber weitgehend respektierte. Das Gericht hielt sich bei konkreten Gestaltungsvorschlägen sehr bedeckt. Das galt auch für die Konkretisierung des Benachteiligungsverbotes nach Art. 3 Abs. 3 S. 2 GG. Dafür gab und gibt es gute Gründe, aber diese Zurückhaltung hat ihre ihre verfassungsrechtlichen Grenzen erfahren, die es aufzuzeigen gilt.

Berechtigte in der „Eingliederungshilfe" sind – so will es die systematische Stellung dieser Normen im Rehabilitationsrecht insgesamt – vor allem Menschen mit schweren und schwersten Behinderungen, denen mit eher punktuellen Unterstützungen durch medizinische und berufsbezogene Leistungen aus den Sozialversicherungen allein nicht die gesellschaftliche Teilhabe gesichert werden kann. Die rechtliche Ausgestaltung des Leistungszugangs, des Verwaltungsverfahrens und die Varianten der Leistungserbringung haben für viele Berechtigte der Sozialhilfe daher unmittelbare Folgen für die Wahrnehmung ihrer elementaren Rechte auf Leben, Gesundheit, freie Entfaltung im privaten und öffentlichen Raum und selbständiges Wohnen als Basis von Intimität und sozialen Beziehungen. Ein sozialrechtliches Leistungssystem, das die alltäglichen Lebensverhältnisse vieler unterstützungsbedürftiger Menschen so weitgehend bestimmt, ist verfassungsrechtlich gesehen in besonderem Maße grundrechtssensibel. Elementare Verfassungspflicht ist es, auch schwer- und schwerstbehinderten Menschen über ein sozialstaatliches Unterstützungssystem ein menschenwürdiges Leben zu eröffnen. Hier realisiert sich der ausdrückliche grundrechtliche und sozialstaatliche Auftrag aus Art. 1 Abs. 2 und 20 Abs. 2.[61]

Das Bundesverfassungsgericht hat die wichtigsten Eckpunkte bereits 1975 in seiner Entscheidung über die Waisenrente für Erwerbsunfähige beschrieben:[62]

„Gewiss gehört die Fürsorge für Hilfsbedürftige zu den selbstverständlichen Pflichten eines Sozialstaates (..). Dies schließt notwendig die soziale Hilfe für Mitbürger ein, die wegen körperlicher oder geistiger Gebrechen an ihrer persönlichen und sozialen Entfaltung gehindert sind, sich selbst zu unterhalten. Die staatliche Gemeinschaft muss ihnen jeweils die Mindestvoraussetzungen für ein menschenwürdiges Dasein sichern und sich darüber hinaus bemühen, sie soweit wie möglich in die Gesellschaft einzugliedern, ihre angemessene Betreuung in der Familie oder durch Dritte zu fördern sowie die nötigen Pflegeeinrichtungen zu schaffen. Diese allgemeine Schutzpflicht kann natürlicherweise nicht an einer bestimmten Altersgrenze enden; sie muss vielmehr dem jeweils vorhandenen Bedarf an sozialer Hilfe entsprechen. Jedoch bestehen vielfältige Möglichkei-

[61] Zacher in Igl/Welti (Hg.), Die Verantwortung des sozialen Rechtsstaates für Personen mit Behinderung, 2001.

[62] BVerfG v. 18.06.1975, E 40, 121, 133 f.; ähnlich auch v. 21.06.1977, E 45, 187, 228; v. 29.05.1990, E 82, 60, 85.

ten, den gebotenen Schutz zu verwirklichen. Es liegt grundsätzlich in der Gestaltungsfreiheit des Gesetzgebers, den ihm geeignet erscheinenden Weg zu bestimmen, besonders zwischen den verschiedenen Formen finanzieller Hilfe für den Unterhalt und die Betreuung gebrechlicher Menschen zu wählen und entsprechend die Anspruchsberechtigung festzulegen. Ebenso hat er, soweit es sich nicht um die bezeichneten Mindestvoraussetzungen handelt, zu entscheiden, in welchem Umfang soziale Hilfe unter Berücksichtigung der vorhandenen Mittel und anderer gleichrangiger Staatsaufgaben gewährt werden kann und soll. Ein Verstoß gegen die Verfassungsgrundsätze des Art. 3 Abs. 1 GG und Art. 20 Abs. 1 GG liegt erst vor, wenn die gewährte Hilfe für Gebrechliche nicht den Anforderungen sozialer Gerechtigkeit entspricht, sei es dass der Kreis der Empfänger einer bestimmten sozialen Leistung sachwidrig abgegrenzt ist, oder dass bei einer Gesamtbetrachtung der soziale Schutz einer ins Gewicht fallenden Gruppe vernachlässigt wird."

Zu den unbestrittenen Prinzipien der parlamentarischen Arbeit gehört im Sozialrecht die grundsätzliche Handlungspflicht in Bezug auf Teilhabechancen behinderter Menschen und die Gestaltungsfreiheit des Gesetzgebers im Detail. Verfassungsrechtlich ist danach vor allem zu erörtern, wieweit Sicherungsniveau und Hilfeformen im Lichte einer sozialstaatlichen Grundrechtsverwirklichung zu bewerten sind. Dabei, sowohl beim Sicherungsniveau als auch bei den Hilfeformen, wird man den gesellschaftlichen Wandel berücksichtigen müssen, um Varianten einer Grundrechtskonkretisierung zeitgemäß bestimmen zu können.

Das Bundesverfassungsgericht verweist in der genannten Entscheidung insbesondere auf die staatlichen Schutzpflichten und bezieht sich dabei auf eine erweiterte Grundrechtsgeltung, die über eine Gewährleistung von Abwehrrechten hinausgeht. Im Angesicht extremer Hilfebedarfe werden grundrechtliche Freiheiten so zu *Schutzpflichten* des Gesetzgebers, weil die Berechtigten bei der Realisierung ihrer Grundfreiheiten auf sozialstaatliche Leistungen als Freiheitsvoraussetzungen existentiell angewiesen sind.[63] Wo dies der Fall ist, hat der Gesetzgeber Vorsorge zu treffen, dass auch atypische Bedarfe gedeckt und auch solche Leistungen gewährt werden, deren „Erfolg" im Sinne positiver Veränderungen nicht als wahrscheinlich anzusehen ist.[64]

Art. 3 Abs. 3 Satz 2 GG und die Gestaltungsfreiheit des Gesetzgebers

Weitere verfassungsrechtliche Bewertungskriterien und Gestaltungsrahmen für die Eingliederungshilfe ergeben sich aus dem Benachteiligungsverbot aus Art. 3 Abs. 3 Satz 2 im Zusammenwirken mit der Staatszielbestimmung aus Art. 20 Abs. 2 GG, des sozialen Rechtsstaates. Danach darf niemand wegen seiner Behinderung benachteiligt werden. Dies gilt zunächst in einem einschränkenden Sinne für die Träger der öffentlichen Gewalt (Art. 1 Abs. 3 GG), soweit ihre

---

63 Zur allgemeinen Grundrechtsdogmatik z. B. Dreier in ders. GG Kommentar Bd. I, 1996, Vorbemerkungen; zu Grundrechten und staatlichen Leistungspflichten Rn 50, zu Schutzpflichten Rn 62.

64 Dies scheint mir der Kern des „Nikolausbeschlusses" des Bundesverfassungsgerichtes zu sein. BVerfG Beschl. v. 6.12.2004, 1 BvR 347/98.

Verfahren und Handlungen behinderte und nichtbehinderte Menschen betreffen. Insofern ist das Benachteiligungsverbot ein echtes Abwehrrecht, das behinderte Menschen als Gruppe und Einzelne vor einer sie benachteiligenden Behandlung durch eine der staatlichen Gewalten schützt. In zweiter Linie ergeben sich aus Art. 3 und Art. 20 GG wiederum Schutzpflichten des Gesetzgebers. Sozialstaatliche Leistungen müssen in sachgerechter Weise auch aus dem Gedanken vermeidbarer Benachteiligungen an den Schutzbedarfen ausgerichtet sein, die aus der Behinderung folgen.

Auch in diesem Zusammenhang spielt die systematische Stellung der Eingliederungshilfe im Rehabilitationsrecht eine Rolle: Diese sichert den – gegenüber anderen behinderten Menschen – diskriminierungsfreien leistungsrechtlichen Umgang mit verschiedenen Ursachen oder anderen akzidentiellen Aspekten der Behinderung, indem sie eine fürsorgerechtliche Ausfallbürgschaft für medizinische, berufliche und soziale Rehabilitationsleistungen auch dort bereithält, wo die Personen in den vorgelagerten Sicherungssystemen für nicht leistungsberechtigt erklärt werden. In dieser ihrer *Ergänzungsfunktion* ist die Eingliederungshilfe verfassungsrechtlich auf der Ebene von Gesetzgebung und bei der Bewilligungspraxis so lange unverzichtbar, wie sie für alle behinderten Menschen einen an ihrer Behinderung ausgerichteten Anspruch auf Nachteilsausgleich sichert.[65] Gefordert ist von Verfassungs wegen ein diskriminierungsfreier Umgang mit gewährten Begünstigungen und Nachteilsausgleichen im Verhältnis der verschiedenen Arten, Ursachen und Ausprägungen der Behinderung. Maßgeblicher Bezugspunkt dafür ist die Behinderung selbst und die sich daraus ergebenden Schutzpflichten. Das SGB IX hat diese Sichtweise auf einfach-gesetzlicher Ebene kodifiziert und konkretisiert, indem es anordnet, alle Leistungen der Rehabilitation unabhängig von der Ursache der Behinderung final auszurichten und bei der Ausgestaltung die individuellen Bedarfe und Lebensumstände zu berücksichtigen.[66]

Welche Instrumente der Gesetzgeber wählt, diesen Grundrechtsschutz zu gewährleisten, ist ihm weitgehend freigestellt; bei der Ausgestaltung hat das Parlament einen großen Gestaltungsspielraum,[67] doch die Wirkungen müssen stimmen. Einen Angelpunkt dieser Konkretisierungen kann der Begriff der *Teilhabe* darstellen. Hier können gesellschaftspolitischer Diskurs und verfassungsnormative Ausgestaltung einander angenähert werden – nicht in Form einer schlichten Verlängerung tagespolitischer Trends in Grundrechtselemente, wohl aber in einer wechselseitigen Befragung, mit dem Ziel herauszufinden, welchen dynamischen Elementen in der Interpretation des sozialen Staatszieles sich der heutige Gesetzgeber nicht entziehen kann. So lassen sich die rechtlichen Qualitäten einer sozialstaatlichen Grundrechtsdogmatik herausfiltern.

Grundrechtsdogmatisch ist Teilhabe ein Aspekt der Grundrechtsrealisierung im Umfeld des Sozialstaates. Dies hat die Verfassungsrechtsprechung frühzeitig

---

65 So auch Welti, Behinderung, S. 300.
66 §§ 4 Abs. 1, 9 Abs. 1 SGB IX.
67 Neumann in Handbuch SGB IX, § 2 Rn 34.

erkannt, als sie aus der Gewährung subjektiver Freiheitsrechte durch das Grundgesetz folgerte, mit der programmatischen Deklaration sei real und individuell für die Freiheitsphäre der Grundrechtssubjekte oft wenig gewonnen, vielmehr hänge die Verwirklichung der Freiheitsrechte vielfach von positiv gestaltendem staatlichen Handeln ab. Insofern könnten aus der staatsfern und „negativ" konstruierten grundrechtlichen Freiheitsgewährleistungen des GG „positive" Handlungspflichten staatlicher Gewalten resultieren.[68] Dass diese Erweiterung des grundrechtlichen Geltungsbereichs auch für Gleichheitsrechte gilt, lässt sich aus der Verfassungsgeschichte anhand von Art. 3 Abs. 2 GG anschaulich demonstrieren: Hier wurde 1994 ein zunächst negativ gemeintes Diskriminierungsverbot, die Gleichberechtigung von Mann und Frau, ergänzt um die Möglichkeit einer „positiven Diskriminierung" im Sinne besonderer staatlicher Förderung, die auch zulasten der gesellschaftlichen Stellung anderer gehen darf.[69]

Der Gesetzgeber ist als „Grundrechtskonkretisierer" nicht nur gehalten, die Grundrechte als abstrakte Orientierungen wahrzunehmen, sondern auch gleichsam ihre Implementierung im gesellschaftlichen Austausch im Auge zu behalten – und auch zu verantworten. Die Interpretation der Grundrechte als Teilhaberechte ist der Versuch, diese Wechselwirkung von Norm und Realität dogmatisch zu bearbeiten und Aspekte des gesellschaftlichen Wandels normverträglich so zu transformieren, dass daraus rechtsverträgliche Geltungsansprüche resultieren. Diese Bezugnahme von Norminterpretation auf gesellschaftliche Realitäten nötigt zur empirischen Sorgfalt bei der Beschreibung normrelevanter Sachbereiche und der Bewertung dessen, was denn aus den Grundrechtspostulaten in der gesellschaftlichen Realität wird; andererseits nötigt es zu einer großen Vorsicht bei der Identifikation von rechtlichen Interventionspunkten, will man den gesetzgeberischen Handlungsspielraum nicht über angenommene Verfassungspflichten reduzieren, so dass Konflikte mit dem demokratischen Prinzip unausweichlich werden.

Was dies bislang für den gesetzgeberischen Auftrag zur Grundrechtskonkretisierung bedeuteten kann, lässt sich am Sonderschulbeschluss des Bundesverfassungsrechts ersehen.[70] Das Gericht hatte 1997 darüber zu entscheiden, ob Art. 3 Abs. 3 Satz 2 GG eine gemeinsame Erziehung und Unterrichtung von schulpflichtigen behinderten und nichtbehinderten Kindern an allgemeinen öffentlichen Schulen *verlangt*. Im Ergebnis hat das Gericht dem schul- und integrationspolitischen Anliegen bezeugt, programmatisch spreche Einiges dafür, eine solche gemeinsame Bildung im Regelschulwesen anzustreben; doch mochte das Gericht sich nicht darauf festlegen, dass dies für alle Zeit und jeden Fall verbindlich aus den Grundrechten zu folgern sei. Insbesondere sah es das Gericht nicht als Verletzung des Benachteiligungsverbotes an, wenn der niedersächsi-

---

68 Zum Charakter der Grundrechte als Teilhaberechte: Welti, Behinderung, S. 540 ff.

69 Art. 3 Abs. 2 in der Fassung des 42. GG-ÄnderungsG vom 27.10.1994; dazu u.a. die Kommentierung von Heun in Dreier, Grundgesetz Kommentar Bd. I, 1996.

70 BVerfG, Beschl. v. 08.10.1997, 1 BvR 9/97.

sche Landesgesetzgeber dieses Bildungsangebot unter den *Vorbehalt des organisatorisch und finanziell Machbaren* stellte. Gleichzeitig sicherte das Gericht der ausführenden Schulbehörde eine *Einschätzungsprärogative* zu, um im Rahmen schulpolitischer und schulrechtlicher Leitentscheidungen im Einzelfall abzuwägen, ob die mit der Regelbeschulung eröffneten Chancen nicht zu unvertretbaren Belastungen der Einrichtungen oder anderer Dritter, etwa anderer Schüler, führen könnte. Hier gebe es eine Letztverantwortlichkeit der Schulbehörde mit einer Entscheidungsfreiheit, die nicht auf den Vollzug gutachterlicher Stellungnahmen festgelegt sei. – Andererseits erscheine es notwendig, die Grundrechtspositionen des behinderten Schülers und seiner Eltern aus Art. 2 Abs. 1 und Art. 6 Abs. 3 Satz 2 „angemessen zur Geltung“ zu bringen. Widerspricht der Entscheid den Wünschen der Beteiligten, so obliegt „im Lichte des Art. 3 Abs. 3 Satz 2 …der Behörde aber gerade in diesem Fall eine gesteigerte Begründungspflicht“.[71]

Die damalige Entscheidung des Bundesverfassungsgerichtes hat bei Betroffenen und Eltern, auch bei Verbänden und in Teilen der Verfassungsrechtswissenschaft Enttäuschung hervorgerufen: Was war von einem neuen Grundrecht (Art. 3 Abs. 3 Satz 2 GG) zu halten, das erst im Zuge der Verfassungsrevision nach der Wiedervereinigung absichtsvoll in das Grundgesetz eingefügt worden war, wenn es in entscheidenden Fragen wie der integrativen Beschulung keine Handhabe gegen zweideutige gesetzliche Vorschriften und eine zögerliche Verwaltungspraxis bieten konnte?

Eine die staatliche Leistungspflicht aus Art. 3 Abs. 3 GG begrenzende Sichtweise hat das Verfassungsgericht auch auf das Sozialrecht, nämlich auf die Nichtaufnahme eines behinderten Kindes in einen integrativen Regelkindergarten, angewandt. Nach dem SGB VIII bzw. den landesrechtlichen Vorschriften im niedersächsischen Kindertagesstättengesetz besteht danach kein unbedingtes subjektives öffentliches Recht auf Aufnahme eines behinderten Kindes in eine solche Regelbetreuung.

Zwar sei *„mit Rücksicht auf Art. 6 Abs. 2 Satz 1 in Verbindung mit Art. 3 Abs. 3 Satz 2 GG ... der Staat grundsätzlich gehalten, für behinderte Kinder Einrichtungen bereitzuhalten, die auch ihnen eine sachgerechte Erziehung, Bildung und Ausbildung ermöglichen. Danach wäre ein genereller Ausschluss der Möglichkeit einer gemeinsamen Erziehung von behinderten Kindern mit nichtbehinderten Kindern nicht zu rechtfertigen (vgl. in Bezug auf die schulische Erziehung, BVerfGE 96, 288, 304). Es ist allerdings von Verfassungs wegen nicht zu beanstanden, dass der Staat die zielgleiche wie die zieldifferente integrative Erziehung unter den Vorbehalt des organisatorisch, personell und von den sächlichen Voraussetzungen her Möglichen stellt (vgl. BVerfGE 96, 288, 305).“*[72]

---

[71] aaO. Rn 66.

[72] BVerfG, Beschl. v. 10.02.2006, 1 BvR 91/06, hier Rn 10. Die 1. Kammer des Ersten Senats hat die Verfassungsbeschwerde im Hinblick auf den Beschluss aus dem Jahre 1997 zum niedersächsischen Sonderschulgesetz nicht zur Entscheidung angenommen.

So der erste Senat noch 2005.
Eine der hier maßgeblichen Richterinnen, Christine Hohmann-Dennhardt, hat in ihrem Hamburger Vortrag diesen Beschluss damit kommentiert, das Gericht habe das Grundrecht sehr wohl erst genommen und die rechtliche Existenz besonderer gesetzgeberischer Schutzpflichten betont, die konkrete Ausgestaltung aber in der Obhut von Politik und Fachverwaltungen belassen müssen.[73] In der mündlichen Diskussion hat sie darauf hingewiesen, dass das Kind, das die Eltern in Niedersachsen im Jahre 2005 so gern in einen Regelkindergarten gebracht hätten, an einer „Glasknochenkrankheit" leidet. Die Gefahr von Knochenbrüchen sei durch ärztliche Gutachten belegt. Unter diesen Umständen sei es dem Gericht unmöglich gewesen, einen unbedingten Rechtsanspruch auf Zugang zu einer Regeleinrichtung anzunehmen, wenn gleichzeitig Zweifel nicht ausgeräumt sein konnten, ob das Recht des Kindes auf körperliche Unversehrtheit darunter leiden würde.
Man kann daran den Prozesscharakter der Verfassungsrechtsprechung und seine Zufälligkeiten verdeutlichen: In einer etwas anderen Fallkonstellation hätte die Verfassungsbeschwerde aus Niedersachsen durchaus Erfolg haben können. Eine weitere Frage wäre, ob die Verbände nach den Entscheidungen zu den niedersächsischen Gesetzen gut beraten waren, in eine verfassungsrechtiche Klärung kaum noch Energien zu investieren.

Ein neues Grundrecht auf Gewährleistung eines menschenwürdigen Existenzminimums

Nun haben wir seit Anfang des Jahres 2010 neben Art 3 Abs. 3 Satz 2 GG noch ein neues Grundrecht, auf das der Gesetzgeber bei der Reform der „Eingliederungshilfe" wird achten müssen: Die Entscheidung zur Grundsicherung nach dem SGB II vom 9. Februar 2010[74] nimmt zu sozialstaatlichen Basisleistungen und ihrer Bemessung ganz entschieden Stellung und verpflichtet den Gesetzgeber, darauf Rücksicht zu nehmen, dass bei der Gewährleistung eines menschenwürdigen Existenzminimums eine Grundrechtsposition zu beachten ist, nicht nur ein sozialstaatlicher Gestaltungsauftrag der Verfassung an den Gesetzgeber. Zusammen mit dem Benachteiligungsverbot des Art. 3 GG verdichtet sich dadurch das Normprogramm zu einem Pfad, innerhalb dessen eine „Eingliederungshilfe" oder ihre Nachfolgeregelung noch als verfassungsmäßig betrachtet werden können.
Im Grundsicherungsurteil vom 9. Februar 2010 hat das Verfassungsgericht offengelassen, ob die geltenden Regelsätze nach dem SGB II für Erwachsene in der Höhe angemessen sind. Insofern folgt das Gericht seiner Linie, sich zum Niveau einer verfassungsrechtlichen Mindestsicherung im Detail nicht festzulegen. Und wieder wurden Erwartungen von Betroffenen, diesmal von Empfängern von „Hartz-IV"-Leistungen, enttäuscht. Rechtlich aber ist eine kleine Revolution geschehen: Das Gericht hat ein neues Grundrecht aus der Taufe geho-

73 Hohmann-Dennhardt: in diesem Band.
74 BVerfG , U. v. 09.02.2010, 1 BvL 1/09.

ben, ein subjektives Recht auf Gewährung eines menschenwürdigen Existenzminimums durch staatliche Leistungen. Dieses Grundrecht wurde aus einer Zusammenschau von Menschenwürdegarantie (Art. 1 Abs. 1 GG) und Sozialstaatprinzip (Art. 20, 28 GG) entwickelt. Ihm wird vom Gericht eine eigenständige Bedeutung attestiert; es bindet nun über Art. 1 Abs. 3 GG das Handeln aller staatlichen Gewalt unmittelbar (Nr. 133, 134).
Wenn auch die Konkretisierung und Aktualisierung Aufgabe des Gesetzgebers ist und bleibt, so ist dieser Gesetzgeber doch nun verpflichtet, sein Handeln so auszurichten, dass der gesamte existenzsichernde Bedarf von jedem Bürger, jeder Bürgerin stets gedeckt wird (Nr. 137). Diese Gewährleistungspflicht wird die Sozialgesetzgebung künftig stark beschäftigen, denn hier macht das Gericht durchaus konkrete Angaben: Bei der Bestimmung von Geldleistungen nach dem SGB II sei dieses Grundrecht tangiert, die Berechnung müsse nach transparenten und nachvollziehbaren Maßstäben auf der Basis einer entsprechenden sozialwissenschaftlichen Fachlichkeit geschehen. Und da man dieses von der derzeitigen Bemessung nicht sagen könne, weil das gewählte Verfahren nicht konsequent angewandt worden sei, seien die Erwachsenenregelsätze neu zu berechnen; die Regelsätze für Kinder (Sozialgeld) seien völlig „freihändig" gegriffen und schon deshalb nicht verfassungskonform.
Für ein künftiges Leistungsrecht zur sozialen Teilhabe behinderter Menschen beantwortet das Verfassungsgericht hier zwei wichtige Gestaltungsfragen: Im Bereich der Existenzsicherung ist Wert darauf zu legen, dass die Bedarfe nach transparenten Regeln umschrieben werden; Gleiches gilt für die daraus abgeleiteten Leistungen. Und: Leistungen müssen gleichmäßig und allgemein zugänglich sein.
Je nach Entscheidung über die Leistungsart dürfte diese Gewährleistungspflicht andere Formen annehmen. Der Gesetzgeber hat durchaus die Freiheit, die Leistungsart (Geld-, Dienst- oder Sachleistung) frei zu gestalten (Nr. 138), muss aber als Folge einer solchen Entscheidung einkalkulieren, welche Zugangsrisiken sich daraus ergeben. Bei Geldleistungen wie den SGB II-Regelsätzen erscheinen Zugang und gleichmäßige Streuung unproblematisch. Wie aber sieht die Gewährleistungspflicht des Gesetzgebers im Bereich der existenzsichernden Sozialleistungen aus, wenn er sich für Dienst- oder Sachleistungen und für die Inanspruchnahme nichtstaatlicher Anbieter zur Erfüllung staatlicher Aufgaben entscheidet?
Schon um einen gleichmäßigen und allgemeinen Zugang zu Leistungen zur Teilhabe am gemeinschaftlichen und gesellschaftlichen Leben zu sichern, wird man in einer reformierten Eingliederungshilfe um eine bundesrechtliche vereinheitlichende Steuerung nicht herumkommen. Das gilt sowohl für die Bedarfsbemessung als auch für die Ausstattung der regionalen Infrastruktur mit Leistungsangeboten, die künftig einem fachlichen Mindeststandard entsprechen müssen. Den aber gilt es erst zu definieren!
Nun kann man mit guten Gründen den hier unterlegten verfassungsrechtlichen Ernst der Lage bezweifeln: Schließlich geht es ja bei Teilhabeleistungen nicht

um die physische Existenz. Doch das Bundesverfassungsgericht lässt in seiner Grundsicherungsentscheidung vom 9. Februar 2010 keinen Zweifel daran, dass „der unmittelbare verfassungsrechtliche Leistungsanspruch auf Gewährleistung eines menschenwürdigen Existenzminimums....sich auf.....das gesamte Existenzminimum“ erstreckt. Und dieses umfasse neben der physischen Existenz (Nahrung, Kleidung, Hausrat, Unterkunft, Heizung, Hygiene und Gesundheit) „auch die Sicherung der Möglichkeit zur Pflege zwischenmenschlicher Beziehungen und zu einem Mindestmaß an Teilhabe am gesellschaftlichen, kulturellen und politischen Leben.“ Und dann knapp und lapidar zur Begründung: „Denn der Mensch als Person existiert notwendig in sozialen Bezügen“. (Nr. 135)

Das ist nicht neu (Nachw. Nr. 135), aber erfreulich deutlich. Welche Konsequenzen dies für die staatlichen Gewährleistungspflichten bei sozialen Teilhabeleistungen hat, wird in der genannten Entscheidung nicht bearbeitet; es ging ja um die Hartz-IV-Regelsätze. Man wird auf andere Rechtsquellen zurückgreifen müssen, um die wahrscheinliche Entscheidungstendenz des Gerichts zu einer künftigen Eingliederungshilfe prognostizieren zu können. Dabei wird entscheidend sein, wieweit das Gericht das von ihm gerade selbst entwickelte Grundrecht tangiert sieht, wenn ein Hilfesystem Zweifel an der Gewährleistung mindestsichernder Teilhabeleistungen erkennen lässt.

Die Anwendbarkeit des neu konstruierten Grundrechtes auf ein menschenwürdiges Existenzminimum auch bei sozialen Teilhabeleistungen für Menschen mit Behinderungen ergibt sich meines Erachtens aus zwei Erwägungen: Zum Einen geht das Gericht von einer auch soziale Bedürfnisse einschließenden Umschreibung des grundrechtlich garantierten Existenzminimums aus. Zum Zweiten stuft das Gericht den Gestaltungsspielraum des Gesetzgebers bei der Wahl der Hilfearten, bei der Bestimmung des Umfangs der Leistungen, bei der Bewertung tatsächlicher Verhältnisse und der wertenden Einschätzung eines notwendigen Bedarfs je unterschiedlich ein: Dieser Gestaltungsspielraum „ist enger, soweit der Gesetzgeber das zur Sicherung der physischen Existenz eines Menschen Notwendige konkretisiert, und weiter, wo es um Art und Umfang der Möglichkeit zur Teilhabe am gesellschaftlichen Leben geht.“ (Nr. 138)

Auch wenn danach gesetzesbasierte teilhabefördernde Leistungen einer weniger intensiven verfassungsrechtlichen Nachprüfung unterstellt sind als solche der physischen Existenzsicherung, bleiben sie doch im Schutzbereich des neuen Grundrechts und müssen daher „so ausgestaltet sein, dass er (scil. der Leistungsanspruch, W. S.) stets den gesamten existenznotwendigen Bedarf jedes individuellen Grundrechtsträgers deckt“ (Nr. 137). Bei Menschen mit Behinderungen ist dieser individuelle Bedarf maßgeblich durch die Behinderung mitbestimmt. So ergibt sich im Blick auf das Benachteiligungsverbot nach Art. 3 Abs. 3 S. 2 GG die Notwendigkeit, das Recht auf gesellschaftliche Teilhabe im Recht der Existenzsicherung auch behinderungsspezifisch zu beschreiben. Nur so ist eine diskriminierungsfreie Grundrechtskonkretisierung denkbar. Wenn das so ist, müssen im Überlappungsbereich von Existenzsicherung und Benachteiligungsverbot die Leistungen zur sozialen Teilhabe dreifach legitimiert werden:

- als individuell angemessen auch unter Berücksichtigung etwaiger Benachteiligungen aufgrund einer Behinderung,
- als durch transparente Verfahren der Bedarfsbemessung und Leistungsbemessung rechtsstaatlich begründbar und
- als durch Verfahrensgestaltungen für alle Berechtigten gleichmäßig gleichermaßen zugänglich.

Zu diesen 3 Gütekriterien der Individualisierung, der Transparenz der Bemessung und der Zugangsgleichheit lassen sich aus dem Grundsicherungsurteil für eine Reform der „Eingliederungshilfe" weitere konkrete Hinweise entnehmen:
Wenn der Gesetzgeber bei der Ermittlung eines individuell angemessenen Leistungsniveaus Bedarfsgruppen bildet oder Leistungsmodule vorsieht, dann ist das insoweit verfassungskonform, als für eine Prüfung und Bemessung abweichender Bedarfe rechtlich Raum bleibt. Im Bereich des Existenzminimums ist bei Pauschalierungen also eine Öffnungsklausel vorzusehen, um atypischen Bedarfen mit individuell angepassten Lösungen zu begegnen.
Zur Bedarfsbemessung gehört ein transparentes und sachgerechtes Verfahren, das den tatsächlichen Bedarf im Einzelfall realitätsgerecht abbildet (Nr. 139). Gleichzeitig muss der Gesetzgeber den einmal eingeschlagenen Pfad der Bedarfs- und Leistungsbemessung auch konsequent verfolgen. Im konkreten Verfahren hat das Gericht gerügt, der Gesetzgeber habe sich selbst an das gewählte Statistikmodell in Einzelfragen nicht gehalten (Nr. 173 ff). Sie wichen „in unvertretbarer Weise von den Strukturprinzipien" des gewählten Bedarfsermittlungsmodells ab (Nr. 183).
Und schließlich bedeutet die Einbeziehung von Teilhabeleistungen in den Schutzbereich des neuen Grundrechts, dass der Bund die Letztverantwortung für die Sicherstellung des gesamten menschenwürdigen Existenzminimums trägt, unbeschadet etwaiger Kompetenzregeln oder Ausgabenlasten aus der Finanzverfassung (Nr. 181). Das Gericht hat für das Schul- und Bildungswesen darauf hingewiesen, dass sich der Bund aus dieser Verantwortung – etwa für Leistungen zur Sicherung der Bildungsbeteiligung von Kindern - leistungsrechtlich nur insoweit zurückziehen kann, als die Länder tatsächlich anderweitige gesetzliche Ansprüche bezogen auf die gleichen existenzsichernden Leistungen gewähren (Nr. 182).

Gleichheitssatz, gleichwertige Lebensverhältnisse und Soziale Teilhabe
Zu diesen mittelbaren Hinweisen aus der Verfassungsrechtsprechung für eine Reform des Rechtes auf soziale Teilhabe stehen die gegenwärtigen Regelungen der „Eingliederungshilfe" in einem besonderen Spannungsverhältnis – und dies in doppelter Weise: sowohl bezogen auf die Regelungen der Leistungskonkretisierung als auch bezogen auf die Zuständigkeitsnormen. Denn Art und Maß der Leistungserbringung obliegen den Leistungsträgern; zuständig sind primär die örtlichen Leistungsträger, also die Kommunen; sie sind es auch, die die Leis-

tungs-, Qualitäts- und Vergütungsvereinbarungen abschließen; aus den Zuständigkeitsnormen ergibt sich auch die haushaltsrechtliche Verantwortung für die Finanzierung.[75] Selbst wenn man unterstellt, dass die über 400 zuständigen Sozialleistungsträger in der „Eingliederungshilfe" die Leistungsberechtigung dem Grunde nach mit einheitlichen Maßstäben feststellen,[76] so ist das Ergebnis dieser Feststellung regional und örtlich doch außerordentlich unterschiedlich. Fachpolitisch und verfassungsrechtlich bedenklich ist vor allem, dass die Chancen für Menschen mit Behinderungen, an neueren Angeboten mit mehr Gemeindenähe und einem höheren Maß an sozialer Inklusion, offenbar einem deutlichen Nord-Süd- und auch Stadt-Land-Gefälle unterworfen sind. Belastbare Zahlen gibt es bisher nicht, aber die wenigen Daten zur Ambulantisierung deuten doch darauf hin, dass von gleichwertigen Lebensverhältnissen für Menschen mit Behinderungen beim Zugang zu sozialrechtlichen Teilhabehilfen in Deutschland nicht gesprochen werden kann.[77]

Eine der im Sozialrecht der vergangenen Jahre maßgeblichen Verfassungsrichterinnen, Christine Hohmann-Dennhardt, hat in ihrem Hamburger Vortrag 2008[78] darauf hingewiesen, dass der Reformgesetzgeber gehalten sein wird, die Gleichheitsprobleme der gegenwärtigen Fürsorgeregelung zu bearbeiten. Ich zitiere:

„Das Bundesverfassungsgericht (hat) immer wieder betont, dass bei allem staatlichen Handeln zur Erfüllung seines Sozialstaatsauftrages und seiner grundrechtlichen Schutz- wie Förderpflichten ein Mindeststandard nicht unterschritten werden darf. Das gilt nicht nur für die Sicherung des Existenzminimums, sondern auch für ein Minimum an Unterstützung zur Eingliederung Behinderter in das berufliche, gesellschaftliche und kulturelle Leben.

Es ist zwar auch hier sehr schwierig, dieses Mindestmaß an Hilfe bezogen auf eine bestimmte Leistung verfassungsrechtlich festzumachen. Doch es kann Art. 3 Abs. 1 GG entnommen werden, dass der Gesetzgeber gehalten ist, selbst bestimmte Mindeststandards für Hilfen festzulegen, die fachlichem Rat genügen und allen Behinderten zukommen bzw. zugänglich sind. Darüber hinaus kann aus Art. 2 Abs. 1 GG in Verbindung mit Artikel 1 Abs. 1 GG gefolgert werden, dass die Hilfen individuell zugeschnitten und vorrangig darauf ausgerichtet sein müssen, dem Behinderten ein möglichst selbständiges Leben nach eigenen Vorstellungen zu führen. Und schließlich kann dem Benachteiligungsverbot des Art. 3 Abs. 3 GG und den Teilhabeansprüchen der Grundrechte der verfassungsrechtliche Impetus entnommen werden, Nachteilsausgleiche für Behinderte nicht generell von ihrer Bedürftigkeit abhängig zu machen. Denn es geht dabei nicht darum, ihnen etwas zu gewähren, weil sie es sich selber nicht leisten kön-

75 §§ 17 Abs. 2, 97 Abs. 1, 75 Abs. 3 SGB XII. Zu den Details: Grube/Wahrendorf, SGB XII-Kommentar.

76 § 53 SGB XII, „wesentliche Behinderung" i.V.m. §§ 1-3 EinglVO.

77 Siehe oben: II.4.

78 Hohmann-Dennhardt, Schutz und Teilhabe, in diesem Band.

nen, sondern Nachteile zu kompensieren, die sie auf Grund ihrer Behinderung haben.

Diesen grundsätzlichen Richtungsweisungen entsprechen die derzeitigen rechtlichen Regelungen, vor allem aber die realen Umsetzungen von Hilfen für Behinderte noch nicht in hinreichendem Maße. Da sind zum einen die vielverzweigten vor- oder nachrangigen Ansprüche gegenüber den diversen Leistungsträgern zu nennen, die die Behinderten nicht nur in zwei Gruppen aufteilen: in diejenige, denen aus abhängiger Beschäftigung Versicherungsansprüche auf Rehabilitation erwachsen sind, und in diejenige, denen Eingliederungshilfe als Fürsorgeleistung erbracht wird, auch wenn hier die äußerst komplizierten Einkommensanrechnungen im Laufe der Jahre gelockert worden sind. Die Vielfalt der Regelungen, zudem verteilt auf verschiedene Gesetze, führt auch zu mangelhafter Transparenz für die Betroffenen, welche Ansprüche ihnen nun vorrangig oder nachrangig gegen welche Leistungsträger zustehen, auch wenn das SGB IX hier mittlerweile die Voraussetzungen für eine bessere Koordination der Leistungserbringung durch die Leistungsträger geschaffen hat. Vor allem aber ist noch eine deutlich unausgeglichene Versorgungslage mit Hilfeeinrichtungen zu verzeichnen, ist der Leistungs- und Angebotsteppich für Behinderte und ihre jeweiligen Bedürfnisse noch nicht gleichmäßig über das Land gelegt. Während es z.B. in den Großstädten Frühförderstellen für behinderte Kinder gibt, haben Eltern auf dem Land oftmals noch weite Wege zurückzulegen, um für ihr behindertes Kind die entsprechende und gewünschte Förderung zu erhalten. Das führt zu regionalen Nachteilen für Behinderte."

Frau Hohmann-Dennhardt knüpft daran verständnisvolle Überlegungen zur Haushaltspolitik der regional zuständigen Soziahilfeträger, insbesondere der Städte und Kreise. (Sie selbst war einige Jahre Sozialdezernentin in Frankfurt.) Ihnen können ja nach der ersten Förderlismusreform bundesrechtlich Aufgaben nicht mehr direkt übertragen werden; und sie stehen im Wettbewerb untereinander - um dann aber fortzufahren:

„Doch ein solcher Wettbewerb hat dort zu enden, wo Mindeststandards für Hilfen nicht mehr gewährleistet sind und zu nicht hinnehmbaren Ungleichheiten und Benachteiligungen führen. Insofern räumt Art. 72 Abs. 2 GG nach wie vor dem Bund die Kompetenz zur konkurrierenden Gesetzgebung für die öffentliche Fürsorge ein, soweit eine bundesweite Regelung zur Herstellung gleichwertiger Lebensverhältnisse im Bundesgebiet erforderlich ist, wobei unter den Begriff der Fürsorge nicht nur einkommensabhängige Leistungen fallen, sondern er generell soziale Hilfeleistungen umfasst."[79]

Diese Position ist durch das Grundsicherungsurteil aus dem Jahr 2010 noch einmal akzentuiert worden. Sieht man die Ausführung im Lichte des neuen Grundrechts auf menschenwürdige Existenzsicherung, so resultieren daraus weitgehende Gewährleistungspflichten des Bundes bei der anstehenden Reform der „Eingliederungshilfe". Der Bund muss im Rahmen seiner Gewährleistungs-

[79] Hohmann-Dennhardt aaO.

pflicht die entsprechenden rechtlichen Maßnahmen vorsehen, damit gleichheitswidrige Effekte möglichst vermieden werden. Er kann sich dabei – wie dargelegt[80] - nicht auf Kompetenzgrenzen zurückziehen, wenn es sich um Probleme des menschenwürdigen Existenzminimums handelt. Ebenso wenig trägt ein Verweis auf die kommunale Eigenverantwortung nach Art. 28 Abs. 2 GG und nach den Gemeindeordnungen der Länder. Auch hier handelt es sich - wie die vom Verfassungsgericht angesprochene Schnittstelle zum Schul- und Bildungsrecht – um Organisationsnormen, denen elementare Grundrechtspositionen nicht geopfert werden dürfen.

Wie im Recht der Grundsicherung und im Recht der Pflege wird es in einem neuen Recht der sozialen Teilhabe von Verfassungs wegen in sehr viel weitergehender Weise als bisher nötig sein, örtlichen und regionalen Leistungsträgern bundesrechtliche Vorgaben zu machen, damit ihre Verfahren und Leistungsentscheidungen den Anforderungen des Gleichbehandlungsgebotes entsprechen.

2. Die UN-Behindertenrechtskonvention (BRK)

Neben der Verfassung ist es vor allem die UN-Konvention über die Rechte von Menschen mit Behinderungen (BRK)[81], die als maßgebliches Rechtsdokument eine künftige Gesetzgebung zum Recht auf soziale Teilhabe leiten müsste. Nachdem auch die ASMK sich offenbar dieser Ansicht angeschlossen hat[82], darf man dazu die Zustimmung auf politisch-administrativem Terrain erwarten. Für eine Reformdebatte ist das eine günstige Randbedingung, denn über wesentliche rechts- und fachpolitische Parameter muss offenbar kein Grundsatzstreit mehr geführt werden. Die Zielrichtung Inklusion erscheint klar und auf einer breiten Basis konsensfähig.

Die BRK stellt die Gleichbehandlung und Nichtdiskriminierung in den Mittelpunkt und fordert in allen Bereichen der Lebensgestaltung eine Beachtung der autonomen Entscheidungen der Betroffenen. Klaus Lachwitz, ehemals Justiziar und Geschäftsführer des Bundesverbandes der „Lebenshilfe", nunmehr Präsident von „Inclusion International", spricht in Veranstaltungen gern davon, diese Konvention enthalte geradezu einen umfassenden Wunschkatalog der Verbände zu der besonderen Menschenrechtssituation von Menschen mit Behinderungen. Für Aspekte der Lebensführung und gesellschaftlichen Teilhabe[83] ist das Autonomieprinzip leitend. Was dies im Alltag des Wohnens und der Wahl der Wohnform bedeuten kann, haben Klaus Lachwitz und Peter Trenk-Hinterberger anhand des Art. 19 BRK untersucht[84]. Sie kommen dort bezogen auf das geltende Sozialrecht zu dem Ergebnis, dass etwa die Mehrkostenvorbehalte im SGB

---

80 BVerfG aaO., unter Nr. 182.

81 Übereinkommen der Vereinten Nationen vom 13. Dezember 2006 über die Rechte von Menschen mit Behinderungen. Dazu Masuch: Die UN-Konvention über die Rechte von Menschen mit Behinderungen, in diesem Band.

82 Siehe Bund-Länder-Arbeitsgruppe, in diesem Band.

83 Art. 9 und 19 ff BRK.

84 Lachwitz/Trenk-Hinterberger, Zum Einfluss der Behindertenrechtskonvention (BRK) der Vereinten Nationen auf die deutsche Rechtsordnung, RdL Nr. 2/2010, S. 45 ff.

XII[85] und die Minderleistungen aus dem SGB XI an Menschen mit Behinderungen in stationären Einrichtungen[86] mit Art. 19 BRK unvereinbar sind. Im Anschluss daran erörtern sie Lösungsmöglichkeiten für solche Kollisionen auf rechtlicher Ebene und resumieren, dass vorliegend auch de lege lata der Vorrang der BRK etwa in sozialgerichtlichen Verfahren gewahrt werden kann und muss.[87]

Man sollte sich allerdings vor Enttäuschungen wappnen, wenn Sozialgerichte nicht mit der BRK in der Hand ganze Normkomplexe im geltenden deutschen Sozialrecht für „konventionswidrig“ erklären und ihre Anwendung als Verstoß gegen geltendes Völkerrecht werten. Wenn hier die Probe aufs Exempel in den Instanzgerichten versucht wird, führt dies möglicherweise eher zu Streitigkeiten darüber, wer denn eigentlich das Sagen hat. Den Gerichten bietet die Konvention immerhin die Chance, die vielen unbestimmten Rechtsbegriffe im Rehabilitationsrecht personen- und zielbezogen zu konkretisieren.[88]

Auch international wird die Konvention ihre Wirkungen weniger im Bereich der Rechtsanwendung entfalten. Sie wird in den Vertragsstaaten soweit zur Wirkung kommen, wie es den Nichtregierungsorganisationen (NGOs) gelingt, gesellschaftspolitisch im Sinne der Konvention Einfluss zu nehmen. Einen auf 10 Jahre angelegten Nationalen Aktionsplan hat die Bundesregierung im Juni 2011 beschlossen.[89] Mit dem Berichtsverfahren nach Art. 35 BRK steht zudem ein rechtlich verfasster Evaluationsprozess zur Verfügung, der geeignet ist, die nationalen Debatten um die Verwirklichung von Nichtdiskriminierung und Autonomie in den Systemen sozialer Sicherung und außerhalb im gesellschaftlichen Raum in Bewegung zu halten.[90]

In der hoffentlich vor uns liegenden parlamentarischen Reformdiskussion hin zu einem Recht auf soziale Teilhabe dürfte die BRK eher als Kontrollmaßstab auf programmatischer Ebene von Bedeutung sein und mehr fachpolitische als rechtliche Wirkungen entfalten.

---

85 §§ 9 Abs. 2 und 13 Abs. 1 S. 2 SGB XII.

86 Gegebenenfalls: § 43 Abs. 4 SGB XI.

87 aaO. S. 51 f.

88 Zum Problem der Rechtskonkretisierung im Rehabilitationsrecht aus der Sicht des Richters: Flint, Die Eingliederungshilfe in der Rechtsprechung der Sozialgerichtsbarkeit, in diesem Band.

89 „einfach machen“. Unser Weg in die inklusive Gesellschaft. Nationaler Aktionsplan. Vom Bundeskabinett beschlossen am 15.06.2011.

90 Der erste deutsche Bericht nach Art. 35 BRK über getroffene Maßnahmen und erzielte Fortschritte ist jüngst erschienen: Übereinkommen der Vereinten Nationen über Rechte von Menschen mit Behinderungen. Erster Staatenbericht der Bundesrepublik Deutschland. Vom Bundeskabinett beschlossen am 3. August 2011.

3. Sozialrechtswissenschaft als Orientierungsrahmen für eine Reform

Das Verfassungsrecht stellt für eine Nachfolgeregelung zur „Eingliederungshilfe“ einen Ordnungsrahmen dar, der seine Anforderungen insbesondere aus grundrechtlichen Mindeststandards und rechtsstaatlichen Verfahrensmodellen entnimmt. Die UN-Behindertenkonvention vermag es als Rechtsdokument, fachpolitische und rechtspolitische Programmatiken zu bündeln und angestrebte gesellschaftspolitische Wirkungen zu umschreiben. Damit sind zwei wesentliche rechtliche Koordinaten künftiger parlamentarischer Entscheidungen bereitgestellt.

Bleibt die Frage der rechtlichen Operationalisierung einer Reform, die Wahl der administrativen und finanziellen Instrumente und der Wirkungskontrollen. Die Wirksamkeit sozialer Programme steht und fällt mit der Implementierung im rechtlich strukturierten sozialen Raum; dies zumal in einem rechtlich verfassten und durch Kooperationen vieler Akteure gekennzeichneten staatlichen Sozialsystem wie dem deutschen.

Inwieweit kann die Sozialrechtswissenschaft klärend dazu beitragen, programm- und zieladäquate Umsetzungsformen im verfassungsrechtlichen Rahmen zu entwickeln? Dabei sollte sich das Sozialrecht mit Blick auf den Reformprozess hin zu einem Recht auf soziale Teilhabe m.E. mit folgenden Themen auseinandersetzen:

- die gesellschaftliche Arbeitsteilung zwischen Sozialrecht und anderen Formen der Regulierung in der sozialen Sicherung (Funktionale Äquivalente, Alternativen im Recht?);
- die Übernahme gesellschaftspolitischer Leitvorstellungen - etwa der Inklusion - in das Instrumentarium des Sozialrechts (Wie verwirklicht sich Inklusion im System des Sozialrechts?);
- die Konsistenz des sozialrechtlichen Normprogrammes (Allgemeine vs. besondere Regelungen?);
- die Verteilung der Rollen auf die beteiligten Akteure und ihre jeweiligen rechtlichen, ökonomischen und sozialen Ressourcen bei der Definition und Zuerkennung von Leistungsansprüchen (Leistungssteuerung und Finanzierung, Rolle der Berechtigten?);
- die Ausgestaltung transparenter Verfahren und Kontrollmechanismen;
- die Entwicklung von Instrumenten zur Evaluierung solcher Rollenverteilungen und Verfahrensvarianten im Hinblick auf eine künftige Systemsteuerung;
- das Aufgabenverständnis der Sozialrechtswissenschaft (Richtigkeitskontrolle ex post vs. prospektive Steuerung?);
- das Selbstverständnis der Sozialrechtswissenschaft bezogen auf seine Wissensbestände und Aussagevarianten (Rechtswissenschaft im Kontext der Gesellschaftswissenschaften).

Für ein Reformprojekt wie die neue Konstruktion eines Rechtes auf soziale Teilhabe kann derzeit noch nicht auf normativ konsistente und empirisch fundierte Aussagen zu rechtlich möglichen und günstigsten Implementierungsfor-

men zurückgegriffen werden. Doch lassen sich aus dem Erfahrungsbestand des Sozialrechts einige Schlüsselfragen identifizieren, einige Referenzsysteme benennen und einige Antwortversuche skizzieren, denkbar als rechtliches Programm für eine künftige „Teilhabewissenschaft"[91] bei der Reform der „Eingliederungshilfe" umschrieben. Das Ziel einer solchen „Teilhabewissenschaft" in rechtlicher Hinsicht könnte darin liegen, Erfahrungen und empirische Befunde zur Implementierung sozialer Programme so zu bündeln, dass bei einer Reform die beabsichtigte Realisierung eines Rechtes auf soziale Teilhabe verfassungskonform und zieladäquat wahrscheinlich wird.
Hierzu nun noch einige Konkretisierungen:

Gewährleistung sozialer Teilhabe als gesamtgesellschaftliche Aufgabe
In der gegenwärtigen Diskussion um eine Reform der „Eingliederungshilfe" stellt sich die „*Systemfrage*" als Frage nach der gesellschaftlichen Verantwortungsteilung: Wer übernimmt in unserer Gesellschaft die Verantwortung für die sozialen Folgen des „Schicksals" einer Behinderung? Das Fürsorgesystem des SGB XII mit seinen umständlichen Leistungszugängen, schmalen kommunalen Budgets und seiner Philosophie einer erst nachrangigen gesellschaftlichen Verantwortung durch die Sozialhilfeträger führt nicht zu gesicherten und verlässlichen Leistungskonstruktionen. Rechtlicher Hintergrund dafür ist die sozialpolitische Prämisse, für die Bewältigung von Folgen einer Behinderung seien primär private Unterstützungssysteme gefordert. Die Sozialrechtswissenschaft könnte darlegen, dass die bundesrepublikanische Debatte in der Wahrnehmung und Bewältigung vergleichbarer Risiken über diesen Rechtszustand hinausgelangt ist. Im Vergleich zur Gesetzlichen Unfallversicherung sind wir mit der „Eingliederungshilfe" bei der Universalisierung der Leistungszugangs zur sozialen Teilhabe noch mühsamst unterwegs. Beim Arbeits- und Wegeunfall ist die umfassende kollektive Verantwortung gesichert,[92] bei anderen Zugangswegen zu behinderungsbedingten Hilfebedarfen ist das mitnichten gewährleistet.[93] Es fällt schwer, diese Unterschiede sozialrechtlich oder sozialstaatlich noch zu legitimieren. Längst sind wir in anderen, ehemals arbeitsbezogenen Sicherungssystemen (Alterseinkommen, Gesundheit) faktisch auf dem Wege zu Bürgerversicherungen.

---

[91] Siehe die Initiative der sogenannten „Kontaktgesprächsverbände" für Führungs- und Leitungskräfte der Behindertenhilfe, zu einer interdisziplinären Fachtagung: „Teilhabeforschung jetzt! – Eine Einladung an Forschung und Lehre", Berlin, Katholische Akademie, 10.10.2011.

[92] SGB VI.

[93] Zu den Potentialen des Schadens- und Haftungsrechts am Beispiel „Contergan": Schütte, Verbraucherschutz im Sozialrecht – Eingliederugshilfe, in: Igl (Hg.), Verbraucherschutz im Sozialrecht, 2011.

Erfahrungsgemäß wird eine Verallgemeinerung der Verantwortung für gesellschaftliche Risikolagen dadurch flankiert, dass die maßgeblichen Regelungen zentralstaatlich gestaltet und die Finanzen zumindest teilweise aus Bundesmitteln beigesteuert werden. So ist etwa die erweiterte sozialstaatliche Verantwortungsübernahme im Bereich der Vorschulerziehung begleitet von Finanz- und Regelungsprogrammen auf Bundesebene.[94] Ob der Gesetzgeber bei einer Nachfolgeregelung für die „Eingliederungshilfe" die Kraft findet, sich zu einer gesamtgesellschaftlichen Verantwortung für die soziale Teilhabe behinderter Menschen zu erklären und den Einstieg in eine gesamtstaatliche Finanzierung bewältigt?

Rechtliche Inklusion: Abbau von Sonderrechtskreisen, Öffnung von allgemeinen Leistungssystemen

Die BRK führt als Element einer inklusiven Gesetzgebung auch den Zugang behinderter Menschen zum Recht auf. Gemeint ist damit im Rahmen der Konvention[95] zunächst, dass Menschen mit Behinderungen ihre Rechte im Rechtssystem barrierefrei geltend machen können, einfache Zugänge also vor allem zur Justiz haben. Darüber hinaus lässt sich dieses Postulat aber noch in einem weiteren Sinne verstehen und in der Konvention nachzeichnen.[96] Leitfrage an das jeweilige nationale Rechtssystem wäre, wieweit die „normalen" rechtlichen Regelungen einer Teilhabe von Menschen mit Behinderungen gegenüber offen sind. Sozialrechtlich ergeben sich da für das deutsche System interessante Befunde, die an die Sonderschuldebatte erinnern können: Bearbeiten wir die spezifischen Teilhabebarrieren von Menschen mit Behinderungen additiv in Sondersystemen für diese Gruppen? Wieweit gelingt es, in den üblichen, an Standardaufgaben des Sozialstaates ausgerichteten Leistungssystemen eine diskriminierungsfreie Offenheit, die die Bedarfe von behinderten Menschen mit erfasst?

Schaut man für eine künftige gesetzliche Regelung zur sozialen Teilhabe entlang dieser Leitfrage auf die heutigen Regelungen zum Nachteilsausgleich, so stechen die Sonderregeln des Schwerbehindertenrechts hervor. Im Einkommenssteuer- und Kindergeldrecht finden wir gleichfalls Nachteilsausgleiche, deren Anlässe und Wirkungen auf besondere Teilhabebedarfe wenig bezogen erscheinen. In der Jugendhilfe findet sich das Thema Behinderung nur partiell aufgenommen. In der Pflegeversicherung ist bislang völlig unklar, wie die gesellschaftlichen Aufgaben der Gesundheitspflege einer Rehabilitations- und Teilhabeverantwortung zuzuordnen sind.

Die Antwortversuche für ein künftiges Recht auf soziale Teilhabe könnten sich an der Leitlinie der Inklusion orientieren, dass sozialstaatliche Gewährleistungen insgesamt offener werden müssen für Verschiedenheiten, die auch Behinde-

94 Gesetz zur Förderung von Kindern unter drei Jahren in Tageseinrichtungen und in Kindertagespflege (Kinderförderungsgesetz - KiföG) vom 10.12.2008 (BGBl. I., 15.12.2008, S. 2403) sowie die Gesetze der Bundesländer zur Kindertagesbetreuung.

95 Art. 13 BRK.

96 Vergl. Art. 9 und 19 BRK.

rungen mit einschließen.[97] Stattdessen kommt es im gegenwärtigen System zu einer Fülle von Abgrenzungsstreitigkeiten[98] bei der rehabilitationsrechtlichen Leistungsgruppe einer „Teilhabe am Leben in der Gesellschaft" und zu Überforderungen der Sozialhilfeträger, die für diese Leistungsgruppe sowohl primär als auch nachrangig zuständig sind.

Leitgedanke eines Sozialrechts auf der Suche nach programmadäquaten Implementierungsformen könnte also sein, dass wir „Inklusion" auch und endlich innerhalb des Sozialrechts verfolgen: Menschen mit Behinderungen könnten von Zugangssperren zu sozialstaatlichen Institutionen befreit werden; und die Leistungskonzepte in sozialstaatlichen Standardsystemen sollten für die besondere Situation behinderter Menschen sensibilisiert und erweitert werden.

Das könnte ganz praktisch und pragmatisch etwa folgende Schritte beinhalten:

- Kinder mit Behinderungen erhalten von der Krankenkasse Frühförderung im umfassenden Sinne, also einschließlich heilpädagogischer Maßnahmen.
- Schülerinnen und Schüler mit Behinderungen erhalten in der Schule die für ihre Bildungsbedürfnisse entsprechenden Unterrichtsangebote und sozialen Hilfen, also einschließlich Beförderung und Integrationshilfen. Gleiches gilt für andere Bildungsbereiche, etwa die Hochschulen.
- Familien mit behinderten Kindern erhalten, wenn Bedarf an Beratung, Tagesbetreuung oder erzieherischen Hilfen besteht, die ihnen gemäße Unterstützung einheitlich über das Jugendamt, egal ob die Behinderung ihren Schwerpunkt im geistigen, körperlichen oder seelischen Bereich hat („Große Lösung" einer Integration von Jugend- und Eingliederungshilfe).
- Arbeitssuchende und Menschen, die auf öffentlich geförderte Arbeitsplätze angewiesen sind, erhalten ihre Hilfen von den zuständigen Arbeitsagenturen. Die Werkstätten wären in ihren Zuständigkeits- und Finanzierungsbereich überzuleiten.
- Pflegebedürftigen Menschen sind die für sie nötigen Brücken zur medizinischen Rehabilitation und zur gesellschaftlichen Teilhabe zu gewähren.

Die Zuständigkeiten der Sozialversicherungen und anderer vorgelagerter allgemeiner Leistungssysteme könnten konsistent final, umfassend und aufgabenbezogen ausgestaltet werden, um die bürgerrechtliche Inklusion auch im Sozialrecht zu gewährleisten.

Insgesamt bedarf es einer am Gedanken der Inklusion ausgerichteten Neuinterpretation der bislang in der Eingliederungshilfe angesiedelten Hilfen - und einer Bereinigung ihres bunten Zuständigkeitsbereichs. Die Folgen wären: Menschen

---

97 Zur sozialethischen Debatte im Umgang mit „Diversity" siehe insbesondere die Arbeiten von Martha Nussbaum, z.B.: Die Grenzen der Gerechtigkeit. Behinderung, Nationalität und Spezieszugehörigkeit, dt. 2010.

98 Exemplarisch: BSG Urteil vom 22.04.2008, B 1 KR 22/07 R: Kein Anspruch auf Fahrtkosten zum Rehabiliationssport durch die Krankenkasse; BSG Urteil vom 25.06.2008, B 11b AS 19/07 R: Kosten des Mittagessens eines behinderten Kindes in einer Ganztagsschule als Eingliederungsleistung (SGB XII) neben dem Sozialgeld (SGB II).

mit Behinderungen wären im System staatlicher Hilfen sehr viel weniger auf ihre Behinderung fixiert, sondern als Sozialbürger in den jeweiligen allgemeinen Unterstützungssystemen wahrgenommen.

Allgemeines Rehabilitationsrecht: SGB IX (2001): Weitgehend folgenlos
Weitere Überlegungen zur Implementierung ergeben sich aus der Inkonsistenz des heutigen Normprogrammes. Eine Öffnung der separierten Unterstützungsansätze und ihre Zusammenführung unter einheitliche Ziele und Verfahren war schon das Ziel des SGB IX[99]; für die Regelungsgegenstände der „Eingliederungshilfe" ist dies leider noch immer Zukunftsmusik. Dieses Scheitern hat Gründe, die beschreibbar sind und bei einer Reform vermeidbar wären.
Die „Hartz-IV"-Gesetzgebung hat die Eingliederungshilfe des BSHG weitgehend unverändert in das SGB überführt. Bei der rechtlichen Bewertung von Ansprüchen haben wir es im Recht der Rehabilitation und Teilhabe als Folge einer fortgeschriebenen Parallelität von BSHG und SGB IX nun zu tun mit zwei Zielkatalogen, zwei Umschreibungen des Personenkreises, zwei Leistungskatalogen und einer Fülle guter Absichten im SGB IX, die im wichtigsten Teilgebiet des Rehabilitationsrechts nicht ankommen. Eine solche Doppelstruktur in der Normierung ist geradezu eine Einladung, institutionelle Egoismen dort zu verfolgen, wo kooperatives Handeln gesetzlich versprochen und praktisch erforderlich ist; insofern zielt ein solches Programm auf mehr als auf eine rechtlich-systematische Ästhetik.
Dringliche Aufgabe aus der Sicht des Rechtes der Rehabilitation und Teilhabe wäre es, die Diskussion um eine Reform der „Eingliederungshilfe" zu nutzen, inkonsistente normative Regelungen im Verhältnis SGB IX und SGB XII nicht nur zu registrieren, sondern auch die sozialpolitischen Interessenlagen herauszuarbeiten, die ihr Fortbestehen sichern.[100] Nur so wird es gelingen, die regulativen Ursachen solcher Inkonsistenzen zu bereinigen und rechtliche Eindeutigkeiten hinsichtlich trägerübergreifender Kooperationen herzustellen. Das gilt für die Umschreibung des Personenkreises, für die Ziel- und Maßnahmekataloge, die Einflussmöglichkeiten der Berechtigten und die Verfahrensvorschriften für Leistungsträger und Anbieter. Immerhin hat eine dem SGB IX aufgeschlossene Sozialgerichtsbarkeit zumindest bei der Zuständigkeitsregelung nach § 14 SGB IX etwas mehr Verbindlichkeit hergestellt.[101] Aber das reicht nicht, um Komplexleistungen wie die Frühförderung oder Kooperationsprojekte wie die trägerübergreifenden Persönlichen Budgets realisierbar zu machen. Hier gilt leider, dass die Widerständigkeit eines einzelnen Beteiligten das Gesamttempo bestimmt.

---

99 Masuch, Reform der Eingliederungshilfe im Lichte des SGB IX, in diesem Band.

100 Insoweit anders: Fuchs/Welti, Anmerkungen zum Beschlussvorschlag der Bund-Länder-Kommission, in: Diskussionsforum Rehabilitations- und Teilhaberecht, Beitrag 3-2010, www.reha-recht.de.

101 Nachweise z.B. bei Welti in: HK-SGB IX, § 14, Rn 12 ff.

Eigenständiges Leistungsrecht für die Soziale Teilhabe
Die Anerkennung dieser Bedürfnisse im Sinne eines sozial orientierten Menschenbildes und die Realisierung besonderer Schwellen bei Menschen mit Behinderung legt es nahe, den Gedanken des Nachteilsausgleichs in Art. 3 Abs. 3 Satz 3 GG aufzugreifen und ein Hilfesystem zu gestalten, das hier zu verlässlichen Leistungszusagen führt.
Die Eingliederungshilfe hat sozialpolitisch-sozialrechtliche Prozesse der Herauslagerung und Universalisierung (SGB XI; II), der Integration und Identitätsbildung (SGB IX) und abgestimmten Kodifizierung (Übergang ins SGB, SGB IX als Rahmengesetz) „verschlafen". Das macht ihren heutigen Modernisierungsbedarf sozialrechtlich besonders dringlich. Wie im Bereich von Pflege und Grundsicherung zeichnet die sozialrechtliche Entwicklung der vergangenen Jahrzehnte einen gesetzgeberischen Schritt vor, der auch bei der Sicherung der gesellschaftlichen Teilhabe für Menschen mit Behinderungen Abschied nimmt von wesentlichen fürsorgerechtlichen Elementen:

- Einkommens- und Vermögensabhängigkeit der Hilfen schon im Grundleistungsbereich
- Rückgriff auf Unterhaltsansprüche
- Unklare, ungeregelte Bedarfsfeststellung
- Weitgehendes Gestaltungsermessen des Leistungsträgers bei den Leistungsangeboten
- Abhängigkeit des Hilfespektrums von der kommunalen Finanzsituation

Ein Leistungsgesetz ohne diese fürsorgerechtlichen Elemente sollte an den gelten Regelungen des SGB IX anknüpfen, sich auf die Definition der Leistungsgruppe in §§ 5 Nr. 4. sowie 55 ff anlehnen und gesetzestechnisch als Teil des SGB IX kodifiziert werden. Und: Dieses Leistungsrecht braucht einen anderen systematischen Rahmen als die Fürsorge. Vorschläge[102] zur Einordnung eines neuen Rechtes auf soziale Teilhabe favorisieren einen eigenständigen Abschnitt im SGB IX. Das erscheint mir dann sinnvoll, wenn gleichzeitig das Sonderrecht für Schwerbehinderte, soweit es Aspekte der sozialen Teilhabe anspricht, in diesen neuen Gesetzesabschnitt integriert wird.

„Lernendes Sozialrechtssystem": Ein Blick auf das SGB XI
Einen weiteren Beitrag für eine Modernisierung der „Eingliederungshilfe" kann die Sozialrechtswissenschaft aus Parallelprozessen entnehmen. Einen Erfahrungsschatz stellen zum Beispiel die vergangenen 15 Jahre der Pflegeversicherung dar. Es gibt hier durchaus vergleichbare und nachahmenswerte Elemente:
Finanzierung und Gesetzeszuständigkeit wurden auf Bundesebene gebündelt und haben eine Reformdynamik in der Pflege ermöglicht, von der sich in der Eingliederungshilfe angesichts des zähen ASMK-Prozesses nur träumen lässt. Schon um endlich eine sozialrechtliche Anpassungsfähigkeit der Rechte auf

[102] Sowohl bei Masuch, Soziale Teilhabe, und beim Forum behinderter Juristinnen und Juristen, Gesetzentwurf, beide in diesem Band.

soziale Teilhabe zu ermöglichen, erscheint eine Finanzbeteiligung des Bundes und seine Steuerungskompetenz wünschenswert.
Ein einheitliches Bedarfsbemessungssystem[103] hat bei der Pflege – bei aller Kritik an den Details der ersten und noch immer gültigen Bestimmung der „Pflegebedürftigkeit" - zu einer recht transparenten und gleichmäßigen Leistungssteuerung geführt, die auch gut justiziabel ist. Derweil haben die Gerichte in der Eingliederungshilfe größere Schwierigkeiten herauszufinden, wie denn der „Bedarf" gesetzeskonform bestimmt werden kann.[104]
Das revidierte Bemessungsverfahren für die Pflege (NBA) ist fachlich gut hinterlegt. Derweil steckt die Diagnostik und transparente Leistungsbemessung in der Behindertenhilfe noch in den Anfängen.
Sozialpolitische und fachliche Steuerungsmöglichkeiten des Hilfesystems sprechen in der Pflege und in der Eingliederungshilfe für eine Art Gemeinsamen Bundesausschuss, wie wir ihn aus dem Recht der GKV kennen[105], der wichtige Vorgaben zum Hilfeangebot für alle zuständigen Leistungsträger verbindlich formulieren kann.

Neues Verwaltungsrecht und Gewährleistungsstaat
Die deutsche Staats- und Verwaltungslehre hat nach meinem Eindruck im vergangenen Jahrzehnt ihre eigenen Kategorien einer partiellen Überprüfung unterzogen und das Bild ihres Gegenstandbereichs, der staatlichen Aufgaben und Handlungen, der Realität wieder schrittweise angenähert. Die normativen Folgen werden juristisch in einem „Neuen Verwaltungsrecht"[106] kleingearbeitet. Staatsrechtlich prominent ist die Konstruktion eines „Gewährleistungsstaates". Wer die Entscheidung zu den „Hartz-IV"-Regelsätzen aufmerksam liest, wird Elemente davon im neuen Grundrecht auf Existenzsicherung wiederfinden. Die Öffnung des Rechts zur Realität, zur gewandelten, oft nur bereitstellenden oder moderierenden Staats- und Verwaltungstätigkeit, hat Möglichkeiten freigesetzt, das traditionelle Koordinatensystem „rechtmäßig – rechtswidrig" zu verfeinern. Es geht nun auch im öffentlichen Recht um zielkonforme Steuerung, und das bis hinein in die methodischen Standards der Norminterpretation.
Eine solche Jurisprudenz ist neben einer vergangenheitsorientierten Richtigkeitskontrolle offener für zukünftige Optionen und für Elemente auch der außerjuristischen Realität, die einer methodisch transparenten empirischen Erfassung und Verdichtung zugänglich sind. Der „Gewährleistungsstaat" muss sich, wenn

---

103 Siehe dazu: Welke, Bedarsfeststellung im Recht der Rehabilitation und Teilhabe und in der sozialen Pflegeversicherung, in diesem Band.
104 Siehe den Beitrag von Flint in diesem Band. Verdienstvoll für die Suche nach verfahrensrechtlich verträglichen Maßstäben und Konkretisierungsschritten die Ausführungen von Grube in Grube/Wahrendorf, SGB XII-Kommentar, 2. Aufl. 2010 zu § 17 Abs. 2 SGB XII.
105 § 91 SGB V.
106 Siehe den programmatischen Aufsatz von Andreas Voßkuhle, nun Präsident des Bundesverfassungsgerichts: Neue Verwaltungsrechtswissenschaft, in: Hoffman-Riem, Schmidt-Assmann, Voßkuhle (Hg.): Grundlagen des Verwaltungsrechts Bd. I. Methoden, Maßstäbe, Aufgaben, München 2006, S. 1 ff.

er seinen eigenen Zielen treu bleiben will, auf den Weg machen und diese Realitäten in nachvollziehbarer Weise seinen Entscheidungen zu Grunde legen.
An der Grundsicherungsthematik kann man studieren, wie das Verfassungsgericht im Bereich existenzsichernder Leistungen für den „Gewährleistungsstaat" differenzierte Maßstäbe erarbeitet und daraus Handlungspflichten in Form von Aufträgen an das Parlament ableitet. Auch wenn das Leistungsniveau in der Grundsicherung nicht grundrechtlich deduziert werden kann, erscheint es nach dieser Entscheidung doch möglich, unter Rückgriff auf Forschungen zu Armut und Verteilungsgerechtigkeit methodisch-empirische Sorgfaltsmaßstäbe in rechtsstaatliche Konsistenz- und Transparenzanforderungen zu übersetzen. Werden diese nicht eingehalten, erscheint das staatliche Handeln empirisch nicht legitimiert und deshalb verfassungswidrig (wie etwa bei den Kinderregelsätzen).
Mittelbar wird der Gesetzgeber durch die Konstruktion eines neuen Grundrechts und die Anforderungen an transparente Berechnungsverfahren für die Folgen seiner Regelungen verantwortlich gemacht. Das schränkt seine rechtliche Gestaltungsfreiheit nicht grundsätzlich ein, bindet aber eine rechtlich-sachliche Nachvollziehbarkeit an die Vereinbarkeit mit sozialwissenschaftlichen Erhebungsstandards.
Es ist nicht zu erwarten, dass eine reformierte „Eingliederungshilfe" vor dem Verfassungsgericht nach völlig anderen Maßstäben überprüft würde. Es spricht also viel dafür, dass eine Sozialrechtswissenschaft, die nach sinnvollen Operationalisierungen für ein Recht auf soziale Teilhabe gefragt wird, sich des Standes etwa der Versorgungsforschung und der Verwaltungswissenschaften versichert, wenn sie parlamentarisch und gerichtlich wirksam sein will.

IV. Reformvorschläge

1. Arbeits- und Sozialministerkonferenz (ASMK): „Personenzentrierte Hilfen"

Die Arbeits- und Sozialministerkonferenz (ASMK) hat im Jahre 2008 in einem sogenannten „Vorschlagspapier"[107] den Begriff der „personenzentrierten Hilfe" in die Reformdebatte eingeführt und in den Kontext von Selbstbestimmung, Eigenverantwortung und Selbsthilfe gestellt. Später und konkreter wird die „personenzentrierte" einer „einrichtungszentrierten Hilfe" gegenübergestellt. Weitere gesetzespolitische Umsteuerungsmaßnahmen werden darauf bezogen bzw. als kompatibel und folgerichtig mit dem neuen Hilfekonzept benannt:

- Die Unterteilungen der Leistungen in ambulant, teilstationär und stationär sollen entfallen.

[107] Vorschlagspapier der Bund-Länder-Arbeitsgruppe „Weiterentwicklung der Eingliederungshilfe für Menschen mit Behinderungen" der ASMK, 2008; siehe auch: Bund-Länder-Arbeitsgruppe „Weiterentwicklung der Eingliederungshilfe für Menschen mit Behinderungen der ASMK: Eckpunkte für die Reformgesetzgebung Eingliederungshilfe im SGB XII, Anlage zum Beschluss der 86. Arbeits- und Sozialministerkonferenz 2009.

- Teilhabeleistungen sollen auf die „'reine' Fachmaßnahme" konzentriert werden, also abgelöst von Existenzsicherungs- und Unterkunftsleistungen.
- Bedarfe sollen nach bundeseinheitlichen Kriterien ermittelt werden.
- Die Beteiligung am Arbeitsleben soll verbessert werden, insbesondere durch Schaffung alternativer Beschäftigungsmöglichkeiten zu den stationären Werkstätten.
- Die Steuerungsmöglichkeiten und Wirkungskontrollen der Hilfen durch die Sozialhilfeträger sollen durch ein „einheitliches Teilhabemanagement" erweitert werden.
- Das Wunsch- und Wahlrecht der Berechtigten soll im Rahmen der „Möglichkeiten der Gesellschaft" interpretiert werden.

Betrachtet man das Anliegen der ASMK, mehr „Personenzentrierung" zu erreichen, unter sozialrechtspolitischen Aspekten, dann lassen sich drei Ebenen unterscheiden: die gesellschaftspolitische Ausrichtung einer Reform, die Zuerkennung von staatlichen Hilfen im Verwaltungsverfahren und das Zusammenwirken staatlicher und nichtstaatlicher Organisationen bei der Ausgestaltung der sozialen Infrastruktur.

Personenzentrierung und/oder Inklusion

Auf der ersten Ebene, der programmatischen Ausrichtung einer künftigen Rechtsstellung von Menschen mit Behinderung, erscheint die Kennzeichnung einer Hilfe als „personenzentriert" recht unproblematisch, bei näherem Hinsehen ist sie es aber doch nicht so ganz. So löblich es sein mag, zuvörderst „den einzelnen Menschen" im Auge zu haben, so verkürzt wäre es doch, in der Programmatik von Rechten für Menschen mit Behinderung hier ein ausschließliches letztes Ziel anzunehmen. Denn spätestens seit dem Inkrafttreten der UN-Behindertenrechtskonvention (BRK) [108], wohl aber schon seit der Verabschiedung des SGB IX im Jahre 2001, hat die Be-Rechtigung von Menschen mit Behinderungen eine über die Lebensverhältnisse von Individuen hinausgehende gesellschaftspolitische Ausgangslage und Wirkungsdimension. Natürlich sollen auch „Inklusion" und „Teilhabe" nicht in eine selbstzweckhafte Vergesellschaftung des Einzelnen führen, sondern auch sie dienen der Verbesserung der Lebensbedingungen einzelner Menschen. Jedoch wird durch die neue Ortsbestimmung einer Inklusionsorientierung auch dem Sozialrecht und seiner Reform die Frage gestellt, wieweit dieses Recht geeignet ist, die sozialen Verhältnisse und Lebensbedingungen so umzugestalten, dass ein erweitertes soziales Miteinander möglich wird. Unter der Geltung einer Integrations-Vorstellung hat man noch darauf hinweisen müssen, Integration sei keine Einbahnstraße.[109] In einer auf Inklusion ausgerichteten Reformgesetzgebung aber müssen die Person und die Gesellschaft zugleich im Zielhorizont erscheinen. Davon ist bei einer „Perso-

---

108 Dazu Masuch: Die UN-Konvention über die Rechte von Menschen mit Behinderungen, in diesem Band.

109 Hohmann-Dennhardt: Schutz und Teilhabe. Grundrechte und soziale Hilfen für Menschen mit Behinderungen, in diesem Band.

nenzentrierung“ einstweilen nicht die Rede. Insofern deckt das Konzept auf der programmatischen Ebene nur Teilaspekte einer moderner „inklusiven“ Rechtsauffassung ab.

Verfahrensgrundsätze und „Personenzentrierung“

Auf dieser zweiten Ebene, der Ausgestaltung der Hilfen in rechtlich gesteuerten Verfahren, erscheint die Formel mit dem individualrechtlichen Konzept des deutschen Sozialrechts gut verträglich. Danach wäre leistungsrechtlich die Zuerkennung von Ansprüchen einzelner Personen zu regeln; bei der Gestaltung und Bemessung staatlicher Hilfen wäre den besonderen Lebensumständen dieser einzelnen Personen Rechnung zu tragen und eben diese Personen hätten bei der Bemessung und Gestaltung der staatlichen Hilfen Wesentliches mitzusprechen.

Die Grundsätze der individuellen Berechtigung, der Individualisierung und des Wunsch- und Wahlrechts sind bereits im geltenden Recht der Rehabilitation und Teilhabe, namentlich im SGB I, IX und XII, gut verankert.[110] Sie werden von der UN-Behindertenrechtskonvention (BRK) noch einmal akzentuiert, aber nicht entscheidend modifiziert.[111] Da wäre für den Juristen eher die Frage, warum wir einen neuen Begriff der „Personenzentrierung“ einführen sollen, wenn die genannten Einzelfragen doch bereits jetzt und schon differenzierter im geltenden Rechts gelöst erscheinen, dort nämlich, wo von subjektiven Rechten, individuellen Leistungsansprüchen, Einzelfallbezug und Wunsch- und Wahlrechten die Rede ist.

Hilfeformen und Infrastruktur: „einrichtungszentriert“ versus „personenzentriert“

Den eigentlichen Motiven der ASMK-Papiere kommt man näher, wenn man die Gegenüberstellung „personenzentriert“ vs. „einrichtungszentriert“ betrachtet. Gemeint ist wohl, dass in einer derzeitig als „einrichtungszentriert“ erlebten Hilfegestaltung die staatlich garantierten und finanzierten Hilfen eher nach der pauschalen Logik von Einrichtungen bemessen und angebotsbezogen gewährt werden (müssen). Daran ist sicher richtig, dass alle Formen der stationären Unterbringung in der Praxis zur Schematisierung neigen und Gefahren der Überversorgung in sich bergen. Sie können tendenziell fragwürdig sein, weil sie „entmündigend“ wirken; und noch dazu sind sie recht teuer. Unnötig aufwändig können stationäre Versorgungsarrangements aus der Sicht einer als nachrangig konstruierten Sozialhilfe auch dadurch sein, dass sie Aufgaben übernehmen, die im „normalen“ Leben von anderen Leistungsträgern und gesellschaftlichen In-

---

110 Zur Individualisierung des Leistungsanspruchs: § 33 SGB I, § 9 Abs. 1 SGB IX, § 9 SGB XII. Zur Leistungskonkretisierung im Ermessensfall: § 39 SGB I, § 17 Abs. 2 SGB XII. Zu den dabei vom Rehabilitationsträger zu beachtenden übergeordneten Zielen: §§ 1, 4 SGB IX. Zur Partizipation der Betroffenen im Wege des Wunsch- und Wahlrechts: § 9 SGB IX, § 9 SGB XII. Zur Beteiligung von Bevollmächtigten und Beiständen, auch aus dem Kreis der Mitarbeiter von Leistungsanbietern oder der rechtlichen Betreuer: § 13 SGB X.

111 Sie BRK Präambel n) und Art. 19.

stanzen vermittelt werden; man denke an Existenzsicherung, Wohnhilfen, Pflege- und Gesundheitsleistungen, aber auch an soziale Kontakte in der Gemeinde. Die „Personenzentrierung“ offenbart ihre sozialpolitische Stoßrichtung demnach nicht im Abgleich mit den Zielen und Gestaltungsprinzipien eines künftigen Sozialrechts für Menschen mit Behinderungen; hier lehnt sich die Formel an Programmelemente des SGB IX und der Behindertenrechtskonvention der UN (BRK) fast nahtlos an. Vielmehr macht uns die ASMK in ihren ersten Operationalisierungsversuchen zur „Personenzentrierung“ darauf aufmerksam, dass sich die Effekte eines Hilfesystems bei den Leistungsberechtigten und in den öffentlichen Haushalten der sozialrechtlichen Leistungsträger - in sozialrechtlichen Kategorien gesprochen - erst dann ausmachen lassen, wenn man sich mit den Niederungen des Verwaltungsverfahrens, des Leistungserbringungsrechts und des gegliederten Sozialleistungssystems insgesamt auseinandersetzt.
Damit wird die eigentliche sozialpolitische Stroßrichtung des ASMK-Vorschlags deutlich: Es geht in Wahrheit um

- Aufgabenbegrenzung,
- De-Institutionalisierung und
- staatliche Steuerungspotentiale

bei einer künftigen Hilfegestaltung durch die Sozialhilfeträger.
Bei der anstehenden Reform der Eingliederungshilfe wird – so mein Eindruck – weniger für oder gegen verschiedene Ziele gestritten. Auf der Zielgeraden scheinen die maßgeblichen Akteure weitgehend einig, dass ein Sozialrecht für Menschen mit Behinderungen sich künftig an den Zielen des 2001 in Kraft gesetzten SGB IX und der im Jahre 2009 auch in Deutschland in Geltung gesetzten UN-Behindertenrechtskonvention zu orientieren hat: Alle – auch die ASMK-Papiere – reden von Selbstbestimmung und Teilhabeförderung, fast alle auch schon von Inklusion. Entscheidend aber dafür, ob diese Ziele beim Leistungsberechtigten auch möglich erscheinen und gar erreicht werden können, wird die Art der Kommunikation mit dem Berechtigten auf dem Wege zu einer bedarfsgerechten Entscheidung sein.

Verwaltungsverfahren
Damit sind rechtliche Fragen des Verwaltungsverfahrens angesprochen. In den Verfahrensregeln finden sich die staatsinternen Vorgaben, wie Zeit, Raum und soziale Beziehungen zwischen Bedarf/Bekanntwerden/Antrag einerseits und Hilfebewilligung durch Bescheid/Verwaltungsakt andererseits strukturiert werden. Die zentrale Herausforderung des Verwaltungsverfahrens im Sozialrecht für Menschen mit Behinderungen besteht darin, die jeweiligen kognitiven Stärken sowie die persönlichen, fachlichen und administrativen Motive und Interessen so einzubinden, dass individuell die Ziele des sozialpolitischen Programmes möglich werden. Eine wichtige Rolle spielt dabei, wieweit die Beteiligten in ihren Besonderheiten und Wünschen ernst genommen und zufrieden gestellt werden. Kommunikativ und administrativ muss hier Vieles zusammengeführt

und ausgewertet werden, um zielkonforme, transparente und bedarfsgerechte Entscheidungen herzustellen und zu legitimieren. In einem solchen - zumindest für den Leistungsberechtigten: unfreiwilligen – Kooperationsgefüge kommt es ganz wesentlich darauf an, dass staatliche Entscheider, Betroffene und Fachleute gezwungen sind, einander zuzuhören; und dass im Konfliktfall übersichtliche Maßstäbe der Entscheidung bereitstehen.[112]

Das Konzept einer „personenzentrierten Hilfe" lässt hier allerdings wichtige Fragen offen. In welchen rechtlichen Rahmenbedingungen die letztlich entscheidenden Sozialhilfeträger sich bewegen müssen, um ein Mehr an Transparenz und Bedarfsnähe herzustellen, wird nicht beschrieben. Das aber wäre nötig, um ein rechtswissenschaftliches Qualitätsurteil treffen zu können. Insbesondere wäre für ein transparentes und im Ergebnis zufriedenstellendes Verfahren zu beschreiben, worüber denn die Leistungsberechtigten mitentscheiden dürfen – und worüber nicht. Bleibt es etwa bei der Nachrangigkeit der Hilfen, beim nicht-individualisierten Mehrkostenvorbehalt, beim personenfernen Auswahl- und Gestaltungsermessen der Leistungsträger? Als was werden die Leistungsanbieter in die Entscheidungen eingebunden? Kommt es auf ihre Informationen, ihre Einschätzungen und Prognosen und ihre Fachlichkeit an? Nach welchen Maßstäben wird im Konfliktfall über die Hilfen entschieden? Gibt es ein einheitliches Diagnose- und Bedarfsbemessungssystem? Wie werden Bedarfsmessung und Hilfeleistung miteinander verkoppelt, qualitativ und quantitativ? Welchen Stellenwert haben fachliche Urteile überhaupt? Wie verhalten sie sich zum Wunsch- und Wahlrecht und zur Steuerungskompetenz der Leistungsträger? Gibt es in den Verfahren Raum für neutrale Gutachten? Gibt es ein Mindestangebot an Hilfen in jedem regionalen Zuständigkeitsbereich? Welche Finanzierungsregeln sichern, dass solche leistungsrechtlichen und verfahrensrechtlichen Prinzipien gestützt werden? Geben die Entscheidungs- und Finanzierungregeln einen dafür entsprechenden Entscheidungsrahmen frei?

Zur Bewertung[113]

Der Reformansatz einer „personenzentrierten Hilfe" aus den Arbeitsgruppen der ASMK ist ein Konzept mit einer gegenüber der heutigen Praxis weiterführenden gedanklichen Stoßrichtung, normativ und sozialpolitisch aber doch von einer recht begrenzten Reichweite. Er nimmt die anstehenden Reformziele der BRK und die Systemschwächen des geltenden Rechts nur partiell auf und orientiert sich dabei primär an den Bedarfen der steuernden Sozialleistungsträger. In diesem Rahmen versuchen die ASMK und ihre Arbeitsgruppen, für die Leistungs-

[112] Das gilt, wenn das Verwaltungsverfahren nicht zu konsensfähigen Ergebnissen führt, auch für die nachgeschaltete Rechtskontrolle durch die Sozialgerichte. Eindrucksvoll dazu: Flint, in diesem Band.

[113] Dazu auch die Kontroverse zwischen Harry Fuchs, Felix Welti und Peter Gitschmann: Fuchs/Welti, Anmerkungen zum Beschlussvorschlag der Bund-Länder-Kommission, in: Diskussionsforum Rehabilitations- und Teilhaberecht, Beitrag 3-2010, www.reha-recht.de; Gitschmann, Weiterentwicklung der Eingliederungshilfe in Hamburg, in: NDV 7/2011, S. 294 ff, hier insbes. S. 297 f.

träger und Berechtigten mehr Flexibilität zu generieren, ohne den Berechtigten mehr Autonomie und Sicherheit zu versprechen – und das alles möglichst kostenneutral.[114]

2. Forum behinderter Juristinnen und Juristen (FbJJ): Gesetzentwurf zum Recht auf Soziale Teilhabe

Sehr viel weiter als der Ansatz der ASMK-Arbeitsgruppen reicht ein Gesetzesentwurf des Forums behinderter Juristinnen und Juristen (FbJJ) aus dem Frühjahr 2011.[115] Hier wird versucht, einen rechtlichen Anspruch auf Sozialleistungen so in die bestehende Rechtslandschaft einzufädeln, dass Inklusion und soziale Teilhabe diskriminierungsfrei und niedrigschwellig möglich werden. Dabei ist der Entwurf, was die Gliederung des Sozialleistungssystems im Rehabilitationsrecht, die Aufgabenkataloge, die Beibehaltung der bisherigen Sonderrechtsgebiete für Schwerbehinderte und die Funktionszusweisung beim Fürsorgerecht angeht, noch recht strukturkonservativ.

Das Forum versucht einer neue sozialrechtliche Definition von „Behinderung“ als leistungsauslösendem Merkmal; diese Definition geht über den engen Personenbezug der ASMK-Dokumente hinaus. Unter Rückgriff auf ICF und BRK wird Behinderung als ein Wechselverhältnis zwischen langfristigen Beeinträchtigungen und Barrieren im weiteren Sinne verstanden. Bei den Hilfearten greift man auf die bekannten Kataloge aus SGB IX und SGB XII mit ihrer Eingliederungshilfe zurück, jedoch als zentrales Hilfeinstrument soll ein einkommensunabhängiges und auf den Grad der Beeinträchtigungen bezogenes Teilhabegeld aus Bundesmitteln fungieren. Statt regelhaft die Sozialhilfeträger sollen nun die Integrationsämter die Bedarfsfestsetzung und Hilfegestaltung steuern; bei allen Kindern und Jugendlichen mit Behinderungen sollen die Zuständigkeiten beim Jugendamt gebündelt werden. Einer erweiterten Selbstbestimmung soll das neue Gesetz vor allem dadurch dienen, dass sich die Berechtigten ihre Hilfen generell selbst gestalten und besorgen. Dazu sind erleichterte Zugänge zu Budgets und zu barrieremindernden Hilfen vorgesehen. Kritisch werden einige Instrumente des geltenden Rechts gewürdigt, so etwa die Gemeinsamen Servicestellen.

Der Entwurf beweist, dass eine klare, moderne und an Selbstbestimmung und Inklusion ausgerichtete Sozialgesetzgebung auch in unserem System möglich ist. Er enthält ein plausibles Konzept und viele gute Einzelgedanken, in denen sich Positionen wiederfinden, die insbesondere aus dem Umkreis der Verbände um „Selbstbestimmt Leben“ stammen. In dieser Stärke liegt gleichzeitig auch

---

114 Die Eckpunkte der ASMK sind nun seit einem Jahr formuliert und mit einem 16:0-Entscheid der Konferenz im Jahre 2010 akzeptiert. Dass bislang dazu kein Gesetzentwurf aus dem zuständigen Ministerium erarbeitet wurde, könnte darauf hinweisen, dass die Materie als politisch wenig dringlich angesehen wird. Der Grund könnte auch darin liegen, dass selbst in den recht bescheidenen Umstrukturierungen noch Risiken für Mehrkosten vermutet werden, denen Bund und Länder gern aus dem Wege gehen würden, solange es politisch möglich erscheint.

115 Forum behinderter Juristinnen und Juristen (FbJJ): Gesetz zur sozialen Teilhabe, Stand: 4. Mai 2011, in diesem Band.

eine Grenze: Die Lebenssituationen schwer- und schwerstbehinderter Menschen mit ihren möglicherweise hohen Hilfebedarfen und geringen Selbstkoordinationsfähigkeiten werden weniger berücksichtigt. Das Hilfekonzept erscheint nicht ganz konsequent, weil es die pauschalierten Hilfen an der Schwere der Beeinträchtigungen ausrichtet, nicht aber an individuellen Teilhabebedarfen.[116]
Gleichwohl: Hier liegt eine ausformulierte und weiter reichende Konzeption zu den zaghaften Ansätzen der ASMK-Dokumente vor. Es ist zu hoffen, dass eine der im Bundestag vertretenen Parteien den Entwurf in die parlamentarischen Debatten einbringt und damit den in den Bund-Länder-Debatten zäh errungenen Kleinsten Gemeinsamen Nennern eine vergleichsweise visionäre Alternative entgegenstellt.

V. Schluss: Perspektiven für eine parlamentarische Debatte

Wenn man die hier aufgezeigte sozial- und verfassungsrechtliche Komplexität einer Reform der Eingliederungshilfe ernst nimmt, muss man das Konzept der ASMK zu einer "personenzentrierten Hilfegestaltung“ wohl für einen allzu kleinen Schritt halten. Vielleicht sind die Anhörungen und Arbeitsgruppen der ASMK der falsche Rahmen für diese sozial- und verfassungspolitisch anspruchsvolle Aufgabe.
Mein eigener Rat an die Verbände der Behindertenhilfe und die Betroffenenverbände geht dahin, unser Parlament für eine Programmplanung im Geiste der UN-Konvention zu interessieren, eine Enquete-Kommission des Bundestages anzuregen, in der die Modernisierung unseres Behindertenrechts im größeren Zusammenhang diskutiert werden kann: Bildung und Betreuung, Rehabilitation und Arbeit, Wohnen und soziale Teilhabe. Dies dürfte auch deshalb notwendig sein, weil die bisherigen Reaktionen auf die Impulse der BRK auf Bundesebene eher den Beharrungswillen der Ministerialbürokratie spiegeln als innovative Impulse zur Stärkung der Rechte von Betroffenen.[117] In einem erweiterten Diskussionszusammenhang würde sich auch „systemübergreifend“ klären lassen, wer die Erbschaft der heutigen Eingliederungshilfe übernimmt. Es werden mehrere Rechtssysteme und Administrationen sein müssen:

- eine neues weitestgehend einkommensunabhängiges erstrangiges Leistungsgerüst für die soziale Teilhabe im SGB IX;
- die Öffnungen im Recht der Arbeitslosen- und Krankenversicherung hin zu einem diskriminierungsfreien Zugängen und an „diversity“ ausgerichteten Leistungskonzepten,
- die Schulgesetze der Länder mit Impulsen zur integrativen Pädagogik und sozialen Inklusion,
- das BGB mit seinem Betreuungsrecht,
- und schließlich eine Restaufgabe für die kommunale Sozialhilfe, die dann auch für gemeindebezogene Angebote ohne individualrechtlichen Bezug im

---

116 Im geltenden Sozialhilferecht siehe die unglückliche Ausrichtung am Grad der Schädigung: §§ 1 – 3 EinglVO.
117 Siehe den Nationalen Aktionsplan und den Staatenbericht, oben FN 81.

Sinne eines inklusiven Sozialraumes und einer örtlichen Daseinsvorsorge verpflichtend zuständig erklärt werden sollte.

Auf dem Wege zu einem Leistungsgesetz für die soziale Teilhabe würde ich raten, die Grundrechtskonstruktion des Bundesverfassungsgerichts ernst zu nehmen und die Selbstbestimmung der Leistungsberechtigten im Sinne der BRK zu stärken. Das könnte auf assistierte persönliche Budgets als Regelleistungen hinauslaufen, deren Rahmenbestimmungen bundeseinheitlich gelten sollten; dies schon deshalb, um bei dezentralisierter Bedarfs- und Hilfegestaltung ein Gegengewicht zu örtlichen Sonderwegen zu schaffen und einem Auseinanderdriften der Lebensverhältnisse rechtlich etwas entgegenzusetzen. Eine Bundesbeteiligung erscheint mir schon aus Gründen einer effektiven und gleichmäßigen politischen Steuerung des Hilfesystems angeraten; hier gäbe es mit den Leistungen nach dem Schwerbehindertenrecht, den Kindergeldregeln und Steuersubventionen auch Finanzmasse, die in ein Teilhabegeld einfließen könnte. Für die bisherigen Anbieter insbesondere von stationären Angeboten sollte in Übergangsregeln genug Zeit und unternehmerischer Spielraum vorgesehen werden, ihre noch eher starren Leistungsangebote nutzerorientiert umzugestalten und sich auf flexiblere Assistenzmodelle einzustellen.

Rechtliche Grundsatzfragen eines künftigen Sozialrechts für Menschen mit Behinderungen

Christine Hohmann-Dennhardt

Schutz und Teilhabe

Grundrechte und soziale Hilfen für Menschen mit Behinderungen.

Zur Reform des Sozialhilferechts aus verfassungsrechtlicher Sicht[1]

Menschen mit Behinderungen, ob nun aufgrund Geburt, Krankheiten, Unfällen oder Kriegen, gibt es seit jeher. Doch ihre rechtliche und gesellschaftliche Behandlung war viele Jahrhunderte dadurch geprägt, dass sie als andersartige, minderwertige, unter Schutz zu stellende Personen abgestempelt wurden, was auch in ihren Bezeichnungen Ausdruck fand. „Missgeburten haben keinen Anspruch auf Familien- und bürgerliche Rechte. Rasende und Wahnsinnige heißen diejenigen, welche des Gebrauchs ihrer Vernunft gänzlich beraubt sind, und werden den Kindern gleichgesetzt. Menschen, welche das Vermögen, die Folgen ihrer Handlungen zu überlegen, ermangelt, werden blödsinnig genannt und werden Unmündigen gleichgesetzt, für sie sind Vormünder zu bestellen" – so bestimmte es noch das Allgemeine Landrecht für die Preußischen Staaten von 1794. Der Weg von solcher Stigmatisierung und Ausgrenzung Behinderter zu ihrer allmählichen gesellschaftlichen Akzeptanz und Anerkennung als Rechtssubjekte mit eigenen Rechten und Ansprüchen war lang und bitter und ist noch immer nicht an seinem Ziel angekommen, behinderten Menschen ein normales Leben in Gemeinschaft mit den anderen zu ermöglichen. Doch seit Mitte des letzten Jahrhunderts ist ein erfreulicher Bewusstseinswandel im Umgang mit Behinderten zu verzeichnen, der nicht nur in rechtlichen Regelungen, sondern auch in Verhaltensweisen und Einstellungen Behinderten gegenüber seinen Niederschlag gefunden hat.

Sichtbar wird dies, wenn wir den rechtlichen Aussagen des Allgemeinen Landrechts eine Entscheidung des Bundesverfassungsgerichts aus dem Jahre 1992 gegenüberstellen. Hierin führte das Gericht aus, wenn ein Querschnittsgelähmter in einer Zeitschrift mit „Krüppel" bezeichnet werde, dann sei dies als Formalbeleidigung, als Missachtung der Person des Behinderten und Verletzung seines Persönlichkeitsrechts zu bewerten, denn diese Bezeichnung werde heutzutage als Demütigung verstanden. Sie stempele den Behinderten zu einem minderwertigen Menschen ab und verletze damit seine Grundrechte. Welch Unterschied zwischen diesen beiden rechtlichen Standpunkten von gestern und heute! Gewiss empfand ein betroffener Behinderter es schon immer als Demütigung, Blödsinniger, Krüppel, Spasti, Depp, Hirni oder Verrückter genannt zu werden. Doch dass solche Titulierungen, auch wenn sie leider immer noch nicht aus der Welt sind, mittlerweile nicht nur von Behinderten, sondern auch von

[1] Vortrag auf der HAW-Tagung am 14.11.2008.

Nichtbehinderten für demütigend gehalten werden, darin liegt eine der maßgeblichen Veränderungen, die seither eingetreten sind: die Sensibilität, Menschen nicht wegen ihrer Andersartigkeit herabzuwürdigen, hat zugenommen.

Allerdings hat sich dieser Einstellungswandel in Etappen vollzogen und war von unterschiedlichen Motiven geleitet, die den jeweiligen Umgang mit Behinderten bestimmten und die zum Teil auch heute noch in den Köpfen vieler Menschen sowie in den Strukturen des Behindertenrechts fortwirken. Zunächst einmal stellte man Behinderte unter das Vorzeichen von Sicherheit und Ordnung. Sie wurden als abweichend von der menschlichen Norm betrachtet und sollten vor sich selbst geschützt werden. Vor allem aber sollte die Bevölkerung vor möglichen Gefahren oder Belästigungen bewahrt werden, die man Behinderten zuschrieb. Ansonsten wurden sie ihrem Schicksal überlassen und, wenn sie keine Familie hatten, die für sie sorgte, dem Armenhaus unterstellt. Als im vorletzten Jahrhundert die Verelendung der Massen unerträgliches Ausmaß annahm und das „Durchfüttern" behinderter Familienmitglieder immer weniger möglich machte, entstanden aus christlicher Tradition oder sozialem Engagement Träger freier Fürsorge, die sich der Armen und Hilfebedürftigen annahmen und dabei, wie z. B. in den von Bodelschwinghschen Anstalten Bethel, speziell auch den Behinderten zuwandten. Staatlicherseits aber wurde der ordnungspolitische Ansatz, der Armut Herr zu werden, nur zögerlich vom Fürsorgegedanken abgelöst, vor allem, was die spezielle Fürsorge gegenüber Behinderten betraf. Zunächst einmal ging es dem Staat darum, die gegen ihr Elend und ihre Rechtlosigkeit aufbegehrende Arbeiterschaft wieder zu besänftigen und zur Ruhe zu bringen. Aus diesem Grund schuf Bismarck neben der allgemeinen staatlichen Armenpflege die gesetzliche Sozialversicherung, die Arbeitern finanzielle Unterstützung und Hilfe bei Krankheit, Unfall und im Alter bot, wozu sich später in der Weimarer Republik noch die Unterstützung bei Arbeitslosigkeit hinzugesellte. Dabei blieben jedoch die Behinderten weitgehend draußen vor den Toren der Sozialversicherung. Denn viele von ihnen waren z.B. bei angeborener Behinderung nicht in der Lage, ein Arbeitsverhältnis zu finden oder einzugehen, an das der Schutz gekoppelt war und heute noch ist. Deshalb war ihnen dieser Versicherungsschutz zumeist versagt, sodass sie weiterhin auf die allgemeine Armenhilfe angewiesen blieben. Die Kriegsopfer waren nach dem ersten Weltkrieg die ersten Behinderten, denen gegenüber der Staat sich besonders verpflichtet fühlte, spezielle Fürsorge walten zu lassen. Er leistete ihnen samt ihren Familienangehörigen deshalb besondere Unterstützung.

Erst in der Weimarer Republik etablierte sich auf staatlicher Seite vollends der Gedanke, aus sozialer Verpflichtung angehalten zu sein, Menschen Hilfe zu gewähren, wenn sie diese benötigen. Dabei wurde der Fürsorge neben der Funktion, den Lebensbedarf Hilfsbedürftiger abzudecken, auch die Zielrichtung vorgegeben, Hilfsbedürftigen die Chance einer Reintegration zu geben. So konnte z.B. Unterstützung zur Beschäftigung Erwerbsbeschränkter geleistet werden. Doch ein wesentliches Manko blieb: Zwar gab es eine Pflicht der Länder und

Kommunen zur Fürsorgeleistung und es gab Reichsgrundsätze über die Fürsorge aus dem Jahr 1924. Doch was im Einzelfall an Hilfeleistungen erbracht wurde, stand letztlich im Ermessen der kommunalen Fürsorgeträger. Und Behinderte mit ihren speziellen Bedürfnissen waren jenseits der Kriegsversehrten weiterhin nicht im Focus staatlicher Fürsorge, sondern hatten sich in die Masse der sonstigen Hilfebedürftigen einzureihen. Als die Weimarer Republik aber zu Grunde ging und das Naziregime die Macht im Staate übernahm, erfuhren Behinderte eine schreckliche Aufmerksamkeit. Sie wurden als Objekte medizinischer Experimente zu Tode missbraucht und als menschenunwertes Leben vernichtet.

Die auch damit aufgeladene unermessliche Schuld und ein verzweifeltes „Nie wieder" waren es, die nach dem Krieg und dem Ende der Schreckensherrschaft die Mitglieder des Parlamentarischen Rates dazu bewegten, für die neu zu schaffende Staatlichkeit im Westen unseres Landes ein Grundgesetz zu schaffen, in dessen Mittelpunkt die Grundrechte der Bürger stehen und allem voran der kategorische Imperativ gestellt wurde, dass die Würde des Menschen unantastbar und von aller Staatsgewalt zu achten und zu schützen ist. Zudem wurde der Staat auf das Prinzip der Sozialstaatlichkeit verpflichtet. Damit war ein verfassungsrechtlicher Rahmen geschaffen, der auch den Behinderten und ihren Anliegen neue Perspektiven eröffnete. Denn Artikel 1 GG verlangt die Wahrung der Würde jedes Menschen, egal, welchen Status er hat, welche Leistungen er erbringt, welche Eigenschaften er hat oder was er getan hat, und zur Wahrung der Menschenwürde gehört, dass jeder in seiner Subjektivität anerkannt und jedem ermöglicht wird, menschenwürdig zu leben. Die Grundrechte wiederum sind nicht nur Freiheitsrechte, sondern auch Schutz- und Teilhaberechte, die dem Staat auferlegen, dafür Sorge zu tragen, dass die Freiheiten, die sie verbürgen, auch wahrgenommen werden können und von anderen geachtet werden, und umfassen den Gleichheitsgrundsatz, der neben der Gleichbehandlung auch die Gleichstellung der Menschen einfordert. Und schließlich verpflichtet das Sozialstaatsgebot den Staat, für soziale Sicherheit, sozialen Ausgleich, soziale Teilhabe und damit für eine gerechte Sozialordnung zu sorgen.

Diese verfassungsrechtlichen Verbürgungen waren neben einem sich allmählich einstellenden und von ihnen mit beeinflussten allgemeinen Einstellungswandel Behinderten gegenüber die maßgeblichen Triebfedern einer Entwicklung, die 1961 zur Entstehung des Bundessozialhilfegesetzes führten, mit dem Hilfebedürftigen erstmals Rechtsansprüche auf Leistungen eingeräumt wurden mit der ausdrücklichen Zielsetzung des Gesetzes, hierdurch den Leistungsberechtigten das Führen eines Lebens zu ermöglichen, das der Würde des Menschen entspricht. Dabei erhielten Behinderte besondere Ansprüche auf diverse Eingliederungshilfen zuerkannt, um die Folgen ihrer Behinderung zu beseitigen oder abzumildern und ihnen ein Leben in der Gemeinschaft zu ermöglichen oder zu erleichtern. 1974 entstand das Schwerbehindertengesetz, einerseits mit Schutzrechten, die insbesondere auf berufliche Eingliederung abzielten, und andererseits mit Nachteilsausgleichen für Menschen mit einem Grad der Behinderung von mindestens 30 bzw. 50 Prozent. 1994 wurde dann unsere Verfassung in Art. 3 Abs. 3 GG um das ausdrückliche Gebot ergänzt, niemanden wegen seiner Behinderung zu benachteiligen. Zwar war zunächst ein entsprechender Ergänzungsantrag der SPD-Mitglieder in der Gemeinsamen Verfassungskommission von Bund und Ländern an der erforderlichen Zweidrittelmehrheit gescheitert. Aber den Behindertenverbände gelang es während des nachfolgenden verfassungsändernden Gesetzgebungsverfahrens doch noch, den damaligen Bundeskanzler Kohl von der Richtigkeit und Notwendigkeit einer solchen Verfassungsergänzung zu überzeugen, sodass die CDU ihren Widerstand dagegen aufgab und diese gewichtige Ergänzung unseres Grundgesetzes die entsprechende Zweidrittelmehrheit erhielt. Ebenfalls im Jahre 1994 entstand die Pflegeversicherung, 2001 wurde unter Einbeziehung des Schwerbehindertenrechtes das Neunte Buch des SGB geschaffen, das das Ziel verfolgt, die Ansprüche auf medizinische, berufliche wie soziale Rehabilitation und Teilhabe behinderter Menschen gegenüber den diversen Leistungsträgern auf einheitliche Standards zu bringen. 2001 trat das Behindertengleichstellungsgesetz in Kraft, 2003 wurde die Sozialhilfe mitsamt der Eingliederungshilfe für Behinderte unter Herausnahme der Grundsicherung für Arbeitlose in das zwölfte Buch des SGB überführt. Und schließlich wurde 2006 zur Umsetzung mehrerer Richtlinien der EU das Allgemeine Gleichbehandlungsgesetz geschaffen, in dem ebenfalls das Verbot einer Benachteiligung wegen einer Behinderung enthalten ist. Damit habe ich nur einige der wesentlichen Gesetze genannt, die Behinderte inzwischen vor Benachteilungen schützen, ihre gesellschaftliche Integration fördern und ihnen Leistungsansprüche gewähren.

Diese Entwicklung von Almosen zu speziellen Rechtsansprüchen für Behinderte, von ihrer Ausgrenzung zu den Bemühungen ihrer Integration, ist eine durchaus positive, die allerdings noch nicht ganz den Schritt von der Fürsorge hin zur Grundrechtsverwirklichung für Behinderte genommen hat. Das liegt einerseits an der Komplexität des Verfassungsauftrags, andererseits aber insbesondere an den historisch begründeten Strukturen, in denen sich die Unterstützung von Behinderten vollzieht.

Wenden wir uns deshalb zunächst der Frage zu, welche Vorgaben und ggf. Ansprüche unserer Verfassung zu entnehmen sind, die auf das Recht der Behinderten bestimmenden Einfluss haben. Da ist zunächst einmal das Sozialstaatsgebot des Art. 20 Abs. 1 GG in Verbindung mit der Menschenwürdegarantie aus Art. 1 Abs. 1 GG zu nennen. Nach der Rechtsprechung des Bundesverfassungsgerichts ist diesem Verfassungsauftrag zumindest dreierlei zu entnehmen: Der Staat ist zum einen verpflichtet, jedem, sofern er der Hilfe bedarf, zumindest ein Existenzminimum zu gewähren, das ein menschenwürdiges Dasein möglich macht. Zum anderen hat er die Gleichheit der Menschen fortschreitend bis zu einem vernünftigerweise zu fordernden Maße zu verwirklichen. Und zum Dritten hat er dafür zu sorgen, dass jeder soweit wie möglich am Leben in der Gemeinschaft teilhaben kann.

So gewichtig diese Zielvorgaben gerade auch für Behinderte sind, so sehr bleiben sie allerdings zunächst im Abstrakten. Schon bei der Frage, wo das Existenzminimum eines Menschen für ein würdevolles Leben festzumachen ist, können sich deshalb die Geister scheiden. Denn die Antwort darauf hängt nicht nur von den jeweiligen gesellschaftlichen und ökonomischen Rahmenbedingungen ab, an denen sich das Minimum auszurichten hat, sondern auch davon, in welchem Maße man dazu jenseits der Mittel zum Überleben auch solche zur Entfaltung der Persönlichkeit zählt. Insoweit ist das Existenzminimum eine relative Größe. Es ist zwar das Untermaßverbot zu beachten, doch welche Maßstäbe anzuwenden sind und wo die Untergrenze unterschritten sein könnte, war verfassungsrechtlich noch nicht zu klären. Man geht bislang in der Literatur und fachgerichtlichen Rechtsprechung zumeist davon aus, dass die gesetzlich bestimmten Hilfen zum Lebensunterhalt einer hinreichenden Existenzsicherung Rechnung tragen. Noch viel schwieriger aber ist es festzustellen, ob der Staat seinem Auftrag, allen möglichst gleiche Lebens- und Partizipationschancen zu eröffnen, in genügender Weise nachkommt, hat er dabei doch die Vielfalt der unterschiedlichsten Aufgabenfelder, Bedürfnisse und Interessen bei endlichen Haushaltsressourcen zu berücksichtigen. Nicht nur deshalb, sondern auch, weil sich der Verfassungsauftrag, sozial gestaltend tätig zu werden, vorrangig an den Gesetzgeber wendet, hat das Bundesverfassungsgericht immer wieder betont, dass der Gesetzgeber einen weiten Gestaltungsspielraum habe, seinem sozialen Auftrag nachzukommen und ihn inhaltlich zu füllen. Das Grundgesetz gebe zwar das Ziel einer gerechten Sozialordnung vor, nicht aber den Weg, um diese zu erreichen. Dies zu bestimmen, sei Aufgabe des dazu demokratisch legitimierten Gesetzgebers. Art. 20 Abs. 1 GG sei kein Gebot zu entnehmen, bestimmte Sozialleistungen in bestimmtem Umfang zu gewähren. Und so hat das Gericht auch in seiner Entscheidung zur altersmäßigen Begrenzung der Waisenrente von Behinderten erklärt, das Sozialstaatsprinzip verpflichte den Gesetzgeber, Behinderte soweit wie möglich in die Gesellschaft einzugliedern, ihre angemessene Betreuung zu fördern und die notwendigen Pflegeeinrichtungen zu schaffen. Es gebe aber vielfältige Möglichkeiten, dies zu verwirklichen. Jenseits der Mindestvoraussetzungen habe deshalb der Gesetzgeber zu entscheiden, in welchem Umfang er unter Berücksichtigung der vorhandenen Mittel und anderer Staatsaufgaben Hilfe gewährt.

Dies mag vielleicht ernüchternd klingen, so, als sei das Sozialstaatsgebot nur etwas, das ins Fenster der Verfassung gehängt ist, aber den Staat zu nichts Konkretem verpflichtet. Es ist aber lediglich die Konsequenz der verfassungsrechtlichen Rollenzuweisung, nach der die Politik, das Parlament als Vertretung des Volkes, das Zepter der sozialen Gestaltung unseres Gemeinwesens in der Hand hält, während dem Verfassungsgericht die Aufgabe zukommt, der Politik die verfassungsrechtlichen Grenzen, innerhalb derer sie agieren kann, aufzuzeigen und darüber zu wachen, dass dabei die Grundrechte der Bürger hinreichend gewahrt werden. Eine solche verfassungsrechtliche Justierung gesetzgeberischen Handelns durch das Bundesverfassungsgericht vermag zwar nicht, dem Gesetzgeber den bestmöglichen Weg vorzugeben, auf dem er das verfassungsrechtliche Ziel einer Integration Behinderter anzustreben hat. Sie ist aber keineswegs folgenlos für die Politik wie für die Betroffenen. Das gilt zum Beispiel für die Frage, ob Behinderte zu Lasten anderer Vergünstigungen erhalten können. So hat das Bundesverfassungsgericht sowohl die Pflichtplatzquote für Arbeitsplätze, auf denen Behinderte zu beschäftigen sind, und die mit ihr verbundene Ausgleichsabgabe ebenso wie die Pflicht zur unentgeltlichen Beförderung Schwerbehinderter im öffentlichen Personenverkehr für verfassungsmäßig erklärt, auch wenn damit in die grundrechtlich geschützte Berufsfreiheit von Arbeitgebern bzw. Transportunternehmern eingegriffen wird. Denn, und hier kommt nun das Sozialstaatsgebot zum Tragen, die mit dem Schwerbehindertengesetz verfolgten sozialpolitischen Ziele, Behinderte zu Arbeitsverhältnissen zu verhelfen und ihnen, sofern ihre Mobilität eingeschränkt ist, dies mit Vergünstigungen auszugleichen, rechtfertigen diese Eingriffe, so das Gericht.

Vor allem aber hat das Bundesverfassungsgericht in vielen seiner Entscheidungen darauf hingewiesen, dass die Grundrechte nicht nur Freiheitsräume gegenüber staatlichem Handeln sichern, sondern den Staat respektive den Gesetzgeber zugleich auffordern, Sorge dafür zu tragen, dass die Freiheiten, die sie gewähren, sich auch für den Einzelnen realisieren lassen. Insofern gemahnt Art. 2 Abs. 1 GG, auch Behinderten eine Intimsphäre zu sichern, auch ihnen entsprechend ihren spezifischen Bedürfnissen und Einschränkungen eine freie Entfaltung ihrer Persönlichkeit zu ermöglichen und ihnen dabei Mobilität zu verschaffen. Art. 6 Abs. 2 GG wiederum gibt vor, auch ihnen Unterstützung bei der Übernahme von Elternverantwortung zukommen zu lassen, Art. 13 GG fordert, auch ihnen die Privatheit des Wohnens zu ermöglichen, und Art. 12 GG ist schließlich das Gebot zu entnehmen, auch ihnen den Weg in einen Beruf, eine Erwerbstätigkeit oder Beschäftigung zu eröffnen. Hinzu kommt Art. 3 GG mit seinem Gleichbehandlungsgebot und Benachteiligungsverbot, der eine gewichtige Rolle spielt, wenn es darum geht, zu überprüfen, ob Regelungen Behinderte ungerechtfertigt ausgrenzen oder Leistungen vorenthalten, die Nichtbehinderten zuteil werden. In diesem Zusammenhang hat das Bundesverfassungsgericht z.B. festgestellt, dass schreib- und sprechunfähige Personen nicht generell, wie es das BGB und das Beurkundungsgesetz bis dato vorsahen, von der Testiermöglichkeit ferngehalten werden dürfen. Und es hat in seiner Entscheidung zur Integration behinderter Kinder in den allgemeinen Schulunterricht ausgeführt, eine Behinderung dürfe nicht Anknüpfungspunkt für eine benachteiligende Ungleichbehandlung sein. Eine rechtliche und gesellschaftliche Ausgrenzung Behinderter müsse verhindert bzw. überwunden werden. Zu diesem Zwecke dürften Differenzierungen und Bevorzugungen von Behinderten vorgenommen werden. Wann Kompensationen ausreichend seien und nicht mehr benachteiligend wirkten, lasse sich jedoch nicht abstrakt, vielmehr im Einzelfall nach dem aktuellen Forschungsstand festlegen. Jedenfalls sei ein genereller Ausschluss einer gemeinsamen schulischen Erziehung von behinderten mit nicht behinderten Kindern verfassungsrechtlich nicht gerechtfertigt. Die Schulbehörde dürfe sich nicht einfach über den Wunsch der Eltern behinderter Kinder hinwegsetzen. Eine Benachteiligung eines behinderten Kindes liege vor, wenn seine Unterrichtung in der allgemeinen Schule mit sonderpädagogischer Förderung möglich sei, allerdings – und hier liegt der Haken - nur dann, wenn der dafür benötigte personelle und sächliche Aufwand mit den vorhandenen Personal- und Sachmitteln bestritten werden könne und dem keine organisatorischen Schwierigkeiten entgegenstünden. Insofern hat das Gericht auch die Ablehnung, ein Kind, das unter der Glasknochenkrankheit leidet, in einen Regelkindergarten aufzunehmen, verfassungsrechtlich nicht beanstandet, weil die Plätze im integrativen Kindergarten der Kommune belegt waren und im Übrigen die Behörden das Risiko von Verletzungen des Kindes im Regelkindergarten für zu hoch eingeschätzt hatten.

Man mag diese Entscheidungen für inkonsequent halten. Denn wenn die Integration eines Behinderten, sei es in die Regelschule oder in ein Wohnumfeld mit Nichtbehinderten, durch spezielle Hilfen möglich ist, aber verweigert wird, liegt darin eine Benachteiligung des betroffenen Behinderten. Kann diese dann wirklich allein schon mit dem Hinweis auf mangelnde Ressourcen gerechtfertigt und für verfassungsgemäß erklärt werden, ließe sich hier kritisch hinterfragen. Gewiss nicht, das zeigen schon die Entscheidungen. Denn sie bringen zum Ausdruck, dass der Staat die Integration Behinderter unterstützen muss, dass er von Verfassungs wegen Hilfestellung geben muss, sich also nicht auf den Standpunkt stellen darf, hierfür keine Mittel zur Verfügung stellen zu wollen. Nicht das Ob der Finanzierung besonderer Hilfen für Behinderte, die ihnen Nachteile ausgleichen und ermöglichen, am Leben in der Gemeinschaft teilzuhaben, steht insofern verfassungsrechtlich in Frage, sondern das Wie und Wie viel, das hierfür einzusetzen ist. Damit aber sind wir wieder bei demselben Problem, das sich schon beim Sozialstaatsauftrag gezeigt hat. Art und Ausmaß dessen, was hier zum Einsatz zu bringen ist, erschließen sich nur schwer und nur begrenzt auf das Minimum dessen, was zu leisten ist, aus der Verfassung, sondern ergeben sich aus den politischen Schwerpunktsetzungen und finanziellen Möglichkeiten im Reigen aller sonstigen Aufgaben und Verfassungsaufträge, die dem Gesetzgeber überantwortet sind, sowie aus der Einschätzung, welche Unterstützung dem jeweiligen Behinderten sinnvoller Weise geboten werden sollte.

Sollen Haushaltsmittel schwerpunktmäßig in individuelle Leistungsansprüche Behinderter fließen oder in Maßnahmen investiert werden, die beim Wohnen, bei der Benutzung von Verkehrsmitteln, beim Zugang zu öffentlichen Einrichtungen Behinderten Barrierefreiheit verschaffen? Wie umfangreich und bis zu welchem Mitteleinsatz ist das Wohnen eines Behinderten in seinen eigenen vier Wänden zu ermöglichen? Auch dann noch, wenn die Kosten dafür ein Mehrfaches der Kosten für eine Heimunterbringung ausmachen? Wie viel hat der Staat zu investieren, damit in ausreichender Zahl behindertengerechter Wohnraum zur Verfügung steht? Wie viel an häuslicher Familienhilfe ist zu leisten, bevor daran gedacht werden darf, behinderte Eltern auf Eltern-Kind-Einrichtungen zu verweisen oder ihnen die Sorge für ihr Kind zu entziehen? Wie viele individuelle Betreuungskapazitäten sind bereitzustellen, um behinderten Kindern die Teilnahme am Unterricht in der Regelschule zu ermöglichen? Und welche anderen sozialen Aufgabenstellungen haben demgegenüber zurückzutreten - die sonstige Jugendhilfe, die Altenpflege, die Bekämpfung von Arbeitslosigkeit? Diese Fragen machen deutlich, dass es hierauf nur fachliche und politische Antworten geben kann, die das Verfassungsgericht zu respektieren hat. Das betrifft nicht nur den Umfang des Ressourceneinsatzes, sondern auch die Frage nach dem „richtigen" Weg zur Integration Behinderter. Ich denke nur an die erst vor gar nicht allzu langer Zeit zum Abschluss gekommene heftige Diskussion über die Frage, ob das Erlernen der Gebärdensprache Taubstumme eher desintegriert, weil es die Kommunikation mit Nichtbehinderten nicht fördert, oder ob es ihnen eine ihr Selbstwertgefühl steigernde Möglichkeit eröffnet, Gedanken und Gefühle anderen gegenüber zum Ausdruck zu bringen, wie es inzwischen ganz überwiegende Meinung geworden ist. Und auch die Frage, ob die Teilnahme am Regelunterricht oder der Besuch von Sonderschulen für behinderte Kinder förderlicher ist, ist nicht so leicht und generell zu beantworten. Man denke nur an die speziellen Schulen und Einrichtungen für Blinde, wie sie zum Beispiel in Marburg als einem Blindenzentrum zu finden sind, in dem diese zu bemerkenswerten Fähigkeiten und Selbständigkeiten, sich im Alltag zurechtzufinden und mit Nichtbehinderten mithalten zu können, ausgebildet werden.

Allerdings bedeutet das nicht, dass die Verfassung über das Ob von Integrationshilfen für Behinderte hinaus keine weiteren Vorgaben enthält. Denn, wie schon erwähnt, hat das Bundesverfassungsgericht immer wieder betont, dass bei allem staatlichen Handeln zur Erfüllung seines Sozialstaatsauftrages und seiner grundrechtlichen Schutz- wie Förderpflichten ein Mindeststandard nicht unterschritten werden darf. Das gilt nicht nur für die Sicherung des Existenzminimums, sondern auch für ein Minimum an Unterstützung zur Eingliederung Behinderter in das berufliche, gesellschaftliche und kulturelle Leben. Es ist zwar auch hier sehr schwierig, dieses Mindestmaß an Hilfe bezogen auf eine bestimmte Leistung verfassungsrechtlich festzumachen. Doch es kann Art. 3 Abs. 1 GG entnommen werden, dass der Gesetzgeber gehalten ist, selbst bestimmte Mindeststandards für Hilfen festzulegen, die fachlichem Rat genügen und allen Behinderten zukommen bzw. zugänglich sind. Darüber hinaus kann aus Art. 2 Abs. 1 GG in Verbindung mit Artikel 1 Abs. 1 GG gefolgert werden, dass die Hilfen individuell zugeschnitten und vorrangig darauf ausgerichtet sein müssen, dem Behinderten ein möglichst selbständiges Leben nach eigenen Vorstellungen zu führen. Und schließlich kann dem Benachteiligungsverbot des Art. 3 Abs. 3 GG und den Teilhabeansprüchen der Grundrechte der verfassungsrechtliche Impetus entnommen werden, Nachteilsausgleiche für Behinderte nicht generell von ihrer Bedürftigkeit abhängig zu machen. Denn es geht dabei nicht darum, ihnen etwas zu gewähren, weil sie es sich selber nicht leisten können, sondern Nachteile zu kompensieren, die sie auf Grund ihrer Behinderung haben.

Diesen grundsätzlichen Richtungsweisungen entsprechen die derzeitigen rechtlichen Regelungen, vor allem aber die realen Umsetzungen von Hilfen für Behinderte noch nicht in hinreichendem Maße. Da sind zum einen die vielverzweigten vor- oder nachrangigen Ansprüche gegenüber den diversen Leistungsträgern zu nennen, die die Behinderten nicht nur in zwei Gruppen aufteilen: in diejenige, denen aus abhängiger Beschäftigung Versicherungsansprüche auf Rehabilitation erwachsen sind, und in diejenige, denen Eingliederungshilfe als Fürsorgeleistung erbracht wird, auch wenn hier die äußerst komplizierten Einkommensanrechnungen im Laufe der Jahre gelockert worden sind. Die Vielfalt der Regelungen, zudem verteilt auf verschiedene Gesetze, führt auch zu mangelhafter Transparenz für die Betroffenen, welche Ansprüche ihnen nun vorrangig oder nachrangig gegen welche Leistungsträger zustehen, auch wenn das SGB IX hier mittlerweile die Voraussetzungen für eine bessere Koordination der Leistungserbringung durch die Leistungsträger geschaffen hat. Vor allem aber ist noch eine deutlich unausgeglichene Versorgungslage mit Hilfeeinrichtungen zu verzeichnen, ist der Leistungs- und Angebotsteppich für Behinderte und ihre jeweiligen Bedürfnisse noch nicht gleichmäßig über das Land gelegt. Während es z.B. in den Großstädten Frühförderstellen für behinderte Kinder gibt, haben Eltern auf dem Land oftmals noch weite Wege zurückzulegen, um für ihr behindertes Kind die entsprechende und gewünschte Förderung zu erhalten. Das führt zu regionalen Nachteilen für Behinderte.

Wesentlicher Grund hierfür ist zum einen die unterschiedliche finanzielle Haushaltsausstattung der Kreise und Kommunen, die als Fürsorgeträger neben den Sozialversicherungsträgern ganz maßgeblich für die Gewährung von Eingliederungshilfen an Behinderte zuständig sind. Zum anderen entscheiden sie nach jeweils eigenen politischen Schwerpunktsetzungen über die Verwendung ihrer vorhandenen Ressourcen. Erschwerend für einen weiteren, gleichmäßigen Ausbau von Hilfsangeboten kommt hinzu, dass die Finanzlage der Kommunen seit Jahren angespannt ist, dass die Anzahl derer, die Eingliederungshilfe empfangen, in den letzten Jahren deutlich angestiegen ist und entsprechend auch die dafür aufgewandten Kosten angewachsen sind, und dass es Zeit wie Mühe bereitet und der Umschichtung von Mitteln bedarf, die für Behinderte früher fast ausschließlich bereitgehaltenen Plätze in stationären Einrichtungen, die oftmals von den überörtlichen Sozialhilfeträgern betrieben bzw. finanziert wurden, abzubauen und an Stelle dessen mehr ambulante und wohnortnahe Hilfen anzubieten. Da ist verständlich, wenn Länder und Kommunen seit einiger Zeit danach rufen, dass der Bund sein Scherflein zur Eingliederungshilfe für Behinderte mit beiträgt. Der aber möchte erkennbar nicht auch noch auf diesem Felde finanziell einspringen, zumal die Länder bei der vor kurzem durchgeführten Föderalismusreform durchgesetzt haben, dass nunmehr ihnen allein die Gesetzgebungskompetenz für das Heimrecht eingeräumt ist. Zudem darf der Bund nach dem neuen Art. 84 Abs. 1 GG Gemeinden und Gemeindeverbänden Aufgaben nicht mehr direkt übertragen und kann jetzt nach Art. 104a GG, auch wenn er bei Leistungsgesetzen Ausgabenlasten übernimmt, nur noch Regelungen treffen, wenn diese die Zustimmung der Länder erhalten. Diese Änderungen standen unter dem Motto eines verstärkten föderalen Leistungswettbewerbs zwischen den Ländern. Doch ein solcher Wettbewerb hat dort zu enden, wo Mindeststandards für Hilfen nicht mehr gewährleistet sind und zu nicht hinnehmbaren Ungleichheiten und Benachteiligungen führen. Insofern räumt Art. 72 Abs. 2 GG nach wie vor dem Bund die Kompetenz zur konkurrierenden Gesetzgebung für die öffentliche Fürsorge ein, soweit eine bundesweite Regelung zur Herstellung gleichwertiger Lebensverhältnisse im Bundesgebiet erforderlich ist, wobei unter den Begriff der Fürsorge nicht nur einkommensabhängige Leistungen fallen, sondern er generell soziale Hilfeleistungen umfasst .

Insofern ist erfreulich, dass trotz aller bisheriger Uneinigkeit über die künftige Finanzierung sowohl beim Bund als auch bei den Ländern der Wille vorhanden ist, die bundesgesetzlichen Regelungen über die Eingliederung behinderter Menschen einer weiteren Reform zu unterziehen. Vorschläge bzw. Eckpunkte dafür liegen bereits auf dem Tisch, die allesamt von dem Impetus getragen sind, Behinderte nicht länger als Fürsorgeobjekt, sondern als Grundrechtssubjekt zu behandeln und Barrieren weiter abzubauen, die ihnen die Teilhabe am gemeinschaftlichen Leben und Arbeiten erschweren. So schön die Postulate, so wichtig, dass das Vorhaben auch umgesetzt wird. Dabei ist jenseits aller Details, die es hier zu beraten und zu regeln gilt, vor allem den Linien zu folgen, die die Grundrechte und das Sozialstaatsgebot dem Behindertenrecht vorzeichnen. Um sie noch einmal auf einige wenige, aber wesentliche Nenner zu bringen:

- Trägerübergreifend sollten Mindeststandards für alle Arten von Rehabilitationsleistungen aufgestellt werden.

- Die Leistungen sollten sich am individuellen Bedarf ausrichten und so weit wie möglich einkommensunabhängig erbracht werden.

- Zur Stärkung der Selbstbestimmheit von Behinderten sollte die Idee des persönlichen Budgets, die in § 17 SGB IX und § 57 SGB XII Eingang gefunden hat, weiter ausgebaut werden. Zu denken wäre an ein Grundbudget mit Aufstockungsmöglichkeit entsprechend der individuellen Bedarfe.

- Zur besseren Transparenz sollten die Leistungen zur sozialen Rehabilitation in einem eigenen Gesetz zusammengeführt werden, das sich in das SBG eingliedert.

- Und schließlich sollte erwogen werden, regionale Landkarten von vorhandenen Einrichtungen bzw. Hilfeangeboten zu erstellen; einerseits als Handreichung für Behinderte, damit diese einen Überblick über die zur Verfügung stehenden Angebote erhalten und eine Auswahl treffen können, zum anderen, um besser als bisher feststellen zu können, wo es noch zu große Lücken bei der Deckung bestimmter Bedarfe gibt, die vorrangig geschlossen werden müssen.

Damit wäre dem verfassungsrechtlichen Auftrag, Behinderten gleiche Chancen wie Nichtbehinderten zu geben, ihr Leben nach eigenen Vorstellungen zu gestalten, ein weiteres, gutes Stück in die richtige Richtung nachgekommen. Doch jenseits von Gesetzen, die Behinderten dabei helfen, Barrieren zu überwinden, die ihnen für das Führen eines normalen Lebens im Wege stehen, sind noch andere Barrieren weiter abzubauen: die in den Köpfen der Nichtbehinderten. Zwar ist das Bewusstsein dort schon gewandelt, hat zumindest die political correctness bei der Behandlung von Behinderten breiten Platz ergriffen. Insofern gehören gerichtliche Verfahren hoffentlich nur noch der Vergangenheit an, in denen Bürger sich dagegen gewehrt haben, dass in ihre Nachbarschaft Menschen mit Behinderungen einziehen wollten, weil sie befürchteten, der Wert ihres Grundstücks könnte dadurch sinken. Dasselbe gilt für Schadensersatzansprüche wegen entgangener Urlaubsfreude, die man einzuklagen versucht hat, weil im gebuchten Urlaubshotel auch eine Reisegruppe Behinderter einquartiert war.

Es genügt aber nicht, gegenüber Behinderten nur Toleranz zu zeigen, es reicht nicht aus, via Fernsehen erfreut und begeistert den Athletinnen und Athleten der Parolympics zuzuschauen und diese dafür zu bewundern, wie sie mit ihrer Behinderung klarkommen und es schaffen, solch großartige sportliche Leistungen zu erbringen. Es kommt vielmehr auf den persönlichen Umgang mit Behinderten im Alltag an. Hier aber muss noch mehr geübt werden, die Scheu vor dem Anderssein abzubauen und mit größerer Unbefangenheit und Selbstverständlichkeit auf Behinderte zuzugehen. Hier muss noch mehr vermieden werden, Behinderte nicht gleich überfürsorglich in das Denkkästchen mehr oder weniger hilfloser Geschöpfe zu stecken, die nur schwer mit sich zurechtkämen. Wie zählebig sich solche Vorstellungen halten, davon zeugen leider auch einige Verfahren in Betreuungssachen. Stattdessen muss Behinderten mehr zugetraut werden, damit sie daran ihr Selbstvertrauen stärken können. Vor allem aber ist vonnöten, die Einbahnstraße im Mentalen zu beenden, nach der von den Behinderten erwartet wird, sich Zugang zum Leben der Nichtbehinderten zu verschaffen und sich darin zurechtzufinden, wenn nötig mit Hilfen. Hier muss endlich Gegenverkehr in Richtung auf das Leben von Behinderten stattfinden. Denn ist es nicht die Unfähigkeit der Nichtbehinderten, nicht die Gebärdensprache zu verstehen, wenn sie mit Taubstummen nicht kommunizieren können? Können Nichtbehinderte nicht viel von Menschen mit Down-Syndrom lernen, Gefühle offen und ehrlich auszudrücken? Was ist eigentlich der Maßstab für ein Leben im Normalen? Das menschliche Miteinander – bei dem man aufeinander zugeht, versucht, sich zu verstehen, bei dem man sich gegenseitig mit allen seinen

Schwächen und Stärken annimmt wie respektiert und einander dabei unterstützt, das Leben zu meistern. Die Behinderung von Menschen, die darin besteht, dies nicht zu können, auch sie gilt es in Zukunft mehr zu beheben

Peter Masuch

Die UN-Konvention über die Rechte von Menschen mit Behinderungen vom 13. Dezember 2006[1]

Die UNO-Behindertenrechtskonvention (im Folgenden: BRK) wurde am 13. Dezember 2006 von der UN-Generalversammlung verabschiedet, am 30. März 2007 von Deutschland unterzeichnet und durch das gem. Art. 59 Abs. 2 Grundgesetz erforderliche Ratifizierungsgesetz vom 21. Dezember 2008 (BGBl II 2008, 1419) vorbehaltlos innerstaatliches deutsches Recht ab 26. März 2009. Dieses Datum ergibt sich gemäß Art. 45 Abs. 2 BRK, nämlich 30 Tage nach der Hinterlegung der Ratifikationsurkunde, geschehen am 24. Februar 2009.

In einem - neben der BRK bestehenden - Fakultativprotokoll ist das Individualbeschwerdeverfahren geregelt. Deutschland hat sowohl das Übereinkommen als auch das Fakultativprotokoll ratifiziert und weder einen Vorbehalt noch eine Interpretation erklärt. Hinsichtlich der Umsetzung ist zwischen dem internationalen und dem nationalen Implementierungsmechanismus zu unterscheiden; für die internationale Umsetzung sieht Art. 34 BRK eine in New York tagende Staatenkonferenz sowie einen in Genf ansässigen Ausschuss aus zunächst zwölf unabhängigen Sachverständigen vor. Innerstaatlich wird eine beim Bundesministerium für Arbeit und Soziales (BMAS) angesiedelte Koordinierungsstelle tätig. Mit dem unabhängigen Überwachungs- und Durchführungsmechanismus wird das Deutsche Institut für Menschenrechte betraut (vgl. Art. 33 BRK).

Die dem deutschen Ratifizierungs-Gesetzentwurf zugrunde liegende deutsche Übersetzung sowie die Denkschrift der Bundesregierung sind übrigens mancher Kritik ausgesetzt. Etwa weil der zentrale Begriff der Inclusion (assoziiert mit der Anpassung des Bildungssystems an Fähigkeiten und Bedürfnissen der einzelnen, auch behinderten Kinder) mit „Integration“ (assoziiert mit der Anpassung des Kindes an das vorgefundene Bildungssystem) übersetzt wird - was allerdings rechtlich ohne Bedeutung ist (Art. 50 BRK). Die BRK ist die erste verbindliche universelle Menschenrechtsquelle für behinderte Menschen, schneidet den anerkannten Katalog der Menschenrechte („Internationale Menschenrechtscharta“ bestehend aus der Allgemeinen Erklärung der Menschenrechte von 1948, dem Internationalen Pakt über bürgerliche und politische Rechte von 1966 und dem Internationalen Pakt über wirtschaftliche, soziale und kulturelle Rechte von 1966) auf die Situation behinderter Menschen zu und markiert damit einen Wendepunkt zum menschenrechtlichen Modell von Behinderungen.

1 Vortrag auf der HAW-Tagung am 23.10.2009.

Die Vertragsstaaten stehen damit vor einer großen Herausforderung, denn das Übereinkommen formuliert in 50 Artikeln einen ganzen Katalog von Menschenrechten, der vor allem ein Ziel verfolgt: Behinderte Menschen sind nicht länger Objekte der Fürsorge, sondern vollwertige Bürger, die – unabhängig von Art und Ausmaß ihrer Behinderung – vor Recht und Gesetz gleich sind. Der bereits mit dem SGB IX in Deutschland proklamierte Paradigmenwechsel hat neue Nahrung bekommen: Weg von der überkommenen Behindertenpolitik der Wohltätigkeit hin zur Behindertenpolitik der Menschenrechte. Dieser Perspektivenwechsel ermöglicht, dass wir von behinderten Menschen individuell erlebte Benachteiligungen als Verletzungen ihrer Menschenrechte erleben, statt sie als unvermeidliches persönliches Schicksal von Menschen infolge ihres medizinischen Defektes zu verharmlosen.

Die Konvention beinhaltet vier Hauptforderungen: Selbstbestimmung und Unabhängigkeit, volle gesellschaftliche Teilhabe, angemessenen Lebensstandard und gesellschaftliche Wertschätzung. Art. 3 BRK schlüsselt hierzu acht allgemeine Grundsätze auf, vor allem die Würde und Autonomie eines Menschen, die volle Teilhabe, Chancengleichheit, Kinderrechte und Gleichberechtigung von Männern und Frauen. Besonders hervorheben möchte ich hier den Grundsatz der Zugänglichkeit und folgenden denkwürdigen Grundsatz:

> „Die Achtung vor Unterschiedlichkeit
> und die Akzeptanz von Menschen mit Behinderungen
> als Teil der menschlichen Vielfalt und der Menschheit".

Diese Ziele und Grundsätze erstrecken sich auf alle in der Behindertenpolitik uns bereits vertrauten Lebensbereiche, also vorrangig Bildung einschließlich der frühkindlichen Förderung, Wohnung, Arbeit und Freizeit.

Ich habe darauf hingewiesen, dass die BRK wirksames innerstaatliches Recht in Deutschland ist; also kann aus dieser Konvention auf die Erfüllung von solchen Regelungen geklagt werden, die dem Bürger subjektiv-öffentliche Rechte einräumen. Dies ist etwa denkbar in Bezug auf die Ausübung des Wahlrechts auf den Besuch einer obligatorischen Grundschule oder einer weiterführenden Schule anstelle der Zuweisung an eine Förderschule (vgl. Art. 24 Abs. 2 BRK).

Im Vordergrund der BRK steht sicherlich die Staatenverpflichtung, die gesellschaftlichen und staatlichen Voraussetzungen voller Teilhabe von behinderten Menschen überhaupt erst herzustellen (vgl. zuvörderst Art. 4 BRK). Die BRK bedient sich klassischer völkerrechtlicher Instrumente, die wir aus der Umsetzung der Menschenrechtsabkommen kennen, nämlich drei Arten von staatlichen Pflichten:

- Den Respekt vor dem Abkommen mit der Pflicht, die darin enthaltenen Menschenrechte nicht zu verletzen.

- Die Schutzpflicht der Staaten, die Verletzung der Menschenrechte durch Dritte, vor allem Private, abzuwenden.
- Und die klassische positive Staatenpflicht, nämlich zum Erlass von gesetzlichen und anderen Maßnahmen, um die größtmögliche Realisierung der betreffenden Menschenrechte sicher zu stellen.

Zu beachten ist bei alledem der große völkerrechtliche Ermessensspielraum hinsichtlich der Art und Weise der Umsetzung.

Lassen Sie mich dazu ein interessantes Beispiel herausgreifen. Art. 5 BRK formuliert den Grundsatz des Verbots der Diskriminierung behinderter Menschen; sein Abs. 3 verpflichtet auch, alle geeigneten Schritte zu unternehmen, um die Bereitstellung angemessener Vorkehrungen zu gewährleisten, die zur Förderung der Gleichberechtigung bzw. zur Beseitigung von Diskriminierung geboten sind. Was „angemessene Vorkehrungen" sind – übrigens ein Schlüsselbegriff des modernen Antidiskriminierungsrechts , zeigt die Definition in Art. 2 auf. Im Umkehrschluss ergibt sich nun: Verweigert ein Staat die Bereitstellung solcher angemessener Vorkehrungen, so erfüllt dies bereits den Tatbestand einer Diskriminierung. Verbietet er nicht eine Diskriminierung durch eine Verweigerung angemessener Vorkehrungen, so verstößt er gegen seine Staatenpflicht. Ich füge hinzu: Die Umsetzung der BRK ist eine gesamtgesellschaftliche Aufgabe – aber wir als Juristen haben hier die wichtige Aufgabe, die BRK als Finalprogramm im Rechtssinne richtig zu steuern.

Auf welchen Stand der Entwicklung unseres Sozialrechts für behinderte Menschen trifft die UN-Konvention? Meine Damen und Herren, es ist mir seit der Verabschiedung der BRK in den VN ein Anliegen, gerade auch die laufende Diskussion um die in der Sozialhilfe (SGB XII) geregelte Eingliederungshilfe für behinderte Menschen bewusst ins Licht der BRK zu stellen. Ich bin deshalb dankbar, heute vor Ihnen gerade diesen Ansatz betonen zu können. Die Eingliederungshilfe ist seit Jahrzehnten die wichtigste leistungsrechtliche Rechtsgrundlage für den von der Lebenshilfe vertretenen Personenkreis von Menschen mit geistiger Behinderung. Sie ist seit dem BSHG von 1961 gesetzlich geregelt und hat seit dieser Zeit viele Wandlungen erlebt. Auch jetzt wieder steht eine Reformdiskussion ins Haus, für deren Beratungen ich mir übrigens mindestens einen ebensolchen Beirat wie den zur Fortentwicklung des Pflegebedürftigkeitsbegriffs wünschte, um nun das Verhältnis von Leistungen der Pflege nach dem SGB XI und den Leistungen der Eingliederungshilfe für behinderte Menschen nach §§ 53 ff. SGB XII weiter zu entwickeln.

Eingliederungshilfe für behinderte Menschen ist mehr als Pflege. Die Aufgabenstellung der Teilhabe überlagert deshalb die im SGB XI überschriebene Zielsetzung der Pflege, die auf die "vollständige Übernahme der Verrichtungen im Ablauf des täglichen Lebens oder die Beaufsichtigung oder Anleitung mit dem Ziel der eigenständigen Übernahme dieser Verrichtungen" zum Ziel hat. Teilhabe ist umfassender angelegt und betrachtet den Menschen mit seinem

Hilfebedarf aus einer anderen Perspektive. Sie will die persönliche Entwicklung ganzheitlich fördern und die Teilhabe am Leben in der Gesellschaft sowie eine möglichst selbstständige und selbst bestimmte Lebensführung ermöglichen oder erleichtern (vgl. § 4 SGB IX). In der Eingliederungshilfe geht es gerade um pädagogische Zielstellungen, wie sie in der Pflege nur ansatzweise verfolgt werden können.

Die Umsetzung der BRK wird sich nicht in der Weiterentwicklung der Eingliederungshilfe erschöpfen können! Auch am Maßstab des menschenrechtlichen Ansatzes der BRK zeigt sich ja, dass die im Recht der Sozialhilfe verankerte Eingliederungshilfe ein nachrangiges System mit einem offenen Katalog ergänzender Leistungen ist, die die Verankerung der Rechte behinderter Menschen in den vorgelagerten Systemen aller Rechtsgebiete, insbesondere natürlich auch des Sozialrechts, ist.

Ich möchte einige Aspekte aus der laufenden Diskussion herausgreifen.

Unabhängige Lebensführung und Einbeziehung in die Gemeinschaft
Mit dem von der ASMK formulierten Konzept einer personenzentrierten Form der Leistungserbringung in der Eingliederungshilfe sehen wir einen politischen Ansatz, der sich auf Art. 19 BRK beziehen kann. Art 19 BRK anerkennt das Recht eines jeden Menschen - auch dem mit Behinderung - auf die freie Wahl seines Wohnortes und versagt sich damit der Diskriminierung von Menschen mit Behinderungen durch die Verweisung dieser Menschen auf besondere Wohnformen, also auf kleinere oder größere Behinderteneinrichtungen. Ohne nun aber deren Bestand an sich in Frage zu stellen, verpflichten sich die Vertragsstaaten auf eine Gestaltung der Lebensführung von behinderten Menschen innerhalb der Gemeinschaft, durch Förderung des gemeindennahen Lebens mittels entsprechender Einrichtungen und Dienstleistungen.

Neben Art. 19 BRK, der die Lebensführung vor allem im Blick auf die freie Wahl der Wohnform thematisiert, finden wir in der BRK weitere, vielfältige Grundlagen für die gesellschaftliche Teilhabe von behinderten Menschen. Soweit es die klassischen Themen der Eingliederungshilfe betrifft sind hier vor allem das Recht auf Bildung (Art. 24: kein Ausschluss aus der Regelschule), Gesundheit (Art. 25: Höchstmaß an Gesundheit, Früherkennung und Frühintervention), Habilitation und Rehabilitation (Art. 26: Höchstmaß an Unabhängigkeit, umfassende Förderdienste und -programme auf den Gebieten Gesundheit, Beschäftigung, Bildung und Soziales), Arbeit und Beschäftigung (Art. 27: Zugänglichkeit des ersten Arbeitsmarktes mit Behinderung), angemessener Lebensstandard und Sozialschutz (Art. 28), Teilhabe am politischen und öffentlichen Leben (Art. 29) sowie Teilhabe an Kultur, Erholung, Freizeit und Sport (Art. 30). Dies können wir hier nicht näher ausführen, aber hier liegen die Chancen für eine tiefgreifende gesellschaftliche Diskussion, für die ihrerseits die Verpflichtungen der BRK zu beachten sind (Art. 4, 8, 33).

Personenzentrierte Leistung im Sinne der ASMK ist nicht zu verwechseln mit dem überkommenen (und nicht fraglichen) Rechtsanspruch auf die individuelle Bedarfsdeckung. Die Zielstellung besteht vielmehr in der Abkehr von der einrichtungszentrierten Hilfe. Aus der Einräumung eines Wahlrechts für die angemessene Wohnform des behinderten Menschen darf nun nicht geschlossen werden, dass es in Zukunft keine umfassende stationäre Betreuung mehr geben darf.

Auch in dieser Form der Leistungserbringung hat sich die Leistung in Zukunft vielmehr am Bedarf und am Selbstbestimmungsrecht des Menschen zu orientieren, darauf werde ich noch näher eingehen. Vor dem Hintergrund früherer Debatten im Deutschen Verein für öffentliche und private Fürsorge könnte man vielleicht auch von einer "Verschmelzung ambulanter und stationärer Leistungen" sprechen. Was ist dabei zu beachten?

Bedarfsermittlung

Hier ist das m.E. größte Defizit der Eingliederungshilfe, die fehlende einheitliche Erhebung des individuellen Bedarfs angesprochen. Der neue Pflegebedürftigkeitsbegriff kann ja schon deshalb nicht weiter führen, weil wir nach dem Teilhabebedarf und nicht nach der Pflegebedürftigkeit fragen.

Wie aber bekommen wir den Auftrag der individuellen Bedarfsermittlung in den Griff? Dazu meine These: Das Recht auf Teilhabe vermittelt den Anspruch auf alle Leistungen der gesellschaftlichen Teilhabe, die der Einzelne wegen seiner Behinderung nötig hat. Maßstab für die Bedarfsermittlung ist die ICF-geleitete Erhebung der Beeinträchtigungen im Blick auf die körperliche, seelische und geistige Gesundheit.

Daran anknüpfend ist im Blick auf die innerstaatliche Umsetzung der BRK zu verweisen auf die Zuständigkeit des BMAS als innerstaatliche Anlaufstelle gem. Art. 33 Abs. 1 BRK. Dieses Ministerium ist bekanntlich gleichermaßen für das Schwerbehinderten- und das Soziale Entschädigungsrecht zuständig, bei ihm agiert auch der Ärztliche Sachverständigenbeirat für die Begutachtung. Damit sind alle notwendigen Voraussetzungen genannt, um beim BMAS einen nationalen Teilhaberat für die Eingliederungshilfe zu implementieren; ihm sollte auch nach dem Vorschlag der Deutschen Vereinigung für Rehabilitation (DVfR) die Aufgabe zufallen, Leitlinien für Teilhabeleistungen (Ausgestaltung und Fortentwicklung der Leistungen, Kriterien für die Qualitätsanforderungen und -sicherung, Verfahren für die Bedarfsfeststellung) zu entwickeln. Dabei sind die betroffenen behinderten Menschen und ihre Verbände zu beteiligen. Ein Hm.E. geeignetes Modell für die Ausgestaltung des Teilhaberats ist der Gemeinsame Bundesausschuss nach dem SGB V.

Ich möchte zur Frage der Feststellungskompetenz gerade angesichts der weit auseinander laufenden und allgemein als defizitär empfundenen kommunalen Praxis dafür plädieren, die Zuständigkeit landesrechtlich zu regeln und – ganz im Sinne der Verankerung der Eingliederungshilfe im SGB IX an das Zuständigkeitsregime des SGB IX Teil 2 anzuknüpfen. Gemäß § 69 SGB IX stellen die für die Durchführung des Bundesversorgungsgesetzes zuständigen Behörden – wobei die entsprechende Zuweisung dem Landesrecht obliegt – das Vorliegen einer Behinderung fest. Diese Behörden sind wegen ihrer Zuständigkeit für das BVG zugleich als RehaTräger im Bereich der Sozialen Entschädigung umfassend verantwortlich und daher fachlich kompetent. Es kann aus systematischen Erwägungen letztlich nur jedes Land entscheiden, wie es die Zuständigkeit der Kommunen und der überörtlichen Träger für die gesellschaftliche Teilhabe von behinderten Menschen in diese Struktur sachgerecht so einbindet, dass eine zugleich qualitätsvolle und ortsnahe Bedarfsermittlung für Rechte nach dem SGB IX bzw. XII erreicht wird.

Sozialraumplanung

Es ist sicher zu begrüßen, dass die ASMK die Notwendigkeit der Sozialraumplanung und der Weiterentwicklung der Infrastruktur erkannt hat. Hier lässt sich der gute Geist der inklusiven Programmatik der BRK tatsächlich fachlich umsetzen. Die Sozialhilfeträger waren aber schon zuvor durch § 19 SGB IX verpflichtet, die fachlich und regional erforderlichen Dienste und Einrichtungen für die Eingliederungshilfe in ausreichender Zahl und Qualität zur Verfügung zu stellen. Die Frage ist, warum findet das SGB IX bislang auf der kommunalen Ebene so wenig Beachtung? Ich kann nicht daran glauben, dass sich hier ein Angebotsmarkt gleichsam im Schatten einer neu organisierten Eingliederungshilfe von selbst entwickelt, wie dies noch bei dem Ausbau der Pflegeleistungen im Zuge des SGB XI geschehen ist. Es ist sehr zu begrüßen, wenn sich gerade die Rehabilitation dieser Problematik annimmt; daher begrüße ich das Thesenpapier der DVfR zur Weiterentwicklung der Eingliederungshilfe, die sich diesem Thema mit der der Rehabilitation eigenen Sachkunde zuwendet.

Die DVfR weist auch auf den zweiten Aspekt der Sozialraumplanung hin: Inklusion unterstellt die Offenheit der gesellschaftlichen Strukturen für behinderte Menschen. Dienste und Einrichtungen der privaten und besonders der öffentlichen Daseinsvorsorge stehen allen, also auch den behinderten Menschen voll zur Verfügung – Erziehungs- und Bildungswesen, Arbeitsmarkt einschließlich Arbeitslosenversicherung, Gesundheitsversorgung, Freizeitangebote bis hin zu Fitnesseinrichtungen, Behörden, Medien, Rechtspflege usw. Erst wo die inklusiven Angebote nicht hinlangen, ist an die ergänzende Versorgung mit speziellen, den behinderten Menschen dienenden Leistungen zu denken. Sozialraumplanung bedeutet, von Anfang an und auf allen Ebenen die Belange der behinderten Menschen zu berücksichtigen (Barrierefreiheit). Die Kommune als Sozialhilfeträger und damit RehaTräger für soziale Teilhabe hat ja die ganz große Möglichkeit, in ihrem Planungsbereich einen Standard an Leistungen vor allem der Unterstützung zu gewährleisten, so dass ihre Angebote in den Bereichen Wohnungsversorgung, Schulen, Kindertagesstätten, Seniorenbetreuung, Verkehr, usw. meistmöglich schon Menschen mit Behinderungen Rechnung tragen; damit kann vorausschauendes kommunales Handeln zugleich für die Kostenentlastung in der Eingliederungshilfe sorgen.

Rechtliche Folgen des Personenzentrierungskonzepts

Die Neugestaltung der Eingliederungshilfe als teilhabebezogene Fachleistung auf der Basis von Selbstbestimmung hat weitreichende rechtssystematische Folgen. Ich will sie kurz skizzieren.

- **§ 13 SGB XII muss entfallen**

Diese Vorschrift statuiert bisher die Trennung in ambulant - teilstationär - stationär. § 13 Abs. 1 Satz 2 SGB XII fordert im Grundsatz den Vorrang ambulanter vor teilstationärer oder stationärer Leistungen, soweit nicht eine geeignete, zumutbare stationäre Einrichtung kostengünstiger ist (Mehrkostenvorbehalt gemäß § 13 Abs. 1 Satz 3 SGB XII). Wir wissen um die Problematik dieses Mehrkostenvorbehalts: Allzu leicht wird mit dem Verweis auf angeblich kostengünstigere stationäre Alternativen vor allem Menschen mit einem hohen Hilfebedarf eine bedarfsgerechte und wunschgemäße ambulante Betreuung verweigert. Hier wird in der Praxis mitunter der klassische Vergleich von Äpfeln mit Birnen vorgenommen – der Vergleich von unterschiedlichen Qualitäten bei stationären und ambulanten Leistungsalternativen wäre aber eine sachlich nicht gerechtfertigte Ungleichbehandlung und deshalb schon von Verfassung wegen verboten.

Wir werden in der weiteren Diskussion darauf achten müssen, dass einerseits Wunsch- und Wahlrecht behinderter Menschen und andererseits der unverzichtbare Grundsatz, dass nur notwendige und wirtschaftliche Leistungen zu erbringen sind, nicht gegeneinander ausgespielt werden. Insoweit können wir einerseits festhalten, dass die bisherige Mehrkostenvorbehaltsregelung entfallen, andererseits aber von der ASMK wohl zu Recht erwartet wird, dass Wunsch- und Wahlrecht mit Wirtschaftlichkeit, Notwendigkeit und Sparsamkeit sinnvoll verzahnt werden. Das verlangt, für die Abrechnung der bedarfsgerechten Leistungen im Einzelfall auf eine identische Berechnung zurückzugehen, wie sie etwa mit der Fachleistungsstunde hinsichtlich der pädagogischen Leistungen der Eingliederungshilfe im Gespräch ist. Alle in Einrichtungen erbrachten Leistungen sind zu verpreisen. Ein Mehrkostenvorbehalt ist aus meiner Sicht auch deshalb nicht mehr erforderlich, weil sich Zielkonflikte dieser Art mit dem Instrument des Persönlichen Budgets bewältigen ließen.

- **§ 35 SGB XII wird gestrichen**

Mit dem Wegfall des Rechtsinstituts der Einrichtungen entfällt zugleich eine besondere Regelung für den notwendigen Lebensunterhalt in Einrichtungen. Es liegt nahe, die Hilfe zum Lebensunterhalt wie bisher selbstständig in § 27 ff. SGB XII zu regeln. Wenn die Differenzierung nach Angebotsformen (ambulant/stationär) entfällt, so trifft das auch für das ursprüngliche Modell in § 27 Abs. 3 BSHG bzw. jetzt § 35 Abs. 1 SGB XII - notwendiger Lebensunterhalt als Bestandteil der Hilfen in besonderen Lebenslagen - zu. Die bisherige Regelung hat allerdings zur Folge, dass die günstigen besonderen Einkommensgrenzen für die Eingliederungshilfe auch in Bezug auf die Hilfe zum Lebensunterhalt zur Anwendung kommen.

- **Abgrenzung von Eingliederungshilfe und Lebensunterhalt**

Welche Ansprüche auf Maßnahmen der Teilhabe behinderter Menschen im zukünftigen gesetzlichen Katalog einzuräumen sind, ist eine stets neu zu klärende Frage. Wir sprechen deshalb zu Recht vom insoweit offenen Katalog der Eingliederungshilfe, daran wird sich im Blick auf die BRK auch in Zukunft nichts ändern. Die BRK versteht sich als Ganzes als ein zukunftsoffenes Programm nachhaltiger Maßnahmen (vgl. Präambel lit g); dies erweist sich an vielen Beispielen, ich nenne nur die Möglichkeiten der nonverbalen Kommunikation (Art. 2) und die Forschung und Entwicklung technischer Hilfen, deren Potentiale verstärkt für die wirksame Teilhabe behinderter Menschen genutzt werden sollen (Art. 4 lit. f bis h). Gerade der in Art. 9 BRK präzisierte allgemeine Grundsatz der Zugänglichkeit enthält so viele Dimensionen von Teilhabe, dass eine abschließende Umschreibung von noch zu schaffenden Medien und Mitteln zur Teilhabe gedanklich ausgeschlossen erscheint. Welche Maßnahmen noch möglich sein werden, um den Zugang zu Gebäuden, Straßen, Transportmitteln, Schulen, Wohnhäusern, medizinischen Einrichtungen, Arbeitsstätten und jedweder Form von Kommunikationsmitteln sicher zu stellen, ist nicht absehbar. Der Verpflichtung der Staaten, solche geeigneten Maßnahmen zu treffen, entspricht die Verpflichtung, den Anspruch darauf als individuelles Recht im Katalog der Eingliederungshilfe vorzusehen.

Sie wissen um die Abgrenzungsfragen, die sich hier stellen, etwa die Frage, ob ein von behinderten Menschen gemeinsam unter pädagogischer Anleitung eingenommenes Mittagessen nun dem Lebensunterhalt oder der Eingliederungshilfe zuzuordnen ist. Hier geht es keineswegs um eine reine Rechtsfrage, vielmehr ist das fachliche Selbstverständnis der Eingliederungshilfe gefragt, auf das der Gesetzgeber bei der Weiterentwicklung des offenen Leistungskatalogs der Eingliederungshilfe Rücksicht nehmen muss. Ich wünsche mir manchmal eine lautere Stimme der Pädagogik in diesen Fragen; nehmen Sie sich ein Beispiel an dem Vorgehen der Pflegefachleute, denen es im Windschatten der Gesetzlichen Pflegeversicherung inzwischen gelungen ist, sich zu einer einflussreichen Pflegewissenschaft zu mausern.

Hier wird also zu entscheiden sein, welche Leistungen zum Lebensunterhalt einschließlich der Kosten der Unterkunft einem Menschen zustehen, ohne dass es dafür auf seine bestehende Behinderung ankommt. Wenn die Regelung über den Lebensunterhalt in Einrichtungen - § 35 SGB XII - gestrichen wird, dann entfällt damit auch der bisherige Barbetrag in Höhe von mindestens 27 v.H. des Eckregelsatzes (§ 35 Abs. 2 SGB XII) sowie der übergangsrechtlich fortbestehende zusätzliche Barbetrag (§ 133a SGB XII).

Eine konsequente Trennung von Leistungen zum Lebensunterhalt und Fachleistungen der Eingliederungshilfe eröffnet zwangsläufig Schnittstellen, die trennscharf gezogen werden müssen, wenn wir es nicht zu andauernden Rechtsstreitigkeiten kommen lassen wollen.

Zuallererst werden wir genauer auf die Leistungsart schauen müssen, um die es dann geht. Die Leistungen zum Lebensunterhalt sind reine Geldleistungen (Regelleistung, Kosten der Unterkunft). Diese können jedoch durch behinderungsbedingten Mehraufwand erhöht sein. Hieran anknüpfend wurde von der ASMK die Pauschalierung von Geldleistungen an Menschen mit Behinderungen ins Gespräch gebracht.

Ich möchte an dieser Stelle nur auf Zweierlei hinweisen. Einmal sprechen wir hier jeweils über Leistungen zur Absicherung des notwendigen Existenzminimums. Wer sagt aber, dass behinderte Menschen sich mit diesem niedrigsten Niveau zufrieden geben müssen? Art. 28 BRK verspricht einen „angemessenen" Lebensstandard!

Hinsichtlich der Pauschalierung von Geldleistungen besteht erheblicher Diskussionsbedarf. Der Grundsatz individuell bedarfsgerechter Leistungen darf nicht gleichsam durch die Hintertür in Frage gestellt werden. Wenn wir uns den Katalog der Eingliederungshilfeleistungen anschauen, so stehen ja eindeutig die Sachleistungen im Vordergrund, was auch so bleiben wird, wenn wir die stationären durch ambulante Dienstleistungen ersetzen. Das Sachleistungsprinzip der Sozialversicherung, wie es besonders in der Gesetzlichen Krankenversicherung ausgeprägt ist, lässt sich nicht ohne Weiteres auf die Sozialhilfe übertragen (vgl. dazu BSG Urteile vom 28.10.2008 - B 8 SO 22/07 R; 9.12.2008 - B 8/9b SO 10/07 R). Wir können aber sagen, dass eine Kostenerstattung auf Antrag anstelle der Sachleistung möglich sein sollte (vgl. nur § 15 SGB IX). Welche Probleme uns bei einem Ausbau von Geldleistungen anstelle von Sachleistungen erwarten, zeigen die vielfältigen Bemühungen, die Sachleistungen überhaupt durch eine Geldleistung, nämlich das Persönliche Budget nach § 17 SGB IX zu ersetzen.

Dabei liegt natürlich auf der Hand, dass eine pauschalierte Leistungserbringung mit dem Anspruch der individuellen Bedarfsdeckung als elementarem Grundsatz der Behindertenhilfe vereinbar sein muss. Und es ist ebenfalls offensichtlich, dass hier das Verhältnis zum persönlichen Budget nach § 17 SGB IX geklärt sein muss. § 17 Abs. 2 SGB IX knüpft die Bemessung des persönlichen Budgets ausdrücklich an den individuell festgestellten Bedarf des Leistungsberechtigten an. Auf dieser Basis wird das Persönliche Budget von den beteiligten Leistungsträgern trägerübergreifend als Komplexleistung erbracht, wie es in § 17 Abs. 2 Satz 3 SGB IX heißt. Demgegenüber wäre eine pauschalierte Teilgeldleistung wertungswidersprüchlich.

- **Neugestaltung des Vertragsrechts**

Auch mit dem modifizierten Sachleistungsprinzip der Eingliederungshilfe geht das Dreiecksverhältnis zwischen Leistungsberechtigtem, Leistungsträger und Leistungserbringer einher. Es bleibt bestehen, solange Sachleistungen z.B. als ambulante Dienstleistungen zuerkannt und die Kosten im Verhältnis zwischen Leistungsträger und -erbringer abgerechnet werden. Die §§ 75 ff. SGB XII sind allerdings auf eine personenzentrierte Leistungserbringung umzustellen, weil der Umfang der zu erbringenden Leistungen nun zwischen dem behinderten Menschen und dem Sozialamt zu klären sind; die dafür notwendigen Kosten müssten dann zwischen Amt und Leistungserbringer geregelt werden. So wird auch eine Grundpauschale für Unterkunft und Verpflegung wie jetzt in § 76 Abs. 2 SGB XII nicht mehr mit dem Leistungserbringer zu vereinbaren sein, weil die Regelleistung sowie die Kosten der Unterkunft und Verpflegung konsequent als Geldleistungsansprüche der behinderten Menschen ausgestaltet werden.

Der ASMK schweben Fachleistungen der Eingliederungshilfe und diesen entsprechende Vergütungen vor. Die Fachleistungsvergütung richtet sich nach der Qualität und Intensität der erbrachten Leistungen. Denkbar scheint jedoch, dass die Kalkulation der Fachleistungsvergütungen pauschaliert nach Gruppen von Leistungsberechtigten mit vergleichbarem Hilfebedarf erstellt werden kann.

Lassen Sie mich noch ein Wort anschließen, wenn schon von der Qualität der Leistungen die Rede ist: Zu den Hauptzielen der Reform der Eingliederungshilfe gehört zwangsläufig eine verbesserte Effektivität und Effizienz der Leistungserbringung angesichts der steigenden Fallzahlen. Zentrales Instrument ist hierbei das Fallmanagement, das in erster Linie die individuell notwendigen Leistungen sicherzustellen hat. Weder gegen die Richtigkeit noch gegen die Notwendigkeit eines solchen Managements werden sich Bedenken ergeben. Hier fließen aber auch widersprüchliche Effekte ein: Die Zumessung des individuellen Bedarfs darf nämlich nicht von Kostengesichtspunkten geleitet sein, ebenso wenig darf dem Wunsch- und Wahlrecht des behinderten Menschen die Kostenkontrolle entgegengehalten werden. Schon dies spricht dafür, dass die Steuerungs- und Wirkungskontrolle nur durch eine neutrale Stelle gewährleistet werden kann, also unabhängig von den Interessen des jeweiligen Leistungsträgers oder eines einzelnen Leistungserbringers erfolgen muss.

- **Brutto- versus Nettoprinzip**

Nach dem geltenden sog. Bruttoprinzip erbringt der Leistungserbringer Leistungen für behinderte Menschen in stationären Einrichtungen auch insoweit, als dem Leistungsberechtigten die Aufbringung der Mittel zuzumuten ist (§ 92 Abs. 1 SGB XII). Die Geldleistungen werden also nicht vorab etwa um geltend zu machende Eigenbeiträge gekürzt. Es handelt sich insoweit um die Vorleistung durch den Leistungsträger, der seinerseits Ansprüche gegen Leistungsberechtigte und Dritte verfolgt. Rechtlich ist die Sache an sich ganz einfach: Das so verstandene Bruttoprinzip kann auch unabhängig von der Art der Leistungserbringung fortgeführt, sollte also auch auf eine ambulante bzw. personenzentrierte Leistungserbringung angewendet werden.

- **Heranziehung zu den Kosten der Eingliederungshilfe**

Von einiger sozialpolitischer Bedeutung ist die weitere Frage der Begrenzung der Heranziehung. Wie Sie wissen, sieht § 92 Abs. 2 und § 92a SGB XII einerseits eine Begrenzung der Heranziehung vor; sie ist nur für die Kosten des Lebensunterhalts zuzumuten. Darüber hinaus sind die Kosten des in einer Einrichtung erbrachten Lebensunterhalts bei den meisten Eingliederungshilfeleistungen nur in der Höhe der für den häuslichen Unterhalt ersparten Aufwendungen anzusetzen. Entfällt nun die Verknüpfung von Leistungserbringung und Einrichtung, so entfiele auch die damit verknüpfte Begrenzung der Heranziehung. Es wird dann argumentiert werden, aus welchen Gründen zwischen behinderten und nicht behinderten Menschen bei der Heranziehung zu den Kosten des Lebensunterhalts differenziert werden sollte. Dazu wird eine Diskussion eröffnet werden müssen, die die besonderen Schwierigkeiten von Menschen mit Behinderungen darstellt, ihren Lebensunterhalt in vergleichbarer Weise sicher zu stellen wie nicht behinderte Menschen. Ich verweise nochmals darauf, dass hier die Begründung in der Sicherstellung eines angemessenen Unterhalts gemäß der BRK gesucht werden sollte.

Soweit es die Heranziehung von Unterhaltspflichtigen für die Kosten der Fachleistungen der Eingliederungshilfe anbetrifft, sind die dafür bestehenden aktuellen Regelungen weiterhin anwendbar; die personenzentrierte Leistungserbringung berührt diese Problematik nicht. Ich weise an dieser Stelle aber auf Art. 23 BRK hin, die Achtung der Wohnung und Familie. Das Verbot der Diskriminierung von Familien mit behinderten Kindern schützt m.E. davor, Eltern von behinderten Kindern jenseits der gesetzlichen Unterhaltsverpflichtungen allein deshalb zu belasten, weil das behinderte Kind eben nicht in der Lage ist, sich selbst zu unterhalten.

Die von der ASMK vorgelegten Eckpunkte geben vielfältigen Anlass zur Diskussion. Inwieweit für die Weiterentwicklung der Eingliederungshilfe Leitplanken in der BRK zu beachten sind, ist eine großenteils noch offene Frage. Darin liegt nun aber die große Chance dieser Reform. Und das möchte ich an den Schluss der Überlegungen stellen.

Meine These:
Die Umsetzung der BRK bei der anstehenden Weiterentwicklung der Eingliederungshilfe kann ein Modell werden für den Versuch, das deutsche Sozialstaatsmodell in der Zeit der Globalisierung zu sichern.

Um unsere internationale Wettbewerbsfähigkeit zu erhalten und weiter zu fördern, sind auch weiterhin Reformen der sozialen Sicherungssysteme in Deutschland notwendig. Denn wir können nicht darüber hinweg sehen, dass die sozialen

Standards eine von der nationalen Wirtschaftskraft abhängige Größe sind. Die Frage ist, in welche Richtung diese Reform steuert? Meine Forderung: Sozialpolitische Reformkonzepte müssen sich den international formulierten Anforderungen stellen, gleichsam an best practice orientieren und nach der Methode der offenen Koordinierung voranschreiten. Die Europäische Union mit ihrem spezifischen koordinierenden Sozialrecht könnten wir als politisches Modell für den Prozess ansehen, in dem wir unsere innerstaatliche Entwicklung auch der sozialen Standards vollziehen. Die EU hat sozusagen im Kleinen bewiesen, dass die Entfaltung supranationaler Arbeitsteilung durch eine supranationale Rahmenordnung mit ihren gemeinsamen Institutionen unter Einschluss der sozialen Standards möglich ist. Die EU ist aus meiner Sicht der erste Schritt auf einer langen Reise, solange die Unterschiede in den weltweiten Schutzstandards augenfällig sind. Also muss der Sozialstaat nicht wegen der Globalisierung verschwinden, Sozialstandards müssen sich aber von der zunehmenden Durchdringung der Welt auf den verschiedenen Ebenen – einschließlich Ökonomie, Politik, Kultur – inspirieren lassen. Und die BRK ermöglicht Deutschland, unsere nationalen Sozialstandards international „wetterfest" auszubauen!

Gerhard Igl

Ältere Menschen mit Behinderungen: Realisierung des Teilhabegedankens und Eingliederungshilfe

1. Problematisierungen

Die Sozialrechtswissenschaft befasst sich kaum mit Fragen der möglichen besonderen Schutzbelange von älteren Menschen mit Behinderung.[1] Die Fragen der Schutzbelange des Alters wurden lange Zeit nur unter dem Aspekt der Sicherung der ökonomischen Subsistenz im Rahmen der monetären Alterssicherung diskutiert. Andere Zusammenhänge, auch die Zusammenhänge von Recht und Alter, wurden bisher eher selten angesprochen.[2] Allerdings steht zu erwarten, dass sich im Zuge der Altersdiskriminierungsdiskussion auch eine Altersdiskriminierungsdiskussion jenseits der Fragen der Altersdiskriminierung im Arbeitsleben herausbilden wird.[3]

Hingegen werden die rechtlichen Fragen der Schutzbelange von Menschen mit Behinderungen in der Sozialrechtswissenschaft seit einiger Zeit fundiert behandelt.[4] Mit dem SGB IX hat sich diese Befassung noch verstärkt. Fragen der Eingliederungshilfe für behinderte Menschen nach dem SGB XII sind gerade in jüngerer Zeit Gegenstand rechtlicher, auch rechtspolitischer Befassung.[5]

Vor diesem Hintergrund gesehen befindet sich das zu erörternde Thema „Ältere Menschen mit Behinderungen: Realisierung des Teilhabegedankens und Eingliederungshilfe“ in einem Überschneidungsbereich von rechtswissenschaftlicher Artikulation und fast fehlender rechtswissenschaftlicher Befassung. In dem folgenden Beitrag[6] sollen deshalb einige Grundfragen der Herangehensweise an das Thema erörtert werden. Vor allem unter sozialrechtspolitischen Gesichtspunkten soll dies im Abschnitt zu der Frage geschehen, ob das Sozialrecht unterschiedlich auf die Zusammenhänge von „Alter und Behinderung“ und „Behinderung und Alter“ reagiert (Abschnitt 2). Weiter soll einem immer wieder artikulierten Problem der Ausführung der Leistungen der Eingliederungshilfe für ältere Menschen nachgegangen werden, nämlich der Frage, ob solche Leistungen ab einer bestimmten Altersgrenze de facto eingestellt werden (Abschnitt 0). Da zurzeit nicht verlässlich auszumachen ist, ob und in welchem Maße Sozialleistungen die Belange älterer Menschen mit Behinderungen angemessen ab-

1 Zum ersten Mal wohl thematisiert bei Welti, 2005; s. auch Igl, 2007, und Igl, 2008.
2 Zuletzt Igl et al., 2007.
3 S. die umfassende arbeitsrechtliche Analyse von Temming, 2008. Zu Höchstaltersgrenzen im Recht Igl, 2010.
4 Zuletzt Welti, 2005.
5 So auch diese Veranstaltung, s. hierzu bereits den Beitrag von Flint, 2010.
6 Vortrag auf der HAW-Tagung am 23.10.2009. Die Vortragsform ist weitgehend beibehalten, der Text jedoch überarbeitet und ergänzt worden.

decken, sollen auch Hinweise für den Forschungsbedarf auf diesem Gebiet gegeben werden (Abschnitt 3.3.5,3).

2. Unterschiedliche Reaktionen des Sozialrechts auf die Zusammenhänge von „Alter und Behinderung“ und „Behinderung und Alter“?

2.1 Unterschiedliche Lebenssituationen: Der alte Mensch mit Behinderung – Der behinderte Mensch im Alter

Dass das Alter mit Behinderung konnotiert wird, ist üblich. Dass die Behinderung mit dem Alter in Verbindung gebracht wird, erscheint nicht so üblich. Es ist ein Unterschied zu sagen, ich bin ein alter Mensch und im Alter ein behinderter Mensch geworden, oder ich bin als behinderter Mensch alt geworden. Alter und Behinderung wird verstanden als „Alter mit Behinderung“; Behinderung und Alter wird verstanden als „Der behinderte Mensch im Alter“.

Alter und Behinderung legen eher nahe, dass die Behinderung altersbedingt ist. Pflegebedürftigkeit im Alter ist eine Form der Behinderung im Alter. Damit ist eine bestimmte Wahrnehmung des älteren Menschen im Sinne einer Defizitwahrnehmung[7] verbunden; damit sind auch bestimmte sozialpolitische und sozialrechtliche Reaktionen verbunden. Damit ist vor allem verbunden, dass sich auch in der Bundesrepublik erst spät die Vorstellung durchgesetzt hat, dass Pflegebedürftigkeit ein Phänomen der Behinderung ist. In der nicht sozialrechtlich vorgebildeten Bevölkerung wird man wohl auf Skepsis stoßen, wenn man Pflegebedürftigkeit auch als Behinderung bezeichnet.

Behinderung und Alter hingegen meint, dass die Behinderung schon vor dem Eintritt in die Altersphase gegeben war. Auch damit verbinden sich bestimmte Vorstellungen, werden bestimmte Bilder assoziiert: Die alternde Person mit Down-Syndrom, der ältere körperbehinderte Mensch im Rollstuhl. Dass dieser Personenkreis zusätzlich zur vorhandenen Behinderung im Alter auch noch pflegebedürftig werden kann, wird eher wenig damit assoziiert.

2.2 Unterschiedliche sozialrechtliche Reaktionen auf diese unterschiedlichen Lebenssituationen?

2.2.1 Fragestellungen

Die Frage, ob das Sozialrecht mit den unterschiedlichen Lebenssituationen Alter und Behinderung einerseits und Behinderung und Alter andererseits in unterschiedlicher Weise umgeht bzw. umgehen darf, könnte leicht mit dem Verweis auf den Gleichbehandlungsgrundsatz beantwortet werden. Das Sozialrecht mit seinem ausgeprägten Topos der Gewährleistung von gleicher Behandlung in gleichen Situationen wird den behindert gewordenen alten Menschen nicht anders behandeln können als den alt gewordenen behinderten Menschen, es sei

---

[7] Hierzu Vierter Altenbericht, Deutscher Bundestag, Drucksache 14/8822, S. 65 ff.

denn, es ergäben sich gewichtige Unterschiede, die eine Ungleichbehandlung forderten bzw. rechtfertigten.

Das Verständnis der Problematik für eine mögliche unterschiedliche Herangehensweise des Gesetzgebers an die unterschiedlichen Lebenssituationen eröffnet sich wohl erst in einer historischen Betrachtungsweise der sozialen Sicherungssubsysteme für ältere Menschen und für behinderte Menschen. Diese Sicherungssubsysteme haben sich in sehr unterschiedlichen Zusammenhängen und mit sehr unterschiedlichen Zielsetzungen entwickelt. Auch stehen diese Sicherungssubsysteme noch in unterschiedlichen Zusammenhängen. Sie haben sich, wie zu sehen sein wird, jedoch in ihren Zielsetzungen aufeinander zu entwickelt.

2.2.2 Sozialrechtlicher Schutz im Alter

Spezielle Sicherungen gerade für das Alter sind vor allem die ökonomischen Sicherungen, d.h. die Einkommenssicherung, die von der Rentenversicherung (SGB VI) oder von der Sozialhilfe in Form der Grundsicherung (Viertes Kapitel des SGB XII) besorgt wird. Nur eine einzige Sozialleistung in unserem so weit gefächerten Sozialleistungssystem nimmt spezifische nichtökonomische altersbedingte Bedarfe wahr und bezieht sich dabei auf das Alter, nämlich die Altenhilfe im Rahmen der Sozialhilfe (§ 71 SGB XII). Bei der Grundsicherung, jetzt ebenfalls in der Sozialhilfe geregelt, werden behinderungsbedingte Bedarfe nur im Zusammenhang mit der (Geld-)Leistungshöhe der Grundsicherung berücksichtigt (§ 42 Satz 1 Nr. 3 iVm § 30 Abs. 1 Nr. 2 SGB XII).

In der Gesetzlichen Krankenversicherung (SGB V) war für lange Zeit kein besonderer Schutz gerade für ältere Menschen vorgesehen. Dies ist auch heute noch so: Zentraler leistungsauslösender Tatbestand der Gesetzlichen Krankenversicherung ist die Krankheit (vgl. § 11 Abs. 1 Nr. 4, § 27 SGB V). Seit der Jahrtausendwende zeichnen sich aber Veränderungen in Richtung einer sozialleistungsrechtlichen Kenntnisnahme von altersspezifischen Gesundheitsbedarfen ab. So stellt die Erweiterung der medizinischen Rehabilitationsmöglichkeiten eine Leistung dar, die de facto insbesondere für ältere Menschen gelten soll (§ 40 Abs. 1 und 2 SGB V).[8] Aber auch die anderen ohne Altersbezug in einer der jüngeren Gesundheitsreformen geschaffenen Leistungen der Palliativversorgung[9] und der Erweiterung der häuslichen Krankenpflege auf das betreute

---

8 Im Gesetzentwurf zur Gesundheitsreform, Deutscher Bundestag, Drucksache 16/3100, S. 11, war geplant, Leistungen einzuführen, die gemäß ihrer ursprünglichen Bezeichnung („geriatrische Rehabilitation“) zum ersten Mal auf eine bestimmte Altersgruppe zugeschnitten sein sollten. Da eine altersgruppenspezifische Rehabilitation jedoch fachlich unangebracht ist, vielmehr die Rehabilitation indikationsspezifisch stattfinden muss, ist in dem zum Gesetz gewordenen Text auf diese Bezeichnung verzichtet worden (vgl. jetzt § 40 SGB V). S. zu dieser Thematik Fuchs, 2007.

9 § 37b SGB V, eingeführt durch Art. 1 Nr. 23 des Gesetzes v. 26.3.2007, BGBl. I S. 378 mit Wirkung vom 1.4.2007.

Wohnen und andere Wohnformen[10] präsentieren sich de facto, d.h. in der statistischen Altersverteilung der Leistungsinanspruchnahme, als Leistungen mit Altersbezug. Die Krankenversicherung nähert sich also im Gesetzestext nicht explizit ausgesprochen mit ihren Leistungen den gesundheitlichen Bedürfnissen der älteren Menschen. Diese Feststellung gilt wiederum in ganz besonderer Weise für die de facto-Inanspruchnahme von Leistungen der Sozialen Pflegeversicherung (SGB XI). Dieser Sozialversicherungszweig deckt die speziellen Bedarfe ab, die in einer altersspezifischen Behinderungssituation, nämlich der Pflegebedürftigkeit, gegeben sind.[11]

Sozialleistungsrechtlich wird die besondere Situation älterer Menschen, die eine Behinderung in Form einer im Alter aufgetretenen Pflegebedürftigkeit aufweisen, nur in der Sozialen Pflegeversicherung und mit einigen wenigen Leistungen in der Gesetzlichen Krankenversicherung in den Blick genommen. Die gesetzlichen Alterssicherungssysteme haben hingegen mit ihren Rentenleistungen nur die Sicherung der ökonomischen Subsistenz zum Gegenstand.

2.2.3 Sozialrechtlicher Schutz bei Behinderung

Der sozialrechtliche Schutz behinderter Menschen hat mit dem SGB IX explizit die Zielsetzung der Förderung der gleichberechtigten Teilhabe am Leben in der Gesellschaft erhalten (§ 1 Satz 1 SGB IX). Dieser Zielsetzung dienen die Leistungen zur Teilhabe (§ 4 Abs. 1 SGB IX). Diese moderne Rahmensetzung für den sozialen Schutz behinderter Menschen lässt leicht in Vergessenheit geraten, dass das deutsche Sozialleistungssystem seine Teilhabebemühungen lange Zeit vornehmlich auf die (Wieder-)Erlangung von Erwerbsfähigkeit konzentriert hat. Dem alten und behinderten Mensch hat man trotz eines ausgebauten Rehabilitationswesens keine besonderen Rehabilitationsbemühungen angedeihen lassen. Der alte Mensch hat als nicht mehr rehabilitationsfähig gegolten. Was eine solche Wahrnehmung in der Sache ausmacht, wird erst dann besonders deutlich, wenn man dies in die heutige Terminologie übersetzt und nicht sagt, der alte Mensch ist nicht mehr rehabilitationsfähig, sondern sagt, der alte Mensch ist nicht mehr teilhabefähig. Freilich gab es auch schon vor dem SGB IX von 2001 Rehabilitationsleistungen, häufig betitelt als Leistungen zur sozialen Rehabilitation, denen die in § 4 Abs. 1 Nr. 4 SGB IX formulierte Zielsetzung der gesellschaftlichen Teilhabe innewohnte, so in der Eingliederungshilfe des Sozialhilferechts.

Erst mit Einführung der Sozialen Pflegeversicherung von 1994 wurde ein Problem des Rehabilitationsgeschehens deutlicher artikuliert: Die Einführung des

---

10 § 37 SGB V, geändert durch Art. 1 Nr. 22 Buchst. a des Gesetzes v. 26.3.2007, BGBl. I S. 378 mit Wirkung vom 1.4.2007.

11 In der Diskussion um die Einführung eines verbesserten Schutzes bei Pflegebedürftigkeit wurde auch die Festlegung einer Altersgrenze diskutiert, so z.B. Vorschläge der Länder Bayern (Deutscher Bundestag, Drucksache 10/6135) und Rheinland-Pfalz (Bundesrat Drucksache 178/87).

Vorrangs von Prävention und Rehabilitation vor Pflegeleistungen hat das Bewusstsein für die Rehabilitationsfähigkeit auch des älteren Menschen geöffnet, auch wenn mit dem Vorrangpostulat „nur“ die medizinische Rehabilitation gemeint ist (vgl. § 5 SGB XI). Dieses Postulat des Vorrangs von Prävention und medizinischer Rehabilitation blieb mehr als zehn Jahre nach Einführung der Pflegeversicherung meist mehr Ausdruck eines Wunsches als Umsetzung in die Realität. In einer der jüngeren Gesundheitsreformen[12] musste der Gesetzgeber das gesetzliche Instrumentarium zur Realisierung dieses Rehabilitationsanliegens nach mehreren Versuchen noch einmal schärfen, damit die Sozialleistungsträger den gesetzlichen Auftrag als verbindlichen Auftrag begreifen und damit nicht nur der Vorrang der Prävention und Rehabilitation, sondern auch der Vorrang des Gesetzes, d.h. die Beachtung des Gesetzes durch die Sozialleistungsträger, hier endlich Realität wird.

Die Eingliederungshilfe des Sozialhilferechts verfügte schon im Bundessozialhilfegesetz (BSHG) über die breiteste Leistungsspreizung für behinderte Personen (vgl. § 53, 54 SGB XII) und wurde deshalb der allgemeinen Teilhabezielsetzung am ehesten gerecht. Das höhere Lebensalter war, abgesehen von den schulischen Leistungen, gesetzlich nicht als Ausschlusskriterium von bestimmten Leistungen vorgesehen. Aber ein Blick in die Eingliederungshilfe-Verordnung[13] zeigt, dass sich das Leistungsspektrum auf die schulische und berufliche Ausbildung und die Eingliederung in das Arbeitsleben konzentriert. Spezielle Teilhabeleistungen für ältere Menschen sieht die Eingliederungshilfe-Verordnung nicht vor.

2.2.4 Die Wirkungen der Wahrnehmung von Alter und Behinderung in den einzelnen Sozialleistungssystemen

Das Sozialleistungssystem reagiert erst in jüngerer Zeit auf die besonderen Belange im Zusammenhang von Alter und Behinderung, allerdings nicht auf eine Weise, in der sich der Zusammenhang von Alter und Behinderung leistungsrechtlich explizit abbilden würde. Die Leistungsbereiche, in denen gerade der Zusammenhang von Alter *und* Behinderung eine Rolle spielt, nennen diesen Zusammenhang nicht. Dies gilt für die Leistungen bei Pflegebedürftigkeit. Diese Leistungen kommen statistisch ganz überwiegend hochaltrigen Personen zugute. Der Zusammenhang von Alter *und* Behinderung versteckt sich so gesehen leistungsrechtlich hinter dem Begriff der Pflegebedürftigkeit. Die Wahrnehmung von älteren Menschen als medizinisch rehabilitationsfähige Personen ist ebenfalls der Pflegeversicherung zu verdanken. Der gesetzlich angeordnete Vorrang von Prävention und medizinischer Rehabilitation vor Pflege hat hierfür das Verständnis eröffnet. Auch in der Gesetzlichen Krankenversicherung sind in der letzten Dekade Leistungen aufgenommen worden, die – wiederum ohne es zu benennen – vor allem älteren Menschen zugute kommen sollen.

---

[12] Hierzu Igl, 2008a, S. 2215.

[13] Verordnung nach § 60 SGB XII (Eingliederungshilfe-Verordnung).

Der Zusammenhang von Alter *und* Behinderung bildet sich sozialleistungsrechtlich daher in drei Dimensionen ab: in der Dimension des Schutzes bei Pflegebedürftigkeit, in der Dimension der medizinischen Rehabilitationsfähigkeit und in der Dimension spezieller Gesundheitsleistungen. Allen drei Dimensionen liegt eine Form der Behinderung zugrunde, und allen drei Dimensionen ist gemeinsam, dass die Leistungen *de facto,* das heißt in der statistischen Verteilung, für Menschen höheren Alters besonders einschlägig sind. Diese Reaktionen auf den Zusammenhang von Alter *und* Behinderung zeigen Zweierlei: Erstens steht im Vordergrund des Sozialleistungsrechts der ältere Mensch, der im Alter behindert in Form der Pflegebedürftigkeit geworden ist, nicht der behinderte Mensch, der älter geworden ist. Zweitens wird das Alter nicht zum leistungsauslösenden Kriterium erhoben, was im Übrigen dem Gleichbehandlungsgrundsatz *sehr* entspricht.

Damit bleiben vor allem die Leistungen der Eingliederungshilfe des SGB XII für jene Personen bestimmt, die als behinderte Menschen alt geworden sind. Im SGB XII sind das vor allem die Leistungen, die nicht eine schulische oder berufliche Rehabilitation zum Gegenstand haben.

Der *Ausgangspunkt* für das Sozialleistungsrecht ist für den behinderten Menschen im Alter ein anderer als für den im Alter behindert, d.h. pflegebedürftig gewordenen Menschen. Der behinderte Mensch erhält, bevor er älter wird, Leistungen, die ihm die Teilhabe in den verschiedenen Lebensbereichen sichern sollen (vgl. § 4 Abs. 1 SGB IX). Diese Teilhabeleistungen, die im Lebensabschnitt des Erwerbstätigenalters vor allem Leistungen zur Teilhabe am Arbeitsleben sind, stellen in diesem Lebensabschnitt das Zentrum des Rehabilitationsgeschehens dar. Alle anderen Leistungen zur Teilhabe gruppieren sich um die Teilhabe am Arbeitsleben, sie stehen aber nicht im Zentrum. Wenn dieses Zentrum bei Erreichen der Rentenaltersgrenze wegfällt, kommt den anderen Teilhabeleistungen mehr Gewicht zu.

3. Unterschiedliche Reaktionen der Sozialleistungspraxis auf die Zusammenhänge von „Alter und Behinderung" und „Behinderung und Alter"?

3.1 Fragestellungen

Im Folgenden soll nun einem Problem nachgegangen werden, das mit einem mancherorts ausgesprochenem Unbehagen zu tun hat, nämlich der Frage, ob gerade bei behinderten Menschen ab einer gewissen Schwelle des höheren Alters Leistungen der Eingliederungshilfe nicht mehr gewährt werden, und ob diese Personen „in die Pflegeversicherung abgeschoben" werden. Das würde, etwas verkürzt gesagt, bedeuten, dass diesem Personenkreis Leistungen zur Teilhabe am Leben in der Gemeinschaft aus Altersgründen versagt würden.[14]

[14] S. hierzu auch den Beitrag von Welti, 2007. Im *Sechsten Aktenbericht* wird ebenfalls auf dieses Thema eingegangen, BT- Bor. 17/3815, S. 207.

Wie es dann mit dem Personenkreis aussieht, der erst im Alter behindert, d.h. pflegebedürftig geworden ist, und der dann ebenfalls zusätzlich auf Teilhabeleistungen angewiesen ist, wäre dann die andere Seite der Betrachtung der Medaille „Realisierung des Teilhabegedankens und Eingliederungshilfe bei älteren Menschen mit Behinderung".

Bei der Erörterung dieser Fragen kann man es möglicherweise auch mit einer spezifischen Diskriminierungsproblematik gegenüber älteren Menschen beim Sozialleistungsbezug zu tun haben. Deshalb zunächst einige Worte zu diesem Thema.

3.2 Allgemeine Probleme der Feststellung einer altersspezifischen Leistungspraxis bei Sozialleistungen

In verschiedenen Zusammenhängen wird eine altersspezifische Leistungspraxis bei Sozialleistungen gerügt.[15] Zu unterscheiden ist dabei zwischen einer altersspezifischen Leistungszuweisung (*Leistungszugang*) und einer altersspezifischen *Art und Weise der Leistungserbringung*. In die erste Kategorie fallen dabei die rationierte Zuteilung bzw. die Nichtgewährung von bestimmten Sozialleistungen an ältere Menschen. Die Debatte hierüber kann an dieser Stelle nicht aufgenommen werden. Sie betrifft vor allem bestimmte Gesundheitssozialleistungen für Menschen ab einem definierten höheren Lebensalter. In diese erste Kategorie (Leistungszugang) fällt auch eine spezifische Praxis von Sozialleistungsträgern, Leistungen für ältere Menschen nicht mehr zu gewähren, obwohl die Leistungsvoraussetzungen hierfür noch gegeben sind. Dies gilt für die Nicht- und Nichtweitergewährung von Leistungen der Eingliederungshilfe für ältere Menschen auf dem Gebiet der Sozialhilfe. Diesem Thema soll im Folgenden nachgegangen werden.

Die zweite Kategorie einer altersspezifischen Leistungspraxis betrifft die Art und Weise der Leistungserbringung, z.B. den Umfang und die Intensität einer medizinischen Behandlung bei einem älteren Menschen im Vergleich zu einem Menschen im jüngeren Alter. Im Zusammenhang dieser Kategorie wird häufig eine Bewertung vorgebracht im Sinne einer besseren / schlechteren Behandlung. Allerdings wird manchmal nicht gesehen, dass eine andere Art und Weise der Behandlung im Alter unter Umständen fachlich geboten sein kann. So sieht beispielsweise die Psychiatrie-Personalverordnung[16] in der Personalbemessung in der Gerontopsychiatrie im Vergleich zur allgemeinen Psychiatrie geringere Minutenwerte für den Einsatz des ärztlichen Personals vor (§ 5 Abs. 1 Psych-PV). Daraus kann aber nicht gefolgert werden, dass der Kreis der gerontopsychiatrischen Patientinnen und Patienten medizinisch schlechter versorgt wird als derjenige der allgemeinen Psychiatrie. Vielmehr ist, spezifisch an den Thera-

---

[15] Die Angaben oder Hinweise sind jedoch zum Teil wenig verlässlich. An umfassenden und belastbaren repräsentativen Untersuchungen fehlt es bislang.

[16] Verordnung über Maßstäbe und Grundsätze für den Personalbedarf in der stationären Psychiatrie (Psychiatrie-Personalverordnung - Psych-PV).

piebedarfen der gerontopsychiatrischen Patientinnen und Patienten orientiert, sogar ein verstärkter Einsatz von Krankenpflegepersonal und Bewegungstherapeuten, Krankengymnasten und Physiotherapeuten vorgesehen (§ 5 Abs. 1 Psych-PV).

3.3 Zur Problematik der Versagung von Leistungen der Eingliederungshilfe aus Altersgründen

3.3.1 Fragestellungen

Ein besonderes Problem stellt die teilweise vermutete Praxis der Sozialleistungsträger bei der Vergabe von bestimmten Leistungen der Eingliederungshilfe für ältere Menschen dar, dies auch an der Schnittstelle zu den Leistungen der Pflegeversicherung. Hier wird teilweise – allerdings nicht belastbar vorgebracht, dass sich gewisse Praktiken der Leistungsverlagerung bzw. der Leistungsversagung vor allem im Altersbereich zwischen 60 und 65 Jahren ergeben haben.

Den weiteren Ausführungen ist vorwegzuschicken, dass in der Bundesrepublik keine repräsentative oder gar flächendeckende Untersuchung zur Leistungspraxis der Sozialhilfeträger existiert. Verwaltungsinterne Anweisungen, Verwaltungsvorschriften in den verschiedenen rechtlichen Ausprägungen und andere untergesetzliche Vorschriften sind nicht repräsentativ verfügbar. Die Sozialhilferichtlinien der Länder sind nur in wenigen Fällen im Internet recherchierbar. In den großen juristischen Datenbanken sind sie – soweit ersichtlich nicht enthalten. Außerdem sind die Sozialhilferichtlinien nicht immer veröffentlicht.

3.3.2 Daten auf Bundesebene (Basisjahr 2008)

Zur Beurteilung der Auswirkungen des SGB XII sowie zu seiner Fortentwicklung werden im Rahmen der amtlichen Sozialhilfestatistik verschiedene Erhebungen als Bundesstatistiken durchgeführt. Diese Erhebungen liefern Ergebnisse über die Zahl und Struktur der Sozialhilfeempfänger/-innen sowie über die Hilfeleistungen nach dem SGB XII. Die jüngste vorliegende Sozialhilfestatistik beruht auf den Zahlen des Jahres 2008.[17] Dabei wird unterschieden zwischen einer Statistik über die Leistungsempfänger am Jahresende[18] und über die Leistungsempfänger im Laufe des Berichtsjahres.[19] Im Folgenden sollen nur die Angaben für die Leistungsempfänger im Laufe des Berichtsjahres wiedergegeben werden.

Im Laufe des Jahres 2008 erhielten 712 513 Personen Eingliederungshilfe für behinderte Menschen. Die Empfänger von Eingliederungshilfe für behinderte Menschen waren im Durchschnitt 32,5 Jahre alt (Männer: 31,3 Jahre, Frauen: 34,5 Jahre).[20] Bei den Empfängern von Eingliederungshilfe für behinderte Men-

17 Statistisches Bundesamt, 2010.
18 Teil A der Sozialhilfestatistik.
19 Teil B der Sozialhilfestatistik.
20 Statistisches Bundesamt, 2010, Tabelle B 3.3.

schen waren im Laufe des Berichtsjahres 2008 nur knapp 5% 65 Jahre oder älter.

Betrachtet man die verschiedenen Leistungen und Hilfen, die im Rahmen der Eingliederungshilfe erbracht werden,[21] so lässt sich feststellen, dass insbesondere die Leistungen der Teilhabe am gemeinschaftlichen und kulturellen Leben und die Leistungen der medizinischen Rehabilitation ab dem Alter von 65 Jahren überproportional ansteigen.[22]

3.3.3 Daten auf Länderebene (Berichtsjahr 2008)

Der einwohnerproportionale Anteil der Empfänger von Leistungen der Eingliederungshilfe im Laufe des Berichtsjahres 2008 variiert zwischen den Bundesländern erheblich.[23]

3.3.4 Exkurs: Daten auf Länderebene – eigene Berechnungen für das Berichtsjahr 2007

Ergänzend sei darauf hingewiesen, dass eigene Berechnungen anhand der Sozialhilfestatistiken der Länder[24] für das Berichtsjahr 2007 länderspezifische Un-

---

21 Die Leistungen der Eingliederungshilfe werden vom Statistischen Bundesamt wie folgt aufgegliedert Statistisches Bundesamt, 2010:
Leistungen zur medizinischen Rehabilitation
Leistungen zur Teilhabe am Arbeitsleben
Leistungen in anerkannten Werkstätten für behinderte Menschen
Leistungen zur Teilhabe am Leben in der Gemeinschaft, davon
  Hilfsmittel ohne die Hilfe nach §§ 26, 31 und 33 SGB IX
  Heilpädagogische Leistungen für Kinder
  Hilfen zum Erwerb praktischer Kenntnisse und Fähigkeiten
  Hilfen zur Förderung der Verständigung mit der Umwelt
  Hilfen bei der Beschaffung, Ausstattung und Erhaltung einer Wohnung
  Hilfen zum selbstbestimmten. Leben in betreuten Wohnmöglichkeiten, davon in
    einer eigenen Wohnung (ambulant betreut)
    einer Wohngemeinschaft (ambulant betreut)
    einer Wohneinrichtung
  Hilfen zur Teilhabe am gemeinschaftlichen und kulturellen Leben
  Andere Leistungen zur Teilhabe am Leben in der Gesellschaft
Hilfen zu einer angemessenen Schulbildung
Hilfen zur schulischen Ausbildung für einen angemessenen Beruf; einschließlich des Besuchs einer Hochschule
Hilfe zur Ausbildung für eine sonstige angemessene Tätigkeit
Hilfe in vergleichbaren sonstigen Beschäftigungsstätten nach § 56 SGB XII
Nachgehende Hilfe zur Sicherung der Wirksamkeit der ärztl. und ärztl. verordneten Leistungen
und zur Sicherheit der Teilhabe am Arbeitsleben
Sonstige Leistungen der Eingliederungshilfe.

22 Statistisches Bundesamt, 2010, Tabelle B. 3.3.

23 Mittelwert Bundesrepublik: 8,7; höchster Wert in Mecklenburg-Vorpommern mit 13,0; niedrigste Werte in Baden-Württemberg (6,0) und Bremen (5,9), jeweils bezogen auf 1000 Einwohner; Statistisches Bundesamt, 2010, Tabelle B. 6.2.

24 Verf. dankt Frau Birgit Leis und Frau Andrea Wolff vom Statistischen Bundesamt für die Überlassung der Sozialhilfestatistiken 2007 der Länder.

terschiede in der Praxis der Gewährung von Leistungen der Eingliederungshilfe an ältere behinderte Menschen ergeben haben. Der Anteil der Leistungsempfänger ab 60 Jahren erstreckt sich von 15,66% (Freie und Hansestadt Hamburg) bis 3,9% (Saarland), jeweils bezogen auf die Gesamtzahl der Leistungsbezieher.

Aus diesen eigenen Berechnungen geht auch hervor, dass mit zunehmendem Alter die Anteile der nicht altersspezifischen Leistungen der Eingliederungshilfe von Alterskohorte zu Alterskohorte ansteigen. Lediglich die Hilfen zur Förderung der Verständigung mit der Umwelt bleiben anteilig fast auf gleicher Höhe, während der Anteil der anderen Leistungen zur Teilhabe am Leben in der Gemeinschaft fast um die Hälfte abnimmt. Im Verhältnis zu allen Beziehern von Leistungen der Eingliederungshilfe stellt sich der Anteil der nicht altersspezifischen Leistungen bei den Hilfen zum selbstbestimmten Wohnen und bei den Leistungen zur Teilhabe am Leben in der Gemeinschaft in den jeweiligen Alterskohorten als ansteigend dar.

3.3.5 Forschungsbedarf

In der Frage der Versagung von Leistungen der Eingliederungshilfe an ältere behinderte Menschen können anhand der bisher vorliegenden Untersuchungen keine klaren Schlussfolgerungen für das Vorliegen einer solchen Praxis gezogen werden. Deshalb bleibt man mangels belastbaren Datenmaterials weiter auf Spekulationen etwa der Art angewiesen, dass die Sozialhilfeträger geneigt seien, ältere behinderte Menschen in die Pflegeversicherung zu verweisen und Eingliederungshilfe zu versagen. Hier besteht Forschungsbedarf.

Gleiches gilt für die aus dem vorliegenden statistischen Material nicht erklärbare Phänomene der Zunahme der Inanspruchnahme bestimmter Leistungen im Fortschritt des Lebensalters, so bei den Hilfen zum selbstbestimmten Leben in betreuten Wohnmöglichkeiten und bei den Hilfen zur Teilhabe am gemeinschaftlichen und kulturellen Leben, während andere Hilfen abnehmen (Umweltverständigung; andere Leistungen zur Teilhabe am Leben in der Gemeinschaft).

4 Ergebnisse und Schlussfolgerungen

Die Realisierung des Teilhabegedankens für ältere Menschen mit Behinderung hängt nicht nur von der sozialleistungsrechtlichen Situation, sondern auch von der Praxis der Sozialleistungsgewährung ab.

4.1 Sozialleistungsrecht

Das Sozialleistungsrecht bildet die besonderen Schutzbelange im Zusammenhang von Alter und Behinderung nicht explizit und nicht in allgemeiner Weise ab. Der Zusammenhang von Alter und Behinderung bildet sich sozialleistungsrechtlich aber in drei speziellen Dimensionen ab: in der Dimension des Schutzes bei Pflegebedürftigkeit, in der Dimension der medizinischen Rehabilitationsfähigkeit und in der Dimension spezieller Gesundheitsleistungen. Allen drei Dimensionen liegt eine Form der Behinderung zugrunde, und allen drei Dimensionen ist gemeinsam, dass die Leistungen *de facto,* das heißt in der statistischen Verteilung, für Angehörige der höheren Altersgruppen besonders einschlägig sind. Das Sozialleistungsrecht unterscheidet auch nicht danach, ob ein älterer Mensch im Alter behindert wird oder ob ein behinderter Mensch älter wird.

Die Frage, ob die sozialleistungsrechtlichen Vorkehrungen in besonderer Weise den Belangen älterer Menschen mit Behinderungen Rechnung tragen sollten, muss dann mit Nein beantwortet werden, wenn die vorhandenen Leistungen bereits diesen Belangen Rechnung tragen. Wenn dies der Fall ist, bedarf es keiner eigenen Kategorie von Leistungen für ältere Menschen mit Behinderungen. Alleine die Tatsache, dass bestimmte Sozialleistungen statistisch von Angehörigen der älteren Generation in höherem Maß als von Angehörigen jüngerer Generationen in Anspruch genommen werden, spricht noch nicht dafür, dass solche besonderen Kategorien von Leistungen explizit, d.h. nur für ältere Menschen mit Behinderungen, geschaffen werden sollten. Diese hätte für andere, situativ gleich betroffene Personen Nachteile, denn jede gesetzlich angebrachte Altersgrenze wirkt für Personen jenseits des anspruchsbegründenden Alters leistungsausschließend. Solange gewährleistet ist, dass das vorhandene Sozialleistungsspektrum die Belange älterer Menschen mit Behinderungen abdeckt, ist daher von besonderen Leistungen für diesen Personenkreis abzusehen. Das setzt aber voraus, dass in der Leistungspraxis das Leistungsspektrum ausgeschöpft wird.

4.2 Sozialleistungsrechtliche Praxis

In der sozialleistungsrechtlichen Praxis werden Andeutungen gemacht und Vermutungen geäußert, dass die Gewährung von Leistungen der Eingliederungshilfe des SGB XII an ältere Menschen mit Behinderungen eingeschränkt wird, u.a. auch mit dem Hinweis auf mögliche Leistungen der Pflegeversicherung (SGB XI). Anhand des vorliegenden statistischen Materials sind diese Annahmen nicht belegbar. Die vorliegenden Daten deuten sogar darauf hin, dass ältere Menschen mit Behinderungen bestimmte Teilhabeleistungen der Eingliederungshilfe mit höherem Anteil erhalten als jüngere Menschen mit Behinderungen. Sozialwissenschaftlich fundierte und belastbare Daten und Erkenntnisse liegen jedoch nicht vor.

4.3 Forschungsbedarf

Angesichts der unbefriedigenden Erkenntnisse über die Praxis der Gewährung von Teilhabeleistungen für ältere Menschen mit Behinderungen ist es angezeigt, hier entsprechende Untersuchungen vorzunehmen. Diese Untersuchungen sollten in zwei Richtungen gehen:

- Feststellung des Anteils der Inanspruchnahme der einzelnen Hilfen im Rahmen der Eingliederungshilfe nach dem SGB XII durch ältere Menschen mit Behinderungen im Vergleich zu jüngeren Menschen mit Behinderung (Bundes-, Länder- und Sozialhilfeträgervergleich);

- Untersuchung der Frage nach einer Praxis von Sozialhilfeträgern, ob ab einer bestimmten Altersgrenze bestimmte Leistungen der Eingliederungshilfe versagt und ggf. auch durch Leistungen der Pflegeversicherung abgelöst werden.

Diese Untersuchungen könnten auch unter dem Gesichtspunkt durchgeführt werden, ob die Teilhabebelange älterer Menschen mit Behinderungen mit dem vorhandenen Sozialleistungsspektrum angemessen abgedeckt sind und ob ggf. ein Bedarf an weiteren Leistungen oder an Veränderungen bzw. Präzisierungen vorhandener Leistungen besteht.[25]

Mit diesen Untersuchungen könnte auch ein Beitrag zu der Forderung der 85. ASMK[26] nach einer personenzentrierten teilhabeorientierten Weiterentwicklung des Eingliederungshilfesystems geleistet werden.

---

25 Für seelisch behinderte Kinder und Jugendliche ist ein solcher besonderer Schutz bereits realisiert, vgl. § 35a SGB VIII. Hierzu Greß et al., 2009.

26 85. Arbeits- und Sozialministerkonferenz 2008.

Literaturverzeichnis

85. Arbeits- und Sozialministerkonferenz 2008. Weiterentwicklung der Eingliederungshilfe für Menschen mit Behinderungen. Hamburg. 13. / 14. November 2008.

Deutscher Bundestag. Drucksache 14/8822, Vierter Bericht zur Lage der älteren Generation in der Bun-desrepublik Deutschland: Risiken, Lebensqualität und Versorgung Hochaltriger – unter besonderer Berücksichtigung demenzieller Erkrankungen.

Deutscher Bundestag, Drucksache 17/3815, Sechster Bericht zur Lage der älteren Generation in der Bundesrepublik Deutschland – Altersbilder in der Gesellschaft.

Flint, Thomas. 2010. Die Eingliederungshilfe in der Rechtsprechung der Sozialgerichtsbarkeit. *Nachrichtendienst des Deutschen Vereins für öffentliche und private Fürsorge (NDV).* Februar 2010, S. 80-85.

Fuchs, Harry. 2007. Rechtliche Rahmenbedingungen für die geriatrische Rehabilitation. Was hat sich durch die Gesundheitsreform geändert? *Soziale Sicherheit.* 2007, 7, S. 169-175.

Greß, Stefan, Rixen, Stephan und Wasem, Jürgen. 2009. Eingliederungshilfe für seelisch behinderte Kinder und Jugendliche: Abgrenzungsprobleme und Reformszenarien. *Vierteljahresschrift für Sozialrecht (VSSR).* 2009, Bd. 1, S. 43-60.

Igl, Gerhard. 2008. Alter und Behinderung im Sozialrecht. [Hrsg.] Andreas Hoyer, et al. *Gedächtnisschrift für Jörn Eckert.* Baden-Baden: Nomos, 2008. S. 369-384.

—. 2007. Alter und Behinderung im Sozialrecht. [Hrsg.] Helmut C. Berghaus, Heike Bermond und Heike Milz. *Visionen und innovative Konzepte in Zeiten knapper Ressourcen.* Köln: Kuratorium Deutsche Altershilfe, 2007, S. 12-27.

—. 2010. Bereiche, Funktionen und Berechtigung gesetzlicher Höchstaltersgrenzen. *Festschriftbeitrag.* 2010.

—. 2008a. Das Gesetz zur strukturellen Weiterentwicklung der Pflegeversicherung. *NJW.* 2008, S. 2214-2219.

Igl, Gerhard und Klie, Thomas, [Hrsg.]. 2007. *Das Recht der älteren Menschen.* Baden-Baden: Nomos, 2007.

Statistisches Bundesamt. 2010. *Sozialleistungen. Empfänger/-innen von Sozialhilfe in Form von Leistungen nach dme 5. bis 9. Kapitel SGB XII - 2008.* Wiesbaden : Statistisches Bundesamt, 2010. Fachserie 13, Reihe 2.3.

Temming, Felipe. 2008. *Altersdiskriminierung im Arbeitsleben. Eine rechtsmethodische Analyse.* München: C.H. Beck, 2008.

Welti, Felix. 2007. Alter im sozialen Rechtsstaat. *BtPrax.* 2007, S. 51-55.
—. 2005. *Behinderung und Rehabilitation im sozialen Rechtsstaat. Freiheit, Gleichheit und Teilhabe behinderter Menschen.* Tübingen: Mohr Siebeck, 2005.

Peter Masuch

Soziale Teilhabe: Reform der Eingliederungshilfe im Lichte des SGB IX

Vielen Dank für die Einladung zu Ihrem Hochschultag nach Hamburg. Ich deute es als ein Zeichen der besonderen Art, dass in Hamburg, der pulsierenden Wirtschaftsmetropole und dem Tor zur Welt, gerade die künftige rechtliche Stellung der Schwächsten in unserer Gesellschaft zum Thema gemacht wird. Mir ist zugefallen, die Eingliederungshilfe und ihre weitere Entwicklung im Lichte des SGB IX zu betrachten. Das mache ich gerne – und ich mache es aus meiner spezifischen Sicht eines Richters, der das SGB IX im Rahmen der Gesamtkodifikation Sozialgesetzbuch anwendet und dabei besonders die Grundsätze des SGB IX rechtsdogmatisch-systematisch in den Blick nimmt.

Ich gehe in zwei Schritten vor. Im ersten Teil wende ich mich der Frage zu: Welche Bedeutung hat die Einführung des SGB IX für die überkommene, früher im Bundessozialhilfegesetz, seit 2005 im SGB XII enthaltene Eingliederungshilfe? Angesichts der Komplexität des SGB IX werde ich mich auf wenige, eher normative Aspekte beschränken.
Im zweiten Teil will ich nach den weiteren Entwicklungsmöglichkeiten fragen, die sich für eine Reform der Eingliederungshilfe entsprechend den Paradigmen des SGB IX anbieten.

Erster Teil

I. Einführung[1]

Beginnen möchte ich meinen ersten Teil mit dem Blick in das Gesetz: Eingliederungshilfe erhalten nach § 53 SGB XII behinderte Menschen, die wesentlich in ihrer Fähigkeit eingeschränkt sind, an der Gesellschaft teilzuhaben. Mit dem Anspruch auf Eingliederungshilfe reagiert der Sozialstaat auf den Umstand, dass die moderne Leistungsgesellschaft in die Starken und in die Schwachen sortiert. Auf der Sozialstaatsverfassung des Grundgesetzes beruht das Urteil des Bundesverwaltungsgerichts vom 24. Juni 1954[2], das das Fürsorgerecht in einen Anspruch des Hilfebedürftigen kleidete. Das Körperbehindertengesetz von 1957[3] rückte als Vorläufer der heutigen Eingliederungshilfe den Anspruch auf

---

1 Überarbeitete Fassung eines Vortrages beim Kontaktseminar des Deutschen Sozialrechtsverbandes am 19. Februar 2008 in Kassel.

2 BVerwG, Urteil vom 24. Juni 1954 – V C 78.54 – BVerwGE 1, 159ff = NJW 1954, 1541, juris Rz. 23 ff.

3 Gesetz über die Fürsorge für Körperbehinderte und von einer Körperbehinderung bedrohte Personen vom 27. Februar 1957, BGBl. I 1957, S. 147.

Eingliederung in die Gesellschaft in den Blick[4]. Im Urteil des Bundesverfassungsgerichts vom 18. Juni 1975[5] zur Eingliederung Hilfebedürftiger in die Gesellschaft las sich dies so: „Die staatliche Gemeinschaft muss ihnen jedenfalls die Mindestvoraussetzungen für ein menschenwürdiges Dasein sichern und sich darüber hinaus bemühen, sie soweit möglich in die Gesellschaft einzugliedern, ihre angemessene Betreuung in der Familie oder durch Dritte fördern sowie die notwendigen Pflegeeinrichtungen zu schaffen“. Spezifisches Verfassungsrecht wurde der Eingliederungsgedanke mit der Einführung von Art. 3 Abs. 3 Satz 2 GG[6]: Niemand darf wegen seiner Behinderung benachteiligt werden. Das Benachteiligungsverbot beinhaltet den Auftrag an den Gesetzgeber, auf die gleichberechtigte Teilhabe behinderter Menschen hinzuwirken[7]. Hier drängt sich m.E. schon die Frage auf, ob nicht angesichts der zunehmenden Betonung der Eingliederung von behinderten Menschen in die Gesellschaft durch das Paradigma der Teilhabe die Behindertenhilfe ihren Fürsorgecharakter und damit die Beziehung zur Sozialhilfe verliert, wie er bislang in § 28 Abs. 1 Nr. 3 SGB I, § 8 Nr. 4 SGB XII verankert ist. Dazu aber später mehr.

Im Folgenden möchte ich zunächst das Verhältnis zwischen der Eingliederungshilfe und dem SGB IX näher beleuchten.

II. Wie versteht das SGB IX Teilhabe an der Gesellschaft?

Der Begriff der Eingliederungshilfe umschreibt das Leistungsprogramm für die Teilhabe behinderter Menschen an der Gesellschaft. Dieser Begriff steht im Mittelpunkt des § 53 SGB XII, ihm kommt umfassende Bedeutung zu. Etwas blumiger formuliert: Damit stellt das Gesetz die Eingliederungshilfe in den Dienst der Teilhabe; der Sozialhilfeträger ist Rehabilitationsträger gemäß § 6 SGB IX gerade auch als Leistungsträger der Eingliederungshilfe. Diese soll es den behinderten Menschen ermöglichen, ihre Persönlichkeit mit all ihren Fähigkeiten und Kräften zu entfalten und einen angemessenen Platz in der Gesellschaft zu erhalten bzw. zu erlangen[8]. Genau besehen - unter dem Aspekt der Inklusion - wäre hier kritisch anzumerken, dass Eingliederung zunächst als ein Prozess verstanden wird, durch den bisher außenstehende Personen als Glieder in eine Gemeinschaft einbezogen werden[9].

Eingliederung ist Voraussetzung für die Teilhabe an der Gesellschaft und umfasst alle Bereiche des sozialen Lebens: Das Eingebundensein in menschliche

---

4 So § 39 BSHG in der Fassung des 3. Gesetzes zur Änderung des Bundessozialhilfegesetzes vom 25. März 1974 (3. ÄndG).

5 BVerfG, Urteil vom 18. Juni 1975 - 1 BvL 4/74 = BVerfGE 40, 121, 133, juris Rz. 44.

6 Eingefügt durch Art. 1 Nr. 1 Buchst. b des Gesetzes zur Änderung des Grundgesetzes vom 27. Oktober 1994 – BGBl. I 1994, S. 3146.

7 BT-Drs 12/8165 S. 29; BSG, Urteil vom 26. März 2003 - B 3 KR 23/02 R - BSGE 91, 60ff = SozR 4-2500 § 33 Nr 3, juris Rz. 19.

8 Petersen in: Die Eingliederungshilfe für Behinderte, 2. Aufl. 1978, S. 19, 31.

9 Speck (Fn. 3) a.a.O..

Kontakte und Beziehungen, dazu gehören Kommunikation, Mobilität, Lernen und Wissensanwendung, Ernährung, häusliches Leben, gesellschaftliches Leben, Bildung, Arbeit, Kultur, Politik, Religion, Freizeit, Gesundheit[10]. Die Leistungen der Eingliederungshilfe stehen allerdings nicht allen behinderten oder von Behinderung bedrohten Menschen gleichermaßen dazu zur Verfügung, um Selbstbestimmung und Teilhabe am Leben in der Gesellschaft zu erreichen. Nach § 53 Abs. 1 Satz 1 SGB XII erhalten Leistungen der Eingliederungshilfe nur jene Personen, die durch eine Behinderung im Sinne des SGB IX wesentlich in ihrer Teilhabefähigkeit eingeschränkt sind. Einschränkend kommt hinzu, dass der Anspruch auf Leistungen der Eingliederungshilfe nur besteht, wenn und solange nach der Besonderheit des Einzelfalles, insbesondere nach Art oder Schwere der Behinderung, Aussicht besteht, dass die Aufgabe der Eingliederungshilfe erfüllt werden kann. Erweitert wird die Eingliederungshilfe allerdings um Ermessensleistungen für andere Personen mit einer körperlichen, geistigen oder seelischen Behinderung. An dieser Stelle sei nur kurz angemerkt, dass die Abgrenzung des Personenkreises einige Fragen aufwirft, auf die ich hier nicht näher eingehen kann - etwa die nur defektorientierten Kriterien der Eingliederungshilfe-VO.

Gegenüber diesem überkommenen Begriff von Eingliederung definiert § 2 Abs. 1 Satz 1 SGB IX einen Menschen als behindert, wenn seine körperliche Funktion, geistige Fähigkeit oder seelische Gesundheit mit hoher Wahrscheinlichkeit länger als sechs Monate von dem für das Lebensalter typischen Zustand abweicht und daher seine Teilhabe am Leben in der Gesellschaft beeinträchtigt ist. Dieser Teilhabebegriff ist umfassender angelegt als der Begriff der Eingliederung. Eingliederung setzt den Akzent noch auf den passiven Hilfebedürftigen Teilhabe stellt die Selbstbestimmung in den Mittelpunkt. Behinderung ist zudem sowohl kausal als auch final bestimmt. Kausales Element der Behinderung ist die länger andauernde Abweichung der körperlichen Funktion, geistigen Fähigkeit oder seelischen Gesundheit vom alterstypischen Zustand. Finales Element der Behinderung ist die auf der Abweichung beruhende Beeinträchtigung des Menschen an der Teilhabe am Leben in der Gesellschaft.

Das spezifisch Neue an diesem Begriff lässt sich immer noch am deutlichsten mit dem Sinnspruch der Behindertenbewegung verstehen: „Ich bin nicht behindert, ich werde behindert". Es geht nicht allein um die Verhütung, Beseitigung oder Besserung der Abweichung von der alterstypischen Regel. Hauptziel ist es, die Selbstbestimmung und gleichberechtigte Teilhabe zu fördern, Benachteiligungen zu vermeiden oder ihnen entgegen zu wirken. Der umfassende Ansatz des SGB IX zeigt sich auch darin, dass er neben den Behinderten auch die von

---

10 Vgl. dazu die Beschreibung der Internationalen Klassifikation der Funktionsfähigkeit, Behinderung und Gesundheit (ICF, Endfassung, Stand Oktober 2005, www.dimdi.de): Klassifikation der Aktivitäten und Partizipation (Teilhabe), S. 42 – 46, 95 ff.

Behinderung bedrohten Menschen einbezieht (§ 1 Satz 1, § 2 Abs. 1 Satz 2 SGB IX).

Generelle Aufgabe der Eingliederungshilfe ist die Förderung der Teilhabe am Leben in der Gesellschaft. Besondere Aufgabe ist gemäß § 53 Abs. 3 SGB XII, eine drohende Behinderung zu verhüten oder eine Behinderung oder deren Folgen zu beseitigen oder zu mildern und die Menschen in die Gesellschaft einzugliedern. Hierzu gehört insbesondere, den behinderten Menschen die Teilnahme am Leben in der Gemeinschaft zu ermöglichen oder zu erleichtern, ihnen die Ausübung eines angemessenen Berufs oder einer sonstigen angemessenen Tätigkeit zu ermöglichen oder sie soweit wie möglich unabhängig von Pflege zu machen. Die Aufgabenstellung der Eingliederungshilfe ist hier im Sinne eines offenen Katalogs weit gefasst[11] und eng mit der ebenfalls weiten Zielvorgabe in § 1 Abs. 1 SGB IX verknüpft[12]. Es genügt also schon, Benachteiligungen in der Teilhabe entgegen zu wirken[13].

Die Abgrenzung der Aufgaben der Eingliederungshilfe stellt eine komplexe Problematik dar. Kein Mensch darf jemals auf ein „Objekt der Pflege" reduziert werden. Auch ein pflegebedürftiger behinderter Mensch benötigt für die Teilhabe am Leben in der Gesellschaft Leistungen der Eingliederungshilfe. Wer in hohem Maße pflegebedürftig ist, kann deshalb nicht aus der Eingliederungshilfe gleichsam ausgegliedert werden. Dies zeigt auch § 55 SGB XII. Kann ein besonders pflegebedürftiger behinderter Mensch nicht mehr in einer Behinderteneinrichtung betreut werden, kommt der Wechsel in eine Pflegeeinrichtung zwar in Betracht. Aber ebenso wie in einer Behinderteneinrichtung auch Pflegeleistungen erbracht werden, muss der Träger der Sozialhilfe in einer Pflegeeinrichtung dann Leistungen der Eingliederungshilfe erbringen.

Für die Weiterentwicklung der Eingliederungshilfe in Richtung auf den genannten Paradigmenwechsels ist danach zu fragen: Wie bestimmen SGB IX und SGB XII ihr Rangverhältnis zueinander? § 4 Abs. 2 SGB IX sieht vor, dass die Teilhabeleistungen neben anderen Sozialleistungen erbracht werden „zur Erreichung der in Abs. 1 genannten Ziele nach Maßgabe dieses Buches und der für die zuständigen Leistungsträger geltenden besonderen Vorschriften". Diese Gleichordnung des SGB IX wird in § 7 SGB IX durch den Vorbehalt abweichender Regelungen aufgelöst. Insbesondere richten sich die Voraussetzungen für die Leistungen zur Teilhabe nach den für den jeweiligen Rehabilitationsträger geltenden Leistungsgesetzen. Unter welchen Voraussetzungen also Teilhabeleistungen zu erbringen sind, ist mithin nicht dem SGB IX zu entnehmen[14]. Eine entsprechende Regelung enthält § 53 Abs. 4 SGB XII. Danach gelten für

---

11 Schellhorn, in Schellhorn/ Schellhorn/ Hohm, SGB XII, 17. Aufl., § 53 Rz 41.

12 Bieritz-Harder in LPK-SGB XII, 8. Aufl., § 53 Rz. 24 f.

13 Vgl. § 1 Satz 1 SGB IX.

14 Vgl. dazu BSG, Urteil vom 26. März 2003 - B 3 KR 23/02 R - BSGE 91, 60 ff = SozR 4-2500 § 33 Nr. 3, juris Rz. 17.

die Leistungen zur Teilhabe die Vorschriften des SGB IX nur, soweit sich aus dem SGB XII und seinen Rechtsverordnungen nichts Abweichendes ergibt; insbesondere die Voraussetzungen für die Leistungen zur Teilhabe richten sich nach dem SGB XII. Das SGB IX ist insoweit kein eigenständiges Leistungsgesetz[15].

III. Die Eingliederungsleistungen im Verhältnis der Regelungen in SGB IX und XII

Was folgt aus dem geschilderten Rangverhältnis konkret für die Eingliederungsleistungen? § 53 Abs. 1 SGB XII verschafft behinderten Menschen Leistungen der Eingliederungshilfe, § 53 Abs. 4 Satz 1 SGB XII verweist dafür auf die Regelungen des SGB IX. Etwas anderes ist auch nicht § 54 Abs. 1 Satz 1 SGB XII zu entnehmen, der scheinbar enumerativ lediglich auf die Leistungen nach den §§ 26, 33, 41 und 55 SGB IX verweist[16]. Der Generalverweis in § 53 Abs. 4 SGB XII auf die Vorschriften des SGB IX will gerade die umfassende Geltung der übergreifenden Teilhabevorschriften des SGB IX sichern, wie den Vorrang der Prävention, den Vorrang von Teilhabeleistung, das Wunsch- und Wahlrecht, die Koordinierungsregelung, das Empfehlungsrecht, die Zuständigkeitsklärung usw. Er korrespondiert damit mit § 7 Satz 1 SGB IX.

Dem weiten Verständnis der Verweisung auf das SGB IX entspricht auch § 54 Abs. 1 SGB XII, der inhaltsgleich die bisherige Regelung des § 40 BSHG[17] in das SGB IX übertragen hat. Dessen Neufassung durch das SGB IX wollte auf offene Kataloge im SGB IX verweisen[18]. Mithin handelt es sich in § 54 Abs. 1 Satz 1 SGB XII lediglich um die nicht abgeschlossene Aufzählung der typischerweise in Betracht kommenden Eingliederungshilfeleistungen, von denen einige im SGB IX ausgestaltet sind und daher über die Verweisung hinaus keiner weiteren Benennung und Ausgestaltung im SGB XII bedurften. Da es sich bei der Verweisung in § 54 Abs. 1 SGB XII auf die Vorschriften des SGB IX um eine Rechtsgrundverweisung handelt, ist damit immer zu prüfen, ob sich die in Bezug genommene Vorschrift des SGB IX auch an den Sozialhilfeträger wendet. Folglich kann der Sozialhilfeträger keine Eingliederungshilfeleistungen durch Leistungen an Arbeitgeber nach § 34 SGB IX erbringen. Auch gehören daher Leistungen zur Arbeitsassistenz nach § 102 Abs. 4 SGB IX nicht zu den Leistungen der Eingliederungshilfe, denn sie zählen ausdrücklich zu den Aufgaben des Integrationsamtes.

---

[15] OVG des Saarlandes, Beschluss vom 4. April 2007 - 3 Q 73/06 – EuG 2007, 407 ff = JAmt 2008, 604 ff, juris Rz. 35.

[16] So nimmt z.B. Voelzke in: Hauck/ Noftz, SGB XII, § 53 Rz. 33 an, § 53 Abs. 4 Satz 1 SGB XII verweise nur auf die übergeordneten Vorschriften des SGB IX.

[17] Vgl. BT-Drs 15/1514 S. 62 zu § 49 E-SGB XII; gestrichen wurde lediglich die bisherige Nr. 2 des § 40 Abs. 1 Satz 1 BSHG.

[18] Vgl. dazu BT-Drs 14/5074 S. 124 zu § 40 E-SGB XII.

IV. Das Spannungsverhältnis von SGB IX und XII am Beispiel der Wunsch- und Wahlrechtsregelungen

Die Verweisung des § 53 Abs. 4 SGB XII auf die Vorschriften des SGB IX schließt auch § 9 Abs. 1 Satz 1 SGB IX ein: Bei der Entscheidung über die Leistungen und bei der Ausführung der Leistungen zur Teilhabe wird berechtigten Wünschen der Leistungsberechtigten entsprochen. Diese Vorschrift konkretisiert für den Bereich des Teilhaberechts die schon in § 33 Satz 2 SGB I verankerte Pflicht, wonach bei der Ausgestaltung von Rechten und Pflichten den Wünschen des Berechtigten oder Verpflichteten entsprochen werden soll, soweit sie angemessen sind. Entsprechen die berechtigten Wünsche eines behinderten Menschen nach dem jeweils anzuwendenden materiellen Teilhaberecht bzw. Leistungsdurchführungsrecht einer in Betracht kommenden Leistungsmöglichkeit, muss dem Wunsch entsprochen werden[19]. Insoweit unterscheidet sich die Regelung in § 9 Abs. 1 Satz 1 SGB IX von derjenigen in Satz 2, die die Rücksicht auf die persönliche Lebenssituation, das Alter, das Geschlecht, die Familie sowie die religiösen und weltanschaulichen Bedürfnisse einräumt.

Nun findet sich auch in § 9 Abs. 2 SGB XII eine Regelung, wonach Wünschen des Leistungsberechtigten, die sich auf die Gestaltung der Leistung richten, entsprochen werden soll, soweit sie angemessen sind. Kein Problem dürfte hier das Verhältnis zwischen § 33 Satz 2 SGB I und § 9 Abs. 2 SGB XII bereiten; die Ausgestaltung des Wunsch- und Wahlrechts im SGB XII fällt nicht hinter die im SGB I zurück[20]. Eine Spannung tritt jedoch zwischen § 9 Abs. 1 Satz 1 SGB IX und § 9 Abs. 2 SGB XII auf. Nach der Kollisionsregel in § 7 Abs. 1 Satz 1 SGB IX i.V.m. § 53 Abs. 4 Satz 1 SGB XII gehen hier die vom SGB IX abweichenden Regelungen des SGB XII vor.

Die als Sollvorschrift ausgestaltete Regelung in § 9 Abs. 2 Satz 1 SGB XII ordnet an, im Regelfall den angemessenen Wünschen zu entsprechen[21]. Lediglich in atypischen Fallkonstellationen kann von angemessenen Wünschen abgewichen werden. § 9 Abs. 2 Satz 2 SGB XII stellt den Wunsch nach stationärer oder teilstationärer Versorgung in den zweiten Rang und Satz 3 regelt einen absoluten Mehrkostenvorbehalt: Wünschen ist nicht zu entsprechen, deren Erfüllung mit unverhältnismäßigen Mehrkosten verbunden wäre. In diesem Zusammenhang muss auch die Regelung in § 13 Abs. 1 Satz 3 SGB XII gesehen werden: Im Falle unverhältnismäßiger Mehrkosten bei ambulanten Leistungen gehen geeignete und zumutbare stationäre Leistungen vor.

---

19 Vgl. hierzu Fuchs in Bihr/ Fuchs/ Krauskopf/ Ritz, SGB IX - Kommentar und Praxishandbuch, § 9 Rz. 6.

20 Nach § 37 Satz 2 SGB I darf das SGB XII auch nicht hinter § 33 Satz 2 SGB I zurückfallen.

21 65, 52 ff, juris Rz. 11.

Dazu ein konkretes Beispiel: Wünscht sich ein junger behinderter Mensch ambulante Leistungen, um in seiner vertrauten familiären Umgebung verbleiben zu können, so darf er auch bei unverhältnismäßigen Mehrkosten nicht in ein naheliegendes Altenheim verwiesen werden. Mit Rücksicht auf seine persönlichen Bedürfnisse als junger Mensch ist ihm das unfreiwillige dauerhafte Zusammenleben nur mit alten Menschen nicht zumutbar, sodass für eine Ablehnung der ambulanten Leistungen wegen unverhältnismäßiger Mehrkosten kein Raum ist (§ 13 Abs. 1 Satz 4 und 6 SGB XII). Im Blick auf das Wunsch- und Wahlrecht in § 9 Abs. 2 SGB XII folgt daraus, dass dem Wunsch des jungen behinderten Menschen nach ambulanten Leistungen entsprochen werden kann; auch erhebliche Mehrkosten dafür sind bei unzumutbaren Alternativen im stationären Versorgungsbereich nicht unangemessen. Damit wird zugleich „berechtigten Wünschen des Leistungsberechtigten" im Sinne von § 9 Abs. 1 Satz 1 SGB IX entsprochen.

Es fällt ins Auge, dass die sozialhilferechtliche Abwägung den Aspekt der Wirtschaftlichkeit besonders betont (das ist aber kein Spezifikum der Sozialhilfe, wir kennen das Wirtschaftlichkeitsgebot ja auch etwa in der GKV). Der wirtschaftliche Maßstab bei der Prüfung der Angemessenheit der Wünsche des behinderten Menschen setzt jedoch voraus, dass zuerst Aufgabe und Ziel der Eingliederungshilfe beachtet werden, nämlich ein Leben in Selbstständigkeit und gleichberechtigter Teilhabe an der Gesellschaft zu ermöglichen und zu fördern (§ 1 Satz 1 SGB IX, § 53 Abs. 1, 3 SGB XII). Angemessen ist damit der Wunsch eines behinderten Menschen, der auf eine geeignete, erforderliche und ausreichende Leistung der Eingliederungshilfe zielt, mittels derer eine Teilhabebeschränkung beseitigt, gemindert oder vermieden werden kann. Ausgeschlossen ist eine Überversorgung.

Damit kann der Leistungsträger den behinderten Menschen auch nicht auf die Maßnahme mit der günstigsten Zweck-Mittel-Relation verweisen[22]. Das bedeutet, dass mitunter eine aufwendige ambulante Leistung erbracht werden muss, selbst wenn damit nur eine geringfügige Verbesserung der Teilhabefähigkeit einhergeht. Dies zeigt gerade auch die Regelung in § 9 Abs. 2 Satz 3 SGB XII: Soll danach der Träger der Sozialhilfe regelmäßig Wünschen nicht entsprechen, deren Erfüllung mit unverhältnismäßigen Mehrkosten verbunden wäre, so ist diese Regelung von vornherein nicht auf alternativlose ambulante Angebote anwendbar. Sie greift nur, wenn sich die Alternative geeigneter kostengünstigerer ambulanter oder stationärer Leistungen bietet.

Die Regelungen in § 9 Abs. 2 Satz 3 und § 13 Abs. 1 Satz 3 SGB XII gestatten damit auch eine mehrkostenträchtige Versorgung aufgrund der Wünsche behinderter Menschen. Lediglich unverhältnismäßige Mehrkosten sind im Rahmen eines Kostenvergleichs beachtlich. Ob solche unverhältnismäßigen Mehrkosten entstehen, ist also nur anhand eines wertenden Vergleichs mit denjenigen Kos-

---

22 A.A. Wahrendorf in: Grube/ Wahrendorf, SGB XII, 2. Aufl. § 9 Rz. 24.

ten festzustellen, die für eine geeignete, erforderliche und ausreichende Leistung zur Vermeidung, Beseitigung oder Minderung einer Einschränkung der Teilhabefähigkeit anfallen würden[23]. Beim Kostenvergleich ist damit einerseits abzustellen auf die Kosten, die für eine zur Beseitigung, Minderung oder Vermeidung der Einschränkung der Teilhabefähigkeit erforderliche und ausreichende Eingliederungshilfeleistung ohne Beachtung der Wünsche des behinderten Menschen anfallen würden und andererseits auf diejenigen Kosten, die unter Beachtung der Wünsche des behinderten Menschen entstehen würden[24].

V. Zusammenfassung am Ende des ersten Teils

Es ging zunächst um einen vertieften Blick in das Regelwerk des SGB IX. Insbesondere der Behinderungsbegriff, die Abgrenzung des Personenkreises, die Ziele und die Wunsch- und Wahlrechte verdeutlichen, dass die Anwendung der Vorschriften der Eingliederungshilfe, eingebettet in das SGB XII, durch das SGB IX beeinflusst wird. Die Vorschriften des SGB XII sind vorrangig (§ 7 Satz 1 SGB IX und § 53 Abs. 4 Satz 1 SGB XII). Die Ziele der Eingliederungshilfe folgen indessen der großen Zielbestimmung „Selbstbestimmung und Teilhabe am Leben in der Gesellschaft" entsprechend § 1 Satz 1 SGB IX. Es kommt nun darauf an, durch die Verzahnung mit dem Teilhaberecht das Instrumentarium der Eingliederungshilfe zu schärfen und weiter auszugestalten.

Zweiter Teil

Ich möchte im zweiten Teil meiner Ausführungen einige wenige Schlaglichter auf die Reformperspektive der Eingliederungshilfe werfen. Welche Maßnahmen bieten sich aus der Sicht des SGB IX an? Die Diskussion um die Reformperspektiven beschäftigt seit Jahrzehnten die Verbände, Behörden und Ministerien. Wenn ich mich an dieser Stelle dazu äußere, dann aus dem eingangs genannten Blickwinkel des Rechtsanwenders des SGB IX.
Ich möchte hier zwei Themen ansprechen:

1. Nachteilsausgleich durch Bundesteilhabegeld?
2. Überführung der Eingliederungshilfe in das SGB IX?

Bundesteilhabegeld

§ 126 Abs 1 SGB IX enthält eine Bestimmung zum Nachteilsausgleich. Sie lautet: Die Vorschriften über Hilfen für behinderte Menschen zum Ausgleich behinderungsbedingter Nachteile oder Mehraufwendungen (Nachteilsausgleich) werden so gestaltet, dass sie unabhängig von der Ursache der Behinderung der Art oder Schwere der Behinderung Rechnung tragen.

---

23 BVerwG, Urteil vom 17. November 1994 – 5 C 13/92 - BVerwGE 97, 103, 108, juris Rz. 19.

24 BVerwG, Urteil vom 17. November 1994 - 5 C 13/92 – BVerwGE 97, 103, 108, juris Rz. 19; BVerwG, Urteil vom 17. November 1994 - 5 C 11/93 – BVerwGE 97, 110 ff, juris Rz. 14; BVerwG, Urteil vom 22. Januar 1987 - 5 C 10/85 - BVerwGE 75, 343 ff, juris Rz. 11 m.w.N.; BVerwG, Urteil vom 11. Februar 1982 – 5 C 85/80 – BVerwGE 65, 52 ff, juris Rz. 15.

Empfiehlt es sich, ein Bundesteilhabegeld als Nachteilsausgleich in diesem Sinne einzuführen? Ich meine, dafür sprechen gute Gründe. Die weiter wachsende Zahl von älteren behinderten Menschen mit Anspruch auf Eingliederungshilfe und die damit einhergehenden Kostenbelastungen der Kommunen zwingen uns, über eine angemessene Kostenverteilung zwischen den Gebietskörperschaften nachzudenken. Die Teilhabe behinderter Menschen ist längst keine Aufgabe der Fürsorge und damit der Gemeinden mehr, das Menschenrecht auf Teilhabe ist als zentralstaatliche Aufgabe spätestens mit dem SGB IX anerkannt. Ein Bundesteilhabegeld, wie es von verschiedenen Seiten bereits ins Gespräch gebracht worden ist, setzt zunächst eine wesentliche Behinderung voraus, die man an einem GdB von 80 oder mehr festmachen könnte. Ich möchte hier nicht auf Einzelheiten eingehen, Schütte hat in seiner grundsätzlichen Abhandlung im Nachrichtendienst des Deutschen Vereins von September 2004 die Möglichkeiten letztlich zustimmend – erörtert.

Wichtig aus der Sicht des SGB IX ist an dieser Stelle, dass der Bund diese Leistung über die Versorgungsämter und die ihnen gleichgestellten Behörden erbringen kann, die doch auch für die Feststellung des GdB ebenso wie für die Versorgungsleistungen zuständig und sachkundig sind. Bundesteilhabegeld als Nachteilsausgleich orientiert sich an der Beschädigtengrundrente nach § 31 des Bundesversorgungsgesetzes (BVG). Sie beläuft sich zurzeit auf 463 € bei einer MdE um 80 v.H., auf 624 € bei einer MdE um 100 v.H. Warum diese Verknüpfung von Grundrente und Bundesteilhabegeld? Die Beschädigtengrundrente nach dem BVG trägt den Gedanken des schädigungsunabhängigen Nachteilsausgleichs Rechnung. Das Bundesverfassungsgericht hat in seinem grundlegenden Urteil vom 14. März 2000 zum Rechtscharakter der Grundrente Stellung genommen. Es hat entschieden, dass es mit dem Gleichheitsgebot unvereinbar ist, die den Kriegsopfern gewährte Beschädigtengrundrente in den alten und neuen Ländern über den 31. Dezember 1998 hinaus bei gleicher Beschädigung ungleich hoch zu gestalten. Seit 1. Januar 1999 erhalten Kriegsopfer nunmehr in den neuen Bundesländern diese Grundrente in gleicher Höhe wie die Kriegsopfer in Westdeutschland. Dabei hat das Bundesverfassungsgericht maßgeblich darauf abgestellt, dass die Grundrente nach § 31 Abs. 1 BVG neben einer materiellen eine besondere immaterielle Komponente enthält. Als Leistung eigener Art stellt sie die Entschädigung für die Beeinträchtigung der körperlichen Integrität dar und soll die Mehraufwendungen ausgleichen, die das Kriegsopfer infolge der Schädigung gegenüber einem gesunden Menschen hat. Die Grundrente wird als ein integrierender Bestandteil der Rehabilitation und Ausdruck des Rechtsanspruchs der Kriegsopfer auf eine angemessene und würdige Entschädigung bezeichnet. Dies gilt wohl nach unser aller Überzeugung und was spricht dann gegen die Annahme, dass Gleiches für jeden wesentlich behinderten Menschen gilt, dessen Integrität doch auch durch eine körperliche, geistige oder seelische Störung wesentlich beeinträchtigt ist?

Auch Bundesteilhabegeld als Nachteilsausgleich wäre neben einer gewissen Entschädigung für materiellen Mehraufwand besonders durch die immaterielle Komponente geprägt. Es erweist sich somit geradezu als idealtypische Ausprägung eines Nachteilsausgleichs im Sinne von § 126 SGB IX. Nebenbei bemerkt: Soweit darin der Charakter einer pauschalierten Abgeltung enthalten ist, verweise ich zur Begründung auf den Rechtsgedanken in § 35 BVG: Die Pflegezulage für hilflose Beschädigte kennt von jeher eine Sonderregelung für blinde Beschädigte; ihnen wird mindestens die Pflegezulage nach Stufe III gewährt.

Ich sehe somit in dem Bundesteilhabegeld als Nachteilsausgleich eine systemgerechte ergänzende Leistung, insbesondere wenn man sie neben dem persönlichen Budget (§ 17 SGB IX) betrachtet. Persönliche Budgets werden in der Regel als Geldleistung ausgeführt, die sich an den bisher individuell festgestellten, ohne das Persönliche Budget zu erbringenden Sachleistungen orientiert.

Eingliederungshilfe als Teil 3 des SGB IX?

Ich komme zum zweiten Schlaglicht. Anknüpfend an den eben ausgeführten Grundgedanken des Nachteilsausgleichs wurde auch bereits die Forderung nach einem eigenen Leistungsgesetz für behinderte Menschen erhoben, das nicht mehr in den Kategorien der klassischen Sozialhilfe und ihrem Fürsorgedenken beruht. Insoweit ausschlaggebend ist die Lösung vom Gedanken des Nachrangs. Der mittlerweile doch anerkannte Teilhabeanspruch behinderter Menschen lässt sich schon aus systematischen Gründen kaum mehr als nachrangige Leistung verstehen. Ich habe dies eingangs angesprochen. Es ist uns im Übrigen auch geläufig, dass das Nachrangprinzip für die Eingliederungshilfeleistungen schon im jetzigen § 92 SGB XII durchbrochen ist, Entsprechendes gilt für die Modifizierung des Unterhaltsregresses in § 94 Abs. 2 SGB XII. Insoweit ist kennzeichnend, dass bei Leistungen der Eingliederungshilfe nur die Aufbringung der Mittel für die Kosten des Lebensunterhalts zuzumuten ist; die Kosten des in einer Einrichtung erbrachten Lebensunterhalts sind dann nur in Höhe der für den häuslichen Lebensunterhalt ersparten Aufwendungen anzusetzen.

Was spricht eigentlich dagegen, das Leistungsprogramm der Eingliederungshilfe für behinderte Menschen vollständig in das SGB IX zu überführen? Dafür, diese Leistungen der subsidiären Fürsorge vorzuschalten und damit auch gesetzessystematisch auf eine Stufe mit den Rehabilitationsleistungen der Sozialversicherung und Versorgung zu stellen, spricht doch schon, dass die Verweisungsregelungen in § 54 Abs. 1 SGB XII auf die Leistungen nach §§ 26, 33, 41 und 55 SGB IX einschließlich der Bezugnahme auf den Behinderungsbegriff (§ 53 Abs. 1 Satz 1 SGB XII i.V.m. § 2 Abs. 1 Satz 1 SGB IX) offensichtlich wenig geglückt ist. Dies drängt m.E. nach einer Kodifizierung und Vereinheitlichung in einem eigenständigen Teil des SGB IX. Schon heute sehen wir im Teil 2 des SGB IX klassisches Leistungsrecht für schwerbehinderte Menschen.

Welti weist zu Recht darauf hin, dass der systematische Zusammenhang der beiden Teile des SGB IX noch zu wenig erschlossen ist. Die weitere Ausgestaltung der Leistungen für behinderte Menschen auf der Grundlage des SGB IX würde hier auch zur Klärung beitragen. Zugleich würde die damit erreichte Verzahnung der Teilhabeleistungen der Sozialhilfeträger mit den übrigen Rehabilitationsträgern, deren Verfahrensrecht im Teil 1 des SGB IX ausgestaltet ist, gerade dazu beitragen, nun endlich auch die Sozialhilfeträger näher an die große Welt der Rehabilitation in der gegliederten Sozialen Sicherung heranzuführen. Wir müssen doch allenthalben beklagen, wie wenig Präsenz die Instrumente des Rehabilitationsrechts in der Eingliederungshilfe bisher zeigen. Ich erinnere insofern nur an die Stichwörter Gemeinsame Servicestellen und Persönliches Budget. Das SGB IX hat wesentlich zur Konvergenz der Rehabilitationssysteme beigetragen, von dieser Dynamik könnte auch die Eingliederungshilfe noch gewinnen.

Ich weiß, meine Damen und Herren, an dieser Stelle ist die intensive juristische Diskussion gefragt, der ich mich auch gerne stelle, wenn wir uns im Grundsatz einigen könnten.

Ausblick

Lassen Sie mich deshalb abschließend meiner Hoffnung Ausdruck geben, dass die jahrelangen Bemühungen um die Weiterentwicklung der Eingliederungshilfe endlich einmal praktische Früchte tragen mögen. Vielleicht haben meine Ausführungen dazu anregen können, die Chancen des im SGB IX angelegten Paradigmenwechsels hin zu Teilhabe und Selbstbestimmung behinderter Menschen nun auch für diese notwendige Reform fruchtbar zu machen. Ich wünsche Ihrer Veranstaltung, dass sie ein Meilenstein auf diesem Weg sein möge.

Thomas Flint

Die Eingliederungshilfe in der Rechtsprechung der Sozialgerichtsbarkeit[1]

1. Auftakt

In der Ankündigung zur Tagung der HAW Hamburg vom 23. Oktober 2009 heißt es: „Die ‚Eingliederungshilfe für behinderte Menschen' (§§ 53 ff SGB XII) ist ein wesentlicher Baustein im Recht der Rehabilitation und Teilhabe. Das geltende Sozialhilferecht folgt nach wie vor den Prinzipien der klassischen Fürsorge. Es gewährt bedarfsgerechte und einkommensabhängige Leistungen in kommunaler Steuerung, Verantwortung und im Rahmen eines Gestaltungsermessens der Leistungsträger.“ Hierin sind alle Chancen, aber auch alle Probleme der Eingliederungshilfe, mit denen die Rechtsprechung der Sozialgerichtsbarkeit zu tun hat, enthalten: Prinzipien, Bedarfsgerechtigkeit, Ermessen, kommunale Verantwortung.

Die Lebenswelt, in der die Eingliederungshilfe wirkt und ihrer Intention nach wirken soll, ist der Sozialgerichtsbarkeit keine fremde. Schon vor dem Jahr 2005 hatte sie es mit Menschen mit Behinderungen, gesundheitlichen Störungen und Funktionseinschränkungen, mit finanziellen Kompensationen und Hilfen und auch mit Teilhabeleistungen für behinderte Menschen zu tun. Die klassischen Rechtsgebiete in der Zuständigkeit der Sozialgerichtsbarkeit – das Kranken-, Pflege-, Unfall- und Rentenversicherungsrecht, das Arbeitsförderungsrecht, das Schwerbehindertenrecht – boten und bieten für eine richterliche Befassung mit der Lebenswelt, die auch die der Eingliederungshilfe ist, reichlich Anwendungsfälle.

Und doch ist die sozialhilferechtliche Eingliederungshilfe für die Sozialgerichtsbarkeit etwas Neues und tut sich mit ihr auch schwer. Mit Gründen hierfür und mit möglichen Bewältigungsstrategien möchte ich mich in erster Linie befassen.

2. Das Material

Hierfür das Feld bereitet habe ich mir durch eine Durchsicht und Auswertung der Rechtsprechung der Sozialgerichtsbarkeit zur Eingliederungshilfe seit dem Jahr 2005. Sie knüpften an die veröffentlichte Rechtsprechung an. Die Durchsicht der veröffentlichten Rechtsprechung habe ich beschränkt auf die in der Datenbank „juris“ zugängliche Rechtsprechung. Es ist die gebräuchlichste elektronische juristische Datenbank und hinter der Veröffentlichung einer Ent-

[1] Dem Text liegt der am 23. Oktober 2009 gehaltenen Vortrag zugrunde. Der Vortrag ist veröffentlicht in NDV 2010, 80. Er ist vorliegend um Belege an der Rechtsprechung ergänzt und in der Darstellung erweitert. Der Vortragsstil ist auch hier weitgehend beibehalten.

scheidung in ihr steht ein Entschluss zur Veröffentlichung durch die hinter der Entscheidung stehenden Richter.

Die Auswertung der Veröffentlichungen in „juris“ liefert zunächst folgende Rohdaten: Am 1. Juli 2009 waren bei Verwendung der Sucheinschränkungen

- „2005 bis 2009“ als Zeitraum,
- „Eingliederungshilfe“ als verwendetes Wort im Entscheidungstext,
- ein „SO“-Aktenzeichen (für Sozialhilfe) und
- die Einschränkung auf das Fachgebiet „Sozialrecht“ und dort auf die „Sozialgerichtsbarkeit“[2] doch immerhin 228 Entscheidungen verzeichnet. Das war deutlich mehr, als ich erwartet hatte. Denn noch einmal: Die Datenbank „juris“ bietet – abgesehen von den Urteilen des Bundessozialgerichts – kein vollständiges Abbild der Spruchpraxis der Gerichte, sondern präsentiert das, was die Gerichte für eine Veröffentlichung in der Datenbank geeignet halten, entsprechend aufbereiten und an „juris“ übermitteln.

Von den 228 Entscheidungen waren 21 vom Bundessozialgericht, 120 von Landessozialgerichten und 87 von Sozialgerichten. Ich habe von diesen Entscheidungen für meine Darstellung 45 Entscheidungen von Landessozialgerichten und 36 Entscheidungen von Sozialgerichten gelesen und ausgewertet. Gelesen habe ich alle Entscheidungen des Bundessozialgerichts. Warum ich nicht auch diese, sondern nur die instanzgerichtlichen Entscheidungen der Landessozialgerichte und Sozialgerichte für meine Darstellung ausgewertet habe, erläutere ich sogleich.

Kriterium für die Auswahl der Entscheidungen von Landessozialgerichten und Sozialgerichten aus der Trefferliste in „juris“ war, ob sie etwas beizutragen versprachen zu dem Thema, mit dem ich mich insbesondere befassen möchte: Der Umgang der Gerichte mit den Fragen, wie der Bedarf an Eingliederungshilfe zu ermitteln und festzustellen ist und wie die Leistung der Eingliederungshilfe zu bestimmen ist. Daneben soll es um Besonderheiten des einstweiligen Rechtsschutzes gehen. Und: Die Vielfalt der Themen, mit denen die Instanzgerichte mit Blick auf die Eingliederungshilfe zu tun haben, soll deutlich werden.

Verzichtet habe ich auf die Einbeziehung auch der Rechtsprechung des Bundessozialgerichts, denn neue Themen, die die Instanzgerichte nicht erreicht haben, können aus ihr nicht entnommen werden. Und mein erstes Thema und Anliegen – wie kommt das Gericht zu seiner Erkenntnis über den Hilfebedarf und die zu beanspruchende Leistung – ist zunächst ein tatrichterliches Thema und Anliegen. Ihm bin ich deshalb in den Entscheidungen der Instanzgerichte nachgegangen.

---

2 Diese Sucheinschränkung fügt jedoch durch die Verwendung des „SO“-Aktenzeichens keine weitere Differenzierung hinzu.

Für eine Darstellung der Rechtsprechung der Sozialgerichtsbarkeit zur Eingliederungshilfe genügt aber nicht der Blick auf die veröffentlichte Rechtsprechung. Die Entscheidungen in „juris“ ergeben kein vollständiges Bild. Es sind grundsätzliche oder gut gelungene Entscheidungen oder wurden von den hinter der veröffentlichten Entscheidung stehenden Richtern zumindest für solche gehalten. Ins Bild gehören aber auch die vielen Entscheidungen, die weder grundsätzlich noch besonders gelungen sind, Entscheidungen, mit denen die hinter ihr stehenden Richter nicht im Reinen sind. Und ins Bild gehören die vielen Fälle, in denen es zu einer Entscheidung schon gar nicht gekommen ist. Sei es, weil der Sozialhilfeträger doch noch anerkannt hat, sei es, weil der Hilfesuchende sein Begehren zurückgenommen hat, sei es, weil die Beteiligten sich auf eine Lösung haben einigen können. Oder sei es, weil das Gericht, ratlos, noch nicht entschieden hat.

Erst aus allem zusammen ergibt sich das Bild der Rechtsprechung der Sozialgerichtsbarkeit zur Eingliederungshilfe. Nur sind die in „juris“ veröffentlichten Entscheidungen der am besten dokumentierte Bildausschnitt. Für meinen Blick auf den Umgang der Sozialgerichtsbarkeit mit der Eingliederungshilfe und für meine hieraus abgeleiteten Vorstellungen für diesen Umgang greife ich daher auch auf meine Erfahrungen am Sozialgericht und Landessozialgericht Hamburg zurück, die sich nicht zugleich in der veröffentlichten Rechtsprechung spiegeln. Erfahrungen, die ich in der Bearbeitung mir zugewiesener Fälle gemacht habe. Und Erfahrungen, die ich in vielen Gesprächen mit Kollegen gewonnen habe, die über ihren Fällen saßen und Rat suchten und Meinungen einholten.

3. Erste Eindrücke bei der Auswertung der Materialien

Zu diesen Erfahrungen gehört ein verbreitetes Unbehagen. Deutlich häufiger als in anderen Rechtsgebieten ist die Ungewissheit anzutreffen, wie zu entscheiden ist. Es gibt die Regung: „Ich weiß nicht, wie ich entscheiden soll, also will ich nicht entscheiden.“

Vor dem Hintergrund dieses erfahrenen Unbehagens hat mich dann doch überrascht, dass die in „juris“ veröffentlichte Rechtsprechung eine Reihe von Beispielen aufweist, in denen die Sozialgerichtsbarkeit nicht etwa den geltend gemachten Anspruch „abgebügelt“ hat, etwa unter Rückzug auf verbleibende Ungewissheiten, sondern einen Anspruch trotz Ungewissheiten zur Verwirklichung gebracht hat. Dies gilt insbesondere auch für Verfahren des einstweiligen Rechtsschutzes.

Diese hohe Zahl der dem Begehren stattgebenden Entscheidungen – insbesondere in Verfahren des einstweiligen Rechtsschutzes – ist zwar auf den ersten Blick überraschend. In Rechnung gestellt, dass es häufig um existenzielle, dramatische Lebenssituationen geht, erklärt sich diese hohe Zahl jedoch dadurch, dass die Gerichte dem Druck dieser Situation eher geneigt sind dahin nachzugeben, den Sozialhilfeträger zur Gewährung von Leistungen zu verpflichten, als einen Leistungsanspruch des Hilfesuchenden abzulehnen. Auch das ist zum einen eine sehr verständliche menschliche Regung; zum anderen lässt sich diese aber mit rechtlichen Strukturen, wie denen der Glaubhaftmachung des Anspruchs und der Entscheidung im Rahmen einer Folgenabwägung in Verfahren des einstweiligen Rechtsschutzes, in Übereinstimmung bringen.

Ein Beispiel hierfür ist eine frühe Entscheidung des Sozialgerichts Speyer vom 2. Februar 2005.[3] Hier kann beobachtet werden, dass dem Problem der Bedarfsermittlung, dem ich mich im Weiteren zuwenden möchte, aus dem Weg gegangen werden kann. Denn das Gericht hat festgehalten, nach summarischer Prüfung erscheine die Aufnahme in eine bestimmte Einrichtung zum ambulant betreuten Wohnen nach den Ausführungen im Antrag beim Sozialhilfeträger auch geeignet, dem Hilfebedarf des Antragstellers Rechnung zu tragen. Der dort beschriebene Leistungsumfang erscheine auch im Hinblick auf die von Ärzten geschilderten persönlichen, gesundheitlichen, sozialen und finanziellen Probleme des Antragstellers erforderlich. Es bestehe danach ein Anordnungsanspruch. Das mag so gewesen sein. Zumal der Schwerpunkt des Rechtsstreits wohl bei der Frage der örtlichen Zuständigkeit lag. Der Hinweis auf die summarische Prüfung zeigt aber an, dass der stattgebenden Entscheidung keine Feststellungen zum Hilfebedarf vorausgingen.

Ein Weg ist auch die Schilderung der Lebensumstände, die, sind sie dramatisch genug, die Folgerung zulassen, das Ziel der Eingliederungshilfe könne hier zur Zeit nur durch die begehrte stationäre Eingliederungshilfe erreicht werden. Diesen Weg ist das Sozialgericht Neuruppin in einem Eilbeschluss vom 21. Juni 2005 gegangen.[4] Dabei half, dass sich die Antragstellerin trotz fehlender Bewilligung bereits in einer stationären Einrichtung aufhielt und es dort zur Stabilisierung und zu Fortschritten gekommen war. Hieran konnte das Gericht anknüpfen und einen Rechtsanspruch auf diese Leistung der Eingliederungshilfe formulieren. Einer Identifizierung des Hilfebedarfs und einer Prognose mit Blick auf eine erst erstrebte tatsächliche Inanspruchnahme stationärer Eingliederungshilfe war das Gericht so enthoben. Der Vorläufigkeit des einstweiligen Rechtsschutzverfahrens trug es Rechnung durch eine zeitliche Befristung der Verpflichtung des Sozialhilfeträgers zur Kostenübernahme auf 13 Monate.
Ein anderer Weg, der andere Ergebnisse rechtfertigt, ist der Rückgriff auf einen Vertretbarkeitsmaßstab. Mit der Betonung des Maßstabs der Vertretbarkeit hat sich das Sozialgericht Lüneburg in einem Eilbeschluss vom 6. Juli 2005 beholfen.[5] Begehrt war die Hilfe zur Beschaffung eines Kraftfahrzeugs. Durch die Teilhabe am Leben in der Gemeinschaft solle der Behinderte nach Möglichkeit einem Nichtbehinderten gleichgestellt werden. Auch für Nichtbehinderte gewährleiste die Sozialhilfe die Teilnahme am Leben in der Gemeinschaft, jedoch nur in vertretbarem Umfang. Zudem sei zu beachten, dass auch Nichtbehinder-

[3] SG Speyer Beschluss vom 2.2.2005 - S 16 ER 10/05 SO, ZfF 2006, 64.
[4] SG Neuruppin Beschluss vom 21.6.2005 - S 14 SO 20/05 ER, RdLH 2005, 122.
[5] SG Lüneburg Beschluss vom 6.7.2005 - S 23 SO 195/05 ER, SAR 2005, 104.

te, die aus wirtschaftlichen oder sonstigen Gründen kein eigenes Kraftfahrzeug haben, nicht beliebig oft an kulturellen oder sonstigen Veranstaltungen teilnehmen oder Besuchsreisen durchführen könnten. Deshalb sei der Antragsteller für die Teilnahme an kulturellen oder sonstigen Veranstaltungen gehalten, entweder öffentliche Verkehrsmittel, ggf. das Taxi, oder mit Hilfe Dritter Mietautos zu benutzen. Nicht recht deutlich wird, woher das Gericht den Maßstab der Vertretbarkeit nimmt. Deutlich aber wird, dass dessen Einführung und Anwendung den Umgang mit dem Fall erleichtert.

Es geht auch anders. Das Landessozialgericht Berlin-Brandenburg kommt zu einer Bejahung des Anordnungsanspruchs auf eine Einzelfallhilfe durch Rückgriff auf eine Evidenz: Es zählt ausführlich die von der Antragstellerin benötigten Hilfen auf und kann hierauf feststellen, dass es sich hierbei um Hilfestellungen zur praktischen Bewältigung der im Zusammenhang mit dem Besuch einer Schule stehenden Schwierigkeiten handelt und nicht um sonderpädagogische Maßnahmen und dass der zeitliche Bedarf im geltend gemachten Umfang besteht.[6] Die Genauigkeit der Bedarfsermittlung und Bedarfsfeststellung steuert so, zumal im Rahmen von Glaubhaftmachung und Folgenabwägung, die Erfolgsaussichten in Verfahren des gerichtlichen Eilrechtsschutzes.

In diesen Verfahren ist es jedenfalls auch ein gangbarer Weg, an frühere Bewilligungen anzuknüpfen. So ist in einem vom Landessozialgericht Nordrhein-Westfalen entschiedenen Fall der Leistungserbringer von einem jährlichen Stundenbedarf für Einzelbetreuung von 240 Stunden ausgegangen und hat dem Sozialhilfeträger entgegnet, insoweit dürfte sich der Leistungserbringer an der entsprechenden früheren Bewilligung orientiert und den Bedarf nicht einer eingehenden Bedarfsermittlung unterzogen haben. Das Gericht hat sodann festgehalten, dass diese Entgegnung nichts daran ändere, dass bei summarischer Prfung ein Bedarf von wöchentlich vier Betreuungsstunden für die Antragstellerin jedenfalls nicht überzogen erscheine.[7]

In Klageverfahren ändert sich das Bild etwas. Die Zahl stattgebender Entscheidungen ist im Vergleich zum Eilrechtsschutz geringer. Das aber dürfte vor allem daran liegen, dass hier überwiegend andere Fälle als in Eilverfahren zur Entscheidung gelangen. Oftmals geht es um rechtliche Abgrenzungen der Eingliederungshilfe zu anderen Leistungen im Rahmen unseres hochkomplexen Sozialrechts oder liegen zugespitzte Entscheidungssituationen nicht oder nicht mehr vor – etwa weil um die letztliche Kostentragung für bereits gewährte Leistungen gestritten wird.

Die von mir ausgewertete Rechtsprechung der Instanzgerichte weist eine Vielfalt von Themen auf, die in Angelegenheiten der Eingliederungshilfe von den Beteiligten zur Entscheidung gestellt werden:

---

6 LSG Berlin-Brandenburg Beschluss vom 21.12.2005 - L 23 B 1064/05 SO ER.
7 LSG Nordrhein-Westfalen Beschluss vom 19.9.2007 - L 20 B 79/07 SO ER.

- Fragen der örtlichen Zuständigkeit (§ 98 Abs. 5 SGB XII),
- Wirkungen des § 14 SGB IX,
- Einsetzen von Eingliederungshilfe neben dem Bezug von Leistungen zur Sicherung des Lebensunterhalts nach dem SGB II und der damit verbundenen Möglichkeit der Inanspruchnahme von Förderleistungen nach § 16 SGB II,
- vorrangige Verpflichtung anderer Leistungsträger für die als Eingliederungshilfe begehrte Leistung,
- Verhältnis von Jugendhilfe und Sozialhilfe bei Kindern mit seelischer Behinderung,
- Reichweite des Wunsch- und Wahlrechts,
- Reichweite des Mehrkostenvorbehalts in § 13 Abs. 1 Satz 4 SGB XII,
- Aufnahme in (den Arbeitsbereich) einer Werkstatt für behinderte Menschen,
- bedarfsmindernde Berücksichtigung des in einer Werkstatt für behinderte Menschen gewährten kostenlosen Mittagessens als Einkommen,
- Begrenzung der im Schwerpunkt medizinisch orientierten, an einer Krankheit ansetzenden Leistungen der Eingliederungshilfe, insbesondere im Rahmen der medizinischen Rehabilitation, auf den Leistungsumfang der gesetzlichen Krankenversicherung,
- Verhältnis der Eingliederungshilfe zur Hilfe zur Pflege,
- Anrechnung von pflegerischen Maßnahmen auf Leistungen der Eingliederungshilfe im Rahmen der Hilfe zu einer angemessenen Schulbildung (§ 13 Abs. 3 Satz 3 SGB XI),
- Beendigung von Leistungen der Eingliederungshilfe wegen Erreichens einer Altersgrenze,
- Heranziehung zu Kostenbeiträgen für die Unterbringung in einer Einrichtung,
- Streit um die Eigenschaft eines Leistungserbringers als Einrichtung im Sinne des § 13 Abs. 2 SGB XII,
- Rückwirkungen des Leistungserbringungsrechts auf das Leistungsrecht im Rahmen der Eingliederungshilfe,
- Streit um die Einstufung in Hilfebedarfsgruppen nach § 76 Abs. 2 Satz 3 SGB XII,
- Leistungen der Eingliederungshilfe als Teil eines trägerübergreifenden persönlichen Budgets,
- Erstattungsstreitigkeiten zwischen Sozialleistungsträgern.

Dies illustriert, dass es in der Eingliederungshilfe um zahlreiche und sehr verschiedene Bedarfslagen, Leistungsbegehren und Rechtsfragen gehen kann.

Die Durchsicht der Rechtsprechung zeigt neben dieser thematischen Vielfalt aber in erstaunlicher Weise auch, dass in Eilverfahren sehr häufig um eine

Schulbegleitung als Leistung der Eingliederungshilfe, um einen Integrationshelfer, gestritten wird. Hierzu findet sich beim Sozialgericht Braunschweig eine auch im Übrigen bemerkenswerte Darstellung im Rahmen der Folgenabwägung einer stattgebenden Eilentscheidung: „Es ist darauf abzustellen, welche Folgen sich ergeben, falls der Antrag abgewiesen wird und der Antragsteller in der Hauptsache obsiegt bzw. welche Folgen sich aus dem umgekehrten Fall (Obsiegen im ER-Verfahren und Unterliegen im Hauptsacheverfahren) ergeben. Im ersten Fall müsste der Antragsteller bis zur Entscheidung der Hauptsache ohne den Integrationshelfer auskommen, denn er hätte nicht die Möglichkeit, die Kosten vorzustrecken. Dies ist wegen der finanziellen Situation der Eltern des Antragstellers auch zwischen den Beteiligten unstreitig. Es bestünde dann die ganz konkrete – von Schulleitung und Klassenlehrer beschriebene – Gefahr, dass der Antragsteller dem Unterricht nicht folgen kann. Dies mag für den Zeitraum weniger Tage hinnehmbar sein. Da jedoch wegen der personellen Ausstattung der Sozialgerichtsbarkeit mit einer Entscheidung in der Hauptsache bei streitiger Entscheidung erst in ca. drei Jahren zu rechnen ist, liegt auf der Hand, dass damit das Grundrecht des Antragstellers auf Schulbildung ganz massiv beschnitten würde. Dieser massiven Grundrechtsbeeinträchtigung des Antragstellers steht gegenüber das finanzielle Risiko des Antragsgegners (hier: des Sozialhilfeträgers; T.F.), die Kosten der Maßnahme endgültig tragen zu müssen, sei es weil ein Rückgriff auf den Antragsteller wegen Vermögenslosigkeit nicht möglich sein wird oder weil ein Erstattungs- oder sonstiger Anspruch gegen einen anderen öffentlich-rechtlichen Träger (hier: den Schulträger der Förderschule; T.F.) nicht realisiert werden kann. Beide Risiken sind minimiert. Da der Anspruch des Antragstellers dem Grunde nach mit großer Wahrscheinlichkeit gegen einen öffentlich-rechtlichen Träger besteht, kommt ein Rückgriff beim Antragsteller ohnehin kaum in Frage. Die Problematik der Durchsetzung des Erstattungsanspruchs hängt im Wesentlichen davon ab, welcher Leistungsträger sich als letztzuständig erweist und im Übrigen vom Geschick des Antragsgegners, die entsprechenden Formalien für die Durchsetzung eines Erstattungsanspruchs einzuhalten. Insgesamt handelt es sich volkswirtschaftlich um ein Nullsummenspiel. Für die Gesamtheit der Steuerzahler, deren Interessen der Antragsgegner vertritt – eigene Interessen des Antragsgegners kann es hier gar nicht geben – wäre eine solche Folge zweifellos eher hinnehmbar als die mögliche Grundrechtsverletzung des Antragstellers.“[8]

Die Bereitschaft, für die Entscheidung von Streitfragen im Rahmen der Eingliederungshilfe auf die Grundrechte als Argument zurückzugreifen, zeigt auch folgende Formulierung des Landessozialgerichts Sachsen-Anhalt in einem Fall, in dem die Leistungen der Eingliederungshilfe von denen der Hilfe zur Pflege abzugrenzen waren und mit der das Gericht sich für die Einschlägigkeit der Eingliederungshilfe entschied: „Ziel der Leistungen ist es auch, demjenigen, der seine Grundrechte z. B. wegen einer Behinderung faktisch nicht ausüben kann,

[8] SG Braunschweig Beschluss vom 20.9.2007 - S 32 SO 176/07 ER.

dennoch die Möglichkeit zu verschaffen, sich selbst als Grundrechtsinhaber zu erleben und die Grundrechte trotz bestehender Funktions- und Fähigkeitsstörungen wahrzunehmen."[9]

So weit zu einem ersten Blick auf die in „juris" veröffentlichte Rechtsprechung der Sozialgerichtsbarkeit zur Eingliederungshilfe.

4. Was ist neu für die Sozialgerichtsbarkeit?

Ich habe eingangs gesagt, dass die sozialhilferechtliche Eingliederungshilfe für die Sozialgerichtsbarkeit etwas Neues ist und sie sich auch schwer mit ihr tut. Dass die Eingliederungshilfe für die Sozialgerichtsbarkeit etwas Neues ist und sie sich auch schwer mit ihr tut, erhellt zum einen aus der Durchsicht und Auswertung der veröffentlichten Rechtsprechung, zum anderen aus meinen Erfahrungen des Umgangs der Sozialgerichtsbarkeit mit der Eingliederungshilfe.

Was aber ist nun das Neue? Warum tut sich die Sozialgerichtsbarkeit mit der Eingliederungshilfe schwer – und hat sich auch die Verwaltungsgerichtsbarkeit schwer mit ihr getan?

Neu ist, dass es nicht um sozialversicherungsrechtliche Ansprüche gegen große Sozialversicherungsträger geht, die an bestimmten normativen Tatbestandsmerkmalen anknüpfen und als Rechtsfolge eine bestimmte Sozialleistung geben. Neu ist also die Weite der Tatbestandsmerkmale, die Vielfalt der Rechtsfolgen und insbesondere die Verknüpfung beider durch ein Ermessen in der Entscheidung des kommunalen Sozialhilfeträgers über Art und Maß der Leistungserbringung (§ 17 Abs. 2 SGB XII). Und neu ist, dass das Thema Eingliederungshilfe sehr häufig in Verfahren des einstweiligen Rechtsschutzes vor die Sozialgerichtsbarkeit kommt.

Neu ist, dass entscheidende Fragen nicht an einen Sachverständigen, sei er Mediziner, Pflegewissenschaftler oder Berufskundiger, abgegeben werden können. Neu ist, dass es in den bisherigen Kerngebieten der Zuständigkeit der Sozialgerichtsbarkeit, den sozialversicherungsrechtlichen Sicherungssystemen, und auch im Bereich der Grundsicherung für Arbeitsuchende nach dem SGB II, dem anderen neuen, großen Thema in der Sozialgerichtsbarkeit, in aller Regel um Existenzsicherung und medizinische Versorgung, auch noch um berufsbezogene Leistungen geht. Der Eingliederungshilfe aber geht es vielfach um Unterstützungsbedarfe bei der sozialen, gesellschaftlichen Teilhabe.[10]

Neu ist auch die kommunale Verantwortung. Was Praxis der Bedarfsfeststellung bei dem einen Sozialhilfeträger ist, muss dies nicht bei einem anderen sein. So, wie der eine Sozialhilfeträger das Gestaltungsermessen seiner Amtswalter durch Verwaltungsvorschriften lenkt, muss dies nicht auch ein anderer Träger für seine Bediensteten tun. Die Praxis der Eingliederungshilfe ist daher bunt,

---

[9] LSG Sachsen-Anhalt Beschluss vom 24.8.2005 - L 8 B 2/05 SO ER.

[10] Schütte, in: Luthe (Hrsg.), Rehabilitationsrecht, 2009, S. 532 Rn. 7, S. 535 Rn. 11.

und was der Hilfesuchende an dem einen Ort erhalten könnte, erhält er an dem anderen nicht.

Diese Buntheit, diese Differenzen sind im Recht der Eingliederungshilfe angelegt und auf der Grundlage dieses Rechts nicht zu vermeiden. Auch dies ist neu für die Sozialgerichtsbarkeit, die es bis 2005 weithin mit bundesrechtlichem Sozial- bzw. Sozialversicherungsrecht zu tun hatte, das durch Bundesbehörden verwaltet oder dessen Anwendung zumindest durch Bundesbehörden kontrolliert wurde. Der Anspruch an dem einen Ort war nicht nur rechtlich derselbe wie an einem anderen, er war es ganz überwiegend auch tatsächlich. Mit dieser Änderung hin zu mehr Vielfalt, mehr Unübersichtlichkeit muss die Sozialgerichtsbarkeit leben lernen.

5. Ein altes Problem: Was ist der Bedarf, und wie kann er gedeckt werden?

Vieles ist also neu. Was aber ist alt am Neuen? Das, was für die Sozialgerichtsbarkeit neu ist und warum diese sich mit der Eingliederungshilfe schwer tut, ist nicht für sich neu. Sie werden es sich denken können: Ich rede hier von den alten Problemen Unbestimmter Rechtsbegriff, Beurteilungsspielraum und Ermessen, von Rechtserkenntnis, Entscheidung und Begründung.

Genauer: Es geht um die Schwierigkeiten des Begriffs des Bedarfs. Das ist ein Rechtsbegriff, der mit Leben zu füllen ist. Theoretisch gibt es nur exakt einen Bedarf, der zu ermitteln ist und festgestellt werden kann. Lediglich für dessen Deckung, für Art und Maß der Leistungserbringung (§ 17 Abs. 2 SGB XII), kommt Ermessen in Betracht. Häufig aber wird es auch nur eine den festgestellten Bedarf deckende Leistung geben. Es geht also um ein Erkenntnisproblem: Was ist der Bedarf, und wie kann er gedeckt werden? Dieses Erkenntnisproblem ist eine der Ursachen für das geschilderte verbreitete Unbehagen im Umgang mit Fällen aus dem Bereich der Eingliederungshilfe. Und vor diesem Problem der Erkenntnis von Bedarf und bedarfsdeckender Leistung stand in gleicher Weise die Verwaltungsgerichtsbarkeit, die bis Ende 2004 die für das Sozialhilferecht und damit die Eingliederungshilfe zuständige Fachgerichtsbarkeit war.

Bekannte Probleme also kehren wieder und bereiten die geschilderten Schwierigkeiten. Ich werde mich deshalb hier im Weiteren befassen mit der Feststellung des Hilfebedarfs und der Bestimmung der Hilfeleistung. Die Sozialgerichtsbarkeit muss hier schwierige, ihr bislang weithin fremde Fragen beantworten:

- Was ist der Bedarf?
- Wie, durch welche Leistung, kann der Bedarf gedeckt werden?
- Auf welche Bedarfsdeckung besteht ein Anspruch?

Und sie muss diese Fragen sehr häufig und ganz überwiegend in Verfahren des einstweiligen Rechtsschutzes beantworten. Für all dies hilft es nichts, dass es sich dogmengeschichtlich um alte Probleme handelt. Sie mögen dogmatisch, idealtypisch aufgearbeitet sein. Ich aber rede hier von der Entscheidung in konkreten Einzelfällen.

Was ist der Bedarf? „Konkreter als die ‚Menschenwürde' ist der Begriff des Bedarfs nicht."[11] Er ist für sich genommen inhaltlich blass. Um zu erkennen, woran ein Bedarf besteht, braucht es einen inhaltlichen Bezug zum Ziel der Eingliederungshilfe. Auch ein Bezug zu möglichen Leistungen der Eingliederungshilfe ist erforderlich.

Insoweit enthält das Bedarfsprinzip zwei Hinweise: Bedarfsgerecht ist das, was im Einzelfall passt. Die Leistungen richten sich nach der Besonderheit des Einzelfalles, insbesondere nach der Art des Bedarfs, den örtlichen Verhältnissen, den vorhandenen eigenen Ressourcen des Hilfesuchenden (§ 9 Abs. 1 SGB XII). Und pauschalierenden Formen der Leistungskonkretisierung setzt das Bedarfsprinzip Grenzen. Ausgerichtet also an den inhaltlichen Zielen der Eingliederungshilfe muss auch die Rechtsprechung die Bedarfsgerechtigkeit im Einzelfall ermitteln, die Verwaltungsentscheidungen gemessen hieran kontrollieren und ggf. eine Leistungskonkretisierung im Einzelfall vorgeben.

Nicht immer ist die vom Gericht zu beantwortende Frage dabei so zugespitzt wie die, ob die Übernahme der Kosten für die Ausrüstung eines Rollstuhls mit einem Kraftknotensystem beansprucht werden kann oder nicht. Auch wenn insoweit über die Feststellung des Bedarfs gestritten wird, klingt doch schon die Frage anders als die, ob fünf statt der bewilligten vier Stunden Wohnassistenz in der Woche beansprucht werden können. Warum ist das so? Im ersten Fall lässt sich mit sachverständiger Hilfe ermitteln, was ein Kraftknotensystem zusätzlich leistet, während über die Erforderlichkeit des Rollstuhls in aller Regel nicht zu handeln ist. Im zweiten Fall ist die Frage nach dem Zusatznutzen der fünften Stunde schon nicht zu beantworten, ohne zuvor festgestellt zu haben, wozu es der vier bewilligten Stunden bedarf, was in ihnen geschieht. Und diese Feststellungen werden sehr abhängig sein von den konkreten Verhältnissen des Leistungsberechtigten und des Leistungserbringers.

Plastisch werden die Schwierigkeiten der Feststellungen zum Anspruch auf Eingliederungshilfe in einem Eilverfahren in einem Beschluss des Sozialgerichts Dresden vom 21. November 2006.[12] Es ging unter anderem um die Frage, ob die Antragstellerin beanspruchen kann, statt wie bisher sieben nur fünf Stunden im Arbeitsbereich einer Werkstatt für behinderte Menschen eingesetzt zu werden, oder ob sie es hinnehmen muss, im Förder- und Betreuungsbereich der Werkstatt eingesetzt zu werden. Klärungsbedürftig war ihre Belastbarkeit und ihre Fähigkeit, ein Mindestmaß an wirtschaftlich verwertbarer Arbeitsleistung zu erbringen. Das Gericht hat sich gestützt auf das, was die Betreuerin der Antragstellerin, ihre Mutter, glaubhaft gemacht hat, und es für nachvollziehbar

[11] Schütte, in: Luthe (Hrsg.), Rehabilitationsrecht, 2009, S. 549 Rn. 24.
[12] SG Dresden Beschluss vom 21.11.2006 - S 19 SO 143/06 ER, RdLH 2007, 25.

gehalten, dass die Antragstellerin eines ständigen Trainings und ständiger Wiederholung der einzelnen Arbeitsschritte bedarf, dass sie immer wieder motiviert und angeleitet werden muss, um die antrainierten Fähigkeiten nicht wieder zu verlieren. Gestützt hierauf hat es das Gericht für erforderlich gehalten, einen Anspruch auf tägliche Beschäftigung der Antragstellerin im Arbeitsbereich im Umfang von fünf Stunden auszusprechen. Den Bedenken der beigeladenen Werkstatt hat es die in ihren Stellungnahmen enthaltenen Widersprüche entgegengehalten.

Die Bedarfsfeststellung lässt sich – wie Rechtsanwendung ohnehin – nicht von Vorverständnissen lösen und nicht von Arbeitsroutinen. Das gilt in besonderer Weise im Bereich der sozialen Rehabilitation.

Denn was in den Bereichen
- Kommunikation,
- Mobilität,
- eigenständiges Wohnen,
- praktische Alltagsbewältigung,
- Bildung,
- kulturelles Erleben,
- politische Partizipation und
- Kontakte im Gemeinschaftsleben[13]

ein Leben, zumal ein gelungenes Leben, in der Gemeinschaft ausmacht, lässt sich normativ kaum vorgegeben und ist normativ auch nicht abschließend vorgegeben und wird notwendig auch vom Vorverständnis der Akteure aus beantwortet werden.

Zu diesen gehören neben den Richtern vor allem die Hilfesuchenden selbst, sodann die Mitarbeiter in der Verwaltung, die Sachverständigen, schließlich die Leistungserbringer. Sie alle bewegen sich in einem Normumfeld, das von programmatischer und thematischer Offenheit gekennzeichnet ist, das die Definition und Entwicklung gemeinwesenorientierter Ziele und Maßnahmen sowie rehabilitationsrechtlicher Ansprüche zulässt statt strikt vorgibt.[14] Denn nicht nur sind die Anspruchsvoraussetzungen von Offenheit geprägt. Auch der Leistungskatalog der Eingliederungshilfe ist unabgeschlossen und fragmentarisch und auf Weiterentwicklung angelegt.[15] Die Offenheit der Ziel- und Leistungskataloge der Eingliederungshilfe und die Bedeutung der Ausführungsvarianten, die dem pflichtgemäßen Ermessen des Sozialhilfeträgers überantwortet sind (§ 17 Abs. 2 SGB XII), führen dazu, dass diese ohnehin schon schwierig zu identifizierenden Regelungen noch schwieriger zu kontrollieren sind als in anderen sozialrechtlichen Gebieten.[16] Dieser weite Gestaltungsspielraum ist ein

[13] Schütte, in: Luthe (Hrsg.), Rehabilitationsrecht, 2009, S. 270 Rn. 13.
[14] Schütte, in: Luthe (Hrsg.), Rehabilitationsrecht, 2009, S. 271 f. Rn. 15.
[15] Schütte, in: Luthe (Hrsg.), Rehabilitationsrecht, 2009, S. 277 Rn. 25.
[16] Schütte, in: Luthe (Hrsg.), Rehabilitationsrecht, 2009, S. 589 Rn. 95.

Interpretationsgesichtspunkt, der einen aktiven, meinungsfreudigen, sich seines Vorverständnisses bewussten Richtertyp erfordert. Für den betont auf Rechtskontrolle ausgebildeten und in diese eingeübten Richtertyp ist dieses Normumfeld eine Herausforderung. Und es ist es auch noch für den, der auf richterliches Tätigwerden im Bereich gebundener Sozialversicherungsverwaltung trainiert ist, der mit seinem richterlichen Tätigwerden an die gebundene Sozialversicherungsverwaltung anschließt und seine Entscheidung anstelle von deren Entscheidung zu setzen gewillt ist. Hieraus kann ein Unbehagen folgen, wie ich es oben schon geschildert habe, und das zu richterlicher Zurückhaltung führen kann, die den Zielen der Eingliederungshilfe nicht gerecht zu werden vermag. Erforderlich zu deren Durchsetzung aber ist der offensive Umgang mit den Zielen der Eingliederungshilfe, der Feststellung der individuellen Bedarfssituationen und den geeigneten Leistungen.

Welche Leistung? Der Leistungskatalog der Eingliederungshilfe ist ganz außerordentlich umfangreich und bunt; und offen ist er auch. Das ist Chance und Problem zugleich. Chance für die Durchsetzung des Individualisierungsprinzips. Problem für die Verwaltung und das Gericht, die bedarfsgerechten Leistungen zu identifizieren und ihre Bedarfsgerechtigkeit im Einzelfall zu begründen.

Auch insoweit bedarf es zunächst der Orientierung an den Zielen der Hilfeleistungen. Die inhaltliche Bezugnahme auf die Ziele der Eingliederungshilfe hat ihrerseits zwei Bezugspunkte: die Ziele, die das Gesetz definiert (§ 1 Satz 2 SGB XII, §§ 1 und 4 SGB IX), und die Ziele, die eine Leistung der Eingliederungshilfe im konkreten Einzelfall eines Hilfesuchenden erreichen soll. Das Problem ist der zweite Bezugspunkt. Was kann in einem Einzelfall erreicht, was deshalb von Seiten des Hilfesuchenden inhaltlich plausibel als Leistung der Eingliederungshilfe begehrt werden? Erster Anknüpfungspunkt sind die vom Hilfesuchenden selbst ausgehenden Situationsdeutungen sowie seine Ziele und Bewertungen von Maßnahmen.[17] Normativ findet sich dies angelegt im Wunsch- und Wahlrecht des Leistungsberechtigten (§ 9 Abs. 2 SGB XII). Wie die Hilfesuchenden ihre Präferenzen in den Prozess der Hilfeplanung des Sozialhilfeträgers einbringen, sind diese Ausgangspunkt auch für die gerichtliche Befassung mit der Eingliederungshilfe.

Nichts rettet sodann vor der Erkenntnis, dass der gerichtlichen Einzelfallentscheidung im Bereich der Eingliederungshilfe ein voluntatives Element eigen ist, ein Willenselement, das die Sozialgerichtsbarkeit aus der Rolle des rechtsanwendenden Kontrolleurs zwangsläufig in die des Gestalters bringt. Mit der Annahme dieser Rolle maßen sich die Gerichte nicht etwas an, das ihnen nicht zusteht, sie nehmen die Sachgesetzlichkeiten des Rechtsgebiets, indem sie zur Entscheidung aufgerufen sind, vielmehr ernst und an. Denn theoretisch mag es

---

17 Schütte, in: Luthe (Hrsg.), Rehabilitationsrecht, 2009, S. 589 Rn. 95.

in allen Fällen den einen spezifischen Bedarf geben, der nur durch die eine spezifische Leistung zu decken ist. Praktisch aber ist in der Regel weder dieser eine Bedarf feststellbar, noch die eine Leistung zu identifizieren. Praktisch geht es um eine Näherung, um eine Reaktion auf eine Situation, die hilft, um eine Leistung für einen Bedarf, die zu dessen Deckung beiträgt.

6. Ein Plädoyer für das Gespräch

Hierauf wird man sich in aller Regel nur verständigen können. Hierüber also dürfte sinnvoll nur gesprochen, nur verhandelt werden können und insoweit dürfte am Ende ein Verhandlungsspielraum bleiben.

Es bleibt auch ein Entscheidungsspielraum. Sozialgerichtliche Entscheidungen können daher keine alleingültigen Antworten auf die Fragen danach, was der Bedarf ist, wie er gedeckt werden kann, auf welche Bedarfsdeckung ein Anspruch besteht, sein. Es sind im institutionellen Gefüge zwischen Verwaltung und Gerichten aber letztgültige Antworten im Einzelfall. Die Gerichte sollten sich dieser Sachgesetzlichkeit dadurch bewusst zeigen, dass sie in einem Verhandlungsverfahren ihre Antworten auf die vorgenannten Fragen zu finden suchen, und sie ihre Entscheidungen nicht als zwingende Anwendung des Rechts, sondern als dessen Konkretisierung im Einzelfall begründen, die auch andere Konkretisierungen bei anderem Vorverständnis und anderer Schwerpunktsetzung neben sich dulden könnte. Die Gerichte machen so ein Angebot, das sich von anderen Angeboten in erster Linie durch seinen rechtlich abgesicherten Geltungsanspruch unterscheidet.

Ähnliches mag auch in anderen Rechtsgebieten gelten, Anderes gewiss in anderen. Für das Recht der Eingliederungshilfe aber erscheint mir diese Sicht der Dinge die zutreffende zu sein. Auch deshalb mein nicht auf die veröffentlichte Rechtsprechung begrenzter Blick. Denn in Rechnung zu stellen ist, dass ein Blick in die in „juris" veröffentlichte Rechtsprechung insoweit nur die gescheiterten Fälle zeigt. All die Rechtsstreitigkeiten, die im gerichtlichen Verfahren ohne streitige Entscheidung endeten, bleiben hier unbekannt. Dies betrifft also insbesondere die Fälle, in denen ein Gespräch zwischen den Beteiligten, vermittelt durch das Gericht, gelungen ist. Entschieden werden die Fälle, in denen zumindest ein Beteiligter auf einer Entscheidung bestanden hat – oder das Gericht sogleich entscheiden wollte oder auch musste, ohne ein Gespräch organisieren zu wollen oder zu können.

Wie also lassen sich die geschilderten Schwierigkeiten im Umgang mit der Eingliederungshilfe bewältigen? Oder, mit einem geringeren Anspruch: An welche Strategie lässt sich denken, um die Schwierigkeiten bei der Feststellung des Bedarfs und der Bestimmung der Leistung eher in den Griff zu bekommen? Ich sehe keinen anderen Weg als den, auf ein narratives, diskursives Verfahren zu setzen.

Anleihen hierfür lassen sich aus dem Verwaltungsverfahren nehmen. Wie stellt der Sozialhilfeträger fest, oder wie sollte er feststellen, was der Bedarf ist und was diesen zu decken vermag? Das Gesetz sieht hierfür den Gesamtplan vor (§ 58 SGB XII), der durch die Hilfeplankonferenz vorbereitet wird. Offenbar gibt es hier keine andere Legitimation als die durch Verfahren. Deshalb sollte auch das Gericht in aller Regel versuchen, eine Verständigung durch und im Rahmen einer Verhandlung herbeizuführen. Was im Verwaltungsverfahren nicht gelungen ist, sollte versucht werden, im gerichtlichen Verfahren gelingen zu lassen. Hierfür eignet sich insbesondere der im Sozialgerichtsgesetz vorgesehene Erörterungstermin (§ 106 Abs. 3 Nr. 7 SGG). Dieser lässt sich mehr als eine Fallkonferenz durchführen, als dass er nur Anknüpfungspunkt für die Vorbereitung einer gerichtlichen Entscheidung ist.

Ein Beispiel: Das Sozialgericht Potsdam hat, um die Grundlage für einen Anspruch auf Einzelfallhilfe zum Besuch einer Grundschule durch ein an einem Down-Syndrom leidenden Kind in einem Eilverfahren aufzuklären, einen Erörterungstermin durchgeführt. Es hat die Klassenlehrerin als Zeugin vernommen und die Schulleiterin angehört. Es hat den Anordnungsanspruch bejaht und dabei erkannt und deutlich gemacht: „Die Gegenstände der bedarfsgerechten zusätzlichen Betreuung und ihr zeitlicher Umfang lassen sich anhand des sonderpädagogischen Entwicklungsberichts, der Schilderung der Schulleiterin und der Klassenleiterin nachvollziehen, eine gewisse Unsicherheit in Kauf nehmend, die sich daraus ergibt, dass es sich um eine Bedarfsprognose handelt, die sich nicht anmaßt, Fortschritte oder Rückschritte in der Entwicklung des Antragstellers im kommenden Schuljahr sicher vorauszusagen."[18] Das ist eine sich ihrer Aufgabe bewusste, selbstreflektierende und gleichwohl nicht kapitulierende Haltung, eine, die für die Durchsetzung der Ziele der Eingliederungshilfe erforderlich ist.

Hieran konnte das Beschwerdegericht anknüpfen. Ein ernsthaftes Bemühen um die Feststellung des Eingliederungshilfebedarfs und dessen Deckung auch im Rahmen des gerichtlichen Eilrechtsschutzes kennzeichnet die Entscheidung des Landessozialgerichts Berlin-Brandenburg.[19] Wie schon das Sozialgericht Potsdam hat es einen Anspruch auf Übernahme der Kosten eines Integrationshelfers im Rahmen der Eingliederungshilfe formuliert. Für die Geeignetheit und Erforderlichkeit der begehrten Hilfe zur Eingliederung hat es an die Ermittlungen des Sozialgerichts anknüpfen können. Denn die Ausführungen der Schulleiterin bei deren Anhörung im Erörterungstermin vor dem Sozialgericht gaben die Auffassung der Gesprächsteilnehmer an einem Fallgespräch betreffend den Antragsteller wieder, die so in das gerichtliche Eilverfahren eingeführt wurde. Auf dieser Grundlage – so das Landessozialgericht – habe der Antragsteller seinen Betreuungsbedarf ausreichend glaubhaft gemacht. Bemerkenswert an der Beschwerdeentscheidung sind auch die Ausführungen zum Argument des An-

[18] SG Potsdam Beschluss vom 4.8.2005 - S 20 SO 73/05 ER.
[19] LSG Berlin-Brandenburg Beschluss vom 11.11.2005 - L 23 B 1035/05 SO, ASR 2006, 138.

tragsgegners, die Betreuung sei zu teuer: Ob der Antragsteller auf die Inanspruchnahme einer kostengünstigeren Betreuungsmöglichkeit verwiesen werden könne, könne nicht ohne zeitraubende weitere Ermittlungen und somit nicht im Rahmen eines vorläufigen Eilrechtsschutzverfahrens geklärt werden. Mit anderen Worten: Ist die Entscheidung für den Bedarf gefallen, ist dessen Deckung eilig.

Geholfen ist den Sozialgerichten, wenn gestritten wird, regelmäßig zunächst im einstweiligen Rechtsschutzverfahren, ob eine bislang bewilligte und erbrachte Leistung der Eingliederungshilfe nach Auslaufen der Bewilligung weiterhin beansprucht werden kann. Denn dann ist ein Stein hinsichtlich der Bedarfsfeststellung und Gestaltung der Hilfe und Leistung bereits ins Wasser geworfen. So hat das Sozialgericht Ulm in einem Fall des Auslaufens eines teuren Modellprojekts entschieden, es sei hinreichend glaubhaft gemacht, dass ausnahmsweise das grundsätzliche Auswahlermessen des Antragsgegners bezüglich der Auswahl der Einrichtung und der Betreuungsform aufgrund der besonderen Umstände des Einzelfalles dahin reduziert sei, dass er im Wege der beantragten einstweiligen Anordnung zu verpflichten war, die bisherigen Leistungen zunächst unverändert weiter zu erbringen.[20] Verbunden hat das Sozialgericht dies mit der Aufforderung zur Bedarfsfeststellung und für diese auf den nicht abschließenden Charakter des Leistungserbringungsrechts verwiesen. Denn der Landesrahmenvertrag sehe ausdrücklich die Möglichkeit vor, dass eigenständige Leistungstypen vereinbart und dass Individualvereinbarungen zwischen Einrichtungsträgern und Sozialhilfeträgern abgeschlossen werden können. „Alles andere wäre auch mit dem Gesetz unvereinbar." Auch diese Entscheidung aber hat sich das Sozialgericht Ulm nicht leicht gemacht. Es hat in einem Erörterungstermin vier Zeugen vernommen: die Bereichsleiterin der Einrichtung, den Wohngruppenbetreuer und zwei Mediziner. Auf dieser Grundlage konnte es festhalten: „Dem glaubhaft gemachten Vortrag der Antragstellerin vermag der Antragsgegner mangels eigener Sachverhaltsermittlungen nichts entgegenzusetzen."

Dieser beeindruckende Beschluss zeigt deutlich, dass die Entscheidung über Fragen der Eingliederungshilfe einen aktiven, auch mutigen Richter erfordert, der sich auf vornehmes Kontrollieren der Verwaltungsentscheidung nicht zurückziehen kann, sollen die Rechte und Interessen des behinderten Menschen im Mittelpunkt der rechtlichen Auseinandersetzung bleiben. Das Sozialgericht Ulm selbst hat dies in seiner Schlusswendung so formuliert: „Das Gericht ist sich mit dem Beteiligten im Erörterungstermin vom 19.08.2005 darüber einig gewesen, dass hinter dem hier in Rede stehenden Einzelfall auch die Frage steht, wie das Spannungsverhältnis zwischen Effizienz und Gerechtigkeit aufzulösen ist, mit anderen Worten, wie viel Geld (Steuermittel) die Gesellschaft für behinderte Menschen ausgeben will, und dass es nicht Sache der Gerichte sein

[20] SG Ulm Beschluss vom 31.8.2005 - S 3 SO 1923/05 ER, RdLH 2006, 21.

kann, diese letztlich politische Frage zu beantworten. Jedoch sind die Leistungen der Eingliederungshilfe gem. § 53 Abs. 1 Satz 1 SGB XII Pflichtleistungen, auf die bei Vorliegen der Anspruchvoraussetzungen ein Rechtsanspruch besteht, wenn und solange nach der Besonderheit des Einzelfalles die Aussicht besteht (Prognose), dass die in § 53 Abs. 3 SGB XII genannten Aufgaben der Eingliederungshilfe, welche ein breites Spektrum umfassen, erfüllt werden können."

Dass all dies nicht eine neue Erkenntnis der Sozialgerichtsbarkeit ist, hat das Sozialgericht Ulm durch das anschließende Zitat des Bundesverwaltungsgerichts dokumentiert: „Da die Sozialhilfe auch ohne besonderen Antrag einsetzen soll (§ 5 BSHG), die Eingliederungshilfe besonders auch dem Zweck der Eingliederung des Behinderten in das Gemeinschaftsleben dient (§ 39 Abs. 3 Satz 1 BSHG), entspricht sie nicht lediglich einem Verlangen nach finanzieller Unterstützung, sondern bietet namentlich dem Behinderten die hilfreiche Hand der Gemeinschaft, damit er in seinem eigenen, aber auch im Interesse der Allgemeinheit die Folgen der Behinderung so gut wie irgend möglich überwindet, mit anderen Worten: Gerade bei der Eingliederungshilfe steht die Wirksamkeit der Hilfe, nicht die möglichste Schonung der öffentlichen Finanzen im Vordergrund. Damit verbietet sich aber eine Auslegung, die allein auf die finanziellen Auswirkungen der begehrten Hilfe auf die öffentlichen Finanzen abhebt."[21]

So schön der Beschluss des Sozialgerichts Ulm zu lesen ist, gehalten hat er nicht. Das Landessozialgericht Baden-Württemberg hat ihn auf die Beschwerde des Sozialhilfeträgers aufgehoben und den Antrag auf Erlass der begehrten einstweiligen Anordnung abgelehnt.[22] Der Grund war einfach: Die Antragstellerin war zur Zahlung der höheren Kosten, deren Übernahme durch den Antragsgegner von ihr begehrt worden war, nach dem Heimvertrag gegenüber dem Einrichtungsträger nicht verpflichtet. Dieser hatte vielmehr den Heimvertrag gekündigt, als die Finanzierung des Modellprojekts auslief. Der zentrale Punkt der Entscheidung des Sozialgerichts Ulm aber, dass die Antragstellerin die im Rahmen des Modellprojekts erhaltene Eingliederungshilfe als bedarfsgerechte Leistung beanspruchen könne, der Einrichtungsträger sie erbringen könne und wolle und der Sozialhilfeträger im Rahmen einer Einzelvereinbarung deshalb die Kosten übernehmen müsse, blieb dabei unterbelichtet. Die Betonung der Restriktionen des Leistungserbringungsrechts schränkte so den Blick auf die Bedarfsorientierung des Leistungsrechts ein. Deutlich wird das in der Formulierung des Landessozialgerichts, es erscheine denkbar, dass trotz der Beschränkung des Leistungsangebots auf die Hilfebedarfsgruppen und Leistungstypen des Landesrahmenvertrags ein darüber hinausgehender individueller Anspruch des Hilfebedürftigen auf Eingliederungshilfe bestehe.

---

21 BVerwGE 25, 28, 31.

22 LSG Baden-Württemberg Beschluss vom 18.11.2005 - L 7 SO 4187/05 ER-B, RdLH 2006, 23.

Nicht immer wird für die Prüfung eines solchen Anspruchs die Durchführung eines Erörterungstermins in Eilverfahren angezeigt oder auch nur möglich sein. Nötig aber ist immer, dass das Gericht sich eine hinreichende Wissensbasis für seine Entscheidung verschafft. So hat das Sächsische Landessozialgericht im einstweiligen Rechtsschutzverfahren einen Integrationshelfer zum Besuch einer Grundschule zugebilligt und hierfür Bezug genommen auf vom Gericht beigezogene Stellungnahmen: ein ärztliches Zeugnis, eine eingeholte Stellungnahme des Regionalschulamtes, einen diese Stellungnahme ergänzenden Telefonvermerk, den Entwicklungsbericht der Grundschule. Im Streit stand im Beschwerdeverfahren allein die Frage, ob der Integrationshelfer geeignet und erforderlich ist, eine angemessene Schulbildung zu ermöglichen oder zu erleichtern. Dies hat der Senat unter Zugrundelegung der im Eilverfahren vorliegenden Unterlagen im tenorierten Umfang bejaht. Eine abschließende Beurteilung, etwa durch Einholung eines medizinisch-pädagogischen Gerichtsgutachtens, müsse und könne hingegen dem Hauptsacheverfahren vorbehalten bleiben. Es sei überwiegend wahrscheinlich, dass ein Integrationshelfer in Form eines Begleiters, der tatsächliche Hilfestellungen im Rahmen der motorischen und körperlichen Defizite auf dem Schulweg und bei schulischen Unternehmungen außerhalb des Schulgeländes gibt, die geeignete und erforderliche Maßnahme sei, um eine angemessene Schulbildung zu ermöglichen.[23]

Ein weniger aufwendiger, insbesondere in Eilverfahren gangbarer Weg ist es auch, bei dem Streit etwa um die Verlängerung von Eingliederungshilfemaßnahmen in Einrichtungen der Prüfung des Anspruchs die Stellungnahme der behandelnden Einrichtung und den dortigen Entwicklungsbericht zugrunde zu legen. Diesen Weg ist das Sozialgericht Halle in einem Eilbeschluss gegangen.[24] Ob er gangbar ist, hängt gewiss davon ab, mit welcher Härte sich der Sozialhilfeträger gegen die Verlängerung wehrt und mit welcher Dramatik die Anordnung begründet werden kann.

Reicht die Zeit im Eilverfahren nicht für eigene gerichtliche Ermittlungen, wird auch das Gespräch in einem Termin nicht gesucht, so bleibt auch nur die Anknüpfung an im Verwaltungs- und Gerichtsverfahren abgegebene Stellungnahmen und deren Würdigung. Der Tiefgang dieser Würdigung hängt davon ab, wie sehr das Gericht auf eine summarische Prüfung der Sach- und Rechtslage oder aber auf eine abschließende Prüfung abstellt.

Beim Bayerischen Landessozialgericht klingt das so: „Bei der Durchsicht der im Verfahren vorgelegten ärztlichen Stellungnahmen und Gutachten ergeben sich überwiegende Anhaltspunkte dafür, dass der Antragsteller aufgrund seiner geistigen Behinderung, die durch ambulante oder teilstationäre Maßnahmen

[23] LSG Sachsen Beschluss vom 24.7.2006 - L 3 B 81/06 SO-ER.
[24] SG Halle Beschluss vom 5.9.2006 - S 13 SO 66/06 ER, NDV-RD 2007, 41.

nicht mehr gezielt behandelt werden kann, einer stationären Unterbringung bedarf."[25]

Und beim Landessozialgericht Niedersachsen-Bremen klingt das so: „Für den Senat bestand auch keine Veranlassung, etwa durch Einholung eines Sachverständigengutachtens, den Sachverhalt weiter aufzuklären. Schon der Eilcharakter dieses Beschwerdeverfahrens verbietet die Einholung eines notwendigerweise hier zeitaufwendigen Sachverständigengutachtens. Hiervon abgesehen ist es Aufgabe des anwaltlich vertretenen Antragstellers, will er den Erlass einer einstweiligen Anordnung erreichen, insbesondere den Anordnungsanspruch glaubhaft zu machen. (…) Schließlich lässt sich aus dem gesamten vorliegenden Streitmaterial auch nicht die Schlussfolgerung ziehen, die Steigerung der Integrationsleistungen von zehn auf 20 Stunden wöchentlich hätte keinen zeitlichen Aufschub geduldet. (…) Hinzu kommt, dass bald das laufende Schuljahr und der im angegriffenen Bescheid gekennzeichnete Bewilligungszeitraum beendet ist, so dass eine weitere Sachverhaltsaufklärung für die Zukunft dem folgenden Verwaltungsverfahren und dem eventuellen gerichtlichen Verfahren (…) vorbehalten bleiben kann."[26]

Diese Passage illustriert die Situation der Gerichte insbesondere in Eilverfahren. Sie zeigt einen Weg auf, ihrer Herr zu werden. Deutlich wird, wie stark die gerichtliche Entscheidung in Eilverfahren durch die Aussagekraft der das Anspruchsbegehren stützenden Unterlagen gesteuert wird.

Ein Weg ist auch eine Folgenabwägung. Das Landessozialgericht Nordrhein-Westfalen ist ihn gegangen in einem Eilverfahren, in dem die studierende Antragstellerin um Eingliederungshilfe in Form der Kostenübernahme für ihre Unterbringung im Wohnheim für körperbehinderte Studenten stritt.[27] Zu Grunde gelegt hat das Landessozialgericht seiner Folgenabwägung die vom Pflegedienst des Wohnheims angeforderten Unterlagen zur Ermittlung des Hilfebedarfs von Menschen mit Behinderung (HBM-Unterlagen; Metzlerverfahren) und die beigezogene Verwaltungsakte der zuständigen Pflegekasse. Sodann hat es festgehalten, dass diese Unterlagen Widersprüche aufwiesen und eine abschließende Prüfung im Verfahren des einstweiligen Rechtsschutzes nicht erfolgen könne. Im Rahmen der Folgenabwägung stellte es auf die aktuellere Pflegedokumentation ab. Diese ging zu Gunsten der Antragstellerin aus. Dabei berücksichtigte das Gericht insbesondere die Zweckrichtung der Eingliederungshilfe unter Berücksichtigung der für einen behinderten Menschen bestehenden Besonderheiten bei einem Hochschulstudium. Es würdigte auch, dass die Antragsgegnerin im Rahmen der auch sie treffenden Amtsermittlungspflicht im Vorfeld der Bescheiderteilung und des Antrages auf Erlass einer einstweiligen Anordnung

[25] LSG Bayern Beschluss vom 27.9.2006 - L 11 B 342/06 SO ER, FEVS 58, 379.
[26] LSG Niedersachsen-Bremen Beschluss vom 9.3.2007 - L 3 SO 6/06 ER, FEVS 58, 406.
[27] LSG Nordrhein-Westfalen Beschluss vom 19.3.2007 - L 20 B 133/06 SO ER. Ähnlich: LSG Thüringen Beschluss vom 30.3.2007 - L 8 SO 116/07 ER.

keine vertieften Bemühungen zur Feststellung der Hilfebedürftigkeit unternommen habe.

Das macht deutlich, dass der Sozialhilfeträger mit dem gerichtlichen Verfahren aus seiner Ermittlungs- und Entscheidungsverantwortung nicht entlassen ist.[28] Ihn noch im gerichtlichen Verfahren stärker einzubinden, auch dazu kann ein Erörterungstermin dienen. Ich plädiere auch deshalb dafür, das Gespräch mit den Beteiligten zu suchen. Dies ist hilfreich nicht nur mit Blick auf die erforderlichen Ermittlungen und Feststellungen, sondern auch für die eigene Überzeugungsbildung.
Ein Beispiel: Das Landessozialgericht Baden-Württemberg hat sich nach Durchführung eines Erörterungstermins am 4. Januar 2007, wie sich den Gründen des Eilbeschlusses vom 9. Januar 2007 entnehmen lässt, zu der Auffassung durchgerungen, es spreche einiges dafür, dass der Antragsteller einen Anspruch auf Leistungen der Eingliederungshilfe dahingehend habe, dass er zum Besuch der Sonderschule in nennenswertem Umfang einen Schulbegleiter brauche.[29] Vieles spreche dafür, dass jedenfalls in der derzeitigen Schulsituation ein neben dem Bildungsbedarf bestehender Eingliederungsbedarf des Antragstellers durch die von ihm besuchte Schule nicht vollständig gedeckt werden könne. Sodann heißt es: „Diesen Schluss zieht der Senat aus verschiedenen aktenkundigen Äußerungen und Stellungnahmen." Danach müsse derzeit durchaus von einem ergänzenden Eingliederungsbedarf ausgegangen werden, der mit der sonderpädagogischen Betreuung nicht gedeckt werden könne. Fasse man die sachverständigen Äußerungen und die Ereignisse zusammen, so könne ein Bedarf für eine Begleitung im Bereich von Ankunft, Abfahrt, Pausen und auch während einer bestimmten Zahl von Unterrichtsstunden nicht verneint werden.

Dieser Beschluss zeigt für mich sehr deutlich den schwankenden Grund, auf dem sich die Rechtsprechung im Bereich der Eingliederungshilfe bewegen kann. Und er zeigt auch, dass dies nicht notwendig dazu führt, Leistungen eher abzulehnen, denn geltend gemachten Begehren stattzugeben.

Ein weiteres Beispiel: Um die Frage beantworten zu können, ob ein unter einem Aufmerksamkeitsdefizit- und Hyperaktivitätssyndrom (ADHS) leidendes Kind die Übernahme der Kosten für den Besuch einer Privatschule im Rahmen der Eingliederungshilfe verlangen kann, hat das Sozialgericht Duisburg in einem Klagverfahren Befundberichte der behandelnden Ärzte und Psychologen und des behandelnden Sozialpädiatrischen Zentrums eingeholt. Eine Psychologische Psychotherapeutin dieses Zentrums hat das Gericht im Termin zur mündlichen Verhandlung als sachverständige Zeugin gehört. Zu seinem Maßstab der Überprüfung der gebundenen Entscheidung des Sozialhilfeträgers hat es ausgeführt: „Dabei löst nicht jede schulische Leistungsschwäche einen Anspruch auf Ein-

---

[28] Ein plastisches Beispiel hierfür bietet auch SG Aachen Urteil vom 8.5.2007 - S 20 SO 2/07, JAmt 2007, 441.

[29] LSG Baden-Württemberg Beschluss vom 9.1.2007 - L 7 SO 5701/06 ER-B, FEVS 58, 285.

gliederungshilfe aus. Es bedarf vielmehr einer Ermittlung der Umstände des Einzelfalles, was im konkreten Fall als angemessene Schulbildung zu verstehen ist. Leistungen der Eingliederungshilfe in Form der Übernahme der Kosten für die Schulbildung sind dabei nur geboten, wenn dem Betroffenen ohne die der Eingliederung dienende Maßnahme durch kostenfreien Besuch einer Regelschule das Erreichen einer angemessenen Schulbildung nicht möglich ist.“ Hiervon hat sich das Gericht auf der Grundlage der beigezogenen medizinischen Unterlagen und der sachverständigen Stellungnahme im Verhandlungstermin nicht überzeugen können.[30]

Mehr und anderes kann von einem ernsthaften Bemühen des Gerichts nicht erwartet werden. Behinderte Menschen haben zwar einen Anspruch auf die notwendigen Leistungen, die ihnen ein menschenwürdiges Leben gewährleisten, optimale Leistungen jedoch können sie nicht verlangen. Deshalb sind alle Beteiligten, auch die Gerichte, auf dem Weg zu ihrer Überzeugung auf einer Gratwanderung.[31] Auf dieser sollten Gericht und Beteiligte gemeinsam gehen. Reden über mögliche Wege mag helfen.

Muss am Ende dennoch durch das Gericht entschieden werden, ist die Entscheidung selbst ein – oft auch einsamer – Willensakt. Nachvollziehbar sind allein das Verfahren und die Begründung. Liegen medizinische, pflegerische und weitere hilfenorientierte Stellungnahmen vor, kann sich ein Gericht ihrer zur Entscheidungsbegründung bedienen, sie bewerten, gewichten, gegenüberstellen, gegeneinander ausspielen.[32] Das alles ist, insbesondere in Eilverfahren, möglich, gibt aber einer Entscheidung einen Anschein von Rabulistik und Willkür. Das ist kein Vorwurf. Die Entscheidung über Eingliederungshilfe bleibt ein Willensakt und das Gericht muss sich behelfen. Eine mündliche Erörterung mag in dieser Situation aber für mehr Offenheit sorgen.

In diesen Zusammenhang gehört eine Leseerfahrung. Lese ich die Entscheidungen – insbesondere in Verfahren des einstweiligen Rechtsschutzes –, ohne mich zuvor über deren Ergebnis informiert zu haben, bin ich zu Beginn der Gründe in der Sache, also nach der Sachverhaltsdarstellung und Vorstellung des Entscheidungsmaßstabs, oft neugierig, wie die oftmals als nur summarisch vorgestellte Prüfung denn ausgehen mag. Das bis dahin Gelesene scheint mir einen je unterschiedlichen Ausgang in der Sache zu tragen.[33] Diese Leseerfahrung ist keine Kritik an bestimmten Entscheidungen. Sie folgt vielmehr aus einer nicht zu

---

[30] SG Duisburg Urteil vom 22.2.2007 - S 7 (17) SO 149/05, ZfF 2008, 88.

[31] Dies illustrieren die drei Beschlüsse des SG Oldenburg (Oldenburg) vom 15.6.2007 - S 2 SO 22/07 ER, S 2 SO 23/07 ER, S 2 SO 24/07 ER, RdLH 2007, 30, mit ihren je unterschiedlichen Verfahrensausgängen.

[32] Für ein Beispiel siehe SG Karlsruhe Beschluss vom 18.9.2007 - S 4 SO 4036/07, EuG 2008, 185.

[33] Nur ein Beispiel hierfür ist die Entscheidung des SG Frankfurt am Main vom 22.10.2007 - S 54 SO 294/07 ER, ASR 2008, 46.

leugnenden Eigenheit richterlichen Entscheidens: Der Richter ist eben kein Subsumtionsautomat, in den das Gesetz und der Sachverhalt oben eingeworfen werden und aus dem nach deren Verbindung eine Entscheidung unten herauskommt, die in dem Sachverhalt die gesetzlich allein zulässige Regelung getroffen hat. Erneut: Rechtsprechung ist auch ein Willensakt und dieser Wille des Richters ist geprägt durch eigene Erfahrungen, Vorverständnisse, Vorurteile, auch Tageseinflüsse wie Stress und Zeitnot. All dies ist anders nicht zu haben. Will vom Richter also in einem Einzelfall geholfen werden, wird der Richter in der Regel Wege finden, dies zu tun. Hierfür muss er nicht das Recht verbiegen, sondern seiner Anwendung eine Richtung geben.

Gewiss, das eben beschriebene Phänomen ist nicht allen Entscheidungen abzulesen, und es ist auch nicht allen Entscheidungen eigen. Keineswegs immer ist ein besonderer Willensakt auch gefordert, vermögen sich Entscheidungen vielmehr unmittelbar aus dem Gesetz ergeben. Aber insbesondere in den „hard cases", in den Fällen, in denen es um etwas geht und unterschiedliche Ausgänge im Spielraum des Gerichts bleiben, ist in Rechnung zu stellen, dass die Entscheidung einen Willensakt enthält.[34] Ohne die Bereitschaft des Richters zu Setzungen geht es dann nicht.

Noch ein Beispiel: Die Frage, ob dem Antragsteller monatlich drei Stunden ambulante Betreuung im Rahmen der Eingliederungshilfe in einer Werkstatt für behinderte Menschen reichen, oder er Anspruch auf mehr hat, hat das Hessische Landessozialgericht in einem Eilverfahren zu beantworten gehabt.[35] Dem Antragsteller waren zunächst drei Stunden in der Woche bewilligt worden. Die hieran anschließende Bewilligung war auf drei Stunden im Monat begrenzt worden. Was tun? Das Landessozialgericht hat im Gegensatz zur ersten Instanz auf der Grundlage der ärztlichen Stellungnahmen und einer Stellungnahme der Werkstatt für behinderte Menschen festzustellen vermocht, dass es seit der Reduktion der Stundenzahl für den Senat nachvollziehbar bereits zu einer Verschlechterung der personellen Interaktionen und Beziehungen des Antragstellers und seiner Teilhabe am Gemeinschafts- und sozialen Leben gekommen sei. Sodann hat es ausgeführt: „Welcher genaue zeitliche Umfang an Betreuungsstunden notwendig ist, um die Aufgabe der Eingliederungshilfe zu erfüllen, lässt sich ohne ein Sachverständigengutachten auf psychiatrischem und evtl. auch auf psychologischem Fachgebiet mit an Sicherheit grenzender Wahrscheinlichkeit nicht feststellen. (...) Diese vollständige Aufklärung der Sachlage ist im einstweiligen Rechtsschutzverfahren unter Berücksichtigung einerseits der Eilbedürftigkeit des Rechtsschutzbegehrens des Antragstellers und andererseits der Gutachtenslaufzeiten nicht möglich und muss dem Hauptsacheverfahren vorbehalten bleiben. Angesichts der bereits eingetretenen Beeinträchtigungen für den Antragsteller und der Gefahr einer weiteren Verschlechterung ist

---

[34] Dazu siehe sehr einleuchtend Luhmann, Das Recht der Gesellschaft, hier zitiert nach Suhrkamp-Taschenbuch Wissenschaft 1183, 1995, S. 314 f.

[35] LSG Hessen Beschluss vom 28.11.2007 - L 9 SO 62/07 ER, SAR 2008, 32.

auch unter Berücksichtigung seiner grundrechtlichen Belange (...) ein Abwarten der Entscheidung der Hauptsache nicht zumutbar." So vorbereitet hat das Gericht entschieden, dass 2,5 Stunden wöchentlich für den erkennenden Senat im einstweiligen Rechtsschutzverfahren vorläufig als ausreichend erscheinen. Noch einmal: Vorbewilligt waren drei Stunden in der Woche, den Streit ausgelöst hatte die Bewilligung von drei Stunden im Monat. Die Entscheidung, im Umfang von 2,5 Stunden in der Woche stattzugeben, lässt sich gut lesen, zeigt aber erneut, dass es ohne die Bereitschaft zu Setzungen nicht geht. Hieran ist nichts zu kritisieren, denn anders geht es eben in der Tat nicht.

Vermeiden lassen sich solche gerichtlichen Setzungen nur durch Einigungen der Beteiligten mit Hilfe des Gerichts. Und erreicht werden können diese wohl nur im Gespräch. Eine Entscheidung des Gerichts ist daher in aller Regel eine Niederlage für alle Beteiligten. Sie haben sich auch mit gerichtlicher Hilfe nicht über den Bedarf und/oder die Leistung zur Bedarfsdeckung verständigen können. Die Niederlage wird größer nur dadurch, dass sehr häufig die gerichtliche Entscheidung in Verfahren des einstweiligen Rechtsschutzes ergeht. Das Problem wird also nicht abschließend gelöst, sondern kann in ein Hauptsacheverfahren verlängert werden. Der Dissens besteht fort.

Ein letztes Beispiel: Das Landessozialgericht Nordrhein-Westfalen hat in einem Berufungsverfahren, in dem mit verschiedenen Sozialhilfeträgern um die Übernahme der Kosten einer stationären Unterbringung gestritten wurde, einen Ortstermin im Haus der Unterbringung durchgeführt und in diesem den Kläger angehört und Mitarbeiter des Hauses als Zeugen vernommen. In einer an diese Beweisaufnahme anschließenden mündlichen Verhandlung hat das Gericht einen medizinischen Sachverständigen befragt. Das ist ein offenkundig aufwendiges Verfahren, und die Gerichte haben mehr als nur eines. Aber geht es, jedenfalls in hoch umstrittenen Fällen wie dem vom Landessozialgericht Nordrhein-Westfalen zu entscheidenden, anders? Das Gericht musste klären, welche Art der Sozialhilfe dem Kläger zu leisten ist, um die Frage des zuständigen Kostenträgers beantworten zu können. Das Sozialgericht hatte sich einer näheren Aufklärung enthalten. Das Berufungsurteil hat den Ausführungen im Gerichtsbescheid des Sozialgerichts den Eindruck einer gewollten Umgehung der Aufklärungspflicht entnommen. Das Landessozialgericht hat auf der Grundlage seiner Ermittlungen den Kläger als Leistungsberechtigten im Rahmen der Eingliederungshilfe eingestuft und den hierfür zuständigen beigeladenen Sozialhilfeträger zur Kostenübernahme verurteilt.[36]

Das Urteil des Landessozialgerichts Nordrhein-Westfalen enthält auch bemerkenswerte Passagen zur Aufgabe der Eingliederungshilfe, nachdem die Übernahme der Kosten für diese auch mit dem Argument abgelehnt worden war – ich überzeichne –, dem Kläger sei nicht mehr zu helfen. Das Landessozialge-

---

[36] LSG Nordrhein-Westfalen Urteil vom 7.8.2008 - L 20 SO 53/06, FEVS 60, 278.

richt hat hierzu ausgeführt: „Aus der gesetzlichen Regelung in § 53 Abs. 1 und 3 SGB XII jedoch (…) zu schließen, Voraussetzung der Eingliederungshilfe sei eine Möglichkeit oder gar Aussicht auf eine Verbesserung des behinderungsbedingten Status quo, so dass, da es beim Kläger um eine schlichte Bewahrung des Erreichten ohne Verbesserungsaussicht und damit nicht um seine weitere Eingliederung in die Gesellschaft gehe, ihm keine Eingliederungshilfe geleistet werde, griffe nach Ansicht des Senats jedoch zu kurz. Denn reicht nach § 53 Abs. 3 SGB XII bereits das ‚Mildern' der Behinderungsfolgen aus, so genügt es für einen Anspruch auf Eingliederungshilfe bereits, wenn durch entsprechende Leistungen noch eine vom Berechtigten als Verbesserung seiner Gesamtsituation anzusehende Erleichterung seiner behinderungsbedingten Lage erreicht wird; dementsprechend kann die weite Beschreibung der Aufgaben und Ziele der Eingliederungshilfe durchaus dazu führen, dass sie – etwa bei Pflegebedürftigkeit – lebenslang zu gewähren ist (…). Ohne die Sicherung seines Status quo ginge es dem Kläger jedoch behinderungsbedingt unmittelbar schlechter. Denn er ist nach dem Ergebnis der Beweisaufnahme im Haus O nicht allein auf die ihm dort zur Verfügung gestellte Wohnstatt angewiesen (…). Vielmehr ist er insbesondere auf die dortigen tagesstrukturierenden Maßnahmen (…), ferner die diätetische Überwachung und den gesamten Bereich der sonstigen Suchtvorbeugung und psycho-sozialen Betreuung angewiesen. Wird – bei Vorhandensein einer vom Kläger nicht allein zu bewältigen Dauergefährdung – mit all diesen Maßnahmen einer gesundheitlichen und sozialen Dekompensation ständig entgegengewirkt und wäre eine solche Dekompensation eine – u. U. fatale – behinderungsbedingte Verschlechterung seines Status quo, ist die dem Kläger gewährte Hilfe bei der Bewältigung dieser Dauergefährdung als Milderung seiner Behinderungsfolgen Eingliederungshilfe."

Ich finde, hierin wird das Besondere der Eingliederungshilfe und auch das, was Gerichte leisten können, plastisch.

Eine Lanze an dieser Stelle für die Verwaltung: Vor dem Problem, vor dem die Sozialgerichtsbarkeit mit der Ermittlung und Feststellung des Bedarfs steht, stand auch schon die um die Leistung angegangene Verwaltung. Auch der Sozialhilfeträger ist vor die Aufgabe gestellt, den Bedarf festzustellen und die Leistung zu definieren. Sein Herangehen unterscheidet sich von dem der Gerichte dadurch, dass er als erster einen Stein in das Wasser zu werfen hat, und dass er sich auf der kommunalen Ebene Richtlinien bedient, um seine Entscheidungen zu steuern.

Ein Schlenker zurück: Gewiss, die beschriebenen spezifisch mit der sozialhilferechtlichen Eingliederungshilfe verbundenen Themen und Fragestellungen waren 2005 der Sozialgerichtsbarkeit nicht gänzlich unbekannt, und sie hatte ähnliche Probleme schon zuvor zu lösen gehabt. Sie hatte mit ihnen insbesondere im Bereich der aktiven Arbeitsförderungsleistungen des SGB III zu tun, die auch Teilhabeleistungen für behinderte Menschen bieten. Die Sozialgerichtsbarkeit hat diese Probleme aber ganz überwiegend nicht in Verfahren des einstweiligen Rechtsschutzes bearbeiten müssen. Und sie hat sie sehr häufig auf eine spezifische Weise bearbeitet: Weil die begehrten Leistungen im Ermessen der Behörde stünden, eine Ermessensreduzierung auf Null aber nicht vorliege, könne die Klage keinen Erfolg haben. Die gegenüber den aktiven Arbeitsförderungsleistungen des SGB III anderen sachlichen Anknüpfungspunkte und normativen Aussagen der Eingliederungshilfe des SGB XII versperrten die Übertragung dieser eingefahrenen Rechtsprechung der Sozialgerichtsbarkeit auf das Feld der Eingliederungshilfe. Diese Erkenntnis hat Zeit zur Durchsetzung gebraucht. Sie deutete sich zunächst nur an im Unbehagen mit der Situation, in Verfahren des einstweiligen Rechtsschutzes über eine Leistung der Eingliederungshilfe zur Entscheidung aufgerufen zu sein und nicht schlicht auf Anordnungsgrund und Ermessen gestützt das Begehren ablehnen zu wollen.

Was lässt sich für einen wertenden Ausblick sagen? Die Sozialgerichtsbarkeit hatte und hat ihre Schwierigkeiten mit der Eingliederungshilfe und mit dem einstweiligen Rechtsschutz. Sie hat sich mehr und mehr durchgerungen zu einer Sichtweise, die die Bedarfsdeckung in den Vordergrund stellt und nicht den Spielraum der Verwaltung. Dies hat die Schwierigkeiten nicht restlos bewältigt, sondern die Lösung der Probleme, zumal in Verfahren des einstweiligen Rechtsschutzes, mehr zulasten der Sozialhilfeträger als der behinderten Menschen verschoben. Dies ist zum einen geschuldet der zunehmenden Wahrnehmung und Berücksichtigung und Durchsetzung der Interessen behinderter Menschen durch das Recht, zum anderen den beschriebenen Besonderheiten der Eingliederungshilfe. Die Sozialgerichtsbarkeit ist so noch stärker zu einem sozialen Akteur geworden. Sie ist in einer Rolle, in der sie Verantwortung für Lebensgestaltungen einnimmt und übernimmt.

Doch noch ein Beispiel: Das Sozialgericht Dortmund hat in einem Eilverfahren, in dem die Frage streitig war, ob eine weitere Internatsunterbringung beansprucht werden oder die Antragstellerin auf den Bezug einer eigenen Wohnung verwiesen werden kann, einen Erörterungstermin durchgeführt und die Antragstellerin eingehend befragt. Auf dieser Grundlage hat es nicht nur stattgebend entschieden, sondern nach eigenen Worten der Antragstellerin auch eindringlich vor Augen geführt, dass es sich bei der Kostenübernahme für die Internatsunterbringung zunächst nur um eine vorläufige Anschubhilfe handeln könne und die Erwartungshaltung im Raum stehe, dass sich die Antragstellerin im Rahmen ihrer persönlichen Fähigkeiten ernsthaft und nachhaltig darum bemühe, unabhängig von den Hilfestellungen durch das Internat eine selbständige Wohnsituation herzustellen.[37]

Eben hierzu kann ein Erörterungstermin auch dienen. Richterliches Arbeiten ist hier eben nicht nur Gesetzesauslegung und Subsumtion, sondern es ist weithin

[37] SG Dortmund Beschluss vom 9.9.2008 - S 47 SO 214/08 ER.

auch soziale Arbeit. Nebenbei: Wenn ich meiner Frau von meinem Tag berichte, sagt sie oft, ich sei gar kein Richter, sondern Sozialarbeiter.

Nach meinem Eindruck gibt es auch eine Rückwirkung dieses Herangehens der Sozialgerichtsbarkeit an die Entscheidung von Fällen im Bereich der Eingliederungshilfe auf die Behandlung und Entscheidung von Fällen im Bereich der aktiven Arbeitsförderungsleistungen, sei es im Bereich des SGB III, sei es – insbesondere – im Bereich des SGB II. Deutlich häufiger ist die Bereitschaft anzutreffen, stattgeben zu wollen. Deutlich häufiger kommt es hier, insbesondere in Verfahren des einstweiligen Rechtsschutzes, auch zu stattgebenden Entscheidungen.[38]

7. Zusammenfassung

Meine Erkenntnisse aus der Auswertung der Rechtsprechung und der Beobachtung des Umgangs der Sozialgerichtsbarkeit mit der Eingliederungshilfe und meine Vorstellungen zu diesem Umgang möchte ich so zusammenfassen: Die Rechtsprechung leistet zunächst den Nachvollzug des Verfahrens der Bedarfsermittlung durch den Sozialhilfeträger und überprüft dabei die von diesem verwendeten Instrumente. Welche Maßstäbe gelten bei dieser Überprüfung? Neben dem Nachvollzug und der Überprüfung ist die Rechtsprechung regelmäßig aufgerufen, selbst Bedarfe zu ermitteln und festzustellen und zu Leistungen zu verpflichten. Welcher Maßstäbe bedient sie sich hierbei? Es stehen der Rechtsprechung keine anderen Verfahren und Instrumente als der Verwaltung zur Verfügung! Auch Rechtsprechung kann sich daher regelmäßig nur des narrativen Verfahrens in einem Gespräch, nun nicht im Rahmen einer Hilfe- oder Teilhabeplankonferenz, sondern im Erörterungstermin oder in der mündlichen Verhandlung mit den Beteiligten bedienen. Diese Beteiligten treffen, nachdem sie es im Verwaltungsverfahren zunächst miteinander zu tun hatten, nun unter Moderation des zur Entscheidung berufenen Gerichts als eines Dritten erneut aufeinander. Das Gericht bedient sich dabei – wie schon der Sozialhilfeträger – fachlicher Expertisen, auch der Hinzuziehung von Vertretern der Leistungserbringer.

Das, was insbesondere die Auswahl und Anwendung, auch die Evaluation ausgewählter und angewendeter Verfahren und Instrumente der Bedarfsermittlung und Hilfeplanung maßgeblich bestimmen sollte, hat kürzlich der Deutsche Verein für öffentliche und private Fürsorge sehr klar und überzeugend in seinen Empfehlungen zur Bedarfsermittlung und Hilfeplanung in der Eingliederungshilfe für Menschen mit Behinderungen beschrieben.[39] Sie bilden m. E. auch eine geeignete Grundlage für die Bildung der Maßstäbe der Rechtsprechung, an Hand derer sie in Konkretisierung des Gesetzes die Bedarfsermittlung und Hilfeplanung des Sozialhilfeträgers prüft und ggf. selbst den Bedarf ermittelt, fest-

---

38 Siehe dazu auch Lode, SGb 2009, 211.

39 NDV 2009, 253.

stellt und den Sozialhilfeträger zu einer Hilfe verpflichtet oder das geltend gemachte Begehren zurückweist.

Ganz deutlich machen auch die Empfehlungen des Deutschen Vereins: Bedarfsermittlung und Hilfeplanung müssen Ergebnis eines Verständigungs- und Verhandlungsprozesses sein.[40] Etwas Besseres gibt es nicht. Erforderlich ist zudem Transparenz.[41] Ohne dass nachvollzogen werden kann, auf welche Weise der Bedarf ermittelt wurde und welche Kriterien bei der Hilfeplanung relevant waren, können weder die angefochtene Entscheidung des Sozialhilfeträgers noch eine gerichtliche Entscheidung in der nächsten Instanz überprüft werden.

8. Ein Richterbild

Das Gesetz steuert im Bereich der Eingliederungshilfe für behinderte Menschen weniger, als es dies in anderen Bereichen tut. Daraus kann der Schluss gezogen werden, das Problem an die Beteiligten zurückzugeben – oder aber es mit den Beteiligten zu verhandeln und auch, ihnen eine Lösung vorzugeben, die aus institutionellen Gründen gilt.

Es braucht kreative Richter für das gerichtliche Verfahren, insbesondere für die Verhandlung. Es braucht mutige Richter, scheitert die Verhandlung und ist zu entscheiden. Mehr Kreativität, mehr Mut also – im Verfahren wie in der Entscheidung.

Damit bin ich bei einem Richterbild. Wie ist mein Richterbild? Das kann ich hier nur skizzieren. Es geht nicht nur um Zahlen (Verfahrenseingänge, Erledigungen, Laufzeiten). Es geht darum, die besondere Rolle des Richters auszuleben. Was ist das Besondere? Richterliche Tätigkeit ist eine auch künstlerische, schöpferische Tätigkeit, und sie erfordert Zeit.

Der Richter als Künstler: Ein Künstler im Umgang mit Menschen. Ein Künstler, dessen Kreativität und Phantasie für das Erkennen des Sachverhalts, die Erarbeitung und Präsentation einer Falllösung und die Bewältigung des richterlichen Alltags erforderlich sind. Rechtsprechung ist schöpferische Tätigkeit. Der Richter spricht das Recht. Er findet es nicht allein durch Anwendung des Gesetzes. Das Gesetzesrecht vermag aufgrund seiner Ausuferung kaum mehr Steuerungswirkung aus sich heraus zu entfalten. War es schon je Aufgabe des Richters, das Recht zu sprechen, so ist diese dadurch noch größer geworden, dass ihm der – zudem zeitlich instabile – Gesetzestext dabei immer weniger zu helfen vermag.

Zeit für die Beteiligten: Der Richter schuldet den Beteiligten, sich Zeit für sie zu nehmen. Es geht nicht allein um schnelle und viele Erledigungen. Die Beteiligten wollen gehört, ernst genommen, nicht abgefertigt sein. Die Beteiligten müssen erkennen können, dass jemand ihren Fall prüft. Dann fällt es ihnen leichter,

---

[40] NDV 2009, 253, 257.

[41] NDV 2009, 253, 257 f.

einen Vorschlag oder die Entscheidung zu akzeptieren, auch wenn sie verlieren. Die Zuwendung von Zeit ist auch das Einzige, was der Richter den Beteiligten immer anbieten kann. Zeit kann nur einmal zugewendet werden. Die Zeit, die Beteiligten und ihrem Fall zugewendet wird, kann nicht zugleich anderen zugewendet werden. Dies ist unvermeidbar. Alles gleichzeitig in gleicher Qualität zu bearbeiten, ist nicht möglich. In der Zeit, die Beteiligten und ihrem Fall zugewendet wird, müssen andere warten. Die Erreichung des auch richtigen Ziels, Rechtsschutz zügig zu gewähren, findet hier seine Grenze. Das Spannungsverhältnis ist nicht auflösbar.

Das Einzige, womit der Richter werben und überzeugen kann, ist die Integrität seiner Person. Um diese besondere Rolle des Richters ausleben zu können, bedarf es einer authentischen Art des In-der-Welt-Seins. Hierzu gehören Aufmerksamkeit und Gelassenheit gegenüber den (allein) an Zahlen orientierten Anforderungen an den Richter. Der Schwerpunkt liegt woanders: Ein Richter muss Spaß daran haben, Fälle zu entscheiden.

9. Wünsche an den Gesetzgeber?

Wünsche ich mir als Richter der Sozialgerichtsbarkeit etwas von einer Reform der Eingliederungshilfe für behinderte Menschen? Mit Blick auf die vorbeschriebenen Probleme und Besonderheiten der Eingliederungshilfe und der Rolle des Richters: Nein. Die Konkretisierung des Bedarfs im Einzelfall und die Bestimmung der bedarfsgerechten Leistung im Einzelfall kann das Gesetz weder dem Leistungsträger noch der Sozialgerichtsbarkeit abnehmen. Die beschriebenen Probleme sind nicht nur durch die normativen Strukturen vorgegeben, diese knüpfen unter der gegebenen verfassungsrechtlichen Ausgangslage – Menschenwürde, Persönlichkeitsentfaltung, Gleichheit, Sozialstaatsprinzip – ihrerseits an Strukturen des Sachbereichs an, denen sie nicht entkommen können.

Ich sehe nicht, wie durch eine Textänderung der Vorschriften zur Eingliederungshilfe das beschriebene Problem der Feststellung des Bedarfs und der bedarfsdeckenden Leistung behoben werden könnte. Immer dürfte es vor Gericht darum gehen, die Deckung welchen Bedarfs durch welche Leistungen beansprucht werden kann. Und anders als der durch den Regelsatz erfasste Bedarf für den Lebensunterhalt lässt sich der Bedarf an Eingliederungshilfe nicht zahlenmäßig bereits durch das Gesetz pauschalieren. Anders auch als der Unterkunftskostenbedarf lässt sich für den Eingliederungshilfebedarf regelmäßig nicht an betragsmäßig feststehenden Zahlungsverpflichtungen gegenüber Dritten – Vermietern oder Versorgungseinrichtungen – anknüpfen, die unter der Bedingung der Angemessenheit übernommen werden. Weit überwiegend wird es zunächst darum gehen, was Inhalt des Bedarfs ist. Erst hieran anschließend kann nach Kosten, nach Zahlen gefragt werden. Hilfe durch den Gesetzgeber scheint mir daher insoweit weder zu erwarten noch auch nur möglich zu sein.

Reformkonzepte und Entwicklungsprojekte

Monika Treber
Hanns-Stephan Haas

Enabling Community.

Gemeinwesen zur Inklusion befähigen!

Vorwort

Die Reform der Eingliederungshilfe und die Entwicklung personenzentrierter Teilhabeleistungen sowie durchlässiger und flexibler Hilfesysteme gehen weiter. Der Reformprozess und seine Auswirkungen auf die Sozialgesetzgebung können dazu beitragen, den individuellen Bedarfen und den fundamentalen Selbstbestimmungsrechten der Menschen mit Behinderungen besser als bisher Rechnung zu tragen. Die *Evangelische Stiftung Alsterdorf* und die *Katholische Hochschule für Sozialwesen Berlin* möchten diesen Prozess unterstützen und mit dem beiliegenden Positionspapier Impulse für eine Weiterentwicklung der Eingliederungshilfe geben. Wir plädieren für ein grundsätzliches Umdenken in Kommunalpolitik, Verwaltung und Sozialer Arbeit – und dies mit dem Ziel einer konsequenten Umsetzung der UN-Behindertenrechtskonvention und einer Stärkung der Gemeinwesenorientierung in der Eingliederungshilfe. Die herausgebenden Institutionen regen dazu an, sich auf dem Weg zur Inklusion an der visionären Zielperspektive einer Enabling Community zu orientieren.

Eine Enabling Community ist ein Gemeinwesen, das zur rechtlichen und sozialen Inklusion seiner Bürgerinnen und Bürger kontinuierlich befähigt wird und durch diesen Prozess zu einem Gemeinwesen werden kann, das langfristig befähigend wirkt. Es geht darum, dass sich alle in einem Gemeinwesen lebenden Menschen als Bürgerinnen und Bürger geachtet fühlen, weil ihnen in den relevanten Lebensbereichen weitestgehend individuelle Autonomie, das Recht auf Selbstbestimmung sowie das Recht auf die „Einbeziehung in die Gemeinschaft" (UN-Behindertenrechtskonvention, Art. 19) zugestanden wird.

Wir hoffen, dass wir mit dieser Publikation wichtige Multiplikatorinnen und Multiplikatoren erreichen, damit die Umsetzung der UN-Behindertenrechtskonvention und die Weiterentwicklung der Eingliederungshilfe im Sinne einer Enabling Community in den gesellschaftlichen und politischen Diskursen weiter befördert werden kann. Wir wünschen Ihnen eine anregende Lektüre.

0. Enabling Community als Vision

Die Evangelische Stiftung Alsterdorf (ESA) und die *Katholische Hochschule für Sozialwesen Berlin* (KHSB) wollen die anstehenden Reformen in der Eingliederungshilfe und den Prozess der Umsetzung der UN-Behindertenrechtskonvention (BRK) in Deutschland zum Anlass nehmen, ein grundsätzliches Umdenken in Kommunalpolitik, Verwaltung und Sozialer Arbeit anzustoßen. Es geht uns um die Befähigung von Gemeinwesen zur Inklusion. Inklusion wird als eine Zielperspektive verstanden, die nicht ausschließlich einzelne Personen und ihre Selbstbestimmung und Teilhabe in den Blick nimmt, sondern in erster Linie danach fragt, welchen Beitrag Gemeinwesen bei der Einbeziehung aller in ihnen lebenden Menschen leisten können. Die Reformen in der Behindertenhilfe stehen *pars pro toto* für die Inklusionsbedarfe und menschenrechtsrelevanten Fragestellungen und Herausforderungen von Gesellschaftspolitik und müssen daher den notwendigen Wandel von Gemeinwesen berücksichtigen. Insofern dient dieses Positionspapier als Aufforderung an die Gesetzgeber und die ausführenden Organe und Institutionen in Bund, Ländern und Kommunen, bei den anstehenden Reformen der Eingliederungshilfe die Rolle von Gemeinwesen stärker als bisher zu berücksichtigen.

Die Evangelische Stiftung Alsterdorf und die Katholische Hochschule für Sozialwesen regen dazu an, sich auf dem Weg zur Inklusion an der visionären Zielperspektive einer *Enabling Community* zu orientieren. Eine Enabling Community ist ein Gemeinwesen, das zur rechtlichen und sozialen Inklusion seiner Bürger/-innen kontinuierlich *befähigt werden* muss und durch diesen Prozess zu einem Gemeinwesen werden kann, das *befähigend* wirkt. Erst wenn sich sämtliche Akteure in einem Gemeinwesen ihrer kollektiven Verantwortung (Inklusion voranzutreiben) bewusst werden und für jedes Mitglied weitestgehend Teilhabe- und Teilgabemöglichkeiten bereitgestellt sind, kann die Vision einer Enabling Community Wirklichkeit werden. Es geht darum, dass sich alle in einem Gemeinwesen lebenden Menschen als Bürger/-innen geachtet fühlen, weil ihnen in den relevanten Lebensbereichen weitestgehend individuelle Autonomie, das Recht auf Selbstbestimmung sowie das Recht auf die „Einbeziehung in die Gemeinschaft“ (Art. 19 UN-Behindertenrechtskonvention) zugestanden wird.

Die in diesem Papier mit besonderer Aufmerksamkeit ins Auge gefasste Gruppe von Menschen mit Behinderung und psychischer Erkrankung hat in der noch nicht weit zurückliegenden Geschichte existenzielle Erfahrungen mit massiver Exklusion machen müssen. Die Artikulation der anhaltenden Benachteiligungen im Bereich der Freiheits- und Selbstbestimmungsrechte sowie der wirtschaftlichen und sozialen Rechte haben u.a. zur Erarbeitung und Ratifizierung der UN-Behindertenrechtskonvention (BRK) geführt. Die BRK macht ein wesentliches Inklusionserfordernis kenntlich, auf das Gesellschaften antworten müssen, damit „Enabling Communities“ überhaupt entstehen können. Dieses Erfordernis besteht darin, die Verwirklichung der menschenrechtlichen Ansprüche von Menschen mit Behinderung ohne Diskriminierung zu gewährleisten und zu fördern sowie ihre faktische Teilhabe *als Bürger/-innen* an den zivilen, politischen und sozialen Anerkennungsformen zu ermöglichen. In diesem Sinn ist Inklusion zugleich ein Menschenrecht *und* eine Zielstellung. Gesellschaftliche Teilhabe (und Teilgabe) ist der Modus, dieses Recht auch Lebenswirklichkeit werden zu lassen. Die BRK fordert daher „besondere Maßnahmen, die zur Beschleunigung oder Herbeiführung der tatsächlichen Gleichberechtigung von Menschen mit Behinderung erforderlich sind“ (Art. 5, Satz 4). Das mit dieser normativen Grundlage zusammenhängende Konzept *Enabling Community* besitzt Innovationspotential für alle gesellschaftlichen Teilbereiche und daher auch für die Stärkung der Menschenrechte anderer marginalisierter Gruppen.

>> Die Herausgeber möchten mit diesem Papier Impulse geben für eine konsequente Umsetzung der UN-Behindertenrechtskonvention und für eine Stärkung der Gemeinwesenorientierung in Politik, Verwaltung und Sozialer Arbeit, vor allem in der Eingliederungshilfe. In elf Schritten werden Implikationen des Konzepts „Enabling Community“ für politisches und professionelles Handeln in den Blick genommen und Handlungsempfehlungen für die politische Praxis sowie für die akademische Ausbildung formuliert.

1. Konsequente Umsetzung der Menschenrechte

Die BRK macht den Prozess der sozialen Inklusion, die Sicherstellung von Selbstbestimmungs- und Teilhabemöglichkeiten sowie einen umfassenden Schutz vor Diskriminierung unumkehrbar. Das zentrale Ziel der Konvention besteht darin, den „vollen und gleichberechtigten Genuss aller Menschenrechte und Grundfreiheiten durch alle Menschen mit Behinderungen“ zu fördern, zu schützen und zu gewährleisten und die Achtung der ihnen innewohnenden Würde zur Geltung zu bringen (vgl. Art. 1, Unterabsatz 1). Von hoher Bedeutung ist in diesem Zusammenhang, dass die Konvention die selbstbestimmte Inanspruchnahme der Rechte fördern will, also auf ein Empowerment der von Behinderung betroffenen Menschen setzt und ihre bürgerrechtliche Position stärkt. Dies bedeutet eine Abkehr vom Prinzip der Fürsorge und von einer defizitorientierten Sichtweise von Behinderung. Die BRK fordert sodann die Ermöglichung politischer Teilhabe (und Teilgabe), eine konsequente Deinstitutionalisierung sowie die Abkehr von „Sonderwelten“.

Die Überschrift zu Artikel 19 der BRK lautet „Unabhängige Lebensführung (bzw. Selbstbestimmt Leben) und Einbeziehung in die Gemeinschaft“ und ist mit dem Anspruch verknüpft, gesellschaftliche Teilhabe von Menschen mit Behinderung an allen sie betreffenden Angelegenheiten zu garantieren, damit sie so unabhängig wie möglich und mit so viel Assistenz wie nötig zu Autorinnen und Autoren ihrer eigenen Lebensführung werden und nicht länger „Objekte der Fürsorge“ bleiben. Eine solche Transformation kann letztlich nicht in quarticrsfernen (stationären) Einrichtungen gelingen, sondern nur dort, wo Menschen mit Behinderung – wie alle anderen Bürger/-innen auch – sich als aktive Gestalter/-innen eines Gemeinwesens erleben können. Der menschenrechtsbasierte Ansatz der BRK stellt hier einen substanziellen Schritt nach vorn dar. Die Umsetzung dieser Konvention ist Aufgabe der gesamten Gesellschaft. Angesprochen ist der *Staat* als Garant des Rechts, die *Wirtschaft* und die Gewerkschaften als intermediäre Instanzen, die *Kirchen*, die *Wohlfahrtsträger*, ihre sozialen Dienste und Einrichtungen sowie – und dies ist ganz entscheidend

– auch die *Zivilgesellschaft*. Die Bürger/-innen einer Gemeinde oder eines Stadtteils stehen in der Pflicht, an der Verwirklichung einer inkludierenden und dadurch mehr und mehr inklusiven Gesellschaft mitzuarbeiten. Der Staat hat dazu die geeigneten Infrastrukturen bereitzustellen, die den Schutz vor Diskriminierung, faktische Zugänge zu den notwendigen Anerkennungsmustern einer Gesellschaft (Arbeit, Gesundheit, soziale Netzwerke) und die Bildung aller ihrer Mitglieder hin zu mehr sozialer Inklusion ermöglichen.

Die volle Verwirklichung insbesondere der wirtschaftlichen, sozialen und kulturellen Rechte dient dem Abbau von Diskriminierung und der sozialen Anerkennung von Menschen mit Behinderung. Gleiches Recht auf ein unabhängiges und selbstbestimmtes Leben, das Recht auf selbst gewählte Formen der Beschäftigung und auf einen angemessenen Lebensstandard, sowie das Recht auf sozialen Schutz und gleichberechtigten Zugang zu Bildung und Arbeit machen innovatives politisches Handeln erforderlich.

Im Zeichen einer menschenrechtsbasierten Inklusion müssen gesellschaftliche und damit auch sozialpolitische, sozialrechtliche und sozialprofessionelle Strukturen so (um-)gestaltet werden, dass kulturelle Vielfalt und die Unterschiedlichkeit von Lebensentwürfen und Lebensbewältigungsmustern zum qualitativen Merkmal von Gesellschaften werden können. Inklusion setzt die Dominanzkultur einer Mehrheitsgesellschaft unter Veränderungsdruck und verlangt nicht umgekehrt, dass marginalisierte Gruppen (z.B. Menschen mit Behinderung) sich in vorgegebene Strukturen einpassen. Soziale Dazugehörigkeit meint jedoch nicht nur Teilhabe, sondern muss auch als *Teilgabe* verstanden werden (vgl. Steinhart 2008). Freilich ist die aktive Teilgabe keine Voraussetzung, um den Anspruch auf Teilhabe einlösen zu können, aber die ausschließlich passive Entgegennahme von Hilfeleistungen ungeachtet der individuellen Ressourcen widerspricht der menschlichen Würde. Die Fähigkeiten, Talente und Ressourcen, die Menschen mit Behinderung in die Gesellschaft einzubringen haben, sind entsprechend ihrer individuellen Möglichkeiten unterschiedlich. Dass sie aber in ihrer Unterschiedlichkeit eingebracht werden können, ist ein ethisches Erfordernis einer gerechten Gesellschaft.

>> Bundes- und Landesregierungen und die zuständigen Verwaltungen, aber auch Verbände, Wohlfahrtsträger und andere gesellschaftliche Gruppen (wie etwa Kirchen und Gewerkschaften) sollten nicht nur für eine weite Verbreitung der BRK unter allen Beteiligten an der Assistenz und Unterstützung von Menschen mit Behinderung sorgen, sondern darüber hinaus auch deren systematische Umsetzung fördern. Dies kann etwa durch Anreizstrukturen wie ein entsprechendes Auditing oder durch besondere Strukturförderungen geschehen. In den Einrichtungen und Diensten sollten Sensibilisierung und vertiefende Aufklärung zu den Rechten von Menschen mit Behinderung als Teil des Qualitätsmanagements etabliert werden. Die Konvention sollte in Leitbildprozessen, bei Selbstverpflichtungserklärungen und in den Verträgen mit den Leistungsnehme-

rinnen und -nehmern Berücksichtigung finden. Im Bereich des Diskriminierungsschutzes nach dem Behindertengleichstellungsgesetz (BGG) und dem Sozialgesetzbuch IX (SGB IX) sollten Verbände und Nichtregierungsorganisationen vermehrt die Möglichkeit der Prozessstandschaft nach dem SGB IX nutzen, nach der sie im Falle der Verletzung der Rechte von Menschen mit Behinderungen Verbandsklage erheben können.

2. Selbstbestimmte Inanspruchnahme sozialer Rechte

Die Arbeits- und Sozialministerkonferenz hat jüngst Vorschläge für eine Reform der Eingliederungshilfe verabschiedet, die personenzentrierte Teilhabebedarfe mit dem Ziel der Selbstbestimmung in den Mittelpunkt stellen. Die Reformen zielen darauf ab, die gleichberechtigte und selbstbestimmte Teilhabe am Leben in der Gesellschaft, besonders in den Bereichen Erziehung, Bildung, Ausbildung, Arbeit und Wohnen zu ermöglichen.

Budgets für Inklusion – Anforderungen an die Leistungsträger

Das Persönliche Budget (PB) ist das bisher prominenteste Instrument zur Realisierung einer selbstbestimmten Inanspruchnahme sozialer Rechte. Leistungsberechtigte Menschen sollen dadurch die Möglichkeit erhalten, mit Hilfe eines ihnen zur Verfügung stehenden Geldbetrags bzw. mit Gutscheinen selbst darüber zu entscheiden, in welchem Umfang und von welchen Leistungserbringern sie die ihnen zuerkannten Leistungen zur Teilhabe beziehen möchten. Allerdings zeigt sich, dass die Zahl der Budgetnehmer/-innen weit hinter den Erwartungen zurückgeblieben ist und mit der Norm des § 17 SGB IX noch kein wirklicher Systemwechsel vollzogen werden konnte (vgl. Lachwitz 2009). Dies liegt zum einen daran, dass einige Leistungsträger das Recht auf Leistungen in Form des PB vom Grad der Behinderung abhängig machen und die Antragstellung an die Geschäftsfähigkeit der jeweiligen Person knüpft. Zum anderen ist das Verfahren zur Bemessung der PBs nicht ausreichend transparent, und für die Finanzierung der Beratungs- und Unterstützungsleistungen fehlt eine hinreichende Basis. Zudem ist die Leistungsvielfalt noch nicht differenziert genug und die Ausübung des Wunsch- und Wahlrechts deshalb nicht gewährleistet.

Die Förderung von Selbstbestimmung und Teilhabe ist eng an die Einführung und nachhaltige Etablierung neuer Steuerungs- und Finanzierungsmodelle geknüpft. Eine Förderung der Inklusion erfordert ein Budgetsystem, das personenbezogene, wohnortnahe Hilfen stärkt, institutions- und leistungsträgerübergreifende Handlungskonzepte fördert und sozialraum-orientierte Handlungsansätze finanziert. Die Inanspruchnahme des Persönlichen Budgets und die Förderung des Sozialraumbudgets haben flächendeckend bisher allerdings noch nicht realisiert werden können.

>> Es ist dringend notwendig, die zersplitterte Zuständigkeit der unterschiedlichen Rehabilitationsträger besser aufeinander abzustimmen. In den Bewilligungsverfahren müssen die Leistungsträger verbindliche, nachvollziehbare und

auf den wirklichen Bedarf abgestimmte Kriterien zur Bedarfsbemessung anwenden und sicherstellen, dass durch das Persönliche Budget keine Absenkung der Leistungsstandards erfolgt. Die Assistenzleistungen sind allen Leistungsberechtigten unabhängig von der Art und Schwere ihrer Behinderung zu gewähren. Dies schließt die Forderung an den Gesetzgeber ein, den „Kostenvorbehalt" im SGB IX und im SGB XII abzuschaffen, insofern er dazu führt, die fundamentalen Rechte und die Befriedigung existenzieller Bedürfnisse von Menschen mit Behinderung einzuschränken. Zudem sind die Leistungsträger aufgerufen, ein neues fallübergreifendes und sozialraumorientiertes Steuerungs- und Finanzierungsmodell zu entwickeln, das eine Integration aller professionellen Anbieter in der Region, aber insbesondere die Einbeziehung von Ehrenamtlichen, Bürgerhelfern/-innen sowie Organisationen und Personen jenseits der Behindertenhilfe ermöglicht. Die sozialprofessionelle Inklusionsarbeit im Stadtteil könnte anteilig in der Berechnung der Fachleistungsstunden berücksichtigt werden. Zudem ist es notwendig, unabhängige, gemeindenahe Beratungsinstitutionen zur Budgetassistenz zu schaffen, die Personen mit Lernschwierigkeiten bei der Beantragung und Inanspruchnahme von PBs unterstützen. Es werden darüber hinaus nachvollziehbare und nachhaltig wirkende Umsetzungsverfahren benötigt, damit die Beteiligungsinstrumente in den Ländergesetzen und kommunalen Verordnungen auch verwirklicht werden können.

Selbsthilfe und Selbstbestimmung: von Behinderung Betroffene werden Beteiligte

Ein weiteres Erfordernis inklusiven Denkens ist es, die kritischen Impulse, die von Betroffenen, Eltern, Angehörigen, Verbänden und der gesamten Emanzipationsbewegung von Menschen mit Behinderung ausgehen, im Diskurs um eine Enabling Community wahrzunehmen und umzusetzen. Denn es war vor allem die Selbsthilfebewegung, die dafür gesorgt hat, die Verbote der Benachteiligung von behinderten Menschen im Grundgesetz durchzusetzen sowie die Behindertenrechtskonvention und das Behindertengleichstellungsgesetz (BGG) als Instrument zur Durchsetzung von vitalen Interessen und Rechtsansprüchen auf den Weg zu bringen. Die wesentlichen Impulse für eine Stärkung inklusiver Strukturen in der Gesellschaft sind deshalb insbesondere von Selbsthilfeorganisationen zu erwarten, als Experten/-innen in eigener Sache sind sie nicht nur erste Adressaten/-innen, sondern auch erste und einzige Entscheider über die Formen von Unterstützung.

>> Aus menschenrechtlicher Perspektive ist es notwendig, solche Unterstützungsformen zu fördern, die ohne Grundrechtseingriffe auskommen. Es bedarf eines Ausbaus sozialrechtlicher Assistenzmodelle, die die Anordnung von Betreuungen überflüssig machen oder ihre Zahl reduzieren. Ein Verfahren, die Möglichkeiten der Unterstützung ohne Grundrechtseingriffe besser auszuschöpfen, ist das Instrument der integrierten individuellen Assistenzplanung, das Unterstützung zielorientiert, bedarfsgerecht und lebensweltbezogen organisieren

hilft. Ähnlich wie Hilfeplanprozesse etwa in der Kinder- und Jugendhilfe sind öffentliche Hilfeverfahren unter Beteiligung der von Behinderung betroffenen Menschen anders als Stellvertretungsregelungen im Rahmen des Betreuungsrechts besser in der Lage, die Grundrechte von Menschen mit Behinderung zu wahren. Ein wesentlich zu schützendes Gut in diesem Zusammenhang ist das Recht auf Anerkennung als Rechtssubjekt und die Teilhabe am Rechtsverkehr (vgl. Artikel 12 der BRK).

>> Ein weiterer Ansatz einer nachhaltig wirkenden Unterstützung ist die Bildung von Menschen mit geistiger Behinderung mit Blick auf Selbstbestimmung und persönliche Entscheidungsfindung. Auch in den Curricula der Ausbildungsgänge von Personen, die in den Verwaltungen und den unterschiedlichen Gerichtsbarkeiten tätig sind, sollten Trainingsmodule enthalten sein, die zu einer verbesserten Einlösung der Rechtsansprüche von Menschen mit einer sog. geistigen Behinderung führen können. Zudem kann mit Blick auf den gesetzlichen Auftrag zur Herstellung von Barrierefreiheit öffentlicher Infrastrukturen Teilhabe und Selbstbestimmung etwa durch den wirksamen Einbezug von Interessenvertretungen in Planungsverfahren systematisch sichergestellt werden. Die Möglichkeiten der Teilhabe – etwa durch das SGB IX und das BGG (z.B. Zielvereinbarungen zwischen Interessenvertretung und Unternehmen) – sollten ausgebaut werden, damit Menschen mit Behinderungen als Teilhaber/-innen und vor allem auch als Gestalter/-innen des Gemeinwesens anerkannt werden. Aus Betroffenen können so Beteiligte werden.

3. Inklusive Wohnstrukturen

Lebensqualität durch inklusive Wohnstrukturen fördern

Wohnquartiere sind jene Orte, in denen Inklusionsbedarfe sichtbar und Exklusions- wie Inklusionsprozesse realisiert werden. Denn in ihnen findet das alltägliche Gegen- und Miteinander unterschiedlicher Gruppen, Kulturen und Generationen statt. Zwar ist die Vielfalt von Kulturen und Lebensstilen ein sozialpolitisch wünschbares Ziel von Wohnungsbaupolitik, allerdings dürfen die sozialen Konfliktpotentiale nicht aus dem Auge verloren werden. Der Wohnungswirtschaft und den Wohnungsbauunternehmen kommt bei der Gestaltung einer nachhaltig wirkenden Wohnkultur eine enorme Bedeutung zu. Neben der barrierefreien, ökologischen und Lebensqualität steigernden Gestaltung von Wohnräumen, Häusern und Außenanlagen können Wohnungsbauunternehmen und Wohnungsbau-Genossenschaften auch Inklusionsverstärker sein, wenn sie ihre Arbeit als wesentlichen Beitrag zur Gemeinwesen- und Sozialraumentwicklung verstehen. Von großer Bedeutung ist die Kooperation von kommunaler Bauplanung, freier Wohnungswirtschaft und Selbsthilfeverbänden, damit ein bedarfsgerecht barrierefreier Wohnraum auch im bestehenden Baubestand realisiert werden und die Einbindung in soziale Netzwerke der Nachbarschaft somit bestehen bleiben kann. Inklusive, gemeindenahe Wohnformen erhöhen den

Wohnqualitätsstandard insgesamt und tragen so zur Lebensqualität von Gemeinwesen bei.

Gegen eine Renaissance der Heime

Die Anerkennung des Rechts von Menschen mit Behinderung auf Freizügigkeit und auf die freie Wahl ihres Aufenthaltsorts (vgl. BRK Art. 18 Abs. 1), auf die Wohnform und auf die Einbeziehung in die soziale Gemeinschaft (Art. 19) sowie die Achtung der Unverletzlichkeit der Privatsphäre (Art. 22) sind wesentliche Bestandteile der BRK, gegen die mit Blick auf die steigende Zahl von Heimplätzen für Menschen mit geistiger Behinderung und psychischer Erkrankung zumindest tendenziell verstoßen wird. Der Neubau von Heimen oder die nur schleppend vorangehende Auflösung und Umstrukturierung von großen Anstalten widerspricht der Zielsetzung, auf Seiten der Menschen mit Behinderung das Zugehörigkeitsgefühl zu einer sozialen Gemeinschaft zu stärken. Eine mögliche Renaissance der Heime und die scheinbar kostengünstigere Unterbringung von Menschen in Mehrbettzimmern sind dazu geeignet, das Recht auf Achtung der Wohnung (Art. 23) und auf die Unverletzlichkeit der Intim- und Privatsphäre zu unterminieren.

Insbesondere für Menschen mit komplexem Hilfebedarf besteht eine vergleichsweise hohe Gefahr, in eine stationäre Einrichtung vermittelt zu werden und nicht wieder in eine autonomere Wohnform zurück zu gelangen. Die Gründe dafür liegen zum einen in unklaren Finanzierungs- sowie in zu komplizierten Steuerungsprozessen. Auf der anderen Seite sind die Leistungsanbieter mit ihrem derzeitigen Netz ambulanter Einrichtungen weder strukturell, konzeptionell noch organisatorisch überall auf die Assistenz dieser Klientinnen und Klienten eingestellt. Der gegenwärtige Anstieg von Heimplätzen für Menschen mit Behinderung oder psychischer Erkrankung führt beinahe unumgänglich zu einem Belegungssog. Diese Form der Unterbringung ist – ihrer Tendenz nach – auf ein Mehr an Isolation angelegt und erreicht damit das genaue Gegenteil dessen, was mit der Transformation sozialer Dienstleistungen im Sinne von Teilhabe und Autonomie gemeint ist.

4. Teilhabe an Arbeit

Die Teilhabe am Arbeitsleben ist eine essenzielle Voraussetzung für die soziale Zugehörigkeit am Leben in der Gesellschaft. In der BRK erkennen die Mitgliedsstaaten das Recht behinderter Menschen an, „den Lebensunterhalt durch Arbeit zu verdienen, die in einem offenen, integrativen und für Menschen mit Behinderungen zugänglichen Arbeitsmarkt und Arbeitsumfeld frei gewählt oder angenommen wird“ (Artikel 27). Das Recht auf Arbeit besteht freilich nicht im Sinne eines einklagbaren Verschaffungsanspruchs gegenüber dem Staat. Wohl aber ist das Recht auf Arbeit ein Kernbestand der Zielbestimmungen des Staates als eines *sozialen* Staates, weil die Teilhabe an Arbeit eine wichtige Bedingung dafür darstellt, dass die Entwicklung der persönlichen Selbstbestimmung, die

Teilhabe und Teilgabe am gesellschaftlichen Wohlergehen und, damit verbunden, die Sicherung des eigenen Lebensbedarfs und des Unterhalts ermöglicht werden. Mit dem sozialen Staatsziel, Menschen den Zugang zu Arbeit zu ermöglichen und Maßnahmen zur Förderung der Vollbeschäftigung zu ergreifen, ist die Pflicht des sozialen Rechtsstaates verbunden, Barrieren für eine Teilhabe auf der Grundlage gleicher Rechte am Arbeitsleben aller Bürger/-innen abzubauen und Hilfe zur Erlangung und Erhaltung eines angemessenen Arbeitsplatzes (§ 3 SGB I) zu gewähren.

Den positiven Entwicklungen in der Beschäftigungssituation schwerbehinderter Menschen (vgl. Sozialbericht 2009) stehen jedoch auch kritische Bestandsaufnahmen gegenüber. So ist die Arbeitslosigkeit unter behinderten Menschen, besonders bei Frauen mit Behinderungen und Menschen mit besonders ausgeprägtem Förderbedarf, immer noch sehr hoch. Gemeinsam mit den Selbsthilfeverbänden ist zu kritisieren, dass die Eingliederungszuschüsse, die die Beschäftigung behinderter Menschen auf dem allgemeinen Arbeitsmarkt fördern sollen, insbesondere im Bereich des SGB II zu zögerlich gewährt werden (vgl. BAG Selbsthilfe 2009). Zudem ist zu hinterfragen, ob die Vermittlungspolitik der *Agentur für Arbeit* dazu geeignet ist, Menschen mit Behinderung in ausreichendem Umfang, fachlich angemessen und nachhaltig zu qualifizieren, um ihnen den Einstieg in den ersten Arbeitsmarkt zu erleichtern. Langfristiges Ziel einer inklusiven Arbeitsmarktpolitik kann nicht sein, den Anteil der Werkstätten für Menschen mit Behinderungen (WfbM) zu erhöhen und andere Formen der „beschützenden Arbeit" zu zementieren. Genauso wenig sollte eine überhastete Schließung von WfbM, ohne eine vorausgesetzte Etablierung adäquaterer Unternehmen, als kurzfristiges Ziel gesetzt werden. Vielmehr muss als langfristiges Ziel gewährleistet werden, dass die Übergänge von WfbM in Unternehmen des allgemeinen Arbeitsmarktes gut begleitet werden und keinesfalls gegen den Willen eines behinderten Menschen erfolgen. Die inklusive Gestaltung des ersten Arbeitsmarktes lässt sich nicht kurzfristig durchsetzen. Die Werkstätten müssen neue Wege beschreiten, etwa durch Kooperationsformen mit Unternehmen am ersten Arbeitsmarkt, durch Zuverdienstprojekte oder durch das Instrument der „Virtuellen Werkstatt". Gleichwohl bedeutet Teilhabe am Arbeitsmarkt im eigentlichen Sinn die Einbeziehung möglichst vieler Menschen mit einer Behinderung in den *allgemeinen Arbeitsmarkt*.

>> Die Integrationsfachdienste, denen bei der Arbeitsvermittlung und Arbeitsplatzerhaltung eine besondere Bedeutung zukommt, müssen strukturell und finanziell gestärkt werden. Zudem ist das Instrument des Persönlichen Budgets für Arbeit auszubauen. Ziel ist es, Menschen mit Behinderungen oder chronischen Erkrankungen den gleichberechtigten Zugang zu einer qualifizierten Ausbildung und zum gesellschaftlichen Anerkennungsmedium einer Erwerbsarbeit im ersten Arbeitsmarkt zu ermöglichen.

Inklusive Arbeit und Beschäftigung müssen im Rahmen der fachlichen und rechtlichen Standards umgesetzt werden (z.B. Sozialversicherungspflicht, betriebliche Weiterbildung, Gesundheitsschutz etc.). Es wird empfohlen, den Anteil personenzentrierter Beschäftigungsformen in Betrieben des allgemeinen Arbeitsmarktes auszubauen. Regionale Netzwerke können dabei für durchlässige und flexible Hilfesysteme sorgen. Das Modell der Förderung der Selbständigkeit von Menschen mit Behinderung ist ein wegweisender Ansatz im Sinne einer Enabling Community. Allerdings müssten dafür sozialrechtliche Hürden überwunden werden, damit Menschen mit Behinderung, die Eingliederungshilfeleistungen beziehen, ihren Anspruch darauf bei der Gründung von selbstständigen Unternehmen nicht verlieren.

Es geht um die Gestaltung eines inklusiven Arbeitsmarktes, der sich u.a. durch eine qualifizierte Beratung und Vermittlung von Menschen mit Behinderung sowie durch eine aktive Arbeitsmarktpolitik ausdrückt. Qualifizierte Ausbildungen und die Förderung existenzsichernder Beschäftigung muss Vorrang vor einer allzu schnellen Vermittlung in „einfache" Jobs haben. Die kulturelle und lebenslagenbezogene Diversität in Unternehmen sollte zu einem besonderen Qualitätsmerkmal werden. Dazu ist das betriebliche Eingliederungsmanagement (§ 84 Abs. 2 SGB IX) flächendeckend einzuführen. Zudem sollten *Auditierungsverfahren zur Gestaltung einer inklusiven Arbeitskultur* entwickelt werden, um Unternehmen und öffentliche Institutionen für eine nachhaltig inklusionsbewusste Personalpolitik zu gewinnen.

5. Gesundheit, Rehabilitation und soziale Teilhabe

Nach dem Konzept der funktionalen Gesundheit der WHO kann Gesundheit bzw. deren funktionale Beeinträchtigung als ein Ergebnis der Wechselwirkungen zwischen den gesundheitsbedingten Problemen eines Individuums und dem spezifischen vorhandenen umweltbezogenen Kontext- und personenbezogenen Faktoren betrachtet werden. Demnach beeinträchtigen Teilhabebarrieren die Entfaltung der Gesundheit ebenso wie personenbezogene funktionale Beeinträchtigungen die Möglichkeiten zur sozialen Teilhabe begrenzen. Auch das Konzept der Salutogenese verweist auf den Zusammenhang von Gesundheit und sozialen Teilhabechancen. Menschen erleben sich nach diesem Konzept als kohärent und damit in ihrer Gesundheit gestärkt, wenn sie ihren jeweiligen Lebenskontext als *verständlich* und *sinnhaft* und auch als *handhabbar* erleben, also mit anderen Worten, wenn sie über aktive Teilhabechancen verfügen.

Auch der Armuts- und Reichtumsbericht der Bundesregierung verweist auf die dramatischen Zusammenhänge von sozialer Benachteiligung und erhöhten Erkrankungsraten und Lebensrisiken. Der Zusammenhang zwischen Gesundheitschancen und -risiken einerseits und den Chancen und Barrieren der sozialen Teilhabe andererseits ist evident und vielfältig belegt. Eine auf Inklusion verpflichtete Gesellschaft muss daher alle erforderlichen Mittel zur Verfügung stellen, um gesundheitsfördernde Verhältnisse zu schaffen und um im umfassenden Sinne personen- und sozialraumzentrierte Prozesse der medizinischen, beruflichen und sozialen Rehabilitation zu ermöglichen.

Menschen mit Behinderung erleben vielfältige strukturelle Behinderungen bei der Inanspruchnahme medizinischer Behandlungsleistungen. Vielfach nur unzulänglich und unzugänglich vorhandene fachspezifische und -kompetente Gesundheitsleistungen für Menschen mit Behinderung verstärken ihre soziale Ausgrenzung in der Gemeinde. Das unzureichende Angebot mobiler, ambulanter und stationärer Maßnahmen der medizinischen Rehabilitation ist gesundheitspolitisch skandalös und befördert Prozesse der Chronifizierung sensorischer, körperlicher, seelischer und geistiger Behinderungen.

>> Notwendig erscheint deshalb die Entwicklung integrierter Behandlungs- und Rehabilitationspfade, mit denen die bisher bestehende Zersplitterung der ambulanten, teilstationären und stationären Versorgung sowie die streng gegeneinander abgegrenzten Systeme der Behandlung, Rehabilitation und Eingliederungshilfe überwunden werden können. Zu entwickeln sind die strukturellen und konzeptionellen Voraussetzungen eines inklusionsfördernden Rehabilitations- und Gesundheitssystems.

6. Kommunale Bildung

Die Beteiligung von Bürgern/-innen an der kommunalen Selbstverwaltung und an der Gestaltung des Gemeinwesens setzt voraus, dass die Akteure der Zivilgesellschaft zu einer aktiven und informierten Teilhabe (und Teilgabe) befähigt sind. Aus diesem Grund ist Bildung *das* „Mindesterfordernis für gelebte Demokratie“ (Luthe 2009, S. 2), und es liegt in der Strukturverantwortung der kommunalen Verwaltung und Politik, Bildung als Thema lokaler und regionaler Sozialräume zu verankern und unterschiedliche Bildungsangebote und -träger miteinander zu vernetzen. Ob Familien, vorschulische Einrichtungen, Schulen, Volkshochschulen, Unternehmen, Kultureinrichtungen, Kirchen oder Träger der Sozialversicherungen sowie der Leistungserbringer – das Zusammenleben von Menschen in Kommunen ist in einem hohen Maße geprägt vom informellen und formellen Bildungsgeschehen und zeichnet sich durch unterschiedliche Formen des Voneinander- und Miteinanderlernens aus.

>> Es ist mit Blick auf die Perspektive der Inklusion notwendig, dass die übergeordneten Ebenen des Bundes und der Länder eine vernetzte Bildungs- und Sozialpolitik der Kommunen fördern, die mehr Teilhabe und Selbstbestimmung ermöglichen. Individuelle und institutionelle Bildungsförderung berücksichtigt die Gesamtheit aller auf kommunaler Ebene vertretenen Institutionen und Organisationen der Bildung, Erziehung und Betreuung (vgl. Deutscher Verein 2007). Ein wesentliches Ziel kommunaler Bildungspolitik sollte es deshalb sein, insbesondere Menschen, die in den Repräsentationsformen des Gemeinwesens bisher geringgeschätzt oder ignoriert, jedenfalls nicht anerkannt sind (z.B. „bildungsferne“ Milieus, Menschen mit Behinderung oder psychischer Erkrankung, Men-

schen mit Migrationsgeschichte, etc.) stärker in die vorfindlichen Bildungs- und Sozialarrangements einzubeziehen. Bildung im umfassenden Sinne *befähigt zur wechselseitigen sozialen Anerkennung* und fördert solche Kooperations- und Kommunikationskompetenzen, die für die Entwicklung von Enabling Communities von erheblicher Bedeutung sind. Kommunale Bildungs- und Sozialpolitik hat daran einen großen Anteil. Die Kommunen stehen in der Verantwortung, durch die Einrichtung trägerübergreifender Bildungszentralen (vgl. Luthe 2009) Kulminationspunkte inklusiver und teilhabeorientierter Bildung zu schaffen. Neben Lernberatung und der Vernetzung von Angeboten, könnten solche Bildungszentralen implizit zu Institutionen der Menschenrechtsbildung werden.

7. Mainstreaming und Auditing

Die normative Zielstellung der Teilhabe und Inklusion macht es notwendig, auch solche Akteure und Institutionen in die Veränderungsprozesse einzubinden, die bisher keine Orientierung auf die Verwirklichung einer Enabling Community entwickelt haben. Dabei geht es zum einen um eine koordinierte und integrierte Praxis der Leistungsträger und Leistungserbringer, damit eine gemeindenahe und passgenaue Unterstützung mit dem Ziel der Selbstbestimmung realisiert werden kann (Persönliches Budget, Sozialraumförderung, Ausbau ambulanter und gemeindeintegrierter Wohnformen etc.). Darüber hinaus sind die Qualifizierung und menschenrechtsbasierte Ausbildung von Mitarbeitern in den Diensten und Einrichtungen, in den kommunalen Behörden, in den Bildungs- und Gesundheitseinrichtungen sowie in den Bereichen Wirtschaft und Beschäftigung zur Überwindung exkludierender Strukturen wesentliche Voraussetzung zur Realisierung einer Enabling Community.

>> Ein Weg zur Vitalisierung von Inklusionsprozessen ist die interne und externe Überprüfung politischen und administrativen Handelns, orientiert an der Frage, ob und in welcher Weise es zur Gleichstellung behinderter Menschen beiträgt oder diese verhindert (Mainstreaming). Verfahren des externen Auditings sind insbesondere im Bereich der Teilhabe an Arbeit und im Bereich des Wohnens sinnvoll und können Impulse für eine verbesserte Inklusion bieten. Allerdings sind hier beteiligungs- und lebensweltorientierte Verfahren von erheblicher Bedeutung, damit sich die Transformation in Unternehmen, in sozialen Einrichtungen und Diensten an der menschenrechtlich gebotenen Nutzer- und Betroffenenperspektive orientieren kann.

8. Inklusive Bürgergesellschaft

Der Begriff der Bürgergesellschaft meint mehr als unterschiedliche Formen des Bürgerengagements, der Philanthropie oder der Freiwilligenarbeit für solche Handlungsfelder von Politik und Wohlfahrt, die der Staat nicht mehr ausgestalten kann oder will. Im Kern ist die Bürgergesellschaft Ausdruck der *respublica*, der öffentlichen Auseinandersetzung um die gerechte und gute Gestaltung der Gesellschaft. Im Mittelpunkt steht nicht nur „eine bessere Lebensqualität, sondern auch die Zukunft der Demokratie als Lebens- und nicht nur als Regierungsform" (Penta/Sander 2007, S. 1). Dabei ist die Bürgergesellschaft gerade *kein* Projekt einer bürgerlichen Elite, sondern sie muss, will sie stark und wirkmächtig sein, insbesondere in der Mitte und an den Rändern der Gesellschaft ansetzen. Die Bürger/-innen haben sich in einer vitalen Zivilgesellschaft also den Raum der politischen Aushandlung (zurück) erobert, um ihre Anliegen zu artikulieren und durchzusetzen.

Bürgerkommune und öffentliche Verwaltung als „Enabling Agency"

Die Erwartungen der Bürger/-innen geht heute über ein rechtlich wie fachlich korrektes Verwaltungsmanagement und kostengünstige Leistungen hinaus. Sie richten sich darauf, dass die Bürger/-innen selbst zum Rückgrat einer funktionierenden Kommune werden. Entscheidend ist, dass die kommunale Politik und Verwaltung den Belangen der Bürger/-innen zur Umsetzung hilft und ein vorausschauendes Handeln im Hinblick auf die Einlösung menschenrechtlicher Ansprüche insbesondere verletzlicher Gruppen entwickelt (Lebensqualität, Barrierefreiheit, ökologische Nachhaltigkeit, integrierte Bau- und Wohnprojekte etc.). Eine solche „Bürgerkommune" baut dabei nicht auf einem juristischen oder ökonomischen Fundament, sondern versteht sich im demokratietheoretischen Sinne als Ort der partizipativen Politikgestaltung, damit bürgerschaftliche Selbstorganisation sich entfalten kann (vgl. Banner 1998). Die Kommune muss „solche Einflüsse ‚von außen' aktiv in ihr kommunales Förderkonzept des bürgerschaftlichen Engagements einbauen und darf sie nicht als Störung oder rein instrumentell als Möglichkeit zur ‚Mitnahme von Drittmitteln' betrachten (...). Das Konzept der Engagementpolitik prägt die Integrationskraft einer Kommune. Es ist notwendig, dass die Kommunen klare Vorstellungen entwickeln, ob sie eine Engagementpolitik betreiben wollen, die alle Bürger ihrer Stadt über die bisherigen Verbände hinaus und damit alle Milieus auf ihre Art mitnimmt" (Hummel 2009, S. 4). In diesem Sinne hat kommunale Politik und Verwaltung die Aufgabe, die *Betroffenen* auch zu primär *Beteiligten* zu machen. „Insofern wäre unter staatsethischer Rücksicht das Leitbild einer zivilitätsverträglichen wie zivilitätsförderlichen öffentlichen Verwaltung weniger *progressive governance*, als vielmehr *enabling agency* (...). Sie würde sich als Agentin verstehen, die der zivilen Öffentlichkeit effektive Handlungs(spiel)räume zur politischen Gestaltung des öffentlichen Raumes eröffnet und sicherstellt" (Lob-Hüdepohl 2008, 13).

>> Die Realisierung einer barrierefreien und teilhabeorientierten Kommunalpolitik und -verwaltung ergibt sich aus den rechtlichen Ansprüchen der BRK, des Art. 3 Abs. 3 Satz 2 GG sowie aus den entsprechenden Klauseln in den Landesverfassungen und im Sozialrecht. Bereits 1995 wurde mit der „Erklärung von Barcelona – Die Stadt und die Behinderten" eine Vereinbarung zwischen den europäischen Städten getroffen, in der sie sich dazu verpflichten, Bürger/-innen in den Kommunen zu befähigen, mehr Verständnis für Menschen mit Behinderungen, ihre Rechte, Bedürfnisse sowie ihre Möglichkeiten der Teilhabe am

Leben in der Gesellschaft zu entwickeln (Art I). Zudem sollten die Städte umfangreiche Maßnahmen zur barrierefreien Umgestaltung von öffentlichen Plätzen, Gebäuden und Dienstleistungen ergreifen. Die unterzeichnenden Städte und Kommunen verstehen sich in diesem Sinne als „Enabling Agencies", weil sie ihre Aufgabe darin sehen, die Partizipation von Bürgern/-innen mit Behinderung und ihrer repräsentativen Organe an politischen Entscheidungsprozessen systematisch zu ermöglichen und zu fördern (Art. XIII).

Community Organizing und teilhabeorientierte Stadtentwicklung

Community Organizing-Prozesse zielen darauf, die Beteiligung von Bürgern/-innen an der Gestaltung ihrer Sozialräume zu fördern. Die verschiedenen zivilgesellschaftlichen Akteure eines Sozialraumes sollen gemeinsam die Verbesserung ihres Lebensumfeldes gestalten. Am Beginn eines solchen Prozesses steht der Aufbau eines tragfähigen Beziehungsnetzwerks, einer sogenannten Bürgerplattform. Die Akteure eines solchen Netzwerkes bilden gemeinsam ein ‚handlungsfähiges Wir' und sind durch solidarische Beziehungen miteinander verbunden. Ein solches Beziehungsnetzwerk ist bewusst „grenzüberschreitend" konzipiert: Respektierte und kreative Vielfalt wird zum normativen Kennzeichen kooperativen Handelns. Community Organizing sieht die lokale Zivilgesellschaft als pluralistisch strukturierten Ort der politischen Beteiligung. Die Inklusion von ausgeschlossenen oder von Ausschluss bedrohten Bevölkerungsgruppen in dieses Beziehungs- und Handlungsnetz ist Anspruch und Ausdruck einer demokratischen, der sozialen Gerechtigkeit verpflichteten Haltung. Ziel ist, die Vielseitigkeit der lokalen Zivilgesellschaft in einem kooperativen, handlungsfähigen Miteinander zu verbinden. Gemeinsamkeiten und Gemeinschaft gilt es in einer pluralistischen Moderne über religiöse, ethnische und soziale Grenzen hinweg erst mühsam aufzubauen.

Inklusion durch Community Organizing-Prozesse bedeutet, ausgegrenzte oder von Exklusion bedrohte Menschen in eine kooperative zivilgesellschaftliche Praxis gezielt einzubeziehen und sie mit ihren Ressourcen und Fähigkeiten als Teil des Selbstorganisationsprozesses wertzuschätzen.

>> An der Revitalisierung bürgerschaftlicher Verantwortung und „öffentlicher Sorge" können Menschen mit Behinderung oder psychischer Erkrankung in besonderer Weise nicht nur teilnehmen, sondern auch *teilgeben*. Das setzt aber den Abbau rechtlicher, technischer, mentaler und sozialer Barrieren voraus, etwa im Bereich des Städtebaus, des Wohnens oder der Verkehrsinfrastrukturplanung. Teilhabe und Inklusion auf der Ebene kommunaler Stadtpolitik zu organisieren, setzt voraus, ressortübergreifende (Bau und Verkehr, Soziales, Bildung, Integration, usw.) Steuerungsmechanismen zu implementieren, Bürger/-innen im Sinne einer Bottom-up-Logik systematisch einzubeziehen und die soziale Stadtentwicklung durch ein entsprechendes Monitoring zu begleiten. Stadtteilkonferenzen und organisierte Beteiligungsverfahren sind sinnvolle In-

strumente dafür, allerdings können und dürfen sie die „nicht planbaren" und „nicht steuerbaren" lokalen bürgerschaftlichen Planungsinitiativen (z.B. innerhalb von Bürgerplattformen) nicht still stellen oder behindern. Im Sinne des Community Organizing sind diese das notwendige Korrektiv einer kommunalen Stadtentwicklungspolitik, weil sie die authentische Selbstvertretung der Bürger/-innen „von unten" repräsentieren und Fehlsteuerungen administrativen Handelns im konkreten Sozialraum am besten identifizieren können. Insofern sind „Soziale Stadt-Programme" und Ansätze des „Quartiermanagements" zwar notwendig, aber nicht hinreichend, um eine wirkliche Beteiligung von Bürgern/-innen an der Stadt(teil-)entwicklung zu erreichen.

9. Soziale Dienste und Sozialunternehmen in der Verantwortung

Wenn Wohlfahrtsträger und Sozialunternehmen die Prinzipien der Selbstbestimmung und Teilhabe wirklich ernstnehmen wollen, dann hätte dies erhebliche Auswirkungen auf die Organisation von sozialen Dienstleistungen, etwa auch in der Behindertenhilfe. Zwar lässt sich sozialrechtlich und sozialpolitisch gegenwärtig eine Entwicklung hin zu mehr Selbstbestimmung für die „Kunden/-innen" sozialer Dienste erkennen. Doch die/der Kunde/-in oder die/der Klient/-in stehen dabei nicht selten *zwischen* Wohlfahrtsträgern und Staat. Die Möglichkeit des Menschen mit Behinderung oder Pflegebedürftigkeit insbesondere in stationären Einrichtungen, über die Bedingungen seiner Lebensqualität selbst zu entscheiden, ist nach wie vor in hohem Maße eingeschränkt.

Mit dem Begriff der Inklusion ist der Anspruch auf eine Öffnung gesellschaftlicher Bereiche für die effektive Teilhabe von Menschen mit Behinderung verknüpft. Insofern geht es nicht ausschließlich um eine „moralische Verbesserung" der sozialprofessionellen Dienstleister, sondern darum, das Gefüge der Organisation sozialer Dienstleistungen insbesondere mit Blick auf die Bereiche Wohnen und Arbeit neu zu denken. Von der BRK und der fachlichen Weiterentwicklung der Eingliederungshilfe gehen starke Impulse aus, über die Aufrechterhaltung insbesondere stationärer Versorgungsarrangements hinauszukommen.

Sozialen Diensten kommt bei der Gestaltung eines inklusiven Sozialraums eine bedeutsame Aufgabe zu: Sie sind mehr als Dienstleister für Assistenz, Anbieter von Wohnraum oder Unterstützer in der Bewältigung alltäglicher Herausforderungen. Soziale Dienste, die den in der BRK festgeschriebenen Anspruch auf Autonomie, Selbstbestimmung und Teilhabe einlösen wollen, müssen zu *Inklusionsagenturen* und zu *„Inklusionstreibern"* werden, die Hilfestellungen geben bei der Durchsetzung bürgerlicher Rechte, bei der Gestaltung eines mental wie technisch barrierefreien Umfeldes und bei der Bildung sozialer Netzwerke und subjektiv bedeutsamer Lebensbereiche (vgl. Seifert 2006).

>> Soziale Unternehmen müssen ihren Fokus um die Perspektive des Sozialraums erweitern. Weil der Sozialraum der erste Bewährungsort von Inklusion

ist, er eine inkludierende Wirkung hat und sich durch neue Kooperationsdesigns in ihm auch ein relevanter Markt für innovative Angebote abbildet, wäre es auch aus unternehmerischer Sicht unklug, sich hier nicht zu engagieren. Vernetzte Angebote im Sozialraum können die „Marktstellung“ von Sozialunternehmen erheblich stärken. In ökonomischer Perspektive können sie ein Beitrag zur Kostenminimierung sein und Schnittstellenprobleme minimieren. Eine sozialunternehmerische Ausrichtung mit der doppelten Perspektive Person *und* Sozialraum ist allerdings derzeit noch mit dem Problem verbunden, dass die traditionellen Dienstleistungssettings z. T. erheblich besser finanziert und ausgestaltet sind und sozialräumliches Arbeiten unternehmerisch in der Regel nur durch Quersubventionierungen möglich ist. Die Herausgeber dieses Positionspapiers plädieren gegenüber Kostenträgern und der Sozialpolitik deshalb für eine rasche Umstellung der Steuerungs- und Finanzierungslogiken.

10. Aufgaben einer kritischen Sozialen Arbeit im Horizont der Menschenrechte

Der Perspektivwechsel hin zu einer inklusiven Gesellschaft macht auch Veränderungen in der Ausbildung und im Selbstverständnis von Sozialprofessionellen notwendig. Soziale Professionen erheben den Anspruch, in eine weltweite politische und zivilgesellschaftliche Bewegung eingebettet zu sein, deren Ziel es ist, die Menschenrechte als die zentralen Fundamente gesellschaftlicher Ordnung weiter zu verankern und umzusetzen. Das sozialprofessionelle Verständnis in der Sozialen Arbeit, Heilpädagogik, Heilerziehungspflege, Pflege und Gesundheit sowie Bildung und Erziehung basiert heute grundlegend auf den Menschenrechten.

Eine Enabling Community als ein zur Inklusion befähigendes Gemeinwesen, das für diese Aufgabe zunächst selbst befähigt werden muss, bedarf grundsätzlich der Professionalität und infolgedessen entsprechender Aus-, Fort- und Weiterbildung sozialer bzw. community-orientierter Berufe. Dabei ist weder der Adressatenkreis auf Menschen mit Behinderung und ihr engeres soziales Netzwerk (Familie usw.) zu begrenzen, noch dürften allein die klassischen Sozialberufe die einzigen professionellen Inklusionsakteure sein. Für das Ziel einer *Enabling* Community ist nicht eine „expertokratische“, sondern eine „expertokritische Professionalität“ gefragt, die das Instrumentarium ihrer Interventionen lediglich als deutende wie innovative Assistenz einsetzt. Leitoption „expertokritischer Professionalität“ ist die Bereitstellung eines Arrangements, in dem die Betroffenen professionelle Unterstützung in ihre persönliche Lebensführung integrieren können, wenn dies ihren Wünschen und ihrem artikulierten Willen entspricht.

Politik im Sinne der Gestaltung des öffentlichen Raumes legt soziale Professionalität fest auf die Rolle eines „Professional Enabling Agent“, der sich als Mitgestalter des öffentlichen Raumes in Form des ‚Wegbegleiters‘ bzw. ‚Geburtshelfers‘ der Politisierung der betroffenen (lokalen) Bevölkerung versteht.

Diese Rolle nötigt zur Neubestimmung des sog. ‚Bürger-Profi-Mix', also der Kooperation zwischen Professionellen einerseits und Bürgerhelfern/-innen, Freiwilligen, Selbsthelfern/-innen sowie Initiativgruppen andererseits. Auch hier ist eine selbstkritische Komponente erforderlich, denn sowohl Professionelle als vor allem auch Bürger/-innen können nach wie vor zumindest heimliche Reproduzenten/-innen exkludierender Deutungs- und Handlungsmuster in der Zivilgesellschaft sein.

Soziale Berufe sind *ein* geeigneter Rahmen für Professionalität in Bezug auf eine Enabling Community. Die Umstellung ihrer hochschulischen Ausbildung von einer Input-Orientierung auf eine Kompetenzorientierung ist ein wichtiger Schritt auf dem Weg zu einer Professionalität, die sich vom Aufgabenprofil des jeweiligen Arbeitsfeldes bestimmt und die damit die handlungsfeldspezifischen Qualifizierungsbedarfe zum Gestaltungsprinzip hochschulischer Ausbildung macht. Die drei Kompetenz-Säulen (Wissenskompetenz, Handlungskompetenz, Persönlichkeitskompetenz) sind mit Blick auf die Kompetenzbedarfe einer Enabling Community noch zu präzisieren. Ein besonderer Fokus dürfte auf einer Persönlichkeitskompetenz liegen, die die unterschiedlichen Ebenen beruflicher Sozialer Arbeit für die Bedarfe einer Enabling Community integriert. Beziehungsarbeit, gruppenbezogene Aufbauarbeit und politische Arbeit sind sozusagen ‚aus einer Hand' zu leisten. Diese ‚Dreiebenen Verknüpfungskompetenz' sozialer Professionalität ist gerade im Bereich der traditionellen heilpädagogischen Ausbildung noch weitgehend ein Desiderat.

>> Die Studienprogramme der Sozialen Arbeit oder der Heilpädagogik sollten in diesem Sinne dahingehend profiliert werden, dass sich zukünftige Sozialprofessionelle im Bereich der Behindertenhilfe und Sozialpsychiatrie nicht nur als Dienstleister/-innen für individualisierte Assistenz- und Unterstützungsleistungen, sondern vielmehr als Inklusionsagenten/-innen in und für Gemeinwesen verstehen. Um gemeindenahe Hilfe zwischen Person und Sozialraum zu organisieren, ist es notwendig, in relevanten Diensten und Einrichtungen bzw. vergleichbaren Organisationseinheiten Experten/-innen für Gemeinwesenarbeit einzusetzen. Deshalb sollten Hochschulen sowie Fort- und Weiterbildungsinstitute sich in Kooperation mit sozialen Unternehmen und Wohlfahrtsträgern beispielsweise der Ausbildung von „Community Networkern" widmen, deren Aufgabe sich primär auf das Gemeinwesen bezieht, fallunspezifisch ist und an den Potenzialen der Akteure/-innen in Stadtteilen oder Nachbarschaften anknüpft. Community Networker stellen Kontakte zu Bürger/-innen, ansässigen Kirchengemeinden, Vereinen und Unternehmen des Sozialraums her und pflegen diese nachhaltig, damit längerfristige und verlässliche Entwicklungspartnerschaften innerhalb des Gemeinwesens entstehen können.

11. „Suchet der Stadt bestes" – Verantwortung von Christinnen und Christen für soziale Inklusion

Als kirchliche Träger von Sozial-, Gesundheits- und Bildungsinstitutionen betonen die *Evangelische Stiftung Alsterdorf* und die *Katholische Hochschule für Sozialwesen Berlin* die aus der christlichen Glaubensüberzeugung erwachsende besondere Verantwortung für soziale Inklusion und gerechte gesellschaftliche Strukturen. Die christlichen Kirchen und Religionsgemeinschaften in Deutschland sind in unterschiedlicher Weise Teil des öffentlichen Raums und der darin stattfindenden Aushandlungsprozesse, etwa als Träger von Einrichtungen der Gesundheits- und Behindertenhilfe, als sozialpolitische Akteurinnen wie die Diakonie und die Caritas oder als Baustein des konkreten Sozialraums im Stadtteil wie Kirchen- oder Moscheegemeinden. Das zivilgesellschaftliche Engagement von Kirchen und Religionsgemeinschaften findet seine Begründung in ihren spezifischen Verantwortungs- und Solidaritätspflichten mit Blick auf die bedrohte Würde gerade der Benachteiligten und Ausgegrenzten sowie hinsichtlich einer gerechten Gestaltung des Gemeinwesens insgesamt. Das diakonische Mandat zumindest der christlichen Kirchen ist somit keineswegs auf die binnenkirchliche Sphäre beschränkt, sondern wird überall dort und immer dann relevant, wo und wenn Menschen in ihrer Würde und leiblich-seelischen Integrität gefährdet sind oder verletzt werden. Das sozialpastorale Engagement der christlichen Kirchen gründet dabei auf den Prinzipien der Personalität, der Solidarität, der Subsidiarität und der Nachhaltigkeit. Das Prinzip der Personalität bezeichnet die in der menschlichen Würde fundierte Selbstkonstitution des Menschen in sozialen Beziehungen. Solidarität wiederum ist ein anderer Ausdruck für die gemeinschaftliche und gemeinsame Durchsetzung von vitalen Rechtsansprüchen gegenüber bestehenden Herrschaftsstrukturen. Wirkliche Solidarität macht aber Selbstbestimmung(s-) und Teilhabe(-möglichkeiten) der Betroffenen notwendig. Hilfreiche Unterstützung (Subsidiarität) kann dann entstehen, wenn sie an realen Lebensbedingungen von Menschen ansetzt, Betroffene einbezieht und die Handlungsmöglichkeiten aller relevanten Akteure eines Gemeinwesens berücksichtigt. *Nachhaltigkeit* meint schließlich, dass Personen sich auf die langfristige Sicherung der strukturellen Voraussetzungen für soziale Inklusion subjektiv verlassen können müssen und dass die unterschiedlichen Versorgungssettings tatsächlich zukunftsträchtig ausgestaltet sind. Dies betrifft sowohl die umfassende Barrierefreiheit, den Zugang zu notwendigen Gesundheitsleistungen, die finanzielle Ermöglichung von persönlicher Assistenz sowie den verlässlichen Zugang zu Präventions- und Rehabilitationsangeboten.

>> Zum karitativen Auftrag der Kirchen gehört es, die Lebenssituation von gesellschaftlich marginalisierten Gruppen zu verbessern und ihre politischen, sozialen, wirtschaftlichen und kulturellen Rechte zu stärken. Mit Blick auf ein menschenrechtsbasiertes Verständnis von sozialer und pastoraler Arbeit ist deshalb zu fragen, ob die Kirchen und Religionsgemeinschaften nicht das Paradig-

ma der Inklusion aller und somit *selbstverständlich* auch aller behinderten und psychisch erkrankten Menschen im Rahmen ihrer Diakonie und Caritas erheblich stärken müssten. Damit ist auch die radikale Öffnung von Gemeinden und Kirchen für alle Menschen in ihrer jeweiligen Unterschiedlichkeit gemeint, die neue Konzepte der Teilhabe und Mitgestaltung kirchlichen Lebens durch Menschen mit Behinderung jenseits einer *Integration in das Gewohnte* notwendig machen. Wichtige Inklusionsverstärker sind auch andere Religionsgemeinschaften wie etwa die jüdischen und islamischen Gemeinden. „Suchet der Stadt bestes" (Jeremia 29,7): Das ist die prophetische Aufforderung, die politische Sprengkraft der jüdisch-christlichen Hoffnungs- und Glaubensgeschichte in die zivile Öffentlichkeit zu tragen und sich als Christinnen und Christen einzumischen in die Angelegenheiten des politischen Lebens.

Literaturverzeichnis

Banner, Gerhard (1998): Der Staat muß neue Rahmenbedingungen schaffen. Kommunale Verwaltungsmodernisierung zwischen Bürgerschaft, Markt und Staat. In: Der Bürger im Staat. 1998, S. 179–186.

Bundesministerium für Arbeit und Soziales (2009): Sozialbericht 2009, Berlin. Internetressource: http://www.bmas.de/portal/33916/property=pdf/a10109__sozial-bericht__2009.pdf [Zugriff am 21.09.2009].

Deutscher Verein (2007): Diskussionspapier des Deutschen Vereins zum Aufbau Kommunaler Bildungslandschaften. Internetressource: www.deutscher-verein-.de/05-empfehlungen/ empfehlungen2007 [Zugriff am 21.09.2009]

Hummel, Konrad (2009): Überlegungen zur Bürgerkommune. In: BBE-Newsletter 12/2009, Internetressource: http://www.b-b-e.de/fileadmin/inhalte/aktuelles/2009/05/nl12_hummel. pdf [Zugriff am 21.09.2009].

Lachwitz, Klaus (2009): Chancen und Risiken des Persönlichen Budgets aus Sicht der Behindertenhilfe. In: Archiv für Wissenschaft und Praxis der sozialen Arbeit 40/ 2009, Heft 1, S. 72–77.

Lob-Hüdepohl, Andreas (2008): Öffentliche Verwaltung als Staatsaufgabe – Anmerkungen zum Wechselverhältnis von Staatsethik und Verwaltungsverantwortlichkeiten. Berlin (ICEP Arbeitspapier 1, 2008).

Luthe, Ernst-Wilhelm (2009): „Bürger und Bildung" – das bürgerschaftliche Engagement in Bildungslandschaften. Internetressource: http://www.kongress-buergerfuerbuerger.de [Zugriff am 21.09.2009]

Penta, Leo J./Sander, Susanne (2007): Community Organizing und Bürgergesellschaft. Interneressource: http://www.b-b-e.de/uploads/media/nl0703_penta_01.pdf [Zugriff am 21.09.2009].

Seifert, Monika (2006): Inklusion ist mehr als Wohnen in der Gemeinde. In: F. Greving, Ch. Mürner, P. Rödler, M. Dederich (Hrsg.): Inklusion statt Integration? Heilpädagogik als Kulturtechnik, S. 98–113

Steinhart, Ingmar (2008): Praxis trifft Inklusion In: Verhaltenstherapie & psychosoziale Praxis, 1/2008, S. 29-34.

Hinweise zu diesem Beitrag

Ein ausführliches Literaturverzeichnis kann bezogen werden über: info@icep-berlin.de
Der von Andreas Lob-Hüdepohl und Leo J. Penta eingeführte Begriff einer „Enabling Community" und die Idee eines befähigten wie befähigenden Gemeinwesens wurden im Rahmen der Forschungsarbeit am Berliner Institut für christliche Ethik und Politik (ICEP) und dem Deutschen Institut für Community Organizing (DICO) an der Katholischen Hochschule für Sozialwesen (KHSB) vertieft. Zusammen mit der Evangelischen Stiftung Alsterdorf veranstaltete die KHSB vom 18.-20. Mai 2009 in Hamburg schließlich den Fachkongress „Enabling Community – Gemeinsame Sache machen", in dem Perspektiven und Aufgaben einer inklusiven Gesellschaft konkretisiert worden sind. Siehe dazu: www.enabling-community.de

Teil 5 wurde wesentlich von Prof. Dr. Jürgen Armbruster verfasst

Teil 9 beruht z. T. auf Ausführungen von Prof. Dr. H.-S. Haas im Rahmen der Forschungswerkstatt Enabling Community am 28./29.9.2009 in Berlin

Teil 10 beruht z. T. auf Ausführungen von Prof. Dr. A. Lob-Hüdepohl im Rahmen der Forschungswerkstatt Enabling Community am 28./29.9.2009 in Berlin.

Thomas Klie

Lehren aus den Modellprojekten zum Persönlichen Budget

Selbstbestimmung, Finanzierung und Qualitätssicherung der sozialen Hilfen

1. Persönliche Budgets

Seit über 10 Jahren wird in Deutschland mit personenbezogenen Budgets experimentiert. Seit Januar 2008 sind sie im Rehabilitationsrecht zur alternativen Leistungsform mit Rechtsanspruch den Phasen der Modellprojekte entwachsen und stehen weiterhin unter politischer Dauerbeobachtung.

Persönliche Budgets, in manchen europäischen Ländern zum festen Bestandteil des Leistungsrechtes geworden[1], versprechen die Stärkung der Autonomie und Selbstbestimmung von Menschen mit Behinderung, die auf personenbezogene Hilfe angewiesen sind. Sie verändern das leistungserbringungsrechtliche Setting grundlegend, indem sie mit dem sozialleistungsrechtlichen Dreieckverhältnis brechen. Man erhofft sich von Budgets mehr Effizienz aber auch Kosteneinsparungen nach dem Motto: „Gib mir Freiheit – sparst Du Geld“. Auch sollen Budgets einen Beitrag dazu leisten, die fragmentierten und segmentierten Hilfen und Zuständigkeiten im deutschen Sozialleistungsrecht überwinden zu können und dies auf der Personenebene.

In diesem Beitrag gelten als Referenz für die „Lehren“ die Modellprojekte zum Trägerübergreifenden Budget[2], zum so genannten Pflegebudget und zum „Integrierten Budget“. Beim Trägerübergreifenden Budget gem. § 17 SGB IX haben Menschen mit Behinderungen einen Rechtsanspruch darauf, dass ihre Leistungen in Form eines Budgets ausgeführt werden, wenn die hierfür vorausgesetzten Bedingungen vorliegen: die Leistungen budgetfähig sind, eine entsprechende Zielvereinbarung und auf der Grundlage der Budgetverordnung ausgehandelter Hilfeplan vorliegen. Grundsätzlich kommen zahlreiche Rehabilitationsleistungen als budgetfähige Leistungen in Betracht. Dazu gehören nicht nur die typischerweise Budgets zugrunde liegenden Leistungen der Eingliederungshilfe, sondern auch solche des Integrationsamtes, der gesetzlichen Krankenversicherung, der Renten- und der Arbeitslosenversicherung. Ausgeschlossen sind (bis-

---

1 Vgl. Baumgartner u.a. in Archiv Wissenschaft u. Praxis der Sozialen Arbeit 2009 Heft 1: Das Persönliche Budget im internationalen Vergleich: Erfahrungen in Schweden, den Niederlanden, Großbritannien und der Schweiz, S. 78-88; Klie, Th.: Archiv Wissenschaft u. Praxis 2009, Heft 1: Persönliche Budgets als produktive Irritation im Sozialleistungssystem, S. 4-16.

2 Metzler, H., Meyer, T, Rauscher, Ch., Schäfers, M und Wansing, G. (2007): Wissenschaftliche Begleitforschung zur Umsetzung des Neunten Buches Sozialgesetzbuch (SGB IX) - Rehabilitation und Teilhabe behinderter Menschen. Begleitung und Auswertung der Erprobung trägerübergreifender Persönlicher Budgets. Abschlussbericht.

her) die Leistungen der sozialen Pflegeversicherung: § 35a SGB XI sieht lediglich vor, dass diese in Form von Gutscheinen in Budgets integriert werden können. Das Pflegegeld ist keine echte Budgetleistung, auch wenn sie „cash“ ausbezahlt wird: bei ihr handelt es sich um eine frei verwendbare Leistung, die der Gratifikation der Angehörigenpflege und der Selbstbeschaffung von Pflegehilfen auf einem niedrigeren Entgeltniveau als dem der Pflegesachleistung dient. Bei dem personenbezogenen Budget handelt es sich um ein Sachleistungssubstitut[3]: Die (qualitätsgesicherten) Leistungen, die typischerweise als Sachleistungen von den Sozialleistungsträgern gewährt werden, werden in der Form des Budgets ausgeführt. Im Modelprojekt „Pflegebudget“[4] bestand an sieben Standorten in der Bundesrepublik Deutschland in den Jahren 2004 bis 2008 die Möglichkeit, Pflegesachleistungen in Form eines persönlichen Budgets zu erhalten. Anders als beim Trägerübergreifenden Budget wurde über die Budgetgewährung keine verbindliche Zielvereinbarung abgeschlossen. Dafür erfolgte die Gewährung des Pflegebudgets auf der Grundlage einer umfassenden Bedarfserhebung mittels entsprechender Assessmentinstrumente und eines begleitenden Case Managements.

Im Modellprojekt „Integriertes Budget“ wurde die Kombination Trägerübergreifendes Budget gemäß § 17 SGB IX mit Pflegebudget an zwei Standorten im Land Rheinland-Pfalz erprobt.[5] Das Trägerübergreifende Budget wurde bis zum Jahre 2008 ebenfalls in Modellregionen wissenschaftlich begleitet. Auf diese Weise wurden die Erfahrungen mit der Gewährung des persönlichen trägerübergreifenden Budgets systematisch ausgewertet und für die weitere Implementierung zur Verfügung gestellt.

---

3 Welti, F. und Rummel, K. (2007): Rechtsfragen des Persönlichen Budgets nach § 17 SGB IX. Gutachten im Rahmen der wissenschaftlichen Begleitung der modellhaften Erprobung Persönlicher Budgets nach §17 Abs.6 SGB IX.

4 Vgl. Klie, Th., Pfundstein, Th., Schuhmacher, B., Monzer, M., Klein, A., Störkle, M. und Behrend, S. AGP 2008 (Hg.) (2008): Das Pflegebudget - Abschlussbericht 2008. Arbeitsschwerpunkt Gerontologie & Pflege der Kontaktstelle für praxisorientierte Forschung e.V. an der Evangelischen Fachhochschule (Hg.). Freiburg.

5 Vgl. Siebert, A.: Behindernde Pflege – Selbstbestimmung und Persönliche Budgets – ein Analyse im Feld, Klagenfurt 2009; Klie, Th. und Siebert, A. (2008): Das Integrierte Budget. Abschlussbericht. online im Internet: www.gkvspitzenverband.de/upload/Abschlussbericht _Integrier-tes__Budget_3256.pdf.

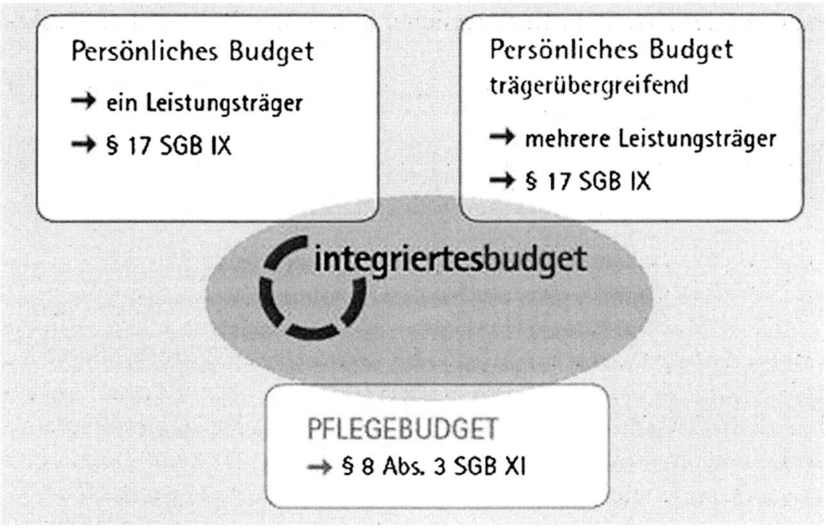

Quelle: Klie/Siebert 2008: 21

2. Erträge der Modellprojekte

a.) Das Trägerübergreifende Budget

Die Erfahrungen mit dem Trägerübergreifenden Budgets, zeigen auf, dass anders als im SGB IX angelegt, bisher nur wenige Sozialleistungsträger sich an der Ausführung der Leistungsform Budget beteiligen wollen. Es sind überwiegend die Sozialhilfeträger. Hinzu treten die Agentur für Arbeit und das Integrationsamt. Es sind auch Leistungsfälle aus dem Bereich der Rentenversicherung und vereinzelt aus der Krankenversicherung bekannt. Man kann aber im Wesentlichen festhalten, dass Budgets Sozialhilfebudgets sind.
Die Vorteile, die für die Beteiligten mit der Leistungsform des Budgets verbunden sind, lassen sich für die Budgetnehmer wie folgt zusammenfassen:

- Sie erhalten besser auf sie abgestimmte Angebote und Leistungen,
- ihnen eröffnen sich mehr Wahlmöglichkeiten,
- sie haben mehr Einfluss auf die Gestaltung der Unterstützung:

auch bei höherem Bedarf ist die Nutzung ambulanter Angebote möglich.

Mehr Individualität, mehr Selbstbewusstsein und höhere Lebensqualität gehören zu den „Erträgen“ für die Budgetnehmer. Auch bilden sich im Kontext der Budgets Unterstützungsnetzwerke, die in der Lage sind, die Position der Budgetnehmer zu stärken.

Auf der Seite der Leistungserbringer werden die Vorteile im Wesentlichen in der Weiterentwicklung des Unterstützungsangebotes gesehen, einer besseren Umsetzung aktueller fachlicher Ansprüche, in der gleichberechtigteren Beziehung zwischen Nutzer und Leistungserbringer aber auch in besseren Marktchancen.[6]

Es sind aber nicht nur Vorteile sondern auch Nachteile in die Bilanz der Trägerübergreifenden Budgets einzustellen. Auf der Seite der Budgetnehmer stellt sich nicht selten Überforderung im Zusammenhang mit der Budgetverwaltung als ein limitierender Faktor dar: so wird die Gefahr zu knapp bemessener Budgets gesehen und die fehlende Qualitätssicherung beklagt. Um diese Schwächen des Budgets zu kompensieren, bedarf es einer entsprechenden Unterstützung des Budgetnehmers, sei es durch Betreuer oder aber durch eine Budgetassistenz. Darauf können aber bisher Budgetnehmerinnen und Budgetnehmer nicht selbstverständlich zurückgreifen. Aus der Sicht der Leistungserbringer wiegen die Nachteile noch schwerer und werden als „vielfältiger" empfunden. Sie lassen sich wie folgt zusammenfassen:

- Leistungserbringer verlieren für sie wesentliche Planungssicherheit,
- es entstehen neue unternehmerische Risiken,
- der bürokratische und organisatorische Aufwand wächst
- der Konkurrenzdruck der Anbieter wird höher,
- sie sind mit besonders anspruchsvollen Kunden konfrontiert
- es entstehen mehr Konflikte mit den Budgetnehmerinnen und Budgetnehmern.
- auch sind sie an dem Verfahren nach der Budgetverordnung, der Zielvereinbarung und Hilfeplanung nicht beteiligt, was sie ebenfalls als Nachteil interpretieren.

Nun stehen sicher die Nachteile auf Seiten der Leistungserbringer manchen Vorteilen auf Seiten der Budgetnehmerinnen und Budgetnehmer gegenüber: Budgets sind eben nicht immer „win-win-Spiele" und sollen es ja auch nicht unbedingt sein. Auf Seiten der Leistungsträger wurden die Vor- und Nachteile nicht so systematisch bilanziert. Auch für sie ist mit der Gewährung von Budgets ein höherer bürokratischer Aufwand verbunden. Sie müssen sich überdies mit anderen Leistungsträgern systematisch abstimmen. Ihnen wachsen Risiken bei der Budgetgestaltung, Aushandlung und Berechnung zu und die Gewährung von Budgets bricht sich mit den Routinen der Leistungsgewährung traditioneller Art. Auf der Vorteilsseite werden zum Teil auch Einsparungen im Verwaltungsaufwand identifiziert, etwa wenn es um Fahrdienste für Menschen mit Behinderung geht. Auch entfallen aufwendige leistungserbringungsrechtliche Voraussetzungen wie Abschlüsse von Verträgen gemäß § 75 SGB XII. Auch dadurch, dass die Leistungsinhalte flexibler und im Detail weniger sichtbar werden, können Abgrenzungen zwischen Leistungsarten gelassener hingenom-

[6] Metzler, H.: Archiv für Wissenschaft und Praxis, Heft 1, 2009, Ein langer Weg zum Erfolgsmodell? Das Persönliche Budget in den Modellregionen 2004-2007 und der bundesweite Trend seit 2008, S. 18-31

men und in gewissen Umfang durch Pauschalierungen auch Absenkungen der Gesamtleistungshöhe erreicht werden.

Allen Modellprojekten mit persönlichen Budgets ist eigen, dass die Resonanz auf diese neuen Möglichkeiten der Leistungserbringung verhalten war und Budgets zunächst ausgesprochen zögerlich genutzt wurden. Das gilt auch für das Trägerübergreifende Budget, das erhebliche Startschwierigkeiten hatte, wenn man die Nachfrage nach dieser Leistungsform als Erfolgsparameter nimmt.

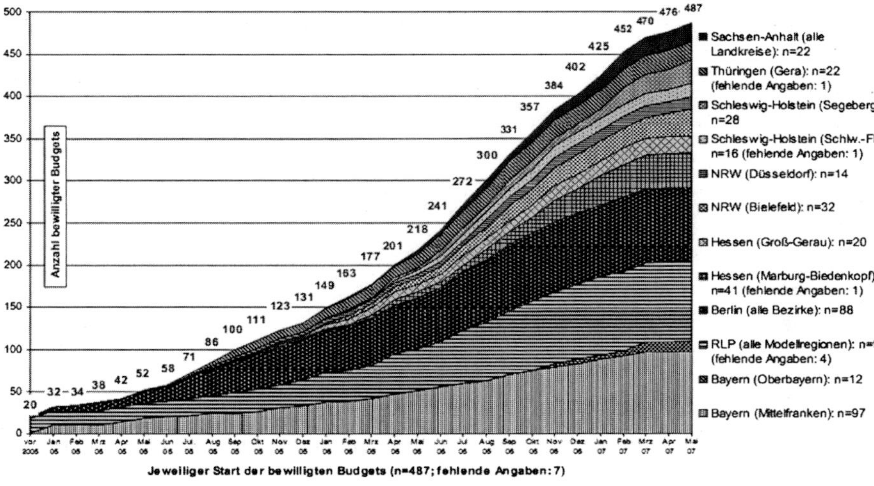

Quelle: Metzler et al 2007: 80

Bemerkenswert ist beim Trägerübergreifenden Budget die ausgesprochen ungleiche Verteilung der Zahlen der Budgetnehmer auf die Bundesländer. Über 50 Prozent der Budgetnehmer vom Trägerübergreifenden Budget stammen aus dem Land Rheinland-Pfalz, dem „Budgetland". Hierin zeigt sich, dass die politische Unterstützung aber auch die Vorteile von Leistungsträgern, die sie mit dem Budget verbinden und die entsprechend entwickelten Routinen maßgeblich sind für die „Resonanzfähigkeit" von Budgets. Es ist mitnichten allein das Nachfrageverhalten der Budgetnehmer, das maßgeblich ist, sondern ganz zentral das Verhalten und die Verwaltungspraxis der Sozialleistungsträger.

b.) Das Pflegebudget

Im Rahmen eines Modellprojektes der Spitzenverbände der Pflegekassen gemäß § 8 Abs. 3 SGB XI wurden in den Jahren 2004 bis 2008 in etwa 700 „Fällen" Leistungen der Pflegeversicherung in der Leistungsform des Budgets ausgeführt. Hier erhielten die „Pflegebedürftigen" den Wert der Sachleistung gemäß § 36 SGG XI je Pflegestufe in „cash" zum Einkauf von Care Leistungen. Sie hatten das Budget zweckentsprechend auszugeben, waren aber nicht an die zugelassenen Leistungserbringer (Pflegedienste) gebunden, sondern konnten sich auch Pflegehilfen und hauswirtschaftliche Unterstützung selbst beschaffen.

Untersagt war die Auszahlung an Angehörige. Auch Schwarzarbeit wurde nicht zugelassen, respektive die Verwendung des Budgets an legale Formen der Beschäftigung gebunden. Auch hier entwickelte sich die Nachfrage und die Resonanz auf die neue Leistungsform zunächst sehr zögerlich. Die Berechnung der Budgets bereitete keinerlei Schwierigkeiten, da die Höhe, anders als beim trägerübergreifenden Budget, durch die Beträge gemäß § 36 SGB XI vorgegeben waren.

Zu den wesentlichen Erträgen des Modellprojektes Pflegebudget gehören zunächst allgemeine Erkenntnisse, die die soziale Netzwerksituation von Pflegebedürftigen in den Mittelpunkt der Aufmerksamkeit rücken: Der Wahrnehmungsfokus auf medizinisch-pflegerische Bedarfe und Leistungen, der mit der Pflegeversicherung verbunden ist, verstellt den Blick auf die sozialen Dimensionen von Pflegebedürftigkeit. Wir haben hier das Modell „Bedarf und Chancen" entwickelt[7]. In der wissenschaftlichen Begleitforschung konnte damit deutlich gemacht werden, dass die tatsächlichen Betreuungszeiten für Pflegebedürftige brutto betrachtet weniger mit dem Grad der Pflegebedürftigkeit (Bedarf) zusammenhängen als vielmehr mit der Frage der sozialen Netzwerkqualität (Chancen). Leben Pflegebedürftige mit Angehörigen im selben Haushalt, so ist die Bruttopflegebetreuungszeit deutlich höher als bei Pflegebedürftigen, die alleine leben - ohne soziale Unterstützung im Nahraum. Die Differenzen werden noch einmal deutlicher, wenn man zwischen ländlichen und urbanen Regionen differenziert: Im ländlichen Bereich ist die Unterstützungswahrscheinlichkeit und Intensität in zeitlicher Hinsicht wesentlich höher als im städtischen Bereich und zwar unabhängig vom sozialen Netzwerktyp. Während in stabilen Netzwerkkonstellationen in einer ländlichen Region die durchschnittliche Pflege- und Betreuungszeit in der Woche bei 82 Stunden liegt, beträgt sie bei gleicher Pflegebedürftigkeit im Mittel bei einer prekären Netzwerksituation im urbanen Bereich nur neun Stunden.

1. Pflege als soziales Schicksal

- **Bisheriger Focus: medizinisch- pflegerisch**
- **Modell „Bedarf und Chancen"**
- **Soziale Netzwerksituation maßgeblich**
- **Sachleistungen kompensieren schlechte Chancensituation nicht**

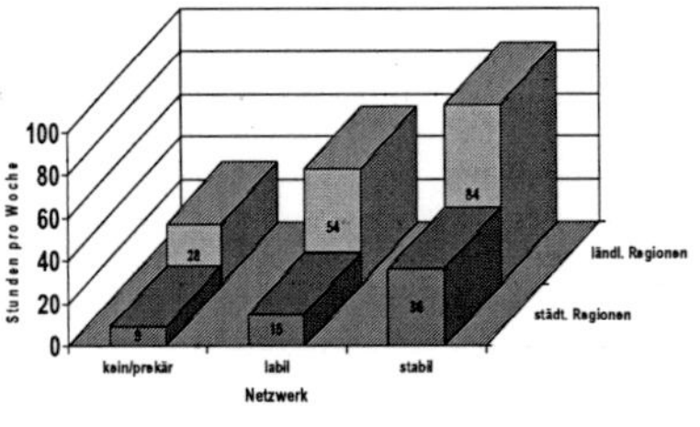

Quelle Blinkert/Klie 2009

---

[7] Blinker/Klie 2008, Aus Politik und Zeitgeschichte, Heft 12-13: Soziale Ungleichheit und Pflege: 25-32.

Dabei wird deutlich, dass die formellen Dienste, die Pflegedienste nicht im entferntesten in der Lage sind die Betreuungszeit durch Familienangehörige und Freunde sowie Nachbarn in zeitlicher Hinsicht zu kompensieren. Sachleistungen kompensieren eine schlechte „Chancensituation" nicht. Diese Erkenntnisse haben nichts mit den Wirkungen des Pflegebudgets zu tun, sie wurden im Zusammenhang mit dem Pflegebudgetprojekt systematisch erhoben.

Das Modellprojekt Pflegebudget war seinerzeit gleichzeitig das größte Modellprojekt, in dem Case Management-Ansätze in der Pflege erprobt wurden. Hierauf bezogen zeigte sich, wie groß der Beratungs- und Unterstützungsbedarf in Haushalten mit Pflegebedürftigen ist und wie unsystematisch eine entsprechende Infrastruktur in den Modellregionen vorhanden war oder vorgehalten wurde. Es konnte überdies gezeigt werden, dass qualifizierte Case Management-Ansätze wirksam Pflegearrangements weiterentwickeln und stabilisieren können. Die Unabhängigkeit des Case Management wurde dabei als eine wichtige Voraussetzung für ihre Wirksamkeit identifiziert.

2. Unterstützungsbedarf bei Pflegebedürftigkeit

- **Beratungs- und Unterstützungsbedarf ausgeprägt**
- **Fehlende Infrastruktur und Kompetenz**
- **Qualifizierte CM Ansätze wirksam**
- **Unabhängigkeit wichtige Voraussetzung**

Quelle: Blinkert/Klie 2009

Als unmittelbare Budgetwirkungen konnten sowohl eine zum Teil moderate Ausweitung der Betreuungszeit festgestellt werden, als auch eine inhaltliche Neuausrichtung der gewählten Leistungen. Die Verbesserung der Lebensqualität gehört ebenso zu den Ergebnissen wie deutliche Entlastungswirkungen zugunsten der pflegenden Angehörigen. Auch konnte gezeigt werden, dass Budgets im Vergleich zu den Pflegesachleistungen gemäß § 36 SGB XI kosteneffizienter sind.

3. Budgets wirken

- **Ausweitung der Betreuungszeit**
- **Inhaltliche Neuausrichtung**
- **Lebensqualität**
- **Entlastung von Angehörigen**
- **Gegenüber Sachleistungen: kosteneffizient**

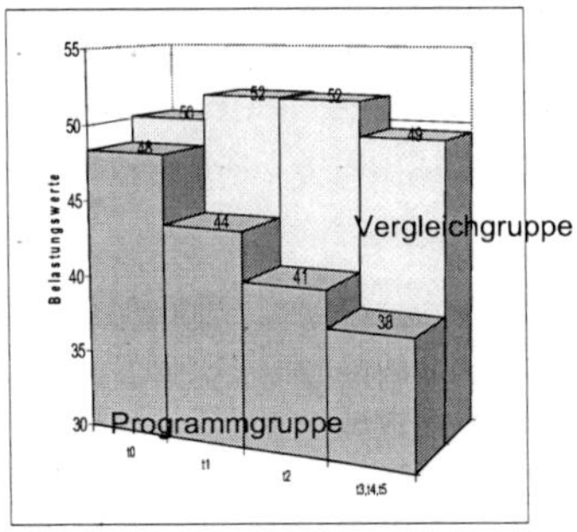

Quelle: Blinkert/Klie 2009

Dass Budgets in die Lage versetzen, Heimunterbringungen herauszuzögern oder zu vermeiden konnte, zwar fallbezogen nachgezeichnet, aber nicht in quantitativer Hinsicht nachgewiesen werden.

Ebenso wie beim trägerübergreifenden Budget war die Resonanz und Nachfrage begrenzt. Budgets sind kein Modell für alle auf Pflege angewiesenen Menschen. Die Schätzung der Resonanzfähigkeit von Budgets bei regelhafter Einführung liegt zwischen 10 bis max. 40 Prozent aller Versicherten. Im Bereich der Pflege wird die Attraktivität von Budgetlösungen durch die des Pflegegeldes deutlich begrenzt: Hier bestehen Möglichkeiten weithin unkontrollierter Verwendung: Von der Integration in den Haushalt über die Verwendung für Einkommensausfälle oder Einkommensverzicht von pflegenden Angehörigen bis hin zur Verwendung des Pflegegeldes für Schwarzarbeit. Auch die hohen Transaktionskosten, die mit dem Pflegebudget verbunden sind, schrecken potenziell Interessierte ab. Sie müssen bei der Auswahl der Assistenzkräfte wegen Krankheit ebenso Sorge tragen wie für die finanziellen Transaktionen. Manche haben dies als Zugewinn an Kontrolle über den Pflegedienst oder die Assistenzkraft erlebt, andere eher als Belastung. Aus dem Modellprojekt Pflegebudget konnte mit Blick auf die politisch im Zentrum stehende Frage der Qualitätssicherung von Assistenzleistungen außerhalb des Sachleistungsplans die Erkenntnis abgeleitet werden, dass mit Hilfe von sensitiven Assessmentinstrumenten und ihrer regelmäßigen zyklischen Anwendung auf der Subjektebene Qualität abgebildet werden kann und dies sehr differenziert und orientiert an individuellen Präferenzen, aber auch Problemlagen. Mikrokontraktmanagement steht im Budget an der Stelle des ansonsten prägenden Makro- und Mesokontraktmanagement im Pflegeversicherungsrecht im Vordergrund. Rahmen- und Versorgungsverträge, Qualitätsvereinbarungen und Qualitätsprüfungen haben keinen direkten Einfluss mehr auf die Leistungserbringung.

Die Pflegeversicherung mit ihren Leistungen in das trägerübergreifende Budget zu integrieren, war schon über längere Zeit von Behindertenverbänden gefordert worden: Gerade die Leistungen der Pflegeversicherung eignen sich in besonderer Weise für eine Budgetierung. Das sogenannte Integrierte Budget wurde in den Jahren 2004-2008 in Rheinland Pfalz erprobt. Auch hier war die Resonanz zunächst gering: So hatten Menschen mit Behinderung und Pflegebedarf zum Teil die Befürchtung, etablierte Leistungsniveaus durch die neue Leistungsform Budget zu gefährden. Auch lagen bei den Leistungsträgern keine Erfahrungen mit der Integration von Pflegeleistungen in Budgets des trägerübergreifenden Budgets vor. Entsprechend gering waren die Fallzahlen in dem Projekt Integriertes Budget. Gleichwohl lassen die im wesentlich auf Fallstudien beruhenden Ergebnisse der Begleitforschung einige Schlussfolgerungen zu. Auch beim Integrierten Budget wurden neue Unterstützungsarrangements ermöglicht und die Angebote aber auch die Leistungen individueller und flexibler. Von den Budgetnehmerinnen und Budgetnehmern wurde die wesentlich größere „Selbstwirksamkeit" herausgestellt. Die Gewährung und die Inanspruchnahme der Leistungsform Budget führte zu einem objektiv und subjektiv positiv beeinflussten Gesundheitszustand. Die Inanspruchnahme des Integrierten Budgets war in hohem Maße Netzwerkabhängig: Dabei spielte die Bereitschaft der Leistungsträger mitzuwirken ebenso eine Rolle wie die der Assistenzkräfte und Dienste, aber auch der unterstützenden Angehörigen oder sonstigen Supportpersonen im Umfeld der Budgetnehmerinnen und Budgetnehmer.[8]

3. Schlussfolgerungen

Unter den Stichworten Selbstbestimmung, Finanzierung und Qualitätssicherung lassen sich in einer summarischen Weise die bisherigen Erfahrungen mit persönlichen Budgets wie folgt zusammenfassen und charakterisieren:

a.) Selbstbestimmung

Budgets sind weniger in der Lage, die Selbstbestimmung als die Selbstverantwortlichkeit von Menschen mit Behinderung zu stärken. Es ist nicht nur die Möglichkeit, selbst zu entscheiden, Wahloptionen zu nutzen, sowohl hinsichtlich der Person als auch des Inhaltes der Hilfe. Es ist die Selbstverantwortung für die Lebensgestaltung, die gewürdigt und gefördert wird. Die Leistungsform Budget ist auch mit Belastungen, mit zusätzlichen Anforderungen verbunden. Dabei wird gerade im Integrierten Budget deutlich, welche Machtverschiebungen sich durch die Leistungsform Budget ergeben. Die Definitionsmacht der Pflege, der Pflegedienste, aber auch der Leistungsträger, wird deutlich zurückgedrängt.[9] Die Selbstbestimmung respektive die Selbstverantwortlichkeit ist, auch das zeigen die Budgeterfahrungen, in hohem Maße kontextabhängig. Wichtige Einflussgrößen sind zunächst persönliche Kompetenzen der Budget-

[8] Vgl. Siebert, A.: Behindernde Pflege – Selbstbestimmung und Persönliche Budgets – ein Analyse im Feld, Klagenfurt 2009; Klie, Th und Siebert, A. (2008): Das Integrierte Budget. Abschlussbericht. online im Internet: www.gkv-spitzenverband.de/upload/Abschlussbericht _Integriertes__Budget_3256.pdf.

[9] Vgl. Siebert, A.: Behindernde Pflege – Selbstbestimmung und Persönliche Budgets – ein Analyse im Feld, Klagenfurt 2009.

nehmerinnen und Budgetnehmer. Mindestens so bedeutsam sind aber soziale und institutionelle Kontexte. Budgetnehmerinnen und Budgetnehmer werden nicht durch die Gewährung von Budgets auf einmal frei von Unterstützungsbedarf. Sie arrangieren sich diese Unterstützung unter einem anderen Vorzeichen, sind aber gleichzeitig darauf angewiesen, dass etwa die Leistungsträger, dass etwa Angehörige, dass für sie wichtige Unterstützungspersonen mittun, damit die Voraussetzung für die Leistungsform Budget geschaffen werden. Ein weiterer wichtiger Ertrag des Integrierten Budgets ist im Sinne der Salutogenese die im Zusammenhang mit der Gewährung von Budgets zu beobachtende erhöhte Selbstwirksamkeit. Im Pflegebudget war die Selbstwirksamkeit nicht allein auf die Menschen mit Behinderung bezogen, sondern auch auf pflegende Angehörige, deren Verhandlungsmacht gegenüber Pflegediensten sich deutlich erhöhte. Sie vermittelte ihnen mehr Selbstbewusstsein und Kompetenz. Gerade für Menschen mit Behinderung und Pflegebedarf förderte die Budgetform den Abbau von sekundärer Abhängigkeit: Budgetnehmerinnen und Budgetnehmer waren nicht mehr auf die Module der Pflegedienste und auf die betriebsbedingten Zeitvorgaben und Logiken verwiesen. Dies ließ etwa einen der Budgetnehmer sagen, er fühle sich das erste Mal in seinem Leben „nicht behindert". Gerade beim Trägerübergreifenden Budget zeigt sich aber, dass das Ziel der Selbstbestimmung nicht immer im Vordergrund steht, insbesondere nicht bei den Leistungsträgern. Budgets waren verbreitet lavierte Sachleistungen: Einrichtungen und Dienste ließen sich die Ansprüche der Budgetnehmer gegenüber dem Leistungsträger abtreten. Tatsächlich wurde nur der Finanzierungsweg, nicht der Leistungsinhalt geändert. Budgets können von den Beteiligten auch rein fiskalisch motiviert sein, ohne dass die Effekte auf den Ebenen der Selbstbestimmung und Selbstverantwortlichkeit besonders im Blick sind oder befördert würden.

b.) Verwaltungsaufwand

Was die Finanzierung anbelangt, so befördern Budgets zunächst eine Absenkung desVerwaltungsaufwands beim Leistungsträger– wenn man einmal von der Aushandlung des Budgets absieht. Die Transaktionskosten werden vom Leistungsträger und teilweise auch vom Leistungserbringer auf die Budgetnehmer verlagert. Dieser zusätzliche Aufwand, der beim Budgetnehmer entsteht, er wird nicht regelhaft etwa durch Budgetassistenz aufgefangen. Die Leistungsträger berücksichtigen den Unterstützungsbedarf und den Verwaltungsaufwand, der mit Budgets verbunden ist beim Budgetnehmer selbst hinsichtlich der Leistungshöhe nicht. Beim Modellprojekt Pflegebudget wurden die Transaktionskosten ganz wesentlich von den Case Managern getragen, diese waren im Rahmen des Modellprojektes finanziert. Will man sie infrastrukturell vorhalten, etwa als eine besondere Aufgabe von Pflegeberatern gemäß § 7a SGB XI, so sind auch hier zusätzliche Aufwände zu berücksichtigen.

c.) Qualitätssicherung

Das deutsche Sozialleistungsrecht ist geprägt vom so genannten sozialleistungsrechtlichen Dreiecksverhältnis, das Leistungsinhalte, Leistungsentgelte und Qualitätsmerkmale von Sozialleistungen in den Rahmen- und Versorgungsverträgen zwischen Leistungsträgern und Leistungserbringern regelt, mit stark determinierender Bedeutung für das Leistungserbringungsverhältnis zwischen Einrichtungen und Diensten und den Leistungsberechtigten, den Kunden oder Klienten. Diesem Kontraktmanagement auf der Mesoebene setzt das Budget das Kontraktmanagement auf der Mikroebene entgegen. In Zielvereinbarungen werden die (legitimen) Rehabilitations-, Teilhabe- und Pflegeziele vereinbart. Im Case Management wird der individuelle, über die für die Feststellung von Leistungsansprüchen hinausgehenden Bedarf ebenso erhoben wie Prioritäten mit dem Klienten vereinbart. Die Evaluation des Hilfeprozesses und die Qualitätssicherung werden auf die Subjektebene verlagert: Mit Reassessments, mit einer dialogischen Validierung der Erreichung und Angemessenheit von Zielen wird die Qualität des Hilfearrangements und der erbrachten Dienstleistungen überprüft. Dabei spielen andere Parameter eine zentrale Rolle, als die in Leistungserbringungsrecht sonst üblichen: Es geht zentral um subjektive Elemente von Qualität. Die Verantwortlichkeit wird beim Subjekt verortet, das als Kompetenzträger, als Experte seiner Lebenssituation und seines Hilfebedarfes angesehen wird und nicht als Klient und Objekt von Hilfehandeln. Die Budgeterfahrungen deuten an, bei allen ungeklärten Fragen im Detail, dass wesentlich konsequenter als bisher Fragen der Qualitätssicherung auf die Ebene des Subjektes, auf die Mikroebene verlagert werden können: eine realistische Alternative zu den Qualitätsprüfungen gem. §§ 112 ff SGB XI.

4. Schlussbemerkung

Persönliche Budgets, so lassen sich die Lehren aus den Modellprojekten zusammenfassen, überzeugen auf der Fallebene durch ihre deutlich positiven Wirkungen für die Klienten. Sie sind bislang nur für eine Minderheit von Klienten wirklich attraktiv. Sie sind aber in der Lage, sowohl die Machtverhältnisse als auch die Spielregeln im Leistungserbringungsrecht zu verändern. Insofern kommt ihnen eine „produktive Irritationsqualität“ zu.[10] Für manche Leistungserbringer kommt die Einführung von Budgets einer „Vertreibung aus dem Paradies“ gleich, für viele Leistungsträger irritieren sie Routinen in der Leistungserbringung, aber auch die ihnen zugeordnete Definitions- und Aushandlungsmacht. In den Niederlanden sieht man in dieser Innovationsfunktion der Budgets eine ganz wesentliche Bedeutung: Leistungsträger und Leistungserbringer können sich nicht ausruhen auf ihren Verabredungen, sie sind ständig mit der Option der Klienten konfrontiert."Sie können „auch anders“, sie können auf personenbezogenes Budget umsteigen. Auch für Deutschland bleibt zu hoffen, dass die mit dem Budget verbundenen Lernprozesse weiterhin als bedeutsame

[10] Vgl. Klie: Persönliche Budgets als produktive Irritation in Sozialleistungssystem in: Archiv für Wissenschaft und Praxis der sozialen Arbeit, 2009, Heft 1, Seite 4-5.

Chancen zur Weiterentwicklung des Leistungserbringungsrechtes gesehen und genutzt werden.

Antje Welke

Bedarfsfeststellung im Recht der Rehabilitation und Teilhabe und in der sozialen Pflegeversicherung

I. Einleitung

Bedarfsfeststellung umfasst die Ermittlung des Hilfebedarfs auf der Grundlage des jeweiligen Leistungsrechts und die Feststellung dessen durch den zuständigen Leistungsträger. Sie bildet die Grundlage für die Leistungsbewilligung, die Hilfeplanung, die Leistungserbringung und damit für das Leistungsgeschehen an sich. Im Rahmen der aktuellen Diskussionen um die Weiterentwicklung der Eingliederungshilfe für Menschen mit Behinderungen und der sozialen Pflegeversicherung rücken die Grundlagen der Bedarfsfeststellung und ihre Ausgestaltung immer stärker in das Zentrum der fach- und rechtswissenschaftlichen Diskussion, nachdem sie lange Zeit kaum Beachtung fanden. Das neue Interesse ist zum Einen begründet in dem nun schon nicht mehr neuen Verständnis von Teilhabe und Selbstbestimmung der Leistungsberechtigten selbst, die ein partizipatives Verfahren einfordern, welches ihre Bedarfslage realistisch abbildet, und zum Anderen in dem verstärkten Interesse der Leistungsträger, die die Bedarfsfeststellung als Instrument der Steuerung für sich entdeckt haben.

Ein bundeseinheitliches Verfahren in der Bedarfsfeststellung gibt es bislang im Bereich der Pflege (§ 18 SGB IX), nicht jedoch der Eingliederungshilfe. In der Pflege erfasst der MDK den Pflegebedarf (§ 14 SGB XI) nach den Pflegestufen (§ 15 SGB XI). In der Eingliederungshilfe schreibt § 10 Abs. 1 S. 1 SGB IX zwar vor, die Rehabilitationsträger (§ 6 SGB IX) sollen im Benehmen miteinander und in Abstimmung mit den Leistungsberechtigten die nach dem individuellen Bedarf erforderlichen Leistungen funktionsbezogen fest- und schriftlich zusammenstellen, so dass sie nahtlos ineinander greifen, jedoch findet eine solche gemeinsame Bedarfsfeststellung in der Praxis kaum statt. Auch die nach § 22 Abs. 1 S. 2 Nr. 2 SGB IX vorgesehene Aufgabe der Gemeinsamen Servicestellen bei der Klärung des Rehabilitationsbedarfes, bei der Inanspruchnahme von Leistungen zur Teilhabe und bei der Inanspruchnahme von Persönlichen Budgets zu helfen, wird praktisch nicht wahrgenommen. Stattdessen ist die Bedarfsfeststellung im Recht der Rehabilitation und Teilhabe sowohl hinsichtlich der unterschiedlichen Rehabilitationsträger (Träger der Sozialhilfe, Bundesagentur für Arbeit, Träger der gesetzlichen Unfallversicherungen, Träger der gesetzlichen Rentenversicherungen, Träger der Kriegsopferfürsorge etc.) als auch in Bezug auf die Eingliederungshilfe uneinheitlich geregelt.

Im Rahmen der Eingliederungshilfe für Menschen mit Behinderungen nach §§ 53 ff. SGB XII gibt es bundesweit eine Vielzahl unterschiedlicher Verfahren der Bedarfsermittlung. Dabei sind aktuell etwa fünf etablierte Verfahren für den stationären Bereich zu vermerken. Die beiden Kernverfahren sind das Verfahren

„Hilfebedarf von Menschen mit Behinderungen im Bereich „Wohnen" [HMB-W]" und der „Integrierte Behandlungs- und Rehabilitationsplan [IBRP]". Beide Verfahren sind mittlerweile in einer Vielzahl von Fällen mit Abwandlungen und regionalen Anpassungen versehen worden. Zu diesen beiden Verfahren kann man als neuere, regionale Verfahren die „Individuelle Hilfeplanung des Landschaftsverbandes Rheinland [IHP]", die „Integrierte Teilhabeplanung des Landeswohlfahrtsverbands Hessen [ITP]" und die „Individuelle Teilhabeplanung des Landes Rheinland-Pfalz [THP]" zählen.

II. Neuer Pflegebedürftigkeitsbegriff

Für die Pflege entwickelte das Institut für Pflegewissenschaften an der Universität Bielefeld (IPW) gemeinsam mit dem MDK Westfalen-Lippe im Auftrag des Bundesministeriums für Gesundheit ein „Neues Begutachtungsassessment zur Feststellung von Pflegebedürftigkeit" (NBA)[1]. Der Beirat zur Überprüfung und Neufassung des Pflegebedürftigkeitsbegriffs hat sich in seinem Bericht vom Januar 2009[2] für die weitere Verwendung des neuen Begutachtungsverfahrens zur Weiterentwicklung und Modernisierung der Pflegeversicherung ausgesprochen. In seinem Umsetzungsbericht vom Mai 2009 empfiehlt der Beirat, die Einführung des neuen Pflegebedürftigkeitsbegriffs mit der Diskussion um neue Strukturen der Leistungserbringung zu verbinden.[3] Seine politische Umsetzung steht jedoch noch aus. Im Koalitionsvertrag der Bundesregierung ist vermerkt: „Wir wollen eine neue, differenzierte Definition der Pflegebedürftigkeit. Damit schaffen wir mehr Leistungsgerechtigkeit in der Pflegeversicherung".[4]

Das neue modulare Begutachtungsverfahren zur Erfassung von Pflegebedürftigkeit enthält acht Module, mit denen der Grad der individuellen Beeinträchtigungen ermittelt wird. Jedes Modul umfasst eine Gruppe artverwandter Aktivitäten, Fähigkeiten oder Lebensbereiche:

1. Mobilität: Fortbewegung über kurze Strecken und Lageveränderungen des Körpers.

---

1 Recherche und Analyse von Pflegebedürftigkeitsbegriffen und Einschätzungsinstrumenten, Bielefeld, 23. März 2007; Abschlussbericht zur Hauptphase 1: Entwicklung eines neuen Begutachtungsinstruments „Das neue Begutachtungsassessment zur Feststellung von Pflegebedürftigkeit, Bielefeld/Münster, 25. März 2008; Abschlussbericht der Hauptphase 2: Maßnahmen zur Schaffung eines neuen Pflegebedürftigkeitsbegriffs und eines neuen bundesweit einheitlichen und reliablen Begutachtungsinstruments zur Feststellung der Pflegebedürftigkeit nach dem SGB XI, Oktober 2008; abrufbar unter: http://www.uni-bielefeld.de-/gesundhw/ag6/projekte/-begutachtungsinstrument.html.

2 Bericht des Beirats zur Überprüfung des Pflegebedürftigkeitsbegriffs vom 26. Januar 2009, abrufbar unter: http://www.bmg.bund.de/cln_169/nn_1168248/SharedDocs/Standardartikel-/DE/AZ/P/Glossarbegriff-Pflegebeduerftigkeitsbegriff.html.

3 Umsetzungsbericht des Beirats zur Überprüfung des Pflegebedürftigkeitsbegriffs, 20. Mai 2009, S. 50, abrufbar unter: http://www.bmg.bund.de/cln_169/nn_1168248/SharedDocs /Standard-artikel /DE/ AZ/P /Glossarbegriff-Pflegebeduerftigkeitsbegriff.html.

4 Koalitionsvertrag für die 17. Legislaturperiode vom 26.10.2009, Seite 93.

2. Kognitive und kommunikative Fähigkeiten: Gedächtnis, Wahrnehmung, Denken, Urteilen, Kommunikation (geistige und verbale „Aktivitäten“).
3. Verhaltensweisen und psychische Problemlagen: Verhaltensweisen, die mit einer Selbstgefährdung oder mit der Gefährdung anderer verbunden sein oder andere Probleme mit sich bringen können, sowie psychische Probleme wie Ängstlichkeit, Panikattacken oder Wahnvorstellungen (Selbständigkeit im Umgang mit inneren Handlungsimpulsen und Emotionen).
4. Selbstversorgung: Körperpflege, sich Kleiden, Essen und Trinken sowie Verrichtungen im Zusammenhang mit Ausscheidungen.
5. Umgang mit krankheits-/ therapiebedingten Anforderungen und Belastungen.
6. Gestaltung des Alltagslebens und soziale Kontakte: Einteilung von Zeit, Einhaltung eines Rhythmus` von Wachen und Schlafen, sinnvolles (bedürfnisgerechtes) Ausfüllen von verfügbarer Zeit und Pflege sozialer Beziehungen.
7. Außerhäusliche Aktivitäten: Teilnahme an sozialen und im weitesten Sinne kulturellen Aktivitäten (einschließlich außerhäusliche Mobilität).
8. Haushaltsführung: hauswirtschaftliche Tätigkeiten und Regelung der für die alltägliche Lebensführung notwendigen geschäftlichen Belange (Nutzung von Dienstleistungen, Umgang mit Behörden, Geldangelegenheiten).

Nach der Konzeption des NBA sind die Module 7 und 8 für die Feststellung des Grades der Pflegebedürftigkeit nicht erforderlich. Ihre Erhebung wird jedoch im Interesse einer umfassenden Einschätzung der individuellen Bedarfslagen für sinnvoll erachtet.

Im Vergleich der derzeitigen Pflegestufen mit den neuen Bedarfsgraden zeigen sich erhebliche Unterschiede. Während im derzeitigen System der Zeitaufwand als Maßstab zur Einschätzung von Pflegebedürftigkeit angelegt wird, differenzieren die neuen Bedarfsgrade nach dem Grad der Selbständigkeit. Auch die Inhalte der Bedarfsprüfung unterscheiden sich. Derzeit findet eine Begrenzung auf einige Verrichtungen (§ 14 Abs. 4 SGB XI) statt, wogegen der neue Pflegebedürftigkeitsbegriff ein umfassendes Verständnis von Pflegebedürftigkeit zugrunde legt. Die Konzeption des Begriffs sieht außerdem eine andere Spreizung der Stufen bzw. andere Abstände zwischen den Stufen / Bedarfsgraden vor.

Sollte der neue Pflegebedürftigkeitsbegriff anhand der vorliegenden Gutachten und der Vorarbeiten des Beirates gesetzlich verankert werden, werden auch Anpassungen im Leistungsrecht der Pflegeversicherung erforderlich.[5] Hier sind nicht nur individuelle Bestandschutzregelungen erforderlich und die neu eingeführten Regelungen der Leistungen nach §§ 45b und 87b SGB XI für Menschen mit eingeschränkter Alltagskompetenz zu erhalten, es sind auch die bestehenden Regelungen wie der § 43a SGB XI zu überprüfen und insgesamt darauf zu ach-

[5] Vgl. Stellungnahme des Deutschen Vereins zu den Ergebnissen und Beratungen des Beirats zur Überprüfung des Pflegebedürftigkeitsbegriff, NDV 2009, S.117 f.

ten, dass sämtliche festgestellten Bedarfe auch leistungsrechtlich beantwortet werden. Eine Neuerung des Pflegebedürftigkeitsbegriffs ohne veränderte Leistungen wäre weder sinnvoll noch vermittelbar. Des Weiteren müsste die Schnittstelle zur Eingliederungshilfe und zur Hilfe zur Pflege neu gestaltet werden,[6] denn durch die verstärkte Berücksichtigung von Teilhabeaspekten in der Pflege – weitergehend als die bisherige Ausrichtung auf aktivierende Pflege – ist eine zunehmende Annäherung der Pflege an die Aufgaben und Zielsetzungen der Eingliederungshilfe zu erwarten. Der Beirat zur Überprüfung und Neufassung des Pflegebedürftigkeitsbegriffs geht davon aus, dass bei einer Umsetzung des neuen Pflegebedürftigkeitsbegriffs insbesondere Menschen mit geistiger Behinderung in größerer Zahl als bislang die Leistungsvoraussetzungen der Pflegeversicherung erfüllen werden und vielfach auch höheren Bedarfsgraden zuzuordnen sein werden als dies bislang der Fall ist.[7]

III. Bedarfsfeststellung im Recht der Eingliederungshilfe

Im Recht der Eingliederungshilfe gibt es keine einheitliche Bedarfsfeststellung. Der Leistungsträger führt diese bislang im Rahmen seiner Zuständigkeit selbständig oder unter Einbeziehung der Leistungserbringer durch.

Rechtsgrundlagen bestehen für den Bereich der Hilfe-/ Teilhabe- bzw. Leistungsplanung. Vorrangig, weil spezieller als die Leistungsabsprache (§ 12 Satz 1 SGB XII) und der Förderplan (§ 12 Satz 2 SGB XII), gilt in der Eingliederungshilfe die Regelung zum Gesamtplan nach § 58 SGB XII. Demnach ist ein Gesamtplan zur Durchführung der einzelnen Leistungen durch die Träger der Sozialhilfe so frühzeitig wie möglich aufzustellen. Hierbei und bei der Durchführung der Leistungen soll der Träger der Sozialhilfe mit dem behinderten Menschen und den sonst im Einzelfall Beteiligten, insbesondere dem behandelnden Arzt, dem Gesundheitsamt, dem Landesamt, dem Jugendamt und den Dienststellen der Bundesagentur für Arbeit zusammenwirken. Mit der Verpflichtung des Leistungsträgers korrespondiert ein Rechtsanspruch des Leistungsberechtigten auf Aufstellung und Anpassung eines Gesamtplanes. Nichtsdestotrotz werden in der Praxis nicht immer Gesamtpläne erstellt. Unklar ist, ob der Leistungsträger immer oder nur bei Leistungs- und/ oder Leistungsträgermehrheit einen Gesamtplan aufzustellen hat.

Weitere rechtliche Anforderungen an die Bedarfsermittlung und Hilfeplanung in der Eingliederungshilfe gibt es nur beim Leistungsbezug im Rahmen des Persönlichen Budgets. Hier enthält § 3 Abs. 3 BudgetVO eine Sonderregelung, die festlegt, dass der Beauftragte und die beteiligten Leistungsträger gemeinsam mit der antragstellenden Person ein Bedarfsfeststellungsverfahren durchführen.

6 Vgl. Diskussionspapier des Deutschen Vereins zur Gestaltung der Schnittstelle zwischen der Eingliederungshilfe und der (Hilfe zur) Pflege unter Berücksichtigung des neuen Pflegebedürftigkeitsbegriffs und der Reform der Eingliederungshilfe, NDV 2010, 527 – 536.

7 Bericht des Beirats zur Überprüfung des Pflegebedürftigkeitsbegriffs vom 26.01.2009, S. 51.

Nach § 4 BudgetVO fließen die Erkenntnisse aus der Bedarfsermittlung und Hilfeplanung in eine Zielvereinbarung ein. Das Bedarfsfeststellungsverfahren nach der Budgetverordnung und die Zielvereinbarung als ein besonderes Instrument kooperativer Planung sind im Rahmen der Modellphase des Persönlichen Budgets erprobt und können Vorbild auch für Nicht-Budgetleistungen sein.

Nach § 7a Abs. 1 Nr. 2 SGB XI ist es nun auch Aufgabe der Pflegeberatung, einen individuellen Versorgungsplan mit den im Einzelfall erforderlichen Sozialleistungen und gesundheitsfördernden, präventiven, kurativen, rehabilitativen oder medizinischen sowie pflegerischen Maßnahmen und sozialen Hilfen zu erstellen. In welchem Verhältnis dieser zum Gesamtplan nach § 58 SGB XII steht, ist bislang ungeklärt.

Außerdem stellt die Werkstatt für Menschen mit Behinderungen nach § 3 Abs. 1 WVO im Benehmen mit dem zuständigen Rehabilitationsträger einen Eingliederungsplan auf, der jedoch eher der Planung der Leistungserbringung als des Angebotes dient (Durchführungsplanung).

In der Praxis werden darüber hinaus für die Einzelfallplanung des Sozialhilfeträgers unterschiedliche Begriffe verwendet. Man spricht von Fallmanagement, Teilhabemanagement oder umfassender und individueller Hilfe- bzw. Teilhabeplanung. Die Länder haben in den „Eckpunkten für die Reformgestaltung, Weiterentwicklung der Eingliederungshilfe für Menschen mit Behinderung“ vom 14.09.2010 Maßstäbe und Kriterien für praktikable, möglichst bundesweit vergleichbare und auf Partizipation beruhende Verfahren der Bedarfsermittlung und des Teilhabemanagements zu entwickeln, um diese unterschiedlichen Begriffsdefinitionen in der Einzelfallsteuerung zu vereinheitlichen und unter Berücksichtigung des partizipativen Ansatzes der Teilhabe zu konkretisieren.

IV. Empfehlungen des Deutschen Vereins

Der Deutsche Verein für öffentliche und private Fürsorge e.V. hat im Juni 2009 Empfehlungen zur Bedarfsermittlung und Hilfeplanung in der Eingliederungshilfe für Menschen mit Behinderungen[8] vorgelegt, die seitens der Arbeits- und Sozialministerkonferenz 2009 als Kriterien für Bedarfsermittlung nach bundeseinheitlichen Maßstäben zitiert wurden.[9]

Der Deutsche Verein empfiehlt darin für die Konzeption bzw. Weiterentwicklung, Auswahl, Anwendung und Evaluation von Instrumenten und Verfahren der Bedarfsermittlung und Hilfeplanung in der Eingliederungshilfe zwölf Maßstäbe, die nachstehend im Wesentlichen zusammengefasst sind.

---

8 Empfehlungen des Deutschen Vereins zur Bedarfsermittlung und Hilfeplanung in der Eingliederungshilfe für Menschen mit Behinderungen, NDV 2009, 253 - 262.

9 Anlage 1 zum Beschluss 5.2 der ASMK 2009 „Eckpunkte für die Reformgesetzgebung Eingliederungshilfe im SGB XI, S. 3.

1. Personenzentrierung und Unabhängigkeit von Leistungs- und Vergütungsformen

Die Bedarfsfeststellung sollte weder an Leistungserbringern noch an Leistungsorten, Leistungsformen, vorhandenen Leistungsangeboten oder Leistungsgruppen, sondern ausschließlich am individuellen Bedarf der leistungsberechtigten Person orientiert sein. Es sollte keinerlei Einschränkungen oder Vorfestlegungen bzgl. des Ortes oder des Erbringers der Leistung geben. Der Abgleich mit der vorhandenen regionalen Angebotsstruktur sollte erst im Anschluss an die Bedarfsfeststellung erfolgen. Soweit keine geeigneten Angebote vor Ort vorhanden sind, ist darauf hinzuwirken, dass diese geschaffen werden.

2. Mitwirkung des Menschen mit Behinderung

Bedarfsermittlung und Hilfeplanung sollten unter unmittelbarer Einbindung der Menschen mit Behinderungen stattfinden. Ihre Mitwirkung muss aktiv ermöglicht und durch geeignete Maßnahmen gefördert werden. Menschen mit Behinderungen müssen den Sinn des Verfahrens und das Ergebnis verstehen und sich einbringen können. Hierfür sind qualifizierte Fachkräfte der sozialen Arbeit einzusetzen. Menschen mit Behinderungen sind über das Verfahren, die rechtlichen Ansprüche sowie über Hilfs- und Unterstützungsangebote und auch über die Möglichkeit der Hinzuziehung einer Person ihrer Wahl und bestehende Mitwirkungspflichten (§§ 60–62, 65 SGB I) aufzuklären und zu beraten. Bedarfsermittlung und Hilfeplanung sollten einen Verständigungs- und Verhandlungsprozess darstellen.

3. Zielorientierung

Die Ermittlung der Leistungsziele steht am Anfang des Verfahrens und ist verfahrensleitend. Die Ziele müssen dem persönlichen Anliegen des Menschen mit Behinderung entsprechen, an der konkreten Lebenssituation des jeweiligen Menschen ansetzen, der Aufgabe der Eingliederungshilfe entsprechen, d.h. Teilhabe ermöglichen, im Sinne einer Wirkungskontrolle/ Evaluation der Zielerreichung konkret und überprüfbar sein sowie periodisch überprüft und fortgeschrieben werden.

4. ICF[10]-Orientierung

Bedarfsermittlung und Hilfeplanung sollte sich an Kontextfaktoren einschließlich der Berücksichtigung der persönlichen Situation und des Lebenshintergrundes eines Menschen mit Behinderung orientieren. Kontextfaktoren (personenbezogene sowie Umweltfaktoren) können den individuellen Bedarf positiv (z.B. Reduzierung des Bedarfs durch Unterstützung aus dem sozialen Umfeld) oder negativ (z.B. Erhöhung des individuellen Bedarfs durch fehlende Barrierefreiheit) beeinflussen.

---

[10] Internationale Klassifikation der Funktionsfähigkeit, Behinderung und Gesundheit.

5. Berücksichtigung von Selbsthilfe und Sozialraum

Die Mobilisierung der Ressourcen des behinderten Menschen ist bei der Bedarfsermittlung und der Hilfeplanung zu beachten, damit keine Defizitorientierung stattfindet. Eigene Ressourcen des Menschen (Selbsthilfe) und/ oder seines sozialen Umfelds (Ehrenamt, Bürgerschaftliches Engagement, Nachbarschaft, Bürgerhilfe, Familienselbsthilfe) sind wahrzunehmen und nach Möglichkeit in die Hilfegestaltung einzubeziehen.

6. Lebensweltorientierung

Es ist eine lebensweltbezogene Betrachtung vorzunehmen. Um eine abgestimmte Hilfeplanung und Leistungsbewilligung zu ermöglichen, sind Verfahren z.B. für die Bereiche Wohnen oder Arbeit derart auszugestalten, dass sie miteinander koordiniert werden können und nahtlos ineinander greifen.

7. Lebenslagenorientierung

Die Spezifika der verschiedenen Lebenslagen und Zielgruppen sind zu berücksichtigen. Eine Zuordnung bzw. Vorfestlegung der Behinderungsart ist zu vermeiden.

8. Transparenz

Die Bedarfsermittlung und die Verfahren der Hilfeplanung sollten für alle Beteiligten, insbesondere für Menschen mit Behinderungen, so transparent sein, dass nachvollzogen werden kann, auf welche Weise der Bedarf ermittelt wurde und welche Kriterien bei der Hilfeplanung neben der Berücksichtigung der Ziele und Wünsche des Betroffenen relevant sind. Informationen über Hintergrund, Ziele und Methoden (Untersuchungen, Erhebungen durch Fragebögen etc.) sind öffentlich verfügbar zu machen und in einer für die potenziellen Leistungsberechtigten verständlichen Form aufzubereiten. Der Hilfeplan soll dem Menschen mit Behinderungen in Kopie ausgehändigt werden. Evaluationsergebnisse sollen veröffentlicht werden.

9. Evaluation und Qualitätssicherung

Bedarfsfeststellung und Hilfeplanung bieten eine Möglichkeit zur Evaluation und Qualitätssicherung, wenn die Ziele des Menschen mit Behinderung den Maßstab bilden, sie wissenschaftlich fundiert sind und sie, soweit fachlich sinnvoll, einheitlich gestaltet sind. Die Evaluation der individuellen Hilfeplanung sollte unter Berücksichtigung der Wünsche des Leistungsberechtigten erfolgen. Auch die Evaluation der Verfahren ist wünschenswert. Die Fortbildung und Supervision der an der Bedarfsermittlung und Hilfeplanung beteiligten Personen kann einen Beitrag zur Qualitätssicherung der Bedarfsfeststellung und Hilfeplanung leisten.

10. Interdisziplinarität und Multiprofessionalität

An der Beurteilung des Bedarfes und der Planung der Hilfen sollten unterschiedliche Berufsgruppen verschiedener Ausrichtung mitwirken, wie z.B. Ärzte, Heilpädagogen, Sozialpädagogen.

11. Fachliche Fundierung

Bedarfsfeststellung und Hilfeplanung sollten wissenschaftlich fundiert sein, d.h. unter Zuhilfenahme anerkannter rehabilitationswissenschaftlicher Methoden entwickelt werden. Eine ausreichende fachliche Qualifikation der an der Bedarfsermittlung und Hilfeplanung beteiligten Personen ist unabdingbar.

12. Integrierte Verfahren

Integrierte Verfahren für eine leistungsträgerübergreifende Bedarfsermittlung und Hilfeplanung sollten entwickelt werden und soweit möglich oder im Einzelfall erforderlich eingesetzt werden. Integrierte Verfahren helfen, einen übergreifenden Blick auf die Lebenslage des Menschen mit Behinderung und die für ihn relevanten Leistungen zu erlangen. Die Kooperation der Leistungsträger sollte nach § 10 Abs. 1 Satz 1 SGB IX erfolgen. Auch eine Kooperation zwischen Leistungsträgern und Leistungserbringern ist wünschenswert.

V. Fazit

Sowohl in der sozialen Pflegeversicherung als auch im Recht der Rehabilitation und Teilhabe von Menschen mit Behinderungen ist die Bedarfsermittlung und -feststellung elementar für die Leistungserbringung. Der mit dem neuen Pflegebedürftigkeitsbegriff beschrittene Weg, ein wissenschaftlich fundiertes, umfassendes Verfahren zu entwickeln, sollte konsequent weiterverfolgt und im Recht der Rehabilitation und Teilhabe zu Ende gedacht werden. Dies bedeutet einerseits für die Pflegeversicherung die Einführung und leistungsrechtliche Umsetzung des neuen Begriffs, andererseits für die Eingliederungshilfe die Festlegung notwendiger Grundlagen und Kriterien der Bedarfsermittlung und seiner partizipativen Ausgestaltung. Eine Verzahnung der beiden ineinander verschränkten Leistungsbereiche macht es sodann erforderlich, dass die Verfahren zumindest aufeinander abgestimmt und miteinander kompatibel sind, denn auch in der sich anschließenden Leistungsplanung geht der Gesetzgeber (§ 7a SGB XI, § 58 SGB XII, § 10 Abs. 1 Satz 1 SGB IX) von einer Kooperation der Leistungsträger aus. Die bisherigen Erfahrungen mit leistungsträgerübergreifenden Kooperationen sind zwar eher bescheiden (vgl. gemeinsame Servicestellen, trägerübergreifende Budgets etc.). Dennoch ist dieser Weg weiter zu beschreiten und zu vertiefen, möglicherweise auch mit neuen Zuständigkeitszuschreibungen, denn nur umfassende Leistungskonzepte können die angestrebte Personenzentrierung tatsächlich vollziehen. Die von der Arbeits- und Sozialministerkonferenz 2010 vorgeschlagene Gesamtsteuerungsverantwortung der Träger der Sozialhilfe kann hierfür einen Ansatz bieten.

Peter Gitschmann
Ingo Tscheulin

Von der stationären zur individuellen Behindertenhilfe – Hamburger Konzepte und Zwischenergebnisse

Bereits in den 90er Jahren wurde dem Hamburger System der Behindertenhilfe ein guter Ausbau- sowie ein hoher Fachstandard bescheinigt[1]. Frühzeitig entstanden dezentralisierte und stadtteilintegrierte kleine stationäre Wohngruppen, teilstationäre Angebote (Werk- und Tagesförderstätten) und ein differenziertes ambulantes Leistungsangebot. Bereits ab 2003 wurden modellhaft persönliche Budgets und Geldpauschalleistungen erprobt; parallel wurde ein qualifiziertes, personenorientiertes Fallmanagement (Gesamtplanverfahren) in der Eingliederungshilfe entwickelt und schrittweise implementiert. Seit 2006 läuft das bundesweit mit Abstand ambitionierteste Ambulantisierungsprogramm mit dem Ziel, 30 % der vorhandenen stationären Betreuungen nachhaltig umzuwandeln[2].

Der „Geist" des SGB IX (s. u.) und die Realisierung der Impulse der Behindertenrechtskonvention der Vereinten Nationen[3] sind in Hamburg in enger Kooperation von Staat, Sozialhilfeträger, Interessenvertretungen behinderter Menschen und Leistungsanbietern auf dem Weg. Auch einige der in den aktuellen Beschlüssen der Arbeits- und Sozialministerkonferenz[4] enthaltenen Hinweise zur anstehenden Reformgesetzgebung stützen sich auf Hamburger Erfahrungen und Projekte.

Strukturdaten

In Hamburg leben ungefähr 12.000 Menschen, die seelisch, körperlich oder geistig bzw. mehrfach behindert sind und Leistungen der Eingliederungshilfe nach dem SGB XII erhalten. In diesem Rahmen besteht ein breitgefächertes Leistungsangebot, das von niedrigschwelligen Beratungsangeboten bis hin zu stationärer Intensiv-Betreuung reicht. Ambulante Hilfen erhalten 5.500 Leistungsberechtigte, jeweils ca. 4.500 behinderte Menschen werden teilstationär bzw. stationär betreut, wobei teilstationäre Leistungen oft in Kombination mit ambulanten oder stationären Leistungen erbracht werden. Die meisten der Leis-

1 Vgl. z. B. Benchmarking-Berichte der BAGüS: www.bagues.de.

2 Vgl. insgesamt zum Stand der Systementwicklung den BSG-Bericht „Die Entwicklung der Teilhabe von Menschen mit Behinderungen in Hamburg", 2. aktualis. Auflage August 2008 (www.hamburg.de/ behinderung/veroeffentlichungen/115194/bericht-behinderung.html).

3 Vgl. Bundestags.Drucksache 16/10808 vom 08.11.2008.

4 Beschluss der 86. ASMK 25./26.11.2009 Weiterentwicklung der Eingliederungshilfe für Menschen mit Behinderungen mit Anlagen (Eckpunkte der Bund-Länder-AG zur Reformgesetzgebung, Bericht der Bund-Länder-AG über die Abstimmung der Reformvorschläge mit den Verbänden der Menschen mit Behinderungen, der Leistungsanbieter und der Leistungsträger).

tungsberechtigten sind geistig oder mehrfach behindert (ca. 6.500 Personen), 4.400 Menschen sind seelisch behindert oder psychisch krank. Hinzu kommt eine geringere Zahl körper- und sinnesbehinderter Menschen[5].

Ambulantisierungsprogramm

Mit Inkrafttreten des SGB IX im Juli 2001 ist der Anspruch aller behinderten Menschen auf Teilhabe gesetzlich geregelt. Ziel aller Leistungen ist gem. § 1 SGB IX, die „Selbstbestimmung und gleichberechtigte Teilhabe am Leben in der Gesellschaft zu fördern, Benachteiligungen zu vermeiden oder ihnen entgegenzuwirken". Um dieses Ziel zu erreichen, müssen die Leistungen ständig weiterentwickelt werden, nicht zuletzt um angesichts steigender Fallzahlen gut ausgebaute, zugleich aber finanzierbare Angebote bereit zu halten. Der Gesetzgeber hat den Grundsatz „ambulant vor stationär" formuliert und damit verdeutlicht, dass individuelle, nach Möglichkeit nicht-stationäre Hilfe Vorrang vor einer stationären Betreuung haben soll – sofern eine stationäre Hilfe nicht fachlich angezeigt oder erheblich kostengünstiger ist. War in der traditionellen Behindertenhilfe die Betreuung geistig und mehrfach behinderter Menschen in stationären Einrichtungen weit verbreitet, wohnen in Hamburg bereits jetzt viele Menschen mit Behinderungen in einer Form ambulanter Betreuung. Es ist ein besonderes Anliegen Hamburgs, in Verwirklichung des Rechts auf Teilhabe am Leben in der Gemeinschaft noch deutlich mehr behinderten Menschen eine Alternative zu der stationären Betreuung zu bieten.

Zwei Personenkreise sollen besonders von dem Ausbau ambulanter Hilfen profitieren:

- Zum einen ist an behinderte Menschen gedacht, die bisher bei ihren Eltern oder in einer eigenen Wohnung lebten, dies aber künftig nicht mehr können, weil sie ohne Unterstützung nicht mehr auskommen werden.
- Zum anderen ist an Menschen gedacht, die z.Zt. stationär betreut werden, die aber gerne selbständiger leben möchten und können.

Beim Wechsel von einer stationären zu einer ambulanten Betreuung hat das Wunsch- und Wahlrecht des jeweiligen Bewohners eine hohe Priorität. Der Wechsel von einer Betreuungsform zur anderen ist grundsätzlich freiwillig. Stellt sich nach dem Umzug in eine ambulante Betreuung heraus, dass diese nicht dem individuellen Bedarf entspricht, hat der Bewohner die Möglichkeit einer Rückkehr in die stationäre Einrichtung[6].

Die ambulante Betreuung ist dabei in zwei Formen möglich.

---

5 Zahlen aus BSG-Bericht „Die Entwicklung der Teilhabe von Menschen mit Behinderungen in Hamburg" (FN 2).

6 Diese „Spielregeln" sind in einem sogenannten „Konsenspapier zur Weiterentwicklung der Hamburger Behindertenhilfe" aller beteiligten Akteure festgelegt; Vgl. BAGüS (Hrsg.), Wohnformen und Teilhabeleistungen für behinderte Menschen, 4. Auflage, Münster Dez. 2006; Anlage 2 (S. 45).

- Klassischerweise findet eine ambulante Betreuung in den eigenen vier Wänden statt. Der behinderte Mensch lebt – allein oder mit anderen – in einer eigenen Wohnung und wird entweder durch „Pädagogische Betreuung im eigenen Wohnraum“ und/oder durch „Wohnassistenz“ ambulant unterstützt. Der Umfang der Betreuung, d.h. die Anzahl der bewilligten Stunden pro Woche, richtet sich nach dem individuellen Hilfebedarf.
- Um auch behinderten Menschen, die wegen eines höheren Betreuungsbedarfs nicht allein in einer eigenen Wohnung leben können, eine Alternative zur stationären Betreuung zu bieten, wurde mit den „ambulant betreuten Wohngemeinschaften“ (AWG) ein neues Leistungsangebot geschaffen. In den AWG findet eine intensivere Betreuung statt, die nicht – wie in der "klassischen" ambulanten Betreuung – stundenweise, sondern in Form von Tages-Maßnahmepauschalen vergütet wird, die mit der Behörde vereinbart werden. Dadurch, dass die Pauschalen für alle Bewohner einer AWG "zusammengelegt" werden, entsteht pro Wohnung eine vergleichsweise hohe Betreuungsdichte. Dadurch haben auch Menschen mit einem höheren Hilfebedarf die Möglichkeit, ambulant betreut zu werden.

Anders als bei der stationären Betreuung schließt bei der ambulanten Betreuung jeder Bewohner einen eigenen Mietvertrag ab. Es werden keine Pauschalleistungen in Einrichtungen mehr erbracht, sondern die Bewohner erhalten nach einer Prüfung im jeweiligen Einzelfall Hilfe zum Lebensunterhalt sowie Kosten der Unterkunft nach dem SGB XII. Für die ambulanten Hilfen schließen die Bewohner einen gesonderten Vertrag mit einem Dienst der Eingliederungshilfe, in manchen Fällen auch zusätzlich mit einem ambulanten Pflegedienst ab. Wohnen und Betreuung sind bei der ambulanten Betreuung grundsätzlich voneinander unabhängig, so dass die Bewohner den Dienstleister frei wählen können. In aller Regel einigen sich die Bewohner auf einen Dienst, mit dem sie gemeinsam einen Vertrag schließen.

Der Sozialhilfeträger Hamburg hat ab 2005 mit den Wohlfahrtsverbänden, den großen Einrichtungsträgern sowie der Landesarbeitsgemeinschaft für Menschen mit Behinderungen Zielvereinbarungen zur Ambulantisierung, d.h. zum Wechsel behinderter Menschen von stationärer in ambulante Betreuung, geschlossen. Danach sollen in einem ersten Schritt bis 2010 770 stationäre Plätze in ambulant betreutes Wohnen umgewandelt werden. Das Verhältnis ambulant – stationär[7] von 25 : 75 im Jahr 2005 soll bis 2010 auf 40 : 60 verschoben werden. Mit dem Ambulantisierungsprogramm soll den behinderten Menschen eine selbständigere Lebensgestaltung ermöglicht werden, und die Unterstützungsleistungen sollen individueller und bedarfsgerechter erfolgen.

Die Umsetzung erfolgt im Rahmen des Gesamtplanverfahrens (s. u.). Bei Neufällen wird stets geprüft, ob eine ambulante Versorgung möglich ist, da die am-

[7] Hier nur der Bereich der geistig und mehrfach behinderten Menschen; in der Sozialpsychiatrie ist bereits ein „Ambulantisierungsgrad“ von ca. 80 % erreicht.

bulante der stationären Leistung vorgeht. Bei bereits laufenden Fällen der stationären Eingliederungshilfe wird geklärt, ob der Wechsel in eine ambulante Versorgungsform möglich ist. Dabei ist es Ziel der Bemühungen, Voraussetzungen zu schaffen, die es dem behinderten Menschen ermöglichen, ein eigenverantwortliches und selbstbestimmtes Leben zu führen, das ihm auch den Weg zur Lösung aus der Eingliederungshilfe öffnet. Hier spielt die Einbindung der behinderten Menschen in ihr Wohnumfeld eine besondere Rolle. Mit dem Umzug in eine ambulant betreute Wohnung geht die Gelegenheit, aber auch die Notwendigkeit einher, auch Angebote außerhalb der eigenen Wohnung zu nutzen. Daher wurde mit den Leistungsanbietern der Aufbau eines Stützpunktekonzepts vereinbart. In den Stützpunkten sollen Angebote leicht zugänglich genutzt werden können, um den behinderten Menschen die unmittelbare Teilhabe am Leben in der Gemeinschaft, ein Miteinander auch mit nicht behinderten Menschen zu ermöglichen. Zugleich soll so einer Isolierung ambulant betreuter Menschen entgegengewirkt werden.

Bislang konnten ca. 450 stationäre Plätze in ambulant betreute umgewandelt werden[8], so dass ein deutliches Absinken der Fallzahlen bei stationärer Betreuung geistig und mehrfach behinderter Menschen festzustellen ist, obwohl die Fallzahlen in der Eingliederungshilfe insgesamt ansteigen. Zugleich zeigt sich die Schwierigkeit, das Programm in der gleichen Geschwindigkeit fortzuführen. Bislang sind vor allem die weniger betreuungsbedürftigen Menschen in ambulant betreute Wohnungen umgezogen. Es besteht aber Einigkeit darüber, dass auch behinderte Menschen der Hilfebedarfsgruppen vier und fünf ambulante Betreuungsformen wählen können sollen, was in der Praxis deutlich anspruchsvoller ist. So ist es nicht einfach, geeigneten Wohnraum zu finden. Die Wohnungen müssen ausreichend groß und so gelegen sein, dass ggf. vorhandene Hilfsangebote, z.B. die Nachtbereitschaft einer anderen Einrichtung genutzt werden können. Da die Miete im Rahmen der Kosten der Unterkunft nach SGB XII abgerechnet wird, muss sie sich innerhalb der vorgegebenen Grenzen bewegen. Diese Bedingungen sind nicht einfach zu erfüllen. Und schließlich sind Vermieter manches Mal nicht bereit, mit den Bewohnern selbst einen Mietvertrag zu schließen, sondern nur mit dem Einrichtungsträger. Dieser vermietet die Wohnungen dann an die Bewohner weiter und gerät so in die nicht unbedingt gewollte Rolle eines Vermieters.

Begleitend zum laufenden Umsetzungsprozess bemüht sich die Sozialbehörde im Zusammenwirken mit der Behörde für Stadtentwicklung und Umwelt, die Rahmenbedingungen weiter zu verbessern. Mit einer in Vorbereitung befindlichen Förderrichtlinie für „besondere Wohnformen“ werden alsbald neue Optionen eröffnet.

[8] Zum Ende 2008 erreichten Zwischenstand vgl. die BSG-Broschüre „Ambulant betreutes Wohnen für Menschen mit geistigen und mehrfachen Behinderungen – Dokumentation der Fachtagung vom 4. Dezember 2008“, März 2009.

Fallmanagement im Gesamtplanverfahren

Parallel zur Schaffung der vertraglichen und strukturellen Voraussetzungen für ein erfolgreiches Ambulantisierungsgeschehen war es ebenso wichtig, das personenbezogene Fallmanagement in der Eingliederungshilfe (Gesamtplan nach § 58 SGB XII) weiterzuentwickeln. Seit 2006 werden aufwachsend alle stationären Versorgungssituationen in einem aufwändigen partizipativen Fallmanagementverfahren hinsichtlich der gegebenen Bedarfe, der zu vereinbarenden Leistungsziele und der Perspektiven hinsichtlich ambulanter Versorgung und/oder persönlicher Budgets aufgearbeitet. Seit 2009 wird das Fallmanagement auf alle personenzentrierten ambulanten Assistenzleistungen in der Eingliederungshilfe (einschließlich der Sozialpsychiatrie) ausgeweitet. Damit entsteht in Hamburg im Einzelfallmanagement des Eingliederungshilfeträgers bereits aktuell eine Situation, die die in den ASMK-Beschlüssen zur Weiterentwicklung der Eingliederungshilfe verankerten Zielstellungen (Personenzentrierung, Ziel- und Wirkungsorientierung, partizipatives Verfahren) aufgreift und einlöst. Schon die ersten Erfahrungen mit den Ergebnissen des seit 2009 von einem zentralen Fachamt verantworteten Fallmanagements lassen erkennen, dass hierdurch deutliche Verbesserungen sowohl für die Leistungsberechtigten (individuell bedarfsgerechte, über Zielvereinbarungen gesteuerte, transparente Leistungsbewilligung) wie auch für den Leistungsträger (passgenauere, wirkungsorientierte, controlling-fähige Leistungsgestaltung; im Zuge der konsequenten Erschließung vorrangiger Leistungsansprüche auch Ausgabenreduzierungen) erreichbar sind.

Geldpauschalleistungen

Im Zuge der Weiterentwicklung der Eingliederungshilfe setzt Hamburg bereits seit Jahren verstärkt auf die Einführung von Geldpauschalen, durch die die Leistungsberechtigten mit „Kaufkraft" und Nachfragemacht ausgestattet werden. Auch dies nimmt einen Impuls aus der ASMK-Weiterentwicklungsdiskussion vorweg und kann bereits einschlägiges Erfahrungswissen anbieten. Es werden bereits diverse Leistungen in Form von Pauschalen bewilligt: Beförderungspauschale, gastweise Unterbringung, Familienentlastungspauschale und Teilhabepauschale für ehemalige Besucher von Werkstatt oder Tagesförderstätte. Die Leistungsberechtigten können diese Pauschalen benutzen, um sich die den eigenen Wünschen und Bedürfnissen entsprechende Hilfe „einzukaufen“. Zugleich entsteht durch diese Nachfragemacht ein stärkerer Wettbewerb und damit einhergehend die Erweiterung und Optimierung des Angebots. Der häufig – allerdings nicht seitens der Leistungsberechtigten, sondern von Leistungsanbietern – vorgetragene Einwand, Pauschalierungen seien per se als Verletzung des individuellen Bedarfsdeckungsgrundsatzes unzulässig, greift nicht, da jedem Leistungsberechtigten alternativ zu den Pauschalen weiterhin der Weg eines abweichenden individuellen Budgets, dann gemäß den Regularien des § 17 SGB IX sowie der BudgetV, offensteht. Diese Option wird allerdings nur in verschwindend geringem Maße gewählt; aus „Kundensicht“ scheinen die angebotenen Pauschalen, verbunden mit dem Verzicht auf aufwändigen „Verwendungsnachweis“, hinreichend attraktiv und in aller Regel bedarfsdeckend zu sein. Gemäß den allgemeinen Sozialhilfegrundsätzen (§ 10 Abs. 3 SGB XII) sind Geldleistungen ohnehin vorrangig; zweifellos sind sie zur Unterstützung von Autonomie und Selbstbestimmung besser geeignet, als stark fremdbestimmte Sachleistungen[9] im Dreiecksverhältnis.

Zwischenfazit und Perspektiven

Die in Hamburg begonnene Weiterentwicklung der Eingliederungshilfe kann mittlerweile auf eine Reihe erfolgreich absolvierter Etappen zurückblicken und wird nicht nur vom Leistungsträger, sondern durchaus auch von den Interessenvertretungen der behinderten Menschen und den Verbänden der Leistungserbringer eher als Erfolgsgeschichte empfunden. Bis zum Start dieses Prozesses waren Autonomie und Selbstbestimmung im System der Eingliederungshilfe kein konsequent verfolgtes Hauptziel. Dies zeigt sich schon darin, dass gemäß § 75 SGB XII mit den Einrichtungsträgern eine allgemeine Maßnahmepauschale vereinbart wird, die für alle Bewohner der Einrichtung gilt. Eine wirkliche Differenzierung nach dem jeweiligen individuellen Bedarf ist damit im stationären Bereich nicht möglich. Hier stellt die ambulante Betreuung schon per se eine Verbesserung dar, weil dem behinderten Menschen aus dem „Baukasten“ verschiedener Leistungen die von ihm im Einzelfall benötigten Leistungen passgenauer bewilligt werden können. Dies soll durch die Reform der Eingliederungshilfe weiter vereinfacht und verbessert werden. Hamburg unterstützt dabei im Bundesrat die Bemühungen der Länder, die Eingliederungshilfe am tatsächlichen Hilfebedarf des Einzelnen zu orientieren und sie auf eine personenzentrierte Teilhabe auszurichten.

Für die konkrete Weiterentwicklung in Hamburg zeichnet sich derzeit ab, dass wiederum auf Basis eines mehrjährigen Zielvereinbarungskonsenses die Ambulantisierung fortgeführt und insbesondere um den Aspekt der Sozialraumerschließung erweitert wird. Zudem stehen Strukturveränderungen sowohl im Vertragssystem wie auch in Leistungsbereichen (insbesondere der separierten, hoch standardisierten Tagesförderung) auf der Agenda. Trotz der schwierigen Haushaltslage kann und soll die Weiterentwicklung der Eingliederungshilfe in Hamburg fortgesetzt werden.

---

9 „Sachleistung“ ist hier rein beschreibend als Alternativform zur Geldleistung gemeint; es soll hier kein weiterer Beitrag zu der juristisch zweifellos interessanten Grundsatzdebatte angeboten werden, ob es sich bei nach § 75 f. SGB XII generierten Leistungen denn nun um Geld- oder Sachleistungen handelt.

Anneke Wiese

Bedarfsermittlung, Hilfeplanung und Sozialrecht der Eingliederungshilfe für Menschen mit Behinderungen

Bericht über zwei Kolloquien der Hochschule für Angewandte Wissenschaften (HAW) Hamburg und des Landessozialgerichts (LSG) Hamburg im April 2010 und Januar 2011 in der Ev. Stiftung Alsterdorf, Hamburg[1]

Zwei Kolloquien zur Situation der Eingliederungshilfe in Hamburg

Die Eingliederungshilfe ist mit Bruttojahresausgaben von rund 12,5 Milliarden Euro[2] die bedeutendste Hilfeart der Sozialhilfe nach dem SGB XII, und die Zahl der Menschen mit Behinderungen, die auf Sozialhilfe angewiesen sind, wird laut Prognosen der Bundesarbeitgemeinschaft der überörtlichen Träger der Sozialhilfe auch in den kommenden Jahren weiter steigen.[3] Angesichts der defizitären öffentlichen Haushalte sind, bei gleichzeitig steigendem Bedarf an sozialen Dienstleistungen im Bereich der Eingliederungshilfe für Menschen mit Behinderungen, die Anforderungen an einen wirtschaftlichen Umgang mit den öffentlichen Geldern in den vergangenen Jahren gewachsen. Ein dem Ausmaß der Fallzahlensteigerung entsprechender, kostenwirksamer Ausbau bisheriger Leistungen der Eingliederungshilfe ist angesichts der angespannten öffentlichen Haushaltslage nicht möglich. Es sind vielmehr neue Konzepte der Leistungsstruktur und -qualität gefordert. Die Weiterentwicklungsperspektiven liegen vor allem in der Personenzentrierung sowie der Stärkung der Selbstbestimmung und Eigenverantwortung der Menschen mit Behinderungen, um eine gute und wirtschaftliche Leistungserbringung in Zukunft gewährleisten zu können.

Der Bedarf nach Leistungen der Eingliederungshilfe für Menschen mit Behinderungen wird in Deutschland, je nach Bundesland und je nach Leistungsform (ambulant oder stationär), in unterschiedlichen Bedarfsermittlungsverfahren und mit einer Vielzahl von verschiedenen Instrumenten ermittelt. Bedarfsermittlung und Hilfeplanung sind die Grundlagen dafür, dass das sozialrechtliche Ziel einer bestmöglichen Teilhabe am Leben in der Gesellschaft im Einzelfall auch verwirklicht werden kann. Ermessenskonkretisierungen nach § 17 und §§ 53 ff. SGB XII, die im Kontext des SGB IX zu treffen sind, bergen für Verwaltungen besondere Anforderungen bei der Tatsachenermittlung und bei der quantitativen und qualitativen Bestimmung des Leistungsanspruchs. Da die behördlichen Bescheide der gerichtlichen Kontrolle unterliegen, stellen sozialgerichtliche Verfahren zur Eingliederungshilfe auch die Sozialgerichte vor besondere Herausforderungen.

---

1 Teile dieses Artikels erschienen bereits im NDV 12,2010.

2 Vgl. Statistisches Bundesamt (2010), S.6.

3 Vgl. Bundesarbeitsgemeinschaft der überörtlichen Träger der Sozialhilfe (Hg.) (01.12.2006), S. 10.

Die HAW Hamburg und das LSG Hamburg haben im April 2010 Vertreterinnen und Vertreter der hamburgischen Leistungsträger, Leistungserbringer und der Verbände sowie der Wissenschaft zu zwei Kolloquien zur Neuorganisation der Eingliederungshilfe für Menschen mit Behinderungen eingeladen. Vorangegangen waren zwei Tagungen der HAW zum Thema „Eingliederungshilfe und ihre Reform“, an denen Vertreterinnen und Vertreter der Leistungsträger, Einrichtungen und Sozialgerichte beteiligt waren und auf denen auch die recht unbestimmte Leistungsbeschreibung zur sozialen Teilhabe im gegenwärtigen Sozialrecht eine Rolle spielte. Verbindliche Absprachen oder Beschlüsse waren auf den nachfolgenden Kolloquien ausdrücklich nicht angestrebt; die Runde mit begrenztem TeilnehmerInnenkreis diente vielmehr der wechselseitigen Information über die jeweiligen Konzepte, Maßstäbe und Verfahren. Dass das LSG Hamburg als Mitveranstalter auftrat, signalisiert ein wachsendes Interesse der Hamburger Sozialgerichtsbarkeit an einem Dialog mit der Wissenschaft und den Betroffenenverbänden, Einrichtungen und Behörden.

1. Kolloquium

Das erste Kolloquium mit dem Titel: „Hilfeplanung und Sozialrecht: Leistungsentscheidungen in der Eingliederungshilfe für behinderte Menschen“ hatte einen sozialrechtlichen Schwerpunkt. Anlass der Initiative war die Neuorganisation der Hilfeplanung in der Hamburger Sozialverwaltung und die Konzentration der SGB XII-Zuständigkeiten auch am Sozialgericht Hamburg. Sozialgerichtsbarkeit und Hochschule wollten mit Verbänden, Leistungsträgern und Leistungsanbietern den Umgang mit den sehr unbestimmten Normen des Sozialhilferechts erörtern.

Wie stellt der Sozialhilfeträger einen Bedarf fest und wie deckt er diesen?

Aus der Sicht des Sozialhilfeträgers enthält das SGB XII einen qualifizierten Einzelfallsteuerungsauftrag an den Leistungsträger der Eingliederungshilfe: Der Eingliederungshilfebedarf eines Menschen mit Behinderungen wird über das Gesamtplanverfahren nach § 58 SGB XII ermittelt. Dieses Verfahren stellt die Legitimationsgrundlage für die Leistungsbewilligung dar. Zudem steuert der Sozialhilfeträger über den Landesrahmenvertrag nach § 79 SGB XII und die Vereinbarungen gem. § 75 SGB XII die Angebotsstruktur der Leistungen. Seit 1999 wird in Hamburg verstärkt darauf hingewirkt, diesen doppelten Steuerungsauftrag bestmöglich zu erfüllen.

Hierbei stehen folgende Fragen im Mittelpunkt:

- Wie kann Bedarf gedeckt werden?
- Wie soll der Gesamtplan aussehen?
- Wie soll der enormen Fallzahlensteigerung begegnet werden?

Instrumente und Verfahren der Bedarfsermittlung und Hilfeplanung sind im § 58 SGB XII nicht geregelt. Sozialpolitisch und rechtlich handlungsleitend für die Ermittlung des Bedarfes sind die Regelungen des SGB IX. Der Gesamtplan enthält, unter Beachtung der Leistungsansprüche an andere vorrangige Sozial-

leistungsträger, eine Beschreibung sämtlicher Leistungen und Ziele, die der Mensch mit Behinderung zur Eingliederung in die Gesellschaft benötigt. Vorschriften über den Inhalt des Planes existieren nicht.
Der Steuerungsablauf der Bedarfsermittlung und Hilfeplanung wurde in den letzten Jahren in Hamburg gründlich optimiert und führte zu einem zentralen, qualifizierten Einzelfallmanagement des Sozialhilfeträgers, mit folgendem Verfahren:

1) Leistungsberechtigung: Der Mensch mit Behinderung stellt einen Antrag auf Hilfe beim örtlichen Sozialamt. Dieses prüft die örtliche und sachliche Zuständigkeit und das Einkommen dem Grunde nach. Das Gesundheitsamt stellt die Wesentlichkeit und Art der Behinderung fest (damit ist die Rolle des Gesundheitsamtes beschränkt) und spricht Empfehlungen an den Sozialhilfeträger aus. Dieser leitet den Antrag bei vorliegenden gesetzlichen Voraussetzungen an das Fachamt Eingliederungshilfe zur Übernahme des Fallmanagements weiter.
2) Bedarfsermittlung und Hilfeplanung: Das Fachamt Eingliederungshilfe als Leistungsträger, Antragsteller ggf. Vertrauensperson des Antragstellers und gesetzliche Vertreterin führen ein Gespräch auf gleicher Augenhöhe und ermitteln in einem diskursiven Aushandlungsverfahren, das in der Regel 60 bis 90 Minuten umfasst, den Hilfebedarf die Hilfeform, Ziele und den Ort der Leistung unter Berücksichtigung des Wunsch- und Wahlrechts des Sozialhilfeberechtigten. Es werden Zielvorgaben erarbeitet, die fortan per Wirksamkeitskontrolle in zeitlichen Abständen vom Sozialhilfeträger überprüft werden.
3) Bewilligungsbescheid: Der Gesamtplan wird formuliert und anschließend an den Antragssteller/die gesetzliche Vertreterin zur Unterzeichnung versandt (in der Praxis kommen rund 1/3 der Anträge nicht zurück – die Leistungen setzen dann trotzdem ein). Anschließend erteilt der Sozialhilfeträger den Auftrag an den Leistungserbringer. Der Leistungserbringer hat alle 6-12 Monate einen Verlaufbericht anzufertigen, der dem Betroffenen vorgelegt wird, so dass ggf. Änderungen vorgeschlagen werden können. Das Fallmanagement dient der Bedarfsermittlung und Kontrolle, es ist allerdings keine ständige Begleitung der Maßnahmen.

Zurzeit läuft das qualifizierte Fallmanagement in Hamburg als Modellprojekt bis 2012 – bisher nach Auskunft des Sozialhilfeträgers mit gutem Erfolg. Es erhöht die Steuerungsqualität, außerdem werden vorrangige Leistungen verstärkt in Anspruch genommen. Hamburg übernimmt damit bundespolitisch eine Vorreiterinnenrolle.
Landesrahmenvertraglich vereinbart ist das uneingeschränkte Recht des Sozialhilfeträgers Wirtschaftlichkeit und Qualität der Leistung zu prüfen. Ebenso enthält der LRV eine Qualitätssicherungs- und Berichtspflicht und bei Nichterfüllung Vertragsstrafen. Damit wurden entscheidende Schritte in Richtung einer Steigerung der Transparenz und der Leistungseffizienz getan.

Wenn das Fallmanagement scheitert

Kommt es im Fallmanagement zu keinem Konsens zwischen Leistungsberechtigter und Sozialhilfeträger, steht der Rechtsweg offen. Die Sozialgerichtsbarkeit sieht sich nach eigener Darstellung vor der Aufgabe, den „tatsächlichen" Bedarf zu ermitteln und die darauf aufbauende Hilfeplanung zu bestimmen. Die Feststellung des Bedarfs und der Leistung ist das zentrale Problem. Auch die Sozialgerichtsbarkeit stellt sich Fragen wie:

- Was ist überhaupt Bedarf?
- Durch welche Leistung kann er gedeckt werden?
- Auf welche Bedarfsdeckung besteht ein Anspruch?

Konkreter als die „Menschenwürde" ist der Bedarfsbegriff nicht.[4] Was genau ein lebenswertes Leben in der Gemeinschaft ausmacht, lässt sich normativ nicht definieren oder vorgeben. Hinzu kommt die absolute Offenheit der der Ziel- und Leistungskataloge.

Im diesen Fällen kommt der Sozialgerichtsbarkeit eine ganz neue Rolle zu: von der Kontrolleurin zur Mit-/Gestalterin. Denn es geht bei der Eingliederungshilfe nicht um sozialversicherungsrechtliche Ansprüche, die an normativen Tatbestandsmerkmalen festgemacht werden können und eine bestimmte Sozialleistung zur Folge haben. Hier gibt es eine ganze Vielfalt von Rechtsfolgen und das Ermessen über Art und Umfang der Leistungen. Die entscheidende Frage über den Umfang und die Art der Leistung kann nicht an Fachdienste abgetreten werden, sondern muss eigenständig im Gericht beantwortet werden.

Die Gerichte sind in der Bedarfsermittlung der Eingliederungshilfe unsicher. Denn zur Ermittlung des Bedarfes eines Menschen mit Behinderungen stehen der Rechtsprechung auch keine anderen Verfahren und Instrumente zur Verfügung als der Verwaltung. Allerdings stellen die vor Gericht gebrachten Streitigkeiten keinen repräsentativen Ausschnitt dar, sondern nur die wenigen streitigen und möglicherweise im Einzelfall besonders drängenden Fragen. Wegen dieser Unsicherheit und, weil es sich in Fällen der Eingliederungshilfe um Menschen in existenziellen Situationen handelt, neigen die Gerichte eher dazu, dem Leistungsbegehren der Hilfesuchenden zu folgen, als dem Sozialhilfeträger Recht zu geben und Leistungen abzulehnen.[5]

Das Gericht fordert im Vorfeld alle relevanten Informationen über den bisherigen Verlauf des Bedarfsermittlungsverfahrens vom Sozialamt zu Vorbereitung an (Akte). Der Bedarf wird anschließend in einem narrativen Verfahren ermittelt. Die Gesprächssituation ist ähnlich der im Fallmanagement. Die Klientin schildert ihre Empfindungen über ihren Bedarf und der Sozialhilfeträger seine Einschätzungen. Das Gericht fungiert in dieser Phase mehr als Moderator.

Die Entscheidungen darüber, was der Bedarf ist und welche Leistungsansprüche daraus folgen sind nicht vollständig objektivierbar. Ein wesentliches Kriterium besteht darin zu prüfen, wie andere Kollegen und Kolleginnen in dieser Situati-

4 Schütte, W. (2009), S. 549, Rn. 24.

5 Flint, Thomas (2010), S. 83. Siehe auch: Beitrag von Thomas Flint in diesem Sammelband.

on entschieden hätten und welche Entscheidung den Parteien vermittelbar erscheint. Insofern unterscheidet sich das Gericht von dem vorangegangenen Fallmanagement-Verfahren durch seine Rolle der Rechtsprechung und durch seine damit verbundene Entscheidungskompetenz. Das Verfahren ist im Prinzip ähnlich.

2. Kolloquium
Das zweite Kolloquium zum Thema „Bedarfsermittlung, Bedarfsbestimmung und Barrieren. Vom individuellen Hilfebedarf zur personenzentrierten Teilhabeleistung" fand im Januar 2011 statt. VertreterInnen der Wissenschaft, der Leistungsträger und -anbieter sowie Angehörigenvertretungen diskutierten Eckpunkte für ein Bedarfsermittlungsverfahren, das in der Lage ist, mit einem klaren Sprachrahmen personenzentriert Hilfebedarfe zu bestimmen, und damit dem angestrebten Paradigmenwechsel von der Fürsorgeleistung hin zu einer individuellen Teilhabeleistung Rechnung trägt.

Ausgangslage
Die Arbeits- und Sozialministerkonferenz (ASMK) fordert seit 2009 die „Entwicklung von Maßstäben für praktikable, möglichst bundesweit vergleichbare und auf Partizipation beruhende Instrumente und Verfahren der Bedarfsermittlung und des Teilhabemanagements". Das Ziel ist es, den Prozess der Bedarfsermittlung durch die Entwicklung objektiver Kriterien/ Richtlinien transparenter und nachvollziehbarer zu machen. Aktuell wird der Bedarf auf Leistungen der Eingliederungshilfe – je nach Region und Leistungsform – durch eine Vielzahl unterschiedlicher Instrumente und Verfahren ermittelt. Dieser Zustand schafft Unsicherheiten, nicht zuletzt auf Seiten der Leistungsberechtigten.
Im Zentrum der Überlegungen steht die Personenzentrierung. Leistungen der Eingliederungshilfe sollen in Zukunft exakt auf die individuellen Bedarfe des Einzelfalls zugeschnitten sein und nicht mehr von der Leistungsform (ambulant, teilstationär, stationär) anhängig gemacht werden. Nicht mehr der individuelle Bedarf soll der vorgehaltenen Hilfeform folgen (institutioneller Hilfeansatz), sondern die Hilfe exakt auf den Bedarf der Hilfebedürftigen zugeschnitten werden. Maßgeblich ist die Mitbestimmung des Menschen mit Behinderungen bei der Ermittlung des individuellen Hilfebedarfs, das sich im Wunsch- und Wahlrecht äußert. Damit verbunden ist ein Paradigmenwechsel vom *Objekt der Fürsorge* zum *Subjekt der Teilhabe.*
Die finale Umsetzung des durch die ASMK geforderten personenzentrierten Ansatzes erfordert ein Bedarfsermittlungsverfahren, das individuell auf den Einzelfall abgestimmt, bedarfsgerecht und umfassend die Bedarfe des Menschen mit Behinderungen ermittelt. Hierbei müssen alle Lebenslagen des behinderten Menschen Berücksichtigung finden.

Entwicklung von Qualitätsüberprüfungen und -bewertungen in der EGH
Ende der 1980er Jahre begann in Deutschland die Diskussion zur Qualität von Leistungen im Bereich der Eingliederungshilfe für Menschen mit Behinderun-

gen. Im Ausland (Bsp. Niederlande) waren Evaluationsinstrumente bereits etabliert.
Parallel zur Diskussion um Qualitätsbewertung und -überprüfung wurde in § 39 BSHG mit dem „Verfahren der Zuordnung von Leistungsberechtigten zu Gruppen für Leistungsberechtigte mit vergleichbarem Hilfebedarf" (Metzler-Verfahren) ein Qualitätsmanagement eingeführt. Mit dem Metzler-Verfahren wird der Hilfebedarf von Menschen mit Behinderungen im Bereich Wohnen/ Individuelle Lebensgestaltung ermittelt. Die Ergebnisse der jeweiligen Hilfebedarfsbestimmung bilden die Grundlage für die Zuordnung in eine Gruppe für Leistungsberechtigte mit vergleichbarem Bedarf (Bedarfsgruppe). Mit Hilfe des Metzler-Verfahrens wird allerdings lediglich ein Ist-Zustand erhoben. Es wird ein Bedarf zum Zeitpunkt X ermittelt, Ziele und Wünsche werden ungenügend beachtet (dynamische Bedarfsbestimmung).
Ausgangspunkt für Bedarfsermittlungen ist in Deutschland aktuell zumeist das institutionelle Angebot der jeweiligen Region. Bedarfe von Menschen mit Behinderungen auf Leistungen der Eingliederungshilfe werden vorwiegend im Hinblick auf die vorgehaltenen Hilfestrukturen ermittelt. Vordergründig ist die Frage: „Was ist möglich im Hinblick auf die strukturellen Begebenheiten?" und nicht die Frage, was im Einzelfall für den Menschen mit Behinderung nötig ist, um ihm eine weitestgehend eigenständige Lebensführung zu ermöglichen.
Bei vielen der eingesetzten Bedarfsermittlungsverfahren handelt es sich um eher formale und pädagogische Verfahren, in denen die Mitwirkung des Menschen mit Behinderung eine untergeordnete Rolle spielt. Es wird vielmehr von ExpertInnen beurteilt, welche Leistungen der Mensch benötigt. Die Perspektive liegt vordergründig auf dem Erhalt und Schutz der Fähigkeiten der KlientInnen, denn auf den Entwicklungschancen zur verbesserten Sozialen Teilhabe.

Ansätze für die Entwicklung einer transparenten (einheitlichen) Bedarfsermittlung: Soziale Diagnostik und ICF[6]

Soziale Diagnostik ist noch relativ neu für die Soziale Arbeit. Dies hängt vor allem mit einer großen Skepsis in der Fachöffentlichkeit gegenüber diagnostischen Modellen zusammen. Die Angst ist, dass durch die Formalisierung diagnostischer Instrumente eine dialogische Orientierung verloren geht und die Gefahr der Stigmatisierung besteht. Aus dieser Kritik entwickelten sich in den letzten Jahren Diagnoseinstrumente mit einer deutlichen Distanz zu etikettierenden Zuschreibungen und einer systematischen Dialogorientierung mit den Hilfesuchenden. Dies führte zu einer breiteren Akzeptanz Sozialer Diagnostik in der Fachwelt.
Die „Internationale Klassifikation der Funktionsfähigkeit, Behinderung und Gesundheit" (ICF[7]) liegt sehr nah an einer personenzentrierten Modellvorstellung. Die fortschreitende Akzeptanz Sozialer Diagnostik hängt insofern auch

---

6 Nachfolgende Themen wurden von Prof. Dr. Iris Beck, Universität Hamburg und Prof. Dr. Dieter Röh, HAW Hamburg referiert.

7 Für weitere Informationen siehe World Health Organization.

mit der Etablierung der ICF zusammen. Die hier entwickelte Erweiterung des diagnostizierenden Blicks auf die Umweltfaktoren, also dem Sozialraum, ist eine grundlegende Veränderung, insbesondere in ihrer Infragestellung des klinisch-diagnostischen Zugangs durch den multiperspektivischen Ansatz. Die ICF selbst ist jedoch kein Assessmentinstrument. Das Konzept der ICF fordert vielmehr auf, ein solches auf ihrer Grundlage zu entwickeln bzw. weiterzuentwickeln.[8]

Die ICF ermöglicht in erster Linie eine gemeinsame Sprache für SozialpädagogInnen, JuristInnen, Verwaltungen und andere Anspruchsgruppen. Ihre Standards haben sich mittlerweile international durchgesetzt. Die ICF unterscheidet drei Ebenen:

1. die Körperfunktionen und -strukturen,
2. die Aktivitäten und
3. die Teilhabe.

Alle drei Ebenen stehen sowohl miteinander als auch mit den Kontextfaktoren (Umwelt und persönliche Lebensumstände und Bedingungen) in Wechselwirkung. Nach der ICF bedeutet Behinderung einen Prozess des unzulänglichen Zusammenpassens zwischen dem Individuum, den Lebensbereichen und der Gesellschaft. Die Situationen und Normen einer Gesellschaft sind also die Faktoren, die einen Menschen mit Behinderungen ausschließen, und nicht die Behinderungen des Menschen. Barrieren und Förderfaktoren werden mit der ICF als Kontextfaktoren für das Ziel der Teilhabe beschrieben. Dies führt weg von einer bis dato vorherrschenden Defizit-Perspektive im Hinblick auf die Bedarfsermittlung von Menschen mit Behinderung, hin zu einer Möglichkeiten-Perspektive. Leistung („Was kann der Mensch?") aber auch Leistungsfähigkeit („Was könnte der Mensch unter anderen Umständen?") werden beachtet.

Notwendige Merkmale einer professionellen Diagnostik sind:

- Eine **Dialogorientierung**, d.h. dass sie die Wünsche/ Ressourcen und Problemdarstellung des/der KlientIn einbezieht,
- eine **sozialökologische Perspektive**, d.h. der Einbezug der Personenperspektive und der Umweltperspektive (Bewältigungsmuster, Biografie, personale Ressourcen, Probleme und Sozialraumbezug) sowie
- eine **Reflexivität**, d.h. dass sie sozialstrukturell, materiell sowie bezogen auf das Soziale Netzwerk reflexiv angelegt ist und Soziale Diagnosen als Hypothesen formuliert werden, also reversibel sind.[9]

Soziale Diagnostik ist in diesem Sinne als Lebenslagendiagnostik (Passungsverhältnis zwischen sozialer Lage und persönlicher Bewältigungslage) zu verstehen. Sie ist auf Hilfen ausgerichtet, die einerseits persönliche Kompetenzen zur Lebensführung fördern und andererseits Milieus, Sozialräume und Soziale Netze verändert.

---

8 Vgl. Pantucek, P. (2010)

9 Prof. Dr. Dieter Röh, HAW Hamburg, Vortrag auf dem 2. Kolloquium am 28.01.2011 in der Ev. Stiftung Alsterdorf.

Hilfeplaninstrumente wie der Integrierte Teilhabeplan[10] (ITP), der Integrierte Behandlungs- und Rehaplan[11] (IBRP) und die Individuelle Hilfeplanung[12] (IHP) setzen die ICF um und sorgen für die richtige Rahmung. Alle Instrumente benötigen jedoch noch ein höheres Maß an Rekursivität, d.h. eine stetige Überprüfung und ggf. Anpassung der gestellten Diagnosen, damit eine Personenzentrierung im Sinne der ASMK umgesetzt werden kann.
Eine klassifikatorische Lebenslagendiagnostik, die Hilfebedarfe abbilden soll, bräuchte aber auch entsprechende sozialrechtliche Instrumente, die Lebenslagen und Teilhabebedarfe „passbar" machen. Bisher fehlen Konzepte zur Umsetzung eines Einbezugs und Aktivierung von Umweltfaktoren beim Sozialhilfeträger.

Umsetzungsstand in Hamburg

In Hamburg ist die Bedarfsermittlung auf Leistungen der Eingliederungshilfe zur Zeit zweigliedrig: Der individuelle Hilfebedarf von Menschen mit geistigen Behinderungen wird mit dem Metzler-Verfahren erhoben, im Bereich der Sozialpsychiatrie kommt der IBRP zur Anwendung. Geplant ist die Erprobung des von Prof. Dr. Petra Grohmann entwickelten ITP in Hamburg ab 2011. Der ITP muss hierfür allerdings noch auf die Hamburger Verhältnisse zugeschnitten werden. In Hessen wird der ITP-Bogen von den Leistungserbringern ausgefüllt und anschließend an den Sozialhilfeträger versandt. In Hamburg wird die Bedarfsermittlung jedoch beim Sozialhilfeträger durchgeführt (siehe oben). Zum Zeitpunkt des Kolloquiums befanden sich Prof. Grohmann, Sozialhilfeträger und Leistungserbringer in der Diskussion um entsprechende formelle und inhaltliche Modifizierungen. Nach Auskunft des Sozialhilfeträgers war im Januar 2011 ein baldiger Beginn der ITP-Erprobung in Planung, so dass Anfang 2012 erste Ergebnisse erwartet werden können.

Diskussionen

Die Diskussionen auf beiden Kolloquien war getragen von einem breiten Konsens, dass die Leistungskonkretisierung in der Eingliederungshilfe ein gemeinsames Projekt verschiedener Akteure und Gruppen darstellt: Der Betroffenen und ihrer Verbände ebenso wie der Leistungsträger, der Gerichte, der Leistungsanbieter und der Wissenschaft.
Zur Sprache kamen vor allem folgende kritische Themen:

Einbezug der Menschen mit Behinderungen

VertreterInnen der Betroffenenverbände unterstreichen die Wichtigkeit von Bedarfsermittlungsverfahren, die Menschen mit Behinderungen, etwa durch dialogische Instrumente, direkt mit einbeziehen. Allerdings wird auch darauf hingewiesen, dass der Dialog für Menschen mit Äußerungsschwierigkeiten ein

---

10 Weitere Informationen zum ITP in Hessen unter: http://www.personenzentrierte-hilfen.de/doku_itphessen , 12.09.11.

11 Weitere Informationen unter: http://www.ibrp-online.de , 12.09.2011.

12 Weitere Informationen unter: http://media.essen.de/media/wwwessende/aemter/53/betreuungunddemenz/Handbuch_IHP_3.pdf , 12.09.2011.

Problem darstellt. Er birgt eine Ergebnisunsicherheit, wenn Menschen mit Behinderungen Schwierigkeiten haben, sich verbal hinreichend erklären zu können. Häufig ist es für das Fachpersonal schwierig überhaupt herauszufinden, ob der/die LeistungsnehmerIn zufrieden ist. Nötig sei eine stärkere Begleitung der betroffenen Menschen.

Zentralisiertes Hilfeplanverfahren als Modell

Die Zentralisierung des Hilfeplanverfahrens bei einem der sieben Hamburger Bezirksämter wird von den Leistungsanbietern begrüßt, obgleich darin erklärtermaßen auch eine Stärkung der Steuerungsmöglichkeiten beim Sozialhilfeträgers zu sehen ist. Die organisatorische Zusammenführung der Hilfeplanverfahren verspricht ein höheres Maß an Fachlichkeit und Gleichheit. Die Mitwirkung der Leistungsanbieter bei der Hilfeplanung, über die der Hilfezugang ja in vielen Fällen praktisch läuft, ist vom Hamburger Sozialhilfeträger – anders als an manchen anderen Orten – erwünscht. Das Interesse des Sozialhilfeträgers, die Verfahren zur Hilfegewährung auch unter Aspekten der Zweckmäßigkeit und Wirtschaftlichkeit neu auszurichten, wird in seiner Legitimität nicht bestritten.

Selbstkritisch räumen die VertreterInnen des Leistungsträgers ein, dass sich das Projekt noch im Aufbau befindet. Noch werden einzelne Verfahrenselemente erprobt und verändert. Die notwendigen Personalressourcen sind haushaltsrechtlich noch nicht endgültig abgesichert. Die Belastungen des neuen Fachamtes sind bei 400 Neuanträgen für die 55 Fallmanagerinnen und -manager monatlich recht hoch.

Kritisch bewertet wird die bisherige Reichweite des Modellprojektes: Obgleich die Freie und Hansestadt Hamburg auch Jugendhilfeträgerin ist, ist eine Abstimmung mit den Verfahren nach dem SGB VIII[13] noch nicht erfolgt. Hier wartet man das Ergebnis der bundesweiten Diskussion um die Neuordnung der Eingliederungshilfe für Kinder und Jugendliche ab: Möglicherweise werden künftig alle Arten der Behinderung bei Kindern und Jugendlichen der Jugendhilfe zugeordnet.

Die Sozialgerichtsbarkeit weist auf die Schwierigkeiten hin, die das mehrstufige Verfahren mit sich bringt: Nach wie vor sind – neben dem neuen zentralen Fachamt – die Gesundheitsämter und die Sozialämter der Bezirke an der Leistungsbewilligung entscheidend beteiligt. Die Feststellung der persönlichen Voraussetzungen für eine Leistung der Eingliederungshilfe durch das Gesundheitsamt („wesentliche Behinderung“) und die Prüfung des Nachranges gegenüber Einkommen, Vermögen und Unterhaltsansprüchen stehen mit Aspekten der Teilhabeförderung jedoch in einem engen sachlichen und rechtlichen Zusammenhang. Auch die rückwirkende Nachvollziehbarkeit des Verfahrens durch die Gerichte wird durch die Mehrstufigkeit nicht erhöht, die Verantwortlichkeiten im Einzelnen bleiben intransparent.

Vonseiten der Sozialgerichtsbarkeit wird auch die personelle Vertretung im Gerichtsverfahren kritisiert: Offenbar sind hier, durch die Zuständigkeit der

13 Eingliederungshilfe für seelisch behinderte Kinder und Jugendliche, § 35a SGB VIII.

dezentralen Bezirksämter und ihrer Rechtsabteilungen für die Widerspruchsverfahren, häufiger Juristen mit der sozialgerichtlichen Verteidigung des behördlichen Widerspruchsbescheides beauftragt, die dem diskursiven Ansatz des zentralen Hilfeplanverfahrens fachlich und persönlich nicht gewachsen sind. Hier könnte es sich anbieten, die Zentralisierung auch auf die Widerspruchsverfahren und gegebenenfalls die gerichtliche Vertretung zu erstrecken.

Schnittstellen zu anderen Sozialleistungsträgern
Aus Sicht des Sozialhilfeträgers ist es wünschenswert, dass vorrangige Leistungen verstärkt in Anspruch genommen werden. Aus der Sozialgerichtsbarkeit wird moniert, dass in der Eingliederungshilfe die Vorschriften des SGB IX zur Klärung der Zuständigkeiten vonseiten der Rehabilitationsträger nicht hinreichend umgesetzt werden: Auch der Sozialhilfeträger ist gegenüber dem Leistungsberechtigten prüf- und leistungspflichtig – unbeschadet der Möglichkeiten der Reha-Träger untereinander, im Erstattungswege die Kosten zuständigkeitskonform zuzurechnen.[14] Die Vertreter des Sozialhilfeträgers bitten hier allerdings um Verständnis für die Sonderrolle der Sozialhilfe: Es bereitet offenbar große administrative Schwierigkeiten, von anderen örtlich zuständigen Sozial- oder Jugendhilfeträgern und insbesondere von einzelnen Krankenkassen geleistete Aufwendungen auf dem Erstattungswege zurück zu erhalten. – Hier blieb ein Dissens im Raume stehen, wieweit die Erstattungsprobleme des Sozialhilfeträgers dazu legitimieren, Zuständigkeitsfragen entgegen der Absicht des SGB IX nun doch wieder dem Verfahren um den Leistungsbescheid aufzubürden.

Behindertenrechtskonvention (BRK) der UN
Einigkeit besteht darin, dass es sich bei dieser Konvention um ein maßgebliches Dokument handelt, das bei der künftigen Gestaltung der Rechte behinderter Menschen zu beachten ist. Wieweit die Konvention selbst innerstaatlich unmittelbar bindende Wirkungen für Verwaltungen oder Gerichte entfaltet, bleibt einstweilen offen. Für die Sozialgerichtsbarkeit ergeben sich aber aus den einzelnen Artikeln Hinweise, wie mit dem bestehenden Entscheidungsspielraum im nationalen Sozialrecht im Einzelfall umgegangen werden kann. Insbesondere gilt dies für die Bezugspunkte der Bedarfseinschätzung und für die einzelfallbezogene Ermessenskonkretisierung auf dem Wege zu einer Leistungsentscheidung.[15]

---

[14] §§ 10 – 12, 14 SGB IX

[15] Zur Individualisierung des Leistungsanspruchs: § 33 SGB I, § 9 Abs. 1 SGB IX, § 9 SGB XII. Zur Leistungskonkretisierung im Ermessensfall: § 39 SGB I, § 17 Abs. 2 SGB XII. Zu den dabei vom Rehabilitationsträger zu beachtenden übergeordneten Zielen: §§ 1, 4 SGB IX. Zur Partizipation der Betroffenen im Wege des Wunsch- und Wahlrechts: § 9 SGB IX, § 9 SGB XII. Zur Beteiligung von Bevollmächtigten und Beiständen, auch aus dem Kreis der Mitarbeiter von Leistungsanbietern oder der rechtlichen Betreuer: § 13 SGB X. Zur schriftlichen Form und Begründungspflicht bei Ermessensentscheidungen: §§ 33, 35 SGB X. Zum Rechtsanspruch auf Sozialhilfeleistungen und Gesichtspunkten der Ermessenskonkretisierung: C. Grube, in: Grube/Warendodrf, SGB XII-Kommentar, München (Beck) 2008, § 17, Anm.

Der Sozialhilfeträger verweist auf verschiedene politische Initiativen auf Bundes- und Landesebene („Aktionspläne“). Zudem werden im Rahmen der im Februar 2010 unterzeichneten Hamburger Verträge zwischen Sozialbehörde und Leistungsanbietern sozialräumliche Angebote besonders gefördert.[16]
Aufseiten der Wissenschaft wird angemerkt, dass zu einer der Konvention entsprechenden Weiterentwicklung der Eingliederungshilfe auch ein auf soziale Teilhabe ausgerichtetes Bedarfsermittlungsinstrument gehört: Die Verfahren von Metzler u.a. sind doch recht nah am Hilfebedarf der stationär betreuten Leistungsberechtigten ausgerichtet; hier gibt es in der fachwissenschaftlichen Debatte durchaus Alternativen.

Lebensnähe der Entscheidungspraxis
Die Betroffenenverbände fragen die Sozialrichter, auf welcher Basis sie die Bedarfe von Menschen mit Behinderungen einschätzen. Insbesondere interessieren die jeweiligen Kenntnisse und Anschauungen zur Lebenswelt behinderter Menschen. Die Mitglieder der Sozialgerichtsbarkeit berichten daraufhin ausführlich, wie sie auf die erweiterte Zuständigkeit für Grundsicherung und Sozialhilfe seit 2005 durch eine intensive interne Qualifizierung reagiert haben. Durch Besichtigungen und Besuche in der Arbeitswelt werde versucht, die Realität hinter den Konfliktfällen für die Richter erfahrbar zu machen. Eine Initiative aus dem Kreis der Verbände und Leistungsanbieter, die Lebenswelt behinderter Menschen durch Besuche und Gespräche besser kennenzulernen, wird vonseiten der Richter sehr begrüßt – und ist inzwischen umgesetzt.

Barrieren gegenüber der Verwaltung und vor Gericht
Aus der Sicht der Betroffenen und ihrer Verbände ist der Zugang behinderter Menschen zum Recht stark verbesserungsfähig: Menschen mit Behinderungen sind in ihrer Artikulation während des narrativen Verfahrens des Fallmanagements wie auch der Sozialgerichtsbarkeit eingeschränkt. Selbst wenn der/die rechtliche BetreuerIn formuliert, ist diese Kommunikation beeinflusst und überdies fremdbestimmt. Kommunikationsbarrieren gibt es daher im Hilfeplanverfahren wie auch vor Gericht.
Entscheidungen, insbesondere zur Anrechnung von Einkünften, sind auch für Fachpersonal nur schwer nachvollziehbar, weil die Bescheide schwer lesbar sind. Niemand macht sich Gedanken, wie sie in leichter Sprache umzuformulieren sind.
Die Sozialgerichtsbarkeit berichtet, dass in Hamburg nur sehr wenige Klageverfahren stattfinden. Die resultiert aus Sicht der Betroffenenverbände aus den komplizierten und bürokratischen Beschwerdeverfahren. Das macht den Weg zu einer Klage schwer für Menschen mit Behinderungen.
Es wird zudem von Betroffenenverbänden eine mangelnde Redebereitschaft und Dialogfähigkeit des Sozialhilfeträgers moniert. Eine adäquate Unterstützung für die Betroffenen sei wünschenswert. Eine aus der geringen Anzahl von „geschei-

---

16 Pressemitteilung Sozialbehörde Hamburg (19.02.2010): Verhandlungserfolg bei der Eingliederungshilfe.

terten“ Fällen gefolgerte Annahme, dass wenige Klagen eine hohe Zufriedenheit widerspiegeln, sei jedenfalls sehr gewagt. Der Sozialhilfeträger sieht das dezentrale Widerspruchsverfahren in Hamburg allerdings im bundesweiten Vergleich als fortschrittlich und leicht zugänglich an.

Unabhängige Gutachten

Der ExpertInnenkreis für Leistungsbestimmungen in der Eingliederungshilfe für Menschen mit Behinderungen ist eng. Hinzu kommen die Kommunikationsbarrieren der Leistungsberechtigten, was maßgeblichen Einfluss auf die Hilfebestimmung hat. Die Vertrauenspersonen der KlientInnen können nicht immer über das nötige fachliche Wissen und die Kenntnis über die Hilfestrukturen und Leistungsangebote verfügen.

Diskutiert wird der Einsatz von unabhängigen GutachterInnen im Bedarfsermittlungsprozess, denn es darf nicht übersehen werden, dass sowohl die Leistungsträger- als auch Leistungserbringerseite Eigeninteressen in der Entscheidung über Leistungen der Eingliederungshilfe verfolgen. Die Leistungsträger haben ein besonderes Augenmerk auf die Kostenbegrenzung und die Leistungserbringer haben auf die Kapazitätsauslastungen und die Refinanzierung ihrer Einrichtungen und Dienste zu achten.

Ausblick

Die Rückmeldungen aus dem Kreis der Beteiligten lassen erkennen, dass ein „systemübergreifendes“ Gespräch von Entscheidern das Verständnis für die jeweiligen Rollen erleichtert und die gemeinsame Aufgabe sichtbarer werden lässt. Die Chance, regional Verantwortliche zu einem Gesprächskreis zu versammeln, ermöglicht auch erweiterte bilaterale Kontakte, die der Konfliktbewältigung im Einzelfall zu gute kommen können. Aus der Sicht der überwiegenden Zahl der Beteiligten erscheint es überdies sinnvoll, bei dem Projekt einer neuen administrativen Fallsteuerung die Sozialgerichtsbarkeit frühzeitig zu Rate zu ziehen, um etwaigen systembedingten Verfahrensmängeln vorzubeugen.

Betroffenenverbände, Gerichte, Einrichtungen, ministerielle Steuerung, durchführende Behörden und Wissenschaft an einem Ort zusammenzuführen, gelingt in einem Stadtstaat wie Hamburg sicher eher als anderswo. Daraus ergeben sich für die Weiterentwicklung der Eingliederungshilfe in Metropolen Möglichkeiten in fachlicher und rechtlicher Hinsicht.

Literatur

Bundesarbeitsgemeinschaft der überörtlichen Träger der Sozialhilfe (Hg.) (01.12.2006): Entwicklung der Fallzahlen in der Eingliederungshilfe. Münster.

Flint, T. (2010): Die Eingliederungshilfe in der Rechtsprechung der Sozialgerichtsbarkeit, in: NDV 2/2010.

Pantucek, P. (2010): Die ICF – ein Perspektivenwechsel, zu beziehen über: http://www.pantucek.com/diagnose/texte/hummel_ICF/hummel_ICF_text.pdf, 15.8.2010.

Schütte, W. (2009): Sozialhilferecht (SGB XII), in: Rehabilitationsrecht, Hg. E.-W. Luthe, Berlin (ESV).

Statistisches Bundesamt (2010): Statistik der Sozialhilfe 2008. Eingliederungshilfe für behinderte Menschen. Wiesbaden.

World Health Organization (Hg.): International Classification of Functioning, Disability and Health (ICF). Online verfügbar unter http://www.who.int/-classifications/icf/en/, zuletzt geprüft am 15.09.2011.

Lothar Flemming

Wohnhilfen im Wandel

Die Neuorientierung der Eingliederungshilfen in Nordrhein-Westfalen

1. Der Landschaftsverband Rheinland - LVR

Als kommunaler Regionalverband übernimmt der LVR Aufgaben, die besser überregional bearbeitet werden. Die 13 kreisfreien Städte, 13 Kreise und die Stadtregion Aachen im Rheinland – das ist der Landesteil Nordrhein des Landes NRW mit den Regierungsbezirken Köln und Düsseldorf – sind seine Mitglieder. Sie tragen den LVR. Gegründet wurden der LVR und sein Schwesterverband LWL (Landschaftsverband Westfalen-Lippe) 1953 durch den nordrhein-westfälischen Landtag. Die Wurzeln der regionalen Selbstverwaltung im Rheinland reichen jedoch zurück bis zur preußischen Rheinprovinz von 1815.

Der LVR erbringt mit seinen ca. 15000 Beschäftigten an mehr als 70 Standorten Dienstleistungen für die etwa 9,6 Millionen Menschen im Rheinland:

- Er finanziert als einer der bundesweit größten Leistungsträger die Wohnhilfen und Werkstatt-Arbeitsplätze für Menschen mit Handicap; und er fördert die Integration von behinderten Menschen in den Beruf.
- Er ist Träger von 41 Förderschulen für Kinder und Jugendliche mit Körper- und Sinnesbehinderungen.
- Er betreibt psychiatrische Kliniken und Tageskliniken.
- Er ist Träger von sechs Museen an elf Standorten und fördert vielfältige Kulturprojekte.

Der LVR finanziert seine Arbeit im Wesentlichen aus der Umlage seiner Mitgliedskörperschaften (Hebesatz 15,85 %). Fast 90 % des rund 2,9 Milliarden Euro umfassenden Haushalts gibt er für soziale Aufgaben aus: hauptsächlich für gesetzliche Pflichtaufgaben im Bereich der Hilfen für Menschen mit Behinderung, aber auch für die sozialen Aufgabenfelder Psychiatrie, Kinder-, Jugend- und Familienhilfe. Ziel ist es, Menschen mit Behinderung oder in schwierigen Lebenslagen ein möglichst selbstbestimmtes Leben und die Teilhabe an der Gesellschaft zu ermöglichen. Der LVR sichert einheitliche soziale Lebensverhältnisse – unabhängig von der Kassenlage der jeweiligen Kommune.

Im Jahr 2008 wurden vom Haushalt des LVR insgesamt 1,713 Milliarden Euro für die Leistungen für Menschen mit Behinderung aufgewendet; immer noch den größten Anteil hieran haben die Leistungen des stationären Wohnens mit ca. 960 Millionen Euro, gefolgt von den Leistungen zur Beschäftigung mit ca. 390 Mio. Euro. Der Anteil der ambulanten Eingliederungshilfen zum selbständigen Wohnen nimmt insbesondere seit 2003 kontinuierlich zu, erscheint jedoch mit ca. 150 Mio. Euro im Vergleich zu den stationären Wohnhilfen noch gering. Hierbei ist jedoch zu bedenken, dass bis zum Jahr 2003 keine Zuständigkeit des LVR für die ambulanten Wohnhilfen gegeben war, lediglich im Wege der freiwilligen Leistungen konnte der Ausbau des sog. betreuten Wohnens unterstützt werden. Im Ergebnis war ein stetiger Zuwachs der Platz- und Fallzahlen im Bereich des stationären Wohnens zu beobachten.

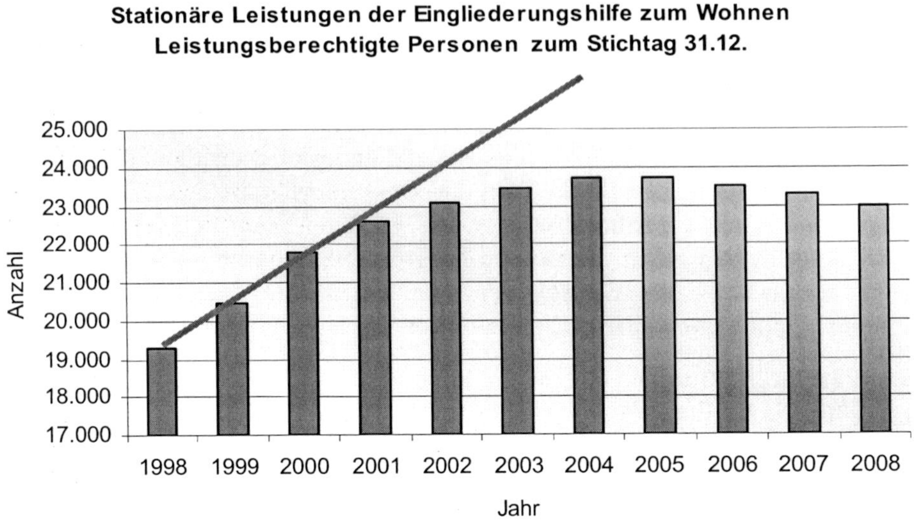

Ohne die Möglichkeit einer Steuerung war zu befürchten, dass die sehr teuren stationären Wohnhilfen um ca. 1000 pro Jahr ansteigen, und die in vielen Fällen möglichen, individuell zugeschnittenen ambulanten Unterstützungsleistungen nicht angeboten würden. Dies war als Ergebnis der geteilten Zuständigkeiten für die ambulanten und stationären Wohnhilfen in den Vorjahren beobachtet worden.

Nicht zuletzt mit Blick auf die Kostenfolgen für die kommunalen Haushalte bei stetig wachsender Zahl von Leistungsempfängern hat die Landesregierung in NRW deshalb zur Jahresmitte 2003 die Zuständigkeit für alle Eingliederungshilfen zum selbständigen Wohnen bei den Landschaftsverbänden zusammengeführt. Diese Zuständigkeitszusammenführung („Hochzonung") wurde zunächst auf sieben Jahre befristet und hinsichtlich ihrer Effekte durch eine wissenschaftliche Begleitforschung überprüft; hiermit wurde das Zentrum für Planung und Evaluation Sozialer Dienste (ZPE) der Universität Siegen beauftragt. Nach Vorlage des Abschlussberichtes im Sommer 2008 hat die Landesregierung vorzeitig entschieden, die Zuständigkeit für die Eingliederungshilfen zum selbständigen Wohnen bei den Landschaftsverbänden zu belassen, jetzt befristet bis zur Jahresmitte 2013.

2. Steuerung im Bereich der Eingliederungshilfen

Die Entwicklung der Fallzahlen im Bereich der ambulanten und stationären Eingliederungshilfen zum Wohnen bis zum Jahresende 2008 spricht eine deutliche Sprache: Es ist in den letzten drei Jahren gelungen, den vermeintlich unaufhaltsamen Fallzahlenanstieg bei den stationären Wohnhilfen zu stoppen und in einen moderaten Fallzahlenrückgang umzukehren! Zugleich ist die Anzahl der Menschen, die ambulante Eingliederungshilfen zum selbständigen Wohnen erhalten, sehr deutlich angestiegen.
Diese Tatsache wirft neue Fragen auf, grundsätzlich geht der LVR aber davon aus, dass auf der Grundlage der Steuerungsverantwortung sowohl für die ambulanten als auch die stationären Wohnhilfen das Steuerungsziel erreicht werden konnte: Kostenbegrenzung bei wachsenden Fallzahlen durch fachliche Weiterentwicklungen auf der Basis des Grundsatzes „ambulant vor stationär".

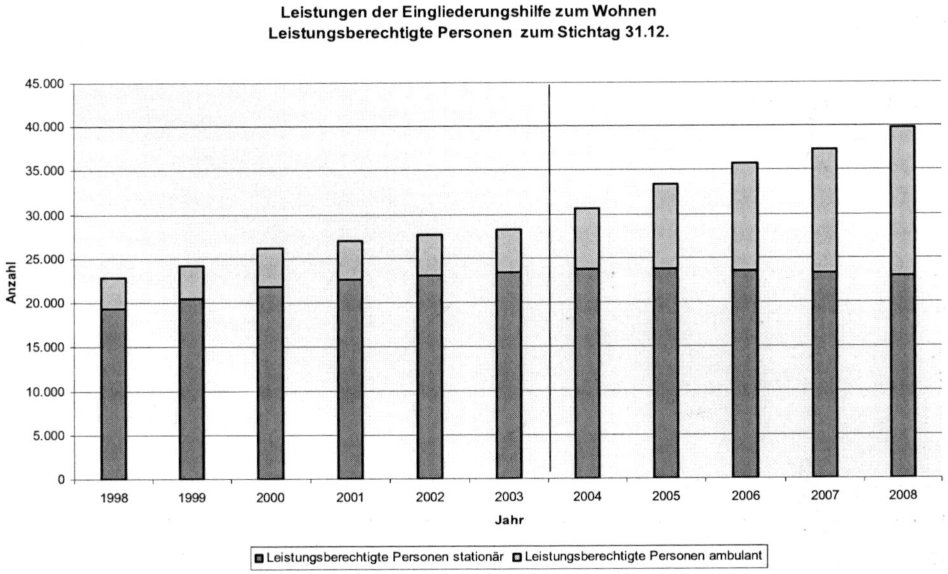

Um dieses Ergebnis zu erzielen, war die „Lizenz" zum Steuern erforderlich, also die genannte Zusammenführung der Zuständigkeiten; es war die Unvermeidlichkeit eines steuernden Eingreifens angesichts demographischer und finanzieller Entwicklungen zu akzeptieren. Vor allem aber war zu reagieren auf tiefgreifende konzeptionelle Neuorientierungen bis hin zur Ebene der nationalen und internationalen Gesetzgebung: Menschen mit Behinderungen sind grundsätzlich als Experten für ihre Lebensgestaltung, ihre Lebensentwürfe und die für deren Realisierung erforderliche Unterstützung anzusehen.

Sollen Menschen mit Behinderung konsequent als „steuerndes Subjekt" und nicht länger als „Objekt der Fürsorge" in die Prozesse der Bedarfsermittlung und Leistungserbringung einbezogen sein, bedarf es seitens der Sozialhilfeträger sowohl eines Fachkonzeptes als auch eines Sets an Instrumenten und Verfahrensweisen, die diese Veränderung für die Beteiligten praktisch wirksam werden lässt. So wird es nicht mehr angemessen sein, auf der Basis von Bedarfsmeldungen von Leistungsanbietern neue institutionelle Angebote zu schaffen, ohne die Bedürfnisse und Bedarfe von Menschen mit Behinderung (und ihren Angehörigen) selber erfahren zu haben.

Hinsichtlich des Fachkonzeptes hat sich der LVR für die Umsetzung des personenzentrierten Ansatzes entschieden, den die Aktion psychisch Kranke e.V. (APK) in Deutschland bekannt gemacht hat. Die Vorsitzende Regina Schmidt-Zadel hat 2003 folgende Definition benutzt:
„Beim personenzentrierten Ansatz geht es darum, mit dem psychisch erkrankten Menschen gemeinsam den individuellen Hilfebedarf festzustellen und dann ein passendes Hilfepaket zu organisieren, möglichst im gewohnten Lebensfeld des psychisch kranken Menschen und unter möglichst `normalen` Bedingungen; das heißt weitgehend außerhalb von Spezialeinrichtungen für psychisch Kranke. Nicht mehr über Betten und Plätze soll verhandelt werden, sondern über Leistungen, deren individuelle Notwendigkeit und deren Ergebnisse.“[1]
Zentrale Ansatzpunkte aus ihrer Sicht sind:

- mehr auf die einzelne Person achten
- stärker zusammenarbeiten
- gemeinsam Verantwortung übernehmen.

Für die praktische Umsetzung hat der LVR folgenden „Instrumentenkoffer“ entwickelt:

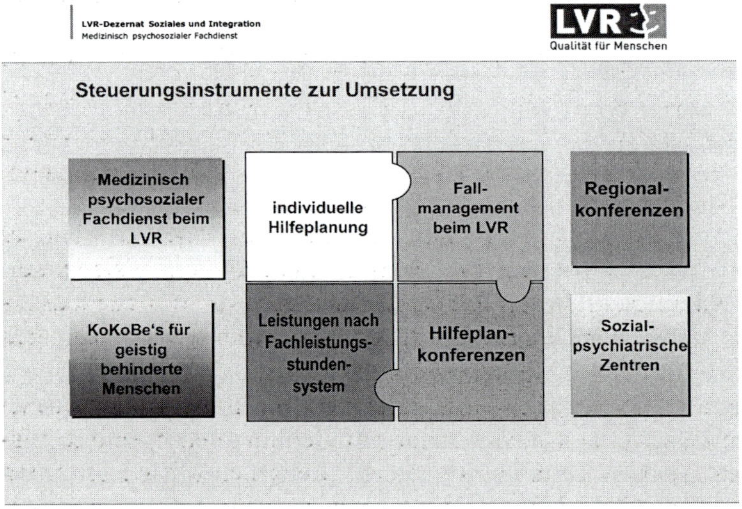

[1] Schmidt-Zadel/Kunze (Hrsg.): Die Zukunft hat begonnen. Personenzentrierte Hilfen – Erfahrungen und Perspektiven, Bonn, Psychiatrie-Verlag, 2004, S. 12.

Die Instrumente müssen geeignet sein, die von ihnen erwarteten Zwecke zu erfüllen; dabei ist zu beachten, in welchem Wirkungsfeld sie zum Einsatz kommen, welchen Ansatzpunkt sie haben. Zu unterscheiden sind zumindest die Ebenen der Einzelfallbearbeitung, der Organisation, der Struktur und der Finanzierung:

- Zur Klärung des individuellen Hilfebedarfes wird ein einheitliches Hilfeplaninstrument für alle Menschen mit Behinderungen und unabhängig von der Form der Hilfe, die sie beantragen oder bereits erhalten, verwendet: der Individuelle Hilfeplan (IHP). Er geht aus von den Zielen der Menschen mit Behinderungen, analysiert die vorhandenen Ressourcen und die durch die Behinderung bedingten Beeinträchtigungen, die bei der Verwirklichung dieser Ziele von Bedeutung sind. Aus dieser Analyse werden Maßnahmen abgeleitet, die in einem umschriebenen Zeitraum vorrangig erforderlich sind, um die angestrebten Ziele zu erreichen.
- Zur fachlichen Überprüfung der Hilfebedarfsermittlung und zur Vorbereitung der Bedarfsdeckung dienen die flächendeckend installierten Hilfeplankonferenzen (HPK), in denen die Hilfepläne vorgestellt bzw. beraten werden. Teilnehmer sind Vertreter des Landschaftsverbandes Rheinland, des örtlichen Gesundheits- und/oder Sozialamtes, der für die Zielgruppe zuständigen Beratungsstellen und der Einrichtungen und Dienste der Eingliederungshilfe in der Region. Die Menschen mit Behinderungen sind eingeladen, ihre Interessen selber zu vertreten, unterstützt von Vertrauenspersonen bzw. denjenigen, mit denen sie den IHP erarbeitet haben. Ergebnis der Beratung ist eine fachliche Stellungnahme, die dem Kostenträger als Grundlage seiner Entscheidung dient.
- Beim Landschaftsverband Rheinland obliegt die Einzelfallbearbeitung regional zuständigen Teams, in denen die Fallmanager/-innen die „Nahtstelle" zur Region bilden: Sie nehmen Anträge mit den IHP entgegen, prüfen sie und bringen sie in die regionalen HPK ein, sie treffen dort nach Möglichkeit direkt die Entscheidung über die beantragten Leistungen.
- Unterstützt bei der Klärung von Fachfragen im Einzelfall, aber auch bei der Beurteilung der Qualität von Diensten und Einrichtungen werden sie von einem internen medizinisch-psychosozialen Fachdienst, der darüber hinaus interne und öffentliche Fortbildungen organisiert und Konzeptentwicklungen unterstützt.
- In allen Regionen des Rheinlandes sind Sozialpsychiatrische Zentren (SPZ) und Koordinierungs-, Kontakt- und Beratungsstellen für Menschen mit geistiger Behinderung (KoKoBe) tätig, sie beraten Menschen mit Behinderung zu den Möglichkeiten, an ihrem Wohnort Unterstützungsleistungen zu bekommen, und helfen ggf. bei der Erstellung eines IHP; zudem sind sie festes Mitglied der regionalen HPK.
- Über die Entwicklungen im regionalen Versorgungssystem, die Veränderung von Rahmenbedingungen sowie über die Erkenntnisse aus der Bearbeitung

der Einzelfälle wird regelmäßig in den Regionalkonferenzen gesprochen, die dem Grundsatz einer sozialräumlich denkenden Sozialplanung verpflichtet sind.

- Zur Umsteuerung der Eingliederungshilfen hin zu mehr ambulanten Unterstützungsleistungen zulasten der stationären Versorgung sind Rahmenzielvereinbarungen zwischen den Landschaftsverbänden in Nordrhein-Westfalen und den Verbänden der Freien Wohlfahrtspflege abgeschlossen worden, die finanzielle Anreize für eine gezielte Begleitung von Wohnheimbewohnern aus dem Heim heraus enthalten und zu Konzepten von Wohnverbünden auffordern – also einem flexiblen System von Leistungen zwischen ambulant und stationär.
- Das System der Leistungsvereinbarungen im Bereich der ambulanten Wohnhilfen wurde verändert, nicht mehr Förderrichtlinien entscheiden über den Zugang ins System, sondern die Erfüllung der in den Vereinbarungen definierten Standards ermöglicht deren Abschluss. Werden die formalen und inhaltlichen Voraussetzungen erfüllt, ist die praktische Arbeit im regionalen Verbund das wesentliche Prüfkriterium, um die Qualität eines Anbieters beurteilen zu können.
- Im ambulanten Unterstützungssystem treffen die Menschen mit Behinderung und ihre Dienstleister auf ein verändertes Finanzierungssystem: Nicht mehr Platzzahlen und Stellenschlüssel regulieren den Zugang, quasi die „Befähigung" zum selbständigen Wohnen, sondern der individuelle Bedarf wird in Fachleistungsstunden ausgedrückt und dem Dienstleister entgolten. Ähnliche Finanzierungsmöglichkeiten gibt es im stationären System noch nicht, erste Erprobungen sind jedoch erfolgt bzw. beabsichtigt.[2]

3. Ergebnisse des Prozesses der Neuorientierung der Eingliederungshilfen

Bei der „Instrumentenbedienung" wird sehr schnell deutlich, dass es sich um höchst anspruchsvolle Instrumente handelt, die zum Teil im deutlichen Widerspruch zu langjährig gepflegten Verfahrensweisen stehen: Es ist etwas anderes, über die eigene fachliche Arbeit im Rückblick zu berichten („Entwicklungsbericht"), als gezielte Maßnahmen zu planen, die sich an den Zielen des Menschen mit Behinderung (und nichts anderem!) orientieren. Es ist herausfordernd, die erarbeiteten IHP mehreren Fachkollegen, die zugleich Konkurrenten sind, in der HPK zur fachlichen Expertise vorzulegen. Es tangiert das fachliche Selbstverständnis, wenn ein Vertreter des Kostenträgers zugegen ist und die Plausibilität des IHP im öffentlichen Diskurs hinterfragt. Es ist nach wie vor ungewöhnlich, die eigenen Planungen als Leistungsanbieter der Eingliederungshilfe nicht bilateral mit zuständigen Leistungsträgern, sondern in Planungsgremien öffentlich zu machen und notfalls im Sinne einer regionalen Angebotsplanung zu korrigieren. Insgesamt ist es eine neue Qualität, vom Leistungsträger dazu aufgefordert zu werden, die seit längeren Jahren fachlich diskutierten Leitvorstellungen (wie:

---

[2] Weitere Informationen unter: www.lvr.de/soziales.

Normalisierung, Individualisierung, Selbstbestimmung, Integration, Empowerment usw.) nunmehr konsequent umzusetzen und dabei tiefgreifende Veränderungen in Organisation und Arbeitsweise des eigenen Angebotes zu gestalten!

Wenn es richtig ist, dass die auf allen Seiten und von allen Beteiligten geforderten Veränderungen gewohnter Arbeitsweisen so tiefgreifend sind, ist erst recht zu fragen, welche Wirkungen oder Ergebnisse dieser Prozess erzeugt hat: Es kann nicht automatisch davon ausgegangen werden, dass bewusste Steuerung zu linearen Ursache-Wirkungszusammenhängen führt. Es war hilfreich für die Beantwortung dieser Frage, dass der Veränderungsprozess seit 2003 wissenschaftlich begleitet wurde (wie oben erwähnt, durch das ZPE der Universität Siegen). Die Begleitforschung war breit angelegt und führte zu einer Fülle von Handlungsempfehlungen, die unabhängig von einer Entscheidung über die Zuständigkeitsregelung auf die Weiterentwicklung des Systems der Eingliederungshilfen abzielten. Zugleich wurden drei Reformszenarien unterschiedlicher Reichweite entwickelt, deren Umsetzung allerdings unterschiedliche Konsequenzen hinsichtlich der Zuständigkeitsansiedlung haben würden. Das Reformszenario mit der größten Reichweite wurde als Ausgestaltung des „inklusiven Gemeinwesens" bezeichnet.[3]

Aus der Sicht des LVR sind insbesondere die folgenden Aussagen des ZPE für die weitere Ziel- und Maßnahmenplanung von Bedeutung:

- Das Angebot der ambulanten Wohnhilfen existiert jetzt flächendeckend, aber die regionale Ausprägung und Inanspruchnahme ist sehr unterschiedlich.
- Die Menschen mit einem höheren oder komplexen Unterstützungsbedarf profitieren noch zu wenig.
- Es steigen die Fallzahlen und Gesamtaufwendungen in der Eingliederungshilfe, wohingegen die durchschnittlichen Fallkosten sinken.
- Die individuelle Hilfeplanung ist gut etabliert, bezieht sich allerdings zu eng auf die Wohnhilfen und erfüllt nicht den Anspruch einer individuellen Teilhabeplanung.
- Die Instrumente zur örtlichen Angebotsplanung sind nur schwach entwickelt.
- Rahmenzielvereinbarungen mit den Verbänden der Freien Wohlfahrtspflege und Anreizprogramme für Träger von Einrichtungen und die Menschen mit Behinderung selber sind wirksam im Prozess des Ausbaus der ambulanten Unterstützung, aber eine spezifische Wirksamkeit kann nicht zugeordnet werden.
- Die vorgehaltenen Angebote bzw. Angebots- und Leistungsformen sind noch zu undifferenziert und in ihrer Finanzierungsform nicht auf individuelle Bedarfslagen zuzuschneiden.

---

3 ZPE der Universität Siegen: Selbständiges Wohnen behinderter Menschen. Individuelle Hilfen aus einer Hand. Abschlussbericht, Siegen, August 2008.

- Beratung und Hilfeplanung sind zu sehr trägerabhängig; es fehlen regionale Angebote zur Unterstützung in Krisensituationen.

In der Bilanz kommt das ZPE zu der Einschätzung, dass weiterhin erhebliche Modernisierungsaufgaben und Konzeptentwicklungen zu bewältigen sind – und es weist darauf hin, dass diese Aufgaben „aus einer Hand" bewältigt werden sollten.

Im Jahr 2008 hat der LVR selber mehrere Untersuchungen in Auftrag gegeben, um die Effekte der eingeleiteten Steuerungsaktivitäten zu ermitteln. Mit einer dieser Untersuchungen wurde die AKTION PSYCHISCH KRANKE e.V. (APK) erteilt: Im Sinne einer Zwischenbilanz nach fünf Jahren der Neuorientierung der Eingliederungshilfe sollte untersucht werden, wie sich die regionalen Versorgungs- und Kooperationsstrukturen insbesondere in der Arbeit für Menschen mit psychischen Behinderungen verändert haben.[4] Die Schwerpunktsetzung war deshalb gewählt, da die Fallzahlsteigerung bei den Empfängern von ambulanten Hilfen zum selbständigen Wohnen zu etwa zwei Dritteln durch Menschen mit psychischer Behinderung und relativ geringem Hilfebedarf verursacht wird.

Der Untersuchung wurden folgende Leitfragen vorangestellt:

- Sind Entwicklungen in Richtung auf das Ziel „ambulant vor stationär" zu verzeichnen?
- Wie hat sich die fachliche Zusammenarbeit in den Regionen zwischen Einrichtungen und Diensten und zwischen diesen und dem LVR entwickelt?
- Gibt es zusätzliche Entwicklungsbedarfe durch die Veränderung der Rahmenbedingungen (Stichwort: vermehrt Leistungen zur Tagesgestaltung erforderlich)?
- Wie ist die stetige Zunahme von Anträgen auf ambulante Eingliederungshilfen zum Wohnen zu erklären?

Auch die Untersuchung der APK mündete in einer Reihe von Handlungsempfehlungen, die – nicht überraschend – enge Bezüge zu den vielfältig publizierten fachlichen Leitvorstellungen der APK aufweisen:

- Die gut etablierte individuelle Hilfeplanung sollte im Sinne einer integrierten – d.h. alle Lebensbereiche und Unterstützungsbedarfe erfassenden – Hilfeplanung weiterentwickelt werden; die auf dieser Basis ermittelten Hilfeleistungen sollten übergreifend koordiniert werden.
- Die Leistungen der Eingliederungshilfe sollten flexibler und durchlässiger ausgestaltet werden, indem sie grundsätzlich zeitbasiert (nicht in Form von Pauschalen) finanziert werden (wie bei den Fachleistungsstunden).

---

4 LVR (Hrsg.): Leistungen zur Teilhabe integrieren! Abschlussbericht der Aktion psychisch Kranke e.V. zum Projekt „Weiterentwicklung der regionalen Versorgungsstruktur für psychisch kranke Menschen", Köln 2009.

- Das System der professionellen Dienstleistungen sollte stärker vernetzt werden mit nicht-professionellen Leistungen sowie Angeboten der Bürger- und Selbsthilfe.
- Die regionalen Kooperationsbeziehungen der Leistungsanbieter sollten optimiert werden durch die Bildung gemeindepsychiatrischer Verbünde.
- Neben den antragsgestützten Einzelleistungen der Eingliederungshilfe sollten niederschwellige Zugänge zu Teilhabeleistungen ermöglicht werden (besonders in den Sozialpsychiatrischen Zentren für Personengruppen mit einem wechselnden Hilfebedarf bzw. einer schlechten Erreichbarkeit für hochschwelligere Angebote).
- Vorrangige Leistungen der Behandlung und Rehabilitation sind in das Verfahren der Bedarfsermittlung und Leistungsplanung einzubeziehen!

Auch die APK konstatiert, dass der LVR zu allen Themen bereits Entwicklungen in Gang gebracht hat und empfiehlt deren konsequente Weiterführung.

Aus Sicht des LVR wird in den nächsten Jahren eine Konzentration auf die Verfolgung der folgenden Handlungsansätze erforderlich sein:
- Intensive Kooperation des überörtlichen mit den örtlichen Sozialhilfeträgern, um im Einzelfall die Koordination der erforderlichen Teilhabeleistungen sicherzustellen, gemeinsam die Qualität und den Wirkungsgrad der erbrachten Leistungen zu steigern und eine sozialräumliche Angebotsplanung zu entwickeln.
- Die Weiterentwicklung der individuellen Hilfeplanung zu einer Gesamt, oder modern: Teilhabeplanung, die dann zwangsläufig Leistungen vorrangiger Leistungsträger mit abbilden muss und eigentlich nur gelingen kann, wenn diese im Verfahren (z.B. in der Hilfeplankonferenz) beteiligt sind.
- Insbesondere die Leistungen zur ambulanten Unterstützung des selbständigen Wohnens müssen ausdifferenziert werden, insgesamt ist die „Leistungspalette“ mit zeitbezogenen und damit individuell passgenau zu erbringenden Finanzierungsformen zu hinterlegen.
- Menschen mit Behinderung müssen bei der Realisierung vorrangiger Leistungsansprüche unterstützt werden, ein vorschnelles „Umlenken“ in die Sozialhilfe ist zu verhindern.
- Die flächendeckend verfügbaren Basisangebote für Beratung und Kontakte in Form der Sozialpsychiatrischen Zentren (SPZ) und Koordinierungs-, Kontakt- und Beratungsstellen für Menschen mit geistiger Behinderung (KoKoBe) sollen gestärkt werden.

Natürlich ist zu beachten, dass es für die Verwirklichung dieser Vorhaben limitierende Rahmenbedingungen gibt, die zudem in einem ambivalenten Verhältnis zueinander stehen:
- Es ist angesichts der krisenhaften Entwicklung der kommunalen Haushalte mit einer anhaltenden Ressourcenverknappung bei zugleich steigenden Fall-

zahlen zu rechnen; es sind Konzepte zu entwickeln, wie man „aus leeren Kassen Kapital schlagen“ (K. Dörner) kann im Sinne fachlicher Weiterentwicklungen.

- Die erneute Befristung der Zuständigkeit für die Wohnhilfen bei den Landschaftsverbänden bei gleichzeitiger Fokussierung auf die Themen der Dezentralisierung der großen Heime bzw. die Entwicklung einer vernetzten örtlichen Angebotsplanung verlangt ein erhöhtes Entwicklungstempo und „schnelle Ergebnisse“.
- Weit reichende Entwicklungsimpulse werden durch die UN-Konvention über die Rechte behinderter Menschen sowie die Beschlüsse der Arbeits- und Sozialministerkonferenz zur Weiterentwicklung der Eingliederungshilfe gesetzt und müssen aufgenommen werden.

Der LVR stellt sich dieser Herausforderung und formuliert als sein Leitziel für die Arbeit der nächsten Jahre: „LVR und Kommunen gestalten gemeinsam den inklusiven Sozialraum.“

Ulrich Holschbach

Medizinische Rehabilitation und ‚Eingliederungshilfe' – die Rolle der Krankenkassen

Medizinische Rehabilitation – das gegliederte System

In Deutschland sieht das gegliederte System die Zuständigkeit und damit Verantwortlichkeit in Trägervielfalt vor. Rehabilitation ist keine Frage des Alters oder einer speziellen Lebenslage. Grundsätzlich können Leistungen für Kinder und Jugendliche, Erwachsene mit und ohne Erwerbstätigkeit oder auch ältere Menschen notwendig werden. Wichtig ist, unabhängig des Personenkreises oder des konkreten Leistungsinhalts der Rehabilitation, dass die Förderung der Selbstbestimmung und die gleichberechtigte Teilhabe am Leben in der Gesellschaft im Vordergrund stehen.

Die institutionelle Zuordnung bedingt es, dass ein Zusammenwirken der gesetzlichen Krankenversicherung und sozialen Pflegeversicherung für den jeweiligen betroffenen Menschen unter einem Dach erfolgt. Der wesentliche, grundsätzliche Anspruch und Auftrag liegt bei der gesetzlichen Krankenversicherung darin, Chronifizierung zu verhindern („Rehabilitation vor Chronifizierung"), im Bezug zur sozialen Pflegeversicherung ist die Rehabilitation vorrangig zu den Leistungen der Pflege („Rehabilitation vor Pflege"). Allgemein kann man festhalten, dass die gesetzliche Krankenversicherung medizinische Rehabilitationsleistungen erbringt, um eine Behinderung oder Pflegebedürftigkeit abzuwenden, zu beseitigen, zu mindern, auszugleichen, ihre Verschlimmerung zu verhüten oder ihre Folgen zu mindern.

Dieser Beitrag beschreibt die Rolle der Krankenkassen im Bereich der medizinischen Rehabilitation. Eine Ausschnittsbetrachtung setzt aber auch voraus, dass die gesetzliche Legitimation und trägerspezifische Aufgabenstellung weiterer Träger an dieser Stelle angesprochen wird. Rehabilitation ist eine Gemeinschaftsaufgabe im gegliederten System, die ein verantwortliches Zusammenwirken aller Beteiligten erfordert. Neben der Krankenversicherung ist die gesetzliche Rentenversicherung mit dem Ziel der Erhaltung der Erwerbsfähigkeit beauftragt und erbringt in diesem Zusammenhang unter anderem Leistungen zur medizinischen Rehabilitation („Rehabilitation vor Renten"). Die Rentenversicherung ist dabei im Regelfall vorrangig leistungspflichtig vor der gesetzlichen Krankenversicherung. Dabei gibt es Ausnahmen, wie im Bereich der medizinischen Rehabilitation für Kinder. Hier gilt das Subsidiaritätsprinzip nicht.

Rehabilitation und Teilhabe behinderter Menschen – SGB IX

Im Jahr 2001 wurde durch das Sozialgesetzbuch IX (SGB IX) ein Paradigmenwechsel in der Behindertenpolitik erreicht. Wesentlich war bis zu diesem Zeitpunkt der Alimentationsgedanke in der Leistungsgewährung. Dieses Prinzip fiel zugunsten des gesellschaftlichen Ziels der selbstbestimmten Teilhabe behinderter Menschen und solcher, die von Behinderung bedroht sind. Insofern wurden nicht nur Leistungsinhalte dem neuen Bewusstsein angepasst, sondern auch die Formen der Leistungserbringungen auf den Prüfstand gestellt, ebenso wie die Definition struktureller Anforderungen. Als konkrete Innovationen sind das persönliche Budget als Form der Leistungserbringung zu nennen und die Gemeinsamen Servicestellen für Rehabilitation als strukturelles Element.

Das gegliederte System der sozialen Sicherung, mit Trägervielfalt und den Aufgaben entsprechender Kernkompetenzen, wurde durch das SGB IX nicht in Frage gestellt. Damit verfügt jeder Träger weiterhin über die Finanz- und Entscheidungshoheit in seinem jeweiligen Bereich. Neben der gesetzlichen Kranken- und Rentenversicherung sind unter anderem die Bundesagentur für Arbeit, die Träger der gesetzlichen Unfallversicherung und die Träger der Kriegsopferversorgung als Rehabilitationsträger konkret genannt. Darüber hinaus benennt das SGB IX auch Träger, die bis dahin nicht offensichtlich als Rehabilitationsträger in Erscheinung traten, wie die Sozialhilfe und die öffentliche Jugendhilfe.

Generell gilt, dass alle Rehabilitationsträger nach den für sie spezifisch geltenden Sozialgesetzbüchern Leistungen zur Verfügung stellen. Nicht alle genannten Rehabilitationsträger sind damit für Leistungen zur medizinischen Rehabilitation zuständig. So ist die Bundesagentur für Arbeit beispielsweise nur für Leistungen zur Teilhabe am Arbeitsleben und unterhaltssichernde und andere ergänzende Leistungen zuständig. Ähnlich der gemeinsamen Verfahrensvorgaben zum Verwaltungsrecht (Sozialgesetzbuch X – SGB X), bedurfte es einer gemeinsamen „gesetzlichen Klammer“, die neben dem speziellen Leistungsrecht einheitliche Regelungen im Sozialgesetzbuch für alle Rehabilitationsträger normiert. Seit dem Jahr 2001 ist dies durch das SGB IX verwirklicht. Bei dessen Einführung war es erklärtes Ziel, nach Möglichkeit Leistungsansprüche zu harmonisieren und die Position des betroffenen Menschen im gegliederten System zu stärken. Dies wurde im Wesentlichen durch Vorgaben des Zusammenwirkens erreicht.

Das SGB IX erhebt einen konkreten Anspruch an die Kooperation der Leistungsträger und an die Koordination ihrer unterschiedlichen Leistungen. So erfolgt die Koordination der Leistung im konkreten Einzelfall beispielsweise über einen Teilhabeplan. Dieser hilft, den Rehabilitationsbedarf individuell zu definieren und in einem strukturierten Prozess, teilhabeorientiert über die jeweiligen Trägergrenzen hinaus zu erbringen. Der schnelle Zugang zu Teilhabeleistungen steht dabei im Mittelpunkt. Dass möglicherweise unterschiedliche Auffassungen zur Trägerzuständigkeit der Bedarfserfüllung des betroffenen Menschen nicht im Wege stehen, wird unter anderem durch definierte Zuständigkeitsregeln erreicht.

Voraussetzungen der Koordination und Kooperation von Leistungen und Trägern

Das SGB IX legitimiert die unterschiedlichen Trägergruppen zur Ausgestaltung gesetzlicher Vorgaben im Rahmen von gemeinsamen Empfehlungen zu verschiedenen konkreten Themen, die inzwischen auf Ebene der Bundesarbeitsgemeinschaft für Rehabilitation (BAR) vereinbart wurden. Die Einheitlichkeit und Nahtlosigkeit der Leistungen wird damit ebenso näher geregelt, wie die Zuständigkeitsklärung im Rahmen von Antragsverfahren. Ein gleiches Verständnis über Voraussetzungen und Folgen des trägerautonomen Handels sind wichtige Prozessvoraussetzungen. Vordergründig ist entscheidend, dass betroffenen Menschen zeitnah die notwendigen Teilhabeleistungen zur Verfügung gestellt werden. Für ein gegliedertes System, mit unterschiedlichen Aufgabenstellungen und Finanzierungsgrundsätzen, liegen diese auch im Trägerinteresse. Die gesetzliche Krankenversicherung ist wettbewerblich organisiert und finanziert, dies trifft beispielsweise für die anderen genannten Rehabilitationsträger nicht zu, auch die gesetzliche Rentenversicherung bildet dabei keine Ausnahme. Es ist daher insbesondere für die gesetzliche Krankenversicherung von existenziellem Interesse, dass klare Abgrenzungskriterien und Umsetzungsmechanismen bestehen. Die gemeinsamen Empfehlungen haben diese Zielsetzungen maßgeblich unterstützt. In diesem Bereich wird regelmäßig ein notwendiger Anpassungsbedarf geprüft, um sich verändernden Kundenbedürfnissen zu begegnen und Trägerinteressen dauerhaft zu sichern.

Gemeinsame Servicestellen für Rehabilitation als neues Strukturelement

Wie bereits angesprochen, wurde durch das SGB IX ein neues strukturelles Element in Form der Gemeinsamen Servicestellen für Rehabilitation eingeführt. In allen Landkreisen und kreisfreien Städten wurde die Errichtung Gemeinsamer Servicestellen vorgesehen. Dabei wurde ausdrücklich vorgesehen, dass vorhandene Strukturen Berücksichtigung finden sollten. Der zunächst politisch diskutierte Aufbau einer Parallelstruktur hätte enormen finanziellen Mehrbedarf ausgelöst, der im Rahmen einer Nutzenbetrachtung keinen entsprechenden Mehrwert erzeugt hätte. Vorhandene Strukturen zu nutzen und die Kooperation der Träger zu stärken, war der ökonomisch richtige Weg.

Was ist nun das neue Element an den Gemeinsamen Servicestellen, welche Aufgaben haben sie und welchen Weg haben sie in den vergangenen Jahren genommen?

Gemeinsame Servicestellen für Rehabilitation sind grundsätzlich ein zusätzliches Beratungs- und Unterstützungsangebot an behinderte und von Behinderung bedrohte Menschen, sowie deren bevollmächtigte Vertretungen. Jede in diesem Sinne gebildete und öffentlich benannte Servicestelle besteht aus einem trägerübergreifenden Team, welches aus Mitarbeiterinnen und Mitarbeitern der verschiedenen Rehabilitationsträger gebildet wird. Ein Träger bietet über seine vorhandenen Strukturen die örtliche Anlaufstelle für den Kunden. Bei Bedarf werden die Kompetenzen der anderen Träger über das Team einbezogen. Dazu ist es nicht erforderlich, das Team an dieser Stelle zu konzentrieren, die Vernetzung erfolgt virtuell. Diese abstrakte Darstellung lässt sich am besten durch ein Beispiel praktisch beschreiben:

Wendet sich ein Kunde z.B. an eine Gemeinsame Servicestelle für Rehabilitation bei der DAK Unternehmen Leben und benötigt Leistungen zur Teilhabe am Arbeitsleben, so wird ihm weitergeholfen, auch wenn die gesetzliche Krankenversicherung nicht bei der DAK Unternehmen Leben besteht. Der Rehabilitationsbedarf wird ermittelt, das Teammitglied der Bundesagentur für Arbeit (BA) eingeschaltet, die erforderlichen Anträge in der Servicestelle ausgefüllt und zielgerichtet weitergeleitet. Die Gemeinsame Servicestelle betreut den Kunden während dieses Verfahrens weiter und drängt bei der BA auf eine zeitnahe Entscheidung.

Die Aufgaben der Gemeinsamen Servicestellen sind gesetzlich nicht abschließend genannt, denn Rahmenbedingungen und Kundenbedürfnisse ändern sich. Insofern wurde die Dynamik von Anfang an als Element verstanden.

Gemeinsame Servicestellen für Rehabilitation als gemeinsame Entwicklungsaufgabe

Die Institutionalisierung der Gemeinsamen Servicestellen mit vorhandenen Strukturen umzusetzen ist ein Auftrag, der für die insgesamt sieben im SGB IX benannten Trägergruppen gilt. Zu über 90 Prozent haben die gesetzliche Renten- und Krankenversicherung diese Verantwortung in der Praxis übernommen, die DAK Unternehmen Leben entsprechend ihres Marktanteils mit bundesweit 17 Gemeinsamen Servicestellen. Jedes Unternehmen – jeder Rehabilitationsträger, der eine Gemeinsame Servicestelle einrichtet, leistet den daraus erwachsenden Aufwand zu eigenen Lasten. Eine Umlagefinanzierung ist nicht vorgesehen. Diese Regelung ist zur Schaffung effizienter Prozesse zu begrüßen.

Im Zeitverlauf wurde durch Kritiker bei verschiedenen Gelegenheiten in den Vordergrund gestellt, dass die Gemeinsamen Servicestellen nicht ausreichend funktionieren würden. Wesentliches Kriterium der Erfolgsmessung war dabei oft die geringe Zahl dokumentierter trägerübergreifender Beratungsfälle. Bei der Bewertung solcher Erhebungen sollte berücksichtigt werden, dass es sich um ein zusätzliches Beratungs- und Unterstützungsangebot handelt. Der mündige Bürger, Verbraucher und Kunde, den wir uns in der Gesellschaft wünschen, ist oft, trotz des gegliederten Systems, in der Lage, seine Anliegen mit dem in der Sache zuständigen Träger zu klären. Es ist wichtig, dass es ein zusätzliches Angebot der Gemeinsamen Servicestellen für die behinderten und von Behinderung bedrohten Menschen gibt, die im gegliederten System nicht um die genauen Zuständigkeiten wissen. Aus diesem Grund war es der DAK Unternehmen Leben bereits zu einem frühen Zeitpunkt, nach Veröffentlichung des wissenschaftlichen Berichts zur Begleitforschung der Einrichtung der Gemeinsamen Servicestellen, des Instituts für Sozialforschung und Gesellschaftspolitik e.V. und dem Bericht der Bundesregierung über die Lage der behinderten Menschen und die Entwicklung ihrer Teilhabe des Jahres 2004, ein Anliegen, die Tätigkeit zu optimieren.

Insbesondere mit der Deutschen Rentenversicherung Bund (ehemals Bundesversicherungsanstalt für Angestellte) und der Deutschen Rentenversicherung Mitteldeutschland, sowie weiteren Trägern der Region, initiierte die DAK Unternehmen Leben ein Pilotprojekt zur Entwicklung von Erfolgsfaktoren im Bundesland Sachsen-Anhalt. Über die medizinische Fakultät der Martin Luther Universität, Halle-Wittenberg, wurde das Modellprojekt wissenschaftlich begleitet. Themenfelder wie die gemeinsame Öffentlichkeitsarbeit, die einheitliche Weiterbildung und die Netzwerkarbeit standen im Fokus. Allen Beteiligten wurde durch Kundenbefragungen transparent, dass ein hoher Grad der Kundenzufriedenheit mit der Arbeit der Gemeinsamen Servicestellen für Rehabilitation vorliegt.

Die Erreichbarkeit mit Verkehrsmitteln, die Ausschilderung, die Zugänglichkeit, die Auffindbarkeit im Haus sowie die Räumlichkeit der Servicestellen fanden sehr positive Bewertungen. Die Kunden wussten zu 50 Prozent schon vor dem Beratungsgespräch von der Existenz von Servicestellen. Ihr Wissen gründet vorwiegend auf Informationen der Deutschen Rentenversicherung, gesetzlicher Krankenversicherung oder Ärzten. Immerhin gut 30 Prozent der Kunden hatten den Rat zum Aufsuchen einer Servicestelle von ihrem Arzt erhalten. Auch zur Qualität der Beratungsarbeit (wie Freundlichkeit, Geduld, Verständlichkeit, Empathie, Engagement der Beratenden) ergaben sich hochpositive Bewertungen seitens der Kunden, das heißt zumindest 80 bis über 90 Prozent positive bis sehr positive Urteile; einziger Kritikpunkt von knapp 20 Prozent waren Störungen bei Beratungsgesprächen. Diese Ergebnisse sind auch im Zwischenbericht des Projekts niedergelegt.
Weitere Erkenntnisse, auch aus Folgeveranstaltungen, wurden auf die Ebene der BAR getragen und konnten bei der Weiterentwicklung, z. B. der BAR-Rahmenvereinbarung Gemeinsame Servicestellen, zum 01. Januar 2008 in Kraft getreten, Eingang finden. Die Ausgestaltung und Umsetzungen zum SGB IX werden weiterhin einen Träger verbindenden Prozess bilden, in den sich alle betroffenen Träger verantwortlich einbringen müssen.

Rehabilitation – Entwicklungen durch das GKV-Wettbewerbsstärkungsgesetz

Mit dem GKV-Wettbewerbsstärkungsgesetz (GKV-WSG) traten im Jahr 2007 verschiedene Änderungen in Kraft, die Einfluss auf die spezialgesetzliche Ausgestaltung / den Rahmen der Rehabilitation für die Krankenkassen haben. Einige Elemente sollen hier angesprochen werden, dabei besonders im Hinblick auf reale Veränderungen für den Kunden.

Im Gesetzgebungsverfahren zum GKV-WSG wurde ausführlich diskutiert, ob die Benennung von Mutter-/Vater-Kind-Maßnahmen und geriatrischer Rehabilitation zu Pflichtleistungen sinnvoll sei. Im Ergebnis wurden alle stationären Rehabilitationsleistungen zu Pflichtleistungen der Krankenkassen, bei Mutter-/Vater-Kind-Maßnahmen auch die stationären Vorsorgemaßnahmen. Es war ein konsequenter Schritt, alle stationären Rehabilitationsleistungen in Pflichtleistungen zu überführen. Die ursprüngliche Absicht hätte z.B. bedeutet, dass die stationäre Rehabilitationsmaßnahme für ein krebskrankes Kind weiterhin eine Ermessensleistung gewesen wäre, die Mutter-/Vater-Kind-Maßnahme hingegen eine Pflichtleistung. Hat diese gesetzliche Änderung nun eine direkte Relevanz für Kunden der DAK Unternehmen Leben? Dies kann verneint werden. Stationäre Rehabilitationsleistungen wurden als Ermessensleistungen, jetzt als Pflichtleistung, grundsätzlich nach medizinischer Notwendigkeit erbracht. Diese Voraussetzung hat sich nicht verändert. Von einer abweichenden Berücksichtigung der Ausgaben im Risikostrukturausgleich ist der Anspruch des Kunden nicht betroffen.

Auch bei der Prüfung der medizinischen Notwendigkeit hat das GKV-WSG Änderungen für die Kassen definiert. Wurden in der Vergangenheit alle Anträge auf Leistungen dem Medizinischen Dienst der Krankenversicherung (MDK) zur Prüfung der medizinischen Notwendigkeit zugeführt, so erfolgt dies auf Basis des GKV-WSG lediglich noch in Form einer Stichprobenregelung. Nunmehr wird jeder vierte Fall im Rahmen einer ungeschichteten Zufallsstichprobe, unbenommen sind hierbei Zweifels- und Problemfälle, einer MDK-Prüfung zugeführt. Damit wird sicherlich auch der Rehabilitationsrichtlinie Rechnung getragen, die an den empfehlenden Arzt besondere Anforderungen an die Qualifikation stellt. Grundsätzlich ist festzuhalten, dass die Zugänge zur Rehabilitation unterschiedlich sind. Eine Empfehlung erfolgt nicht nur über den niedergelassenen (Haus-) Arzt oder Facharzt, sondern auch durch Krankenhäuser und Krankenhaussozialdienste. Im Zusammenhang mit letztgenannten Einweisern handelt es sich im Regelfall um Anschlussrehabilitation, also eine Leistung im unmittelbaren Zusammenhang zu einer akutstationären Intervention. Hier gab es bereits in der Vergangenheit keine durchgängige Beurteilung durch den MDK. Auch können Antragstellungen über die Sozialleistungsträger ausgelöst werden, wenn sich im Beratungsverfahren konkreter Handlungsbedarf ergibt.

Das Wunsch- und Wahlrecht der Leistungsberechtigten, in § 9 SGB IX verankert, wurde für stationäre Rehabilitationsleistungen erweitert, die Rechte des Kunden insofern gestärkt. Wirklich neu im Wahlrecht des Kunden ist, dass Maßnahmen nun auch in Einrichtungen mit einer Zertifizierung nach § 20 Abs. 2a SGB IX gewählt werden können, auch wenn diese Einrichtung nicht über einen gesetzlichen Versorgungsvertrag nach § 111 SGB V verfügt, was bis dahin unabdingbare Voraussetzung war.

Veränderungen im Rahmen der Definition von Ermessens- und Pflichtleistungen sowie bei der MDK-Begutachtung könnten zu Vermutungen über ein abweichendes Verwaltungshandeln der Krankenkassen führen. Hier führen die Vorgaben des GKV-WSG zu mehr Transparenz durch die Einführung einer Antragsstatistik. Dies ist zu begrüßen, denn in Anbetracht knapper Ressourcen in einem wettbewerblichen System hätte es ohne gesetzliche Vorgabe keine Prozessanpassung zur Ergebnisdarstellung gegeben. Zukünftig wird die amtliche Antragsstatistik differenziert Auskunft über die Antragserledigung der ambulanten und stationären Rehabilitationsleistungen geben und dabei die Widerspruchs- und Klagebereiche einbeziehen.

Die demographische Entwicklung als Einflussgröße der Rehabilitation

Grundsätzlich gilt für die Erbringung von Rehabilitationsleistungen das Stufenprinzip. Danach sind vorrangig ambulante Leistungen zu erbringen und von den Leistungsberechtigten in Anspruch zu nehmen. Nur wenn diese im Einzelfall nicht zielführend sind, werden stationäre Rehabilitationsmaßnahmen erbracht.

Als Sonderform wurde durch das GKV-WSG die mobile Rehabilitation eingeführt. Die mobile Rehabilitation richtet sich an Menschen, die voraussichtlich nur dann einen Rehabilitationserfolg erreichen können, wenn sie in ihrem gewohnten (häuslichen) Umfeld verbleiben können. Dies betrifft überwiegend multimorbide Patienten mit erheblichen funktionellen Beeinträchtigungen und komplexem Hilfebedarf. Damit wird dem Grundsatz „Rehabilitation vor Pflege" besonders Rechnung getragen. Vorgesehen ist, dass in diesen Fällen Rehabilitationsteams den betroffenen Menschen in seinem Wohnumfeld aufsuchen, dies kann auch eine stationäre Pflegeeinrichtung sein, und bei der Behandlung Bezugspersonen (z.B. Angehörige) mit einbeziehen. Erste Rehabilitationszentren bieten die ambulante mobile geriatrische Rehabilitation bereits an. Für die Indikationsgebiete der Neurologie, Kardiologie und muskuloskeletale Erkrankungen sind bereits die Rahmenempfehlungen erarbeitet.

Angebote dieser Art sind besonders im Hinblick auf die demographische Entwicklung von großer Bedeutung. Nach den Prognosen des Sachverständigenrates zur Begutachtung der Entwicklung im Gesundheitswesen, wird die Lebenserwartung eines jeden in Deutschland lebenden Menschen weiterhin ansteigen. Die Anzahl älterer Menschen und Hochbetagter wird steigen. Dieser Entwicklung muss sich die Rehabilitation quantitativ und qualitativ stellen. Es ist insofern in sich schlüssig, dass auch das Pflegeweiterentwicklungsgesetz 2008 rehabilitative Aspekte enthält. So gilt ein vereinfachtes Antragsverfahren für Rehabilitationsmaßnahmen, z.B. wird die MDK-Empfehlung im Rahmen der Pflegebegutachtung als Antragstellung gewertet.

Wird eine Rehabilitationsmaßnahme nicht rechtzeitig durchgeführt, so sieht die Gesetzesgrundlage eine Strafzahlung der wettbewerblich finanzierten Krankenkasse an die umlagefinanzierte Pflegekasse im Einzelfall in Höhe von 3.072,-

Euro vor. Andererseits wird ein Bonus an Pflegeheime gezahlt, wenn ein pflegebedürftiger Mensch durch aktivierende und rehabilitative Maßnahmen des Pflegeheimes in eine niedrigere Pflegestufe eingestuft werden kann. Darüber hinaus konkretisiert das Pflegeweiterentwicklungsgesetz das Entlassungsmanagement. Krankenhäuser werden zu einem Entlassungsmanagement beim Übergang in die Rehabilitation oder in die Pflege verpflichtet. Rehabilitationseinrichtungen koordinieren die Anschlussversorgung bei Übergang in die Pflege. Dies geschieht in enger Zusammenarbeit mit den Pflegeberaterinnen und Pflegeberatern der sozialen Pflegeversicherung.

Rehabilitation mit angepasster Prozesssicht erforderlich

An mehreren Stellen der vorliegenden Ausschnittsbetrachtung wird deutlich, dass aus verschiedenen Zwängen eine ganzheitliche Betrachtung über Trägergrenzen hinweg sinnvoll und notwendig ist. Neben der inhaltlichen Dimension fordert es der Gesetzgeber über die bereits angesprochenen verschiedenen Sozialgesetzbücher V, VI, IX und XI. Wurde Rehabilitation früher fast rein sektoral gesehen, als Bindeglied zwischen der Akutbehandlung und der ggf. folgenden ambulanten Behandlung, ist es heute das Verständnis des Prozesselements. Die integrierte Versorgung ermöglichte vertragliche Vereinbarungen, die dies berücksichtigen, z.B. den Rehabilitationsmediziner bereits vor einer geplanten, notwendigen Akutversorgung einzuschalten. Dadurch wurde die Weichenstellung für das Rehabilitationsergebnis bereits zu einem sehr frühen Zeitpunkt vorgenommen. Es kann durchaus sinnvoll sein, dass ein Kunde z.B. das Gehen mit Gehhilfen zu einem frühen Zeitpunkt erlernt, um es dann nach der Akutbehandlung in der Rehabilitation nur noch anzuwenden. Vielleicht ist es in diesem Zusammenhang auch förderlich, zur Vereinfachung des Prozesses erst eine Gewichtsreduzierung durchzuführen. Möglichkeiten, die unter rein sektoraler Betrachtung im Regelfall nicht aufgegriffen wurden. Pauschal ausgedrückt ist es sinnvoll, dass die Instanz mit der Endpunkt- und Ergebnisverantwortung, im Regelfall der Rehabilitationsmediziner, auch den Prozess steuern sollte. Die Notwendigkeit der Ablaufkoordination ergibt sich auch aus der demographischen Entwicklung, mit der Zunahme von multimorbiden, chronisch kranken Patienten, sowie des DRG-Effektes aus dem Akutbereich.

Welche Notwendigkeit ergibt sich aus dieser Betrachtung, neben der stabilen Kooperation der Kostenträger im bereits dargestellten Sinne des SGB IX und der Kooperationsmuster mit der Akutversorgung?

Entwicklung von Klassifikationen innerhalb der Rehabilitation

Traditionell und heute noch geübte Praxis ist die Vergütung der Rehabilitationsleistungen nach tagesgleichen Pflegesätzen. In den letzten Jahren haben sich alternativ auch (indikationsabhängige) Fallpauschalen im Markt etabliert. Im Regelfall erfolgt die Vergütung auf dieser Basis ohne Berücksichtigung der Individualität des Einzelfalles. Besonderheiten, wie in der Neurologischen Frührehabilitation, sollen hier unbetrachtet bleiben. Während die Leistung im Akutbereich genau differenziert wird, eine Abbildung von Prozeduren erfolgt, besteht in der Rehabilitation weitestgehend keine Transparenz über das Leistungsgeschehen. Dem Grundsatz „Geld folgt der Leistung“ mangelt es an einer Grundlage. Leistungserbringer werden bei einheitlichen Tagessätzen bzw. Fallpauschalen tendenziell bestrebt sein, Fälle mit geringem Behandlungsaufwand zu erhalten. Auch im Bereich der Rehabilitation Leistungen zu klassifizieren, ist aus Sicht der DAK Unternehmen Leben daher ökonomisch sinnvoll.

Im Bereich der Rehabilitation sind Lösungsmodelle für leistungsgerechte Vergütungen auf Initiativen der beteiligten Interessengruppen in der Entwicklung und Erprobung. Die wesentlichen beiden Modelle werden unter der Bezeichnung Reha-Klassifikationen beschrieben. Neben dem RMK-Modell (Rehabilitations-Management-Kategorien), welches im System der Rentenversicherung entwickelt und erprobt wird, begleitet die DAK Unternehmen Leben das RBG-Modell (Rehabilitations-Behandlungs-Gruppen) in der Entwicklung und Erprobung. Unabhängig davon, welche Modellelemente aus den jeweiligen Entwicklungen sich durchsetzen werden, wird die grundsätzliche Notwendigkeit einer leistungsorientierten Vergütung deutlich. Grundsätzlich werden möglichst homogene Fallgruppen, die zueinander möglichst heterogen sind, gebildet. Innerhalb der Gruppen wird, soweit medizinisch und ökonomisch sinnvoll, nach Schweregraden unterschieden. Über diesen Weg wird Differenzierung sichergestellt und Geld folgt der Leistung.

Der Partner (Klinik) erhält danach eine leistungsgerechte Vergütung. Damit kann er sich im Anbieterwettbewerb durch Leistungsfähigkeit differenzieren. Der Kunde wird gezielt seinen Bedürfnissen entsprechend behandelt. Für die Krankenkasse entsteht Transparenz im Leistungsgeschehen und damit Vergleichbarkeit. Die Entwicklung der RBG erfolgte im orthopädisch / kardiologischen Indikationsbereich, in dem sie derzeit mit den Kliniken und Kassen praktisch erprobt werden. Für den Indikationsbereich Stoffwechsel, der wesentlich über allgemeine Heilverfahren bestimmt wird, ist die DAK Unternehmen Leben ebenfalls in der Erprobung.

Für die weitere Gestaltung dieses Themenkreises wird maßgeblich sein, dass sich eine breite Akzeptanz bei allen Interessengruppen für die Innovationsnotwendigkeit im Vergütungsbereich verfestigt.

Reformdiskussion

Bund-Länder-Arbeitsgruppe „Weiterentwicklung der Eingliederungshilfe für Menschen mit Behinderungen“ der ASMK

Eckpunkte für die Reformgesetzgebung „Weiterentwicklung der Eingliederungshilfe für Menschen mit Behinderungen“

I. Vorbemerkung

Die B-L-AG hat sich im Auftrag der ASMK seit 2007 mit der Weiterentwicklung der Eingliederungshilfe befasst. Im Folgenden werden die gesetzgebungsrelevanten Ergebnisse dieses Diskussionsprozesses dargestellt. Diese sind, soweit nicht gesondert vermerkt, mit den Verbänden einvernehmlich erzielt worden. Hierin sind auch die Ergebnisse der 2009 beschlossenen Begleitprojekte enthalten.

Die folgenden Eckpunkte berücksichtigen die VN-Konvention über die Rechte von Menschen mit Behinderungen und zielen deshalb auf eine individuelle, bedarfsgerechte und lebensweltbezogene Leistungsgewährung für Menschen mit Behinderungen.[1]

II. Neuausrichtung der Eingliederungshilfe zu einer personenzentrierten Teilhabeleistung

Prägend für die Neuausrichtung ist der Wandel von einer überwiegend einrichtungsorientierten zu einer personenzentrierten Hilfe mit der Folge, dass die derzeitige Charakterisierung von Leistungen der Eingliederungshilfe in ambulante, teilstationäre und stationäre Maßnahmen entfällt. Der Teilhabebedarf des Menschen mit Behinderungen wird individuell, bedarfsgerecht und umfassend gedeckt. Sein Wunsch- und Wahlrecht wird beachtet. Die Grundsätze von Erforderlichkeit, Sparsamkeit und Wirtschaftlichkeit werden beibehalten.

Um dem personenzentrierten Ansatz gerecht werden zu können, ist ein differenziertes Leistungsspektrum notwendig (-trägerübergreifendes- Persönliches Budget auf Wunsch der Leistungsberechtigten; Geldleistungspauschalen für einfache, standardisierbare Bedarfe; Leistungen im Dreiecksverhältnis dort, wo die Notwendigkeit hoher Fachlichkeit, intensiver Qualitätssicherung und des Verbraucherschutzes zusammentreffen und ein Persönliches Budget nicht gewünscht/nicht möglich ist).

[1] Mit der Ratifikation des Übereinkommens werden Staatenverpflichtungen begründet, die in innerstaatliches Recht umgesetzt werden müssen. Subjektive Leistungsansprüche begründet das Übereinkommen nicht (siehe auch BT-Drs. 16/10808 v. 8.11.2008, S. 47 – Artikel 4).

Die Neuausrichtung der Eingliederungshilfe hat Konsequenzen für:

- die Gesamtsteuerungsverantwortung des Trägers der Sozialhilfe (siehe Ziffer III.)
- die Bedarfsermittlung und Bedarfsfeststellung (siehe Ziffer IV.),
- die Zuordnung von Leistungen (siehe Ziffer V.),
- die Teilhabe am Arbeitsleben (siehe Ziffer VI.),
- die Ausgestaltung des Vertragsrechtes (siehe Ziffer VII.).

III. Gesamtsteuerungsverantwortung des Trägers der Sozialhilfe

- Die Gesamtverantwortung für die Steuerung der Teilhabeleistung – von der Bedarfsfeststellung bis zur Wirkungskontrolle – obliegt den Trägern der Sozialhilfe.
- Der Träger der Sozialhilfe erhält eine leistungsträgerübergreifende Koordinationsverantwortung, die er unter Einbindung des Menschen mit Behinderungen wahrnimmt. Im Interesse des Menschen mit Behinderungen wird gesetzlich geregelt, dass der Träger der Sozialhilfe bei leistungsträgerübergreifenden Bedarfskonstellationen im Auftrag und im Namen der anderen Beteiligten – auch vorrangigen – Leistungsträger handeln kann („Beauftragter“). Das schließt die Regelungen über die Vorleistungspflichten des Sozialhilfeträgers ein. Mit der Koordinationsverantwortung geht keine Verlagerung der Zuständigkeit einher.

IV. Bedarfsermittlung und Bedarfsfeststellung

- Die Bedarfsermittlung und -feststellung durch den Träger der Sozialhilfe erstreckt sich auf alle Lebenslagen des Menschen mit Behinderungen.
- Für das Verfahren der Bedarfsermittlung und des Teilhabemanagements in der Eingliederungshilfe gelten folgende Maßstäbe und Kriterien:

- Verfahrensschritte, die der Ermittlung und der Feststellung des Bedarfs an Maßnahmen der Eingliederungshilfe und des Managements dieser Maßnahmen dienen, sind in persönlicher Anwesenheit der/des (potenziell) Leistungsberechtigten durchzuführen, es sei denn, sie/er verzichtet darauf durch Erklärung.

- Die/der (potenziell) Leistungsberechtigte hat einen Anspruch auf Beratung. Die Verfahrensrechte gemäß SGB X (z.B. über Bevollmächtigte und Beistände) bleiben unberührt. Der Träger der Sozialhilfe stellt unverzüglich nach Beginn des Verwaltungsverfahrens das Vorliegen einer wesentlichen Behinderung fest, nimmt unmittelbar danach die Wünsche des Menschen mit Behinderung zu Ziel und Art der Leistungen/Hilfen auf und dokumentiert sie.

- Das Hilfeplanverfahren[2] ist durch den Träger der Sozialhilfe nach folgenden Grundsätzen durchzuführen:

a) transparent

b) alle Lebensbereiche berücksichtigend, unabhängig von der Frage, welcher Leistungsträger für die Leistungen im Einzelnen zuständig ist/sein könnte

c) interdisziplinär

d) konsensorientiert (d.h. unter Einbeziehung des Anspruchsberechtigten und von ihm benannter Bezugspersonen mit dem Ziel der Übereinstimmung)

e) individuell, d.h. unter Einbeziehung der im konkreten Fall maßgeblichen Kontextfaktoren sowie der persönlichen Ressourcen

f) lebensweltbezogen unter Berücksichtigung der Inklusion bei Wohnen, Arbeiten, Tagesgestaltung, Teilnahme am gesellschaftlichen Leben

g) zielorientiert, d.h. unter Benennung konkreter Ergebnis- und Zwischenziele.

- Die Abstimmung der angemessenen Leistungen/Hilfen nach Inhalt, Umfang, zeitlicher Dauer und Zeitpunkten findet in einer Hilfeplankonferenz[3] statt. Alle in Betracht kommenden Leistungsträger sind zur Teilnahme an der Hilfeplankonferenz verpflichtet.

- Der Hilfeplan und das Ergebnis der Hilfeplankonferenz sind notwendiger Bestandteil eines Gesamtplanes und fließen in diesen ein. Dieser muss mindestes folgende Angaben enthalten:

a) angestrebte, überprüfbar formulierte Teilhabeziele (mittel- und langfristige) sowie die Maßstäbe und Kriterien der Wirkungskontrolle

b) die verfügbaren oder aktivierbaren Selbsthilferessourcen

c) den individuellen Hilfebedarf an Hilfen Dritter unter Berücksichtigung der individuellen Ziele

d) die funktionsbezogene Zusammenstellung der zur Zielerreichung und Deckung des Hilfebedarfs voraussichtlich erforderlichen Hilfen/Leistungen einschl. ggf. erforderlicher Koordinierungsleistungen

e) eigene Aktivitäten des Leistungsberechtigten

f) die zuständigen Leistungsträger und sonstigen verpflichteten Dritten

g) das Ergebnis der Abstimmung der Leistungen/Hilfen nach Inhalt, Umfang, zeitlicher Dauer und Zeitpunkten

---

2 Arbeitstitel
3 Arbeitstitel

h) die Angabe, ob ein Persönliches Budget gewünscht ist

i) den Bewilligungs-/Überprüfungszeitraum/-zeitpunkt.

- Es ist anzustreben, den Gesamtplan[4] als Zielvereinbarung abzuschließen. Der Gesamtplan ist seinerseits Grundlage des/der die Leistungen bewilligenden Verwaltungsakte/s. und des Widerspruchs und der Klage gegen die erlassenen Verwaltungsakte.

- Die vorgenannten Maßstäbe und Kriterien gelten bei der Durchführung der Wirkungskontrolle entsprechend.
- Die Durchführung eines so gestalteten Verfahrens zur Bedarfsermittlung und Bedarfsfeststellung bedingt eine Ausstattung der Sozialhilfeträger mit Personal, das fachlich in der Lage ist, partizipatives Teilhabemanagement und die Koordination aufeinander abgestimmter Leistungen kompetent wahrzunehmen.

Noch zu klärende Fragen:
Einvernehmlich mit den Verbänden werden als noch zu klärende Fragen angesehen:

- Ist die Erbringung von Beratungsleistungen durch Dritte zu Lasten der Träger der Sozialhilfe im Vorfeld der Bedarfsfeststellung notwendig?

- Können Ober- und Untergrenzen des Bedarfs und der Leistungen definiert werden?

V. Zuordnung von Leistungen

Die Leistungsberechtigten haben neben den behinderungsbedingten Teilhabeleistungen bei Bedarf auch Anspruch auf existenzsichernde Leistungen (Lebensunterhalt und Wohnen). Im Zusammenhang der personenzentrierten Hilfen bedürfen die existenzsichernden Leistungen (Lebensunterhalt und Wohnen) und die individuellen Eingliederungshilfeleistungen unabhängig vom Ort der Leistungserbringung einer neuen Zuordnung.

- Menschen ohne Behinderungen erhalten wie Menschen mit Behinderungen existenzsichernde Leistungen zum Lebensunterhalt und Leistungen zum Wohnen.

Für die Gewährung der existenzsichernden Leistungen und der Leistungen zum Wohnen sind die Regelungen des Dritten und Vierten Kapitels des SGB XII und von Kapitel 3, Abschnitt 2 des SGB II zugrunde zu legen. Die Bestimmungen des Wohn- und Betreuungsvertragsgesetzes sind zu berücksichtigen.

---

4 Arbeitstitel, auch unter dem Aspekt, dass nicht alle Punkte des Gesamtplanes im Hinblick auf zwingendes Recht vereinbarungsfähig sind.

- Die bisher in Wohneinrichtungen anerkannten Investitionskosten können überwiegend unter die Regelungen der §§ 29 SGB XII, 22 SGB II subsumiert werden.

Auch behinderungsbedingte Bedarfe (z.B. barrierefreier Wohnraum, Größe, Lage, technische Ausstattung) finden mit Verweis auf den „angemessenen Umfang" in § 29 Abs. 1 SGB XII und § 22 Abs. 1 SGB II Berücksichtigung.

- Die Leistungen der Eingliederungshilfe werden – bei weiterhin offenem Leistungskatalog – als individuelle und vom Ort der Leistungserbringung unabhängige (Fach-) Leistungen ausgestaltet.

- Die Eingliederungshilfe umfasst alle Leistungen, die notwendig sind, um die Teilhabe im Sinne des § 53 SGB XII zu gewährleisten. Sie umfasst auch die zur Teilhabe notwendige praktische Unterstützung zur Alltagsbewältigung.

Bei der Bemessung der Leistungen zum Lebensunterhalt nach den §§ 28 und 30 SGB XII sowie §§ 20 und 21 SGB II wird grundsätzlich davon ausgegangen, dass der Leistungsempfänger in der Lage ist, die Verrichtungen selbst auszuführen (z.B. Einkaufen, Kochen, Putzen). Ergibt die individuelle Teilhabeplanung, dass hierfür gesonderte Unterstützungsleistungen erforderlich sind, so sind diese den Leistungen nach dem Sechsten bis Neunten Kapitel des SGB XII zuzuordnen.

Noch zu klärende Fragen: Welche Auswirkungen hat die geänderte Zuordnung auf die finanzielle Lage des Leistungsberechtigten (z.B. Berücksichtigung von Einkommen und Vermögen, Barbetrag)?

- Wie erfolgt die Abgrenzung der Eingliederungshilfe zur Hilfe zur Pflege?

- Sind Abweichungen von der Zuordnung im Interesse von Verwaltungsvereinfachungen (z.B. Pauschale Regelung für das Mittagessen in Werkstätten für behinderte Menschen) sinnvoll?

VI. Förderung der Teilhabe am Arbeitsleben

Das Leistungsspektrum zur Teilhabe am Arbeitsleben im Rahmen der Eingliederungshilfe wird ebenfalls von einer einrichtungsorientierten zu einer personenzentrierten Leistung ausgerichtet. Der Rechtsanspruch richtet sich künftig auf die Leistung.

- Zielgruppe sind wesentlich behinderte Menschen, die auf nicht absehbare Zeit voll erwerbsgemindert im Sinne des § 43 Abs. 2 SGB VI bzw. nicht erwerbsfähig im Sinne des § 8 SGB II sind und bei denen die Kriterien des § 136 Abs. 2 Satz 1 und 2 SGB IX erfüllt sind. In Zweifelsfällen stellt der Träger der Rentenversicherung fest, ob auf nicht absehbare Zeit eine volle Erwerbsminderung vorliegt. Das ist gesetzlich klarzustellen.

- Es werden in Ergänzung zur WfbM alternative Angebotsformen eröffnet.

- Anstelle der heute im SGB IX beschriebenen Leistungen werden Leistungsmodule definiert, die der Mensch mit Behinderungen unabhängig vom Ort und Träger der Leistungserbringung – auch in Form eines Persönlichen Budgets – in Anspruch nehmen kann.

- Die Leistung kann durch anerkannte Werkstätten für behinderte Menschen (WfbM) sowie andere Leistungserbringer, die keine WfbM sind, erbracht werden. Der Rechtscharakter der WfbM bleibt unverändert. Die an andere Leistungserbringer zu stellenden fachlichen Anforderungen sollen durch Bundes- oder Landesrahmenvorschriften vorgegeben werden als Grundlage für Vereinbarungsregelungen auf der örtlichen Ebene entsprechend §§ 75 ff. SGB XII.

- Anerkannte Werkstätten für behinderte Menschen müssen (weiterhin) alle Module vorhalten (fachliche Anforderung wie bisher). Andere Leistungserbringer können einzelne Module anbieten. Für diese Module (z.B. Modul „Beschäftigung") sollen im Grundsatz auch die hierfür in WfbM maßgeblichen Anforderungen gelten.

- Die nach geltendem Recht auf Leistungen in anerkannten WfbM für behinderte Menschen beschränkten sozialversicherungsrechtlichen Regelungen und der arbeitsrechtliche Status (auch in Bezug auf Zahlung von Arbeitsentgelten mit Grund- und Steigerungsbetrag) sollen künftig umfassend auch bei anderen Leistungserbringern für den Menschen mit Behinderungen zur Anwendung kommen

- Die personenzentrierte Neuausrichtung der Teilhabe am Arbeitsleben und / oder die Einführung eines beruflichen Orientierungsverfahrens erfordern eine Weiterentwicklung der Regelungen zu Funktion, Aufgaben und Zusammensetzung des Fachausschusses.

- Unbeschadet der vorstehenden Neuregelung ist sicherzustellen, dass ihm alle für die Beratung relevanten Unterlagen vorliegen.

- Es ist im SGB IX eine Klarstellung vorzunehmen, dass der Anspruch auf Leistungen zur Teilhabe am Arbeitsleben für Menschen mit Behinderungen spätestens mit dem Bezug einer Regelaltersrente endet. Die Menschen mit Behinderungen haben dann einen Anspruch auf die für die Teilhabe am Leben in der Gemeinschaft vorgesehenen Leistungen (z.B. eine Tagesstrukturierung).

- Für dauerhaft voll erwerbsgeminderte Menschen sollen verstärkt die Möglichkeiten genutzt werden, auf dem allgemeinen Arbeitsmarkt auf der Basis eines Arbeitsvertrages (in geeigneten Fällen mit Lohnkostenzuschuss) und Finanzierung der Betreuungsaufwendungen tätig zu werden. Der behinderte Mensch soll dieselben Rechte und Pflichten haben wie jeder andere Arbeitnehmer, grundsätzlich auch im Hinblick auf Bezahlung und Sozialversicherung (Ausnahme: Arbeitslosenversicherung, da bei einem „Scheitern" die Rückkehr in die Werkstatt oder künftig zu einem „anderen Leistungserbringer" möglich bleibt).

Dabei ist sicherzustellen, dass die Anreize und Bemühungen zur vorrangigen Eingliederung bzw. zum Wechsel aus der WfbM auf den ersten Arbeitsmarkt nicht geschwächt oder konterkariert werden und es nicht zu einer Ausweitung des nach derzeitigem Recht anspruchsberechtigten Personenkreises kommt.

Noch zu klärende Frage: Wie ist ein berufliches Orientierungsverfahren für alle Schüler/-innen mit Behinderungen und einem sonderpädagogischen Förderbedarf an Förder- und Regelschulen auszugestalten, das bis zum Ende der Schulzeit durchgeführt wird? (Entsprechende Gespräche mit der KMK wurden inzwischen aufgenommen. Die Einführung eines eigenständigen beruflichen Orientierungsverfahrens wird auf Arbeitsebene einvernehmlich befürwortet. Die von der 86. ASMK beschlossenen Eckpunkte stellen hierfür eine geeignete Grundlage dar.)

VII. Ausgestaltung des Vertragsrechtes

- Die bisherige Systematik der Vergütungsvereinbarung (§ 76 Abs. 2 SGB XII) „Grundpauschale - Maßnahmepauschale/n - Investitionsbetrag" ist auf die Erbringung von (Fach-) Leistungen der Eingliederungshilfe zu konzentrieren. Wesentliche Elemente der Umsetzung werden nach entsprechender Gesetzesänderung nur im Rahmen veränderter Landesrahmenverträge nach § 79 SGB XII möglich sein.

- Der Wirkungsorientierung und Qualitätssicherung der Leistungen wird mit entsprechenden Vertragsbestandteilen verstärkt Rechnung getragen.

- Die Leistungsvergütungen werden für die (Fach-) Leistung, differenziert nach ihrer Art, den der (Fach-) Leistung zuzuordnenden notwendigen Personal- und Sachkosten sowie dem darauf bezogenen Investitionsbetrag kalkuliert. Die Leistungsvergütung differiert nur noch nach in der Leistungsvereinbarung offen zu legende unterschiedlicher Leistungsqualität und zeitlicher Intensität. Eine Kalkulation der (Fach-) Leistungspauschale nach Gruppen von Leistungsberechtigten mit vergleichbarem Hilfebedarf kann zur quantitativen Abstufung im Sinne unterschiedlicher Betreuungsintensität zielführend sein.

- Die bisher in den Maßnahmepauschalen enthaltenen Lebensunterhaltsanteile werden rechtssystematisch den existenzsichernden Leistungen zum Lebensunterhalt zugeordnet.

Für alle Bedarfe, die Gegenstand anderer Sozialleistungsgesetze sind, gelten die hierfür bestehenden Regelungen.

- Es ist nicht auszuschließen, dass derzeit Kosten für weitere Leistungen erbracht bzw. durch die Leistungsvergütungen Kosten (z.B. Investitionskosten oder institutionelle Kosten) abgedeckt werden, die den vorstehenden Punkten nicht zugeordnet werden können. Dazu sind Übergangslösungen nötig. Außerdem ist den Trägern von bisher stationären oder teilstationären Einrichtungen ein angemessener Zeitrahmen einzuräumen, um ihre Leistungsangebote der neuen Rechtssystematik anzupassen.

Noch zu klärende Frage: Sind statt Übergangslösungen dauerhafte, einrichtungsbezogene Strukturkomponenten erforderlich?

Darüber hinaus besteht Anpassungsbedarf:

- hinsichtlich der Präzisierung der Begrifflichkeiten zur Steuerung von Leistungen Einzelner im SGB XII und
- Vereinheitlichung der genannten Begrifflichkeiten für alle Bücher des SGB; dies erfordert, mit allen Leistungsträgern für Rehabilitationsleistungen einheitliche Verfahrensgrundsätze zu entwickeln.
- hinsichtlich der Regelungen zur Zuständigkeit, Kostenerstattung und Statistik im SGB XII.
- hinsichtlich der Schaffung eines allgemeinen Nachteilsausgleichs (z.B. Bundesteilhabegeld) und dessen Verhältnis zu den anderen Teilhabeleistungen.

Flankierende Maßnahmen

Die Bund-Länder-Arbeitsgruppe hat sich außerdem mit flankierenden Maßnahmen (z.B. Förderung des -trägerübergreifenden- Persönlichen Budgets, Förderung der Konversion stationärer Einrichtungen und individueller Wohnformen, Förderung der inklusiven Sozialraumgestaltung) befasst.
Das Begleitprojekt „Förderung des trägerübergreifenden Persönlichen Budgets" ist längerfristig angelegt. Nach einer weiteren Bund-Länder-Abstimmung ist eine Anhörung der Verbände vorgesehen.
Zur Förderung der Konversion stationärer Einrichtungen und individueller Wohnformen für Menschen mit Behinderungen und zur Förderung der inklusiven Sozialraumgestaltung sind Workshops mit allen Interessierten durchgeführt worden, deren Ergebnisse im Rahmen der längerfristig angelegten Begleitprojekte auszuwerten sind. Deutlich geworden ist, dass hier vor allem die kommunalen Gebietskörperschaften eine bedeutsame Verantwortung haben.

Für Personen, die nicht mehr dauerhaft erwerbsunfähig, jedoch auf Dauer erheblich eingeschränkt in ihrer Leistungsfähigkeit sind, ist eine ergänzende Regelung außerhalb des SGB XII erforderlich.

Stand: 14.09.2010

Stellungnahme der Verbände zu den Reformvorschlägen der Bund-Länder-AG zur Weiterentwicklung der Eingliederungshilfe

Präambel

Auf der Grundlage des Beschlusses der 86. Arbeits- und Sozialministerkonferenz (ASMK) vom 25./26. November 2009 wurde der Prozess zur Weiterentwicklung der Eingliederungshilfe für Menschen mit Behinderungen in diesem Jahr fortgesetzt. Die unterzeichnenden Verbände erwarten, dass die angekündigte Reform der Eingliederungshilfe in dieser Legislaturperiode abschließend beraten und zügig umgesetzt wird. Nach Ansicht der Verbände sind die Vorgaben der UN-Behindertenrechtskonvention (BRK) in diesem Prozess umfassend zu berücksichtigen und praxistauglich zu konkretisieren. Die Reform der Eingliederungshilfe muss so konzipiert werden, dass der Weg zu einem einheitlichen Leistungsgesetz für alle Menschen mit Behinderungen eröffnet wird, welches das Prinzip des Nachteilsausgleichs vollständig umsetzt.

Die Ministerinnen und Minister, Senatorinnen und Senatoren für Arbeit und Soziales der Länder betonen im o.g. Beschluss der ASMK, dass es nicht Ziel des Reformvorhabens ist, Teilhabemöglichkeiten und Leistungen der Eingliederungshilfe für Menschen mit Behinderungen und deren Angehörige einzuschränken, zu ihrem Nachteil zu kürzen oder wegfallen zu lassen. Allerdings konterkarieren die noch nicht abgestimmten Zwischenergebnisse der Gemeindefinanzkommission und die Finanzausstattung der Kommunen diesen Beschluss. Darum weisen die Verbände eindringlich darauf hin, dass eine umfassende Reform der Eingliederungshilfe nicht ohne die gleichzeitige Lösung der Finanzierungsfrage möglich ist.

Haushaltsvorbehalte bzw. Finanzkraftklauseln sind mit dem Prinzip der individuellen Bedarfsdeckung als Ausdruck der Gewährleistung des soziokulturellen Existenzminimums nicht vereinbar. Vor diesem Hintergrund fordern die Verbände die ASMK auf, an ihrer Aussage im Beschluss festzuhalten und Kürzungen im Bereich der Eingliederungshilfe für Menschen mit Behinderungen zu verhindern. Schließlich wird an dieser Stelle nachdrücklich hervorgehoben, dass das Reformvorhaben für alle Menschen mit Behinderung gelten muss. Menschen mit sehr hohem und komplexem Hilfebedarf müssen bei den Überlegungen zur Umsetzung der Personzentrierung oder der individuellen Bedarfsdeckung an erster Stelle stehen.

Die Ergebnisse der Begleitprojekte sind Ergebnisse der Bund-Länder-Arbeitsgruppe. Mit den Verbänden konnte nur teilweise Übereinstimmung erzielt werden. Nach wie vor haben die Forderungen der Verbände zur Reform der Eingliederungshilfe vom 22. Oktober 2009 Bestand. In den folgenden Ausführungen werden wesentliche Themen und Forderungen aufgegriffen, die u.a. in den Begleitprojekten und Workshops erörtert wurden.

Beratung

Menschen mit Behinderungen haben bei der Umstellung auf personzentrierte Leistungen einen wachsenden Bedarf an Beratung vor und während der Antragstellung sowie bei der Umsetzung von Teilhabeleistungen, insbesondere um ihr Wunsch- und Wahlrecht ausüben zu können. Bereits vor der Antragstellung unterstützt Beratung das Formulieren von eigenen Zukunftsperspektiven. Beratung ist somit wesentlicher Bestandteil des Teilhabemanagements und des Bedarfsermittlungsprozesses. Der Bedarf an Beratung wird steigen, wenn bisherige pauschale Leistungsgestaltungen im neuen personenzentrierten System in Einzelleistungen differenziert werden und ein neues Verständnis von Behinderung entsprechend UN-Behindertenrechtskonvention (ICF-Orientierung) bei der Bedarfsfeststellung zur Anwendung kommen soll. Hierfür sind vielfältige Beratungs- und Unterstützungsoptionen notwendig, die eine selbstbestimmte Auswahlentscheidung aller Menschen mit Behinderung im neuen System der Leistungsgewährung ermöglichen.

Ergebnis der Bund-Länder-Arbeitsgruppe, AG1: Einheitliche Maßstäbe und Kriterien, Ziffer 4: „ Die Wünsche des Menschen mit Behinderung zu Ziel und Art der Leistungen/Hilfen sind unmittelbar a) nach der gemeinsamen Feststellung im Sinne von Ziffer 3 a oder b) nach Vorliegen des Gutachtens im Sinne von Ziffer 3 b aufzunehmen und zu dokumentieren."

Beratungs- und Unterstützungsleistungen sind Voraussetzung und Bestandteil der Leistungen zur Teilhabe. Um den Ansprüchen personzentrierter Teilhabeleistungen gerecht zu werden, ist bei einer Reform der Eingliederungshilfe Beratung durch Behindertenverbände und die freie Wohlfahrtspflege neben den Sozialhilfeträgern in § 11 Absatz 5 SGB XII aufzunehmen und ein individueller Rechtsanspruch, z.B. in § 53 SGB XII, festzulegen. So werden Menschen mit Behinderung in die Lage versetzt, Beratungsleistungen in Form von Geld- und Sachleistungen bedarfsgerecht entsprechend dem Wunsch- und Wahlrecht abzurufen.

Bedarfsfeststellung und Teilhabemanagement

Das neue System der Eingliederungshilfe erfordert eine umfassende Bedarfsermittlung nach bundeseinheitlichen Kriterien in einem standardisierten und partizipativ gestalteten Bedarfsfeststellungsverfahren. Es muss alle Lebens- und Unterstützungsbereiche einbeziehen. Zu erfassen ist insbesondere der Bedarf an Leistungen der Teilhabe, zum Lebensunterhalt, der Hauswirtschaft, der Gesundheitssorge und der Pflege. Die Kontextfaktoren sind bei der Bedarfsermittlung und der Leistungsgestaltung zu berücksichtigen. Die Zuordnung der Leistungen zu den Leistungsträgern und die Festlegung der Leistungsformen sollten in einem zweiten Schritt erfolgen. Das aktuell diskutierte Begutachtungsassessment im Bereich der sozialen Pflegeversicherung (NBA) eignet sich nicht für die Bedarfsfeststellung im Bereich der Eingliederungshilfe.

Bei der Bedarfsermittlung sind vorliegende Gutachten und Erkenntnisse hinzuziehen Die Persönlichkeitsrechte und datenschutzrechtliche Bestimmungen erfordern die Zustimmung des Leistungsberechtigten dazu.

Die Wirkungskontrolle auf der Individualebene ist immer auf die Zielstellung der Teilhabe am Leben in der Gesellschaft gerichtet. Diese Zielsetzung kann z.B. durch die Übernahme von Leistungen durch Assistenten erreicht werden oder durch Leistungen, die unter Einbeziehung teilhabeförderlicher Infrastrukturen auf die Kompetenzerweiterung des behinderten Menschen gerichtet sind. Für das partizipativ zu gestaltende Verfahren und die Bestimmung von Kriterien zur Wirkungskontrolle sind einheitliche Standards zu entwickeln, auf deren Grundlage die jeweiligen Ziele und Kriterien der Wirkungskontrolle individuell ausgehandelt, ggf. angepasst und in der Zielvereinbarung niedergelegt werden. Bei Geldleistungen und Leistungen im Rahmen des Persönlichen Budgets erfolgt die Abstimmung über eine Wirkungskontrolle zwischen dem Leistungsberechtigten und dem Leistungsträger. Bei der Ausführung der Leistungen als Sachleistungen sollten dreiseitige Vereinbarungen abgeschlossen werden, in die der Leistungserbringer einbezogen wird. Das Verhältnis zwischen Leistungsträger und Leistungserbringer wird durch die §§ 75 ff. SGB XII bestimmt. Im Übrigen erfüllt das in der AG 1 der Bund-Länder-Arbeitsgruppe zur Weiterentwicklung der Eingliederungshilfe abgestimmte Papier „Einheitliche Maßstäbe und Kriterien“ im Wesentlichen diese Bedingungen.

Steuerungskompetenz

Die Steuerung der Leistungserbringung im Rahmen der Umsetzung der vereinbarten Ziele erfolgt aus Sicht der Verbände durch den Leistungsberechtigten bzw. die ihn vertretende oder von ihm beauftragte Person. Die Steuerungsverantwortung insbesondere bei einem komplexen Eingliederungsbedarf soll auf der Grundlage eines partizipativen Verfahrens bei den Trägern der Eingliederungshilfe liegen. Die Steuerungskompetenz des Trägers der Eingliederungshilfe bezieht sich auf die Bedarfsermittlung, die Zielvereinbarung und die Wirkungskontrolle und insbesondere auch auf die Koordinierung und Realisierung von Leistungsansprüchen. Bisher wurde, so weit nicht das „Brutto-Prinzip“ zur Anwendung kam, die Heranziehung weiterer Leistungsverpflichteter dem behinderten Menschen überlassen und bei komplexen Bedarfslagen von den Leistungserbringern realisiert. Beim personzentrierten Ansatz ist im Rahmen einer umfassenden Bedarfsermittlung mit dem Menschen mit Behinderung eine ggf. leistungsträgerübergreifende und ggf. leistungserbringerübergreifende Komplexleistung zu realisieren. Dabei ist der Träger der Eingliederungshilfe mit der Kompetenz und der Pflicht auszustatten, die Leistungspflicht anderer Träger einzufordern. Er ist damit Beauftragter im Sinne des SGB X. Nach Inanspruchnahme aller vorrangig Leistungsverpflichteter sind die verbleibenden Bedarfe auf der Grundlage des Rechtsanspruchs des Leistungsberechtigten auf Leistungen der Eingliederungshilfe zu decken. Der Träger der Eingliederungshilfe tritt bis zur Realisierung aller Ansprüche in Vorleistung. § 14 SGB IX sollte als Modell für die Koordinierung im Innenverhältnis der Leistungsträger und im Außenverhältnis zum Leistungsempfänger dienen.

Wunsch- und Wahlrecht

Die das Wunsch- und Wahlrecht leitenden Vorstellungen des Leistungsberechtigten prägen die Leistungserbringung, die ihrerseits den sozialhilferechtlichen Prinzipien der Zweckmäßigkeit, Wirtschaftlichkeit und Angemessenheit folgt. So soll der Träger der Sozialhilfe gemäß § 9 Absatz 2 Satz 3 SGB XII in der Regel Wünschen nicht entsprechen, deren Erfüllung mit unverhältnismäßigen Mehrkosten verbunden wäre. Um das Spannungsfeld zwischen dem Wunsch- und Wahlrecht und dem Gebot der Wirtschaftlichkeit auszutarieren, bedarf es einer Regelung.

Kommt eine Verständigung zwischen Leistungsberechtigtem und Leistungsträger nicht zustande, muss eine solche Regelung sicherstellen, dass zunächst zu prüfen ist, ob die Wünsche des Menschen mit Behinderungen berechtigt sind. Dabei sind die persönlichen, familiären und örtlichen Umstände zu berücksichtigen. Ist die Berechtigung festgestellt, darf ein Kostenvergleich nicht vorgenommen werden. Maßstab für die Prüfung der Berechtigung der Wünsche ist Artikel 19 der UN-Behindertenrechtskonvention. Er gibt vor, dass „Menschen mit Behinderungen gleichberechtigt die Möglichkeit haben, ihren Aufenthaltsort zu wählen und zu entscheiden, wo und mit wem sie leben, und nicht verpflichtet sind, in besonderen Wohnformen zu leben".

Sozialraum

Die Personzentrierung der Eingliederungshilfe muss sich auf alle Lebensfelder, insbesondere auf die Felder Wohnung, Arbeit, Bildung und Freizeit beziehen. Sie muss im Kontext der inklusiven Sozialraumgestaltung gesehen werden. Neben der individuellen Zuordnung von Leistungen bedarf es zur Personzentrierung in der Umsetzung der Eingliederungshilfe der regionalen Koordination und der Entwicklung von Teilhabestrukturen. Für die inklusive Sozialraumgestaltung sind die regionalen Gebietskörperschaften zuständig. Ein entsprechender Sicherstellungsauftrag ist gesetzlich zu verankern.

In den bisherigen Beratungen zur Reform der Eingliederungshilfe wird die inklusive Sozialraumgestaltung nicht hinreichend konkret diskutiert. Die Diskussionsergebnisse der Arbeitsgruppe Ambulantisierung aus dem Jahre 2009 müssen in ein klares Regelungskonzept überführt werden. Nur wenn es gelingt, die tatsächlichen Lebensverhältnisse im Sozialraum inklusiv zu gestalten, kann das Umschlagen von Beeinträchtigungen in Behinderungen im Sinne der UN-

Konvention verhindert werden. Zur Infrastrukturplanung im Sinne eines universellen Designs sind daher regionale Teilhabepläne erforderlich, deren Erarbeitung, fortlaufende Überprüfung und Anpassung gesetzlich vorgeschrieben werden müssen. Die Gemeindeordnungen der Länder und die Sozialgesetzbücher IX und XII sind entsprechend weiter zu entwickeln.

Es ist ferner zu regeln, dass die regionalen Teilhabepläne mit der Landes- und Bundesplanung abzustimmen sind. Auch auf der Landes- und Bundesebene muss die inklusive Sozialraumgestaltung zu den gesetzlich festgelegten Planungsvorgaben gehören. Alle Ebenen des staatlichen Handelns sind hier in die Pflicht zu nehmen, um den Sozialraum sukzessive inklusiv auszugestalten. Es bedarf darüber hinaus einer umfassenden Angebotsplanung, um eine Unterversorgung der Menschen mit Behinderungen zu vermeiden und eine Vielfalt von Angeboten sicherzustellen. Diese Planung darf nicht den Zugang zu Angeboten verschließen, die am Markt verfügbar sind. Denn Menschen mit Behinderungen haben das Recht, die von ihnen gewünschten Angebote zur Erreichung der Teilhabeziele auf dem Markt selbstbestimmt auszuwählen. Nur wenn das individuell erforderliche Leistungsangebot für jeden Menschen mit Behinderungen auch tatsächlich verfügbar ist, können das Recht auf personenzentrierte Unterstützung und Begleitung sowie die Wunsch- und Wahlrechte realisiert werden.

Soweit individuelle Teilhabeleistungen mit strukturbedingten Kosten korrespondieren, sind hierfür erforderliche Ressourcen bereit zu stellen und entsprechend bedarfsdeckend zu finanzieren. Parallel dazu müssen inklusive sozialräumliche Infrastrukturen für Menschen mit und ohne Behinderungen mit entsprechenden Unterstützungsangeboten für das Gemeinwesen einhergehen. Deshalb ist der Auf- und Ausbau von Gemeinwesenassistenzleistungen im Rahmen der kommunalen Daseinsvorsorge zu fördern.

Zuordnung von Leistungen

Die von der ASMK befürwortete strikte Trennung zwischen Fachmaßnahmen und Hilfe zum Lebensunterhalt hat für den leistungsberechtigten Menschen weitreichende Folgen, denn alle Leistungsanteile, die der Hilfe zum Lebensunterhalt zugeordnet sind, werden vom Träger der Sozialhilfe nur noch erbracht, wenn der Leistungsberechtigte über kein Einkommen verfügt. In den ASMK-Arbeitsgruppen sind bisher keine eindeutigen Zuordnungskriterien für die Fachmaßnahme bzw. für die Hilfe zum Lebensunterhalt entwickelt worden. Es fehlt an Fallbeispielen und an Modellrechnungen für einzelne Fallkonstellationen sowie an einer Verständigung zu den hierzu erforderlichen Kalkulationsgrundlagen.

Anhaltspunkt für die Zuordnung ist § 4 Abs. 1 Nr. 4 SGB IX, der (auch) für die Eingliederungshilfe behinderter Menschen gilt und es als eine Aufgabe der Leistungen zur Teilhabe beschreibt, „die persönliche Entwicklung *ganzheitlich* zu fördern und die Teilhabe am Leben in der Gesellschaft […] zu ermöglichen und zu erleichtern." Es gilt, diesen ganzheitlichen Ansatz der Eingliederungshilfe bei der Abgrenzung der Fachmaßnahmen von der Hilfe zum Lebensunterhalt zu erhalten.

Bei der Beschreibung der Hilfe zum Lebensunterhalt ist darauf zu achten, dass künftige Zuordnungen zu diesem Leistungsbereich die Vorgaben der UN-Behinderten-rechtskonvention beachten. Nach Art. 28 BRK bemisst sich der Lebensstandard von Menschen mit Behinderungen „einschließlich angemessener Ernährung, Bekleidung und Wohnung" nicht nur am Lebensstandard nichtbehinderter Menschen. Vielmehr erkennen die Vertragsstaaten das Recht von Menschen mit Behinderungen auf einen „angemessenen Lebensstandard" an. Dieser Lebensstandard muss so ausgestattet sein, dass er „eine stetige Verbesserung der Lebensbedingungen" ermöglicht (Art. 28 Abs. 1 BRK) und „behinderungsbedingte Aufwendungen" berücksichtigt (Art. 28 Absatz 2 lit. c BRK).

Hinsichtlich der Leistungen für die Unterkunft ist festzuhalten, dass behinderungsbedingte Bedarfe, wie z.B. der Bedarf an barrierefreiem Wohnraum und an zusätzlichen Wohnflächen, etwa für Rollstuhlfahrer/innen, als „angemessen" anzuerkennen sind. Etwaigen Bestrebungen, eine Pauschalierung bei den Kosten der Unterkunft einzuführen, ist daher aus Sicht des Personenkreises behinderter Menschen entgegenzutreten. Die in stationären Einrichtungen geleisteten Investitionskosten werden in den Regelsätzen und einmaligen Leistungen nicht vollständig abgebildet (z.B. Ersatzbeschaffungen). Ihre Finanzierung muss auch zukünftig gewährleistet sein. Darüber hinaus muss sichergestellt werden, dass die in bestehenden Einrichtungen als angemessen anerkannten Kosten für die Unterkunft nach erfolgter Systemumstellung nicht in Frage gestellt werden. Die Leistungen zum Lebensunterhalt (Ernährung, Kleidung, Körperpflege, Hausrat, persönliche Bedürfnisse des täglichen Lebens) werden über die Regelsätze sowie über die Mehr- und Sonderbedarfe abgedeckt. Können die damit verbundenen Verrichtungen (z.B. einkaufen, kochen, putzen) aufgrund der Behinderung nicht selbst ausgeführt werden, so sind die sich daraus ergebenen Unterstützungsbedarfe nicht dem notwendigen Lebensunterhalt, sondern den Leistungen nach den Kapiteln 5 bis 9 des SGB XII zuzuordnen. Überdies ist sicherzustellen, dass einem Menschen mit Behinderungen unabhängig von der Leistungsform und seinem Lebensort ein monatlicher Geldbetrag zur freien Verfügung gewährt wird.

Nachteilsausgleiche

Die Eingliederungshilfe für behinderte Menschen ist im SGB XII (Sozialhilfe) verortet. Insbesondere die kommunalen Spitzenverbände und die Bundesarbeitsgemeinschaft der überörtlichen Träger der Sozialhilfe leiten daraus ab, dass die Eingliederungshilfe dem Fürsorgeprinzip unterliegt und damit vom Einsatz von Einkommen und Vermögen abhängig gemacht werden kann. Im Bereich der Eingliederungshilfe ist dieser Grundsatz jedoch bereits mehrfach überwunden worden. So gilt gemäß § 92 Abs. 2 SGB XII, dass alle in dieser Vorschrift aufgelisteten Maßnahmen, Hilfen und Leistungen der Eingliederungshilfe ohne Einkommens- und Vermögensprüfungen erbracht werden und die „Aufbringung der Mittel nur für die Kosten des Lebensunterhalts“ erwartet wird, wobei z. B. bei Leistungen in anerkannten Werkstätten für behinderte Menschen (vgl. § 92 Abs. 2 Nr. 7 SGB XII) auch der Einsatz von vorhandenem Einkommen zur Finanzierung des in der WfbM gewährten Lebensunterhalts nur verlangt werden kann, wenn das Einkommen des behinderten Menschen insgesamt einen Betrag in Höhe des zweifachen Eckregelsatzes übersteigt (§ 92 Abs. 2 Satz 4 SGB XII).

Die Überwindung des Nachranggrundsatzes ist mit dem Fürsorgeprinzip vereinbar, denn der Begriff der öffentlichen Fürsorge, wie er in Art. 74 Abs. 1 Nr. 7 GG als Gegenstand konkurrierender Bundesgesetzgebung verankert ist, wird im Hinblick auf das Sozialstaatsprinzip sehr weit ausgelegt und umfasst nicht nur die Sozialhilfe, sondern z. B. auch Sozialgesetze wie das Opferentschädigungsgesetz, das die Gewährung von Leistungen nicht von Bedürftigkeitsprüfungen abhängig macht.

Der so verstandene weit gefasste Fürsorgebegriff, der dem Grundgesetz zugrunde liegt, erlaubt es, die Eingliederungshilfe künftig im Licht der UN-Behindertenrechtskonvention auszugestalten. Eines der wichtigsten Ziele der Konvention ist die Herstellung von Barrierefreiheit (vgl. Art. 9 BRK). Menschen mit Beeinträchtigungen sind „behindert“, wenn sie auf „einstellungs- und umweltbedingte Barrieren“ (vgl. Präambel BRK lit. e) stoßen. Solange diese Barrieren fortbestehen, werden Menschen mit Beeinträchtigungen im Vergleich mit anderen Bürgerinnen und Bürgern benachteiligt und an einer gleichberechtigten Teilhabe am Leben in der Gesellschaft gehindert. Es ist deshalb eine originäre Aufgabe der Eingliederungshilfe, Leistungen für behinderte Menschen zu gewähren, die diese Nachteile beseitigen oder ausgleichen.
Mit dem Gedanken des Nachteilsausgleichs ist es nicht vereinbar, Leistungen der Eingliederungshilfe nur dann zu gewähren, wenn bestimmte Einkommens- und Vermögensgrenzen nicht überschritten werden, denn die damit verknüpften Bedürftigkeitsprüfungen würden erneut zu einer Benachteiligung von Menschen mit Beeinträchtigungen im Verhältnis zu nicht behinderten Menschen führen. Daraus folgt, dass der aus der UN-Behindertenrechtskonvention abgeleitete Gedanke des Nachteilsausgleichs künftig bei der Beschreibung der Aufgaben und Ziele der Eingliederungshilfe für behinderte Menschen in den §§ 53 ff. SGB XII bzw. in § 55 SGB IX berücksichtigt wird und die Leistungen der Eingliederungshilfe einkommens- und vermögensunabhängig erbracht werden. Es bedarf der weiteren Erörterung, welche Leistungen und Leistungsbestandteile qualitativ und quantitativ mit dem Nachteilsausgleich bedarfsdeckend abgebildet werden.

Pauschalierte Leistung

Es ist zu begrüßen, dass im Diskussionsprozess zur Reform der Eingliederungshilfe Einigkeit darüber besteht, dass das Persönliche Budget und die Pauschalierung von Leistungen als zusätzliche antragsgebundene bzw. von der Zustimmung der Leistungsberechtigten abhängige Varianten der Leistungsgewährung vorgesehen werden und die am individuellen Bedarf orientierten Leistungsformen nicht ersetzen. Dies ist Ausdruck sowohl der individuellen Bedarfsorientierung der personzentrierten Eingliederungshilfe als auch der Wunsch- und Wahlrechte der Menschen mit Behinderungen.

Abgrenzung von Leistungen zur Eingliederunghilfe und Pflegeleistungen

Die Themenliste und der Beratungsstand des Projektes „Abgrenzung von Eingliederungshilfe und Pflege“ der Bund-Länder-Arbeitsgruppe sind den Verbänden nicht bekannt. Folgende Bedingungen und Forderungen sind aus der Sicht der Verbände auf diesem Themenfeld zu berücksichtigen:

Ziel des Weiterentwicklungsprozesses der Eingliederungshilfe ist die Aufhebung der Trennung ambulanter und stationärer Leistungen. Mit der Personzentrierung ist eine Neuausrichtung des Häuslichkeitsbegriffs verbunden. Damit erhalten alle pflegeversicherten behinderten Menschen vollen Zugang zu den Leistungen der Pflegeversicherung. Die Regelung des § 43 a SGB XI verliert ihre Bedeutung. Es ist zu befürchten, dass eine unter Finanzierungsdruck stehende Pflegeversicherung und der Gesetzgeber zusätzliche, andere und neue Bedingungen an die Leistungen der Pflegeversicherung knüpfen, um den Zugriff auf die Mittel der Pflegeversicherung zur Entlastung der Sozialhilfe zu verhindern. Die Abgrenzungsprobleme bleiben erhalten, neue kommen hinzu und verschärfen sich. Betroffen sein werden in erster Linie Menschen mit einem komplexen Unterstützungsbedarf. Finanzielle „Verschiebebahnhöfe“ dürfen die Verwirklichung der Menschenrechte behinderter Menschen auch im Bereich der Pflege nicht beeinträchtigen. Die Reformvorhaben von SGB XI und SGB XII müssen aufeinander abstimmt werden. Behinderte Menschen und ihre Angehörigen erwarten:

- eindeutige rechtliche Rahmenbedingungen, die den Rechtsanspruch auf Eingliederungshilfe auch für pflegebedürftige behinderte Menschen vollumfänglich erhalten, im Hinblick auf die Umsetzung der Behindertenrechtskonvention präzisieren und eine Leistungserbringung zulassen, bei der Pflege- und Teilhabeleistungen in einem integrierten Prozess erbracht werden können,
- einen diskriminierungsfreien Zugang zu den Leistungen der Pflegeversicherung, wie er allen Bürgerinnen und Bürgern offen steht,

- dass die finanziellen Ressourcen der für die Eingliederung zuständigen Träger der Sozialhilfe so gesichert werden, dass sie ihrer wachsenden Verantwortung gegenüber behinderten Menschen gerecht werden können,
- dass keine neuen Zugangshürden zu den Leistungen der Pflegeversicherung für Menschen insbesondere mit einem hohen und komplexen Unterstützungsbedarf errichtet werden, wenn im Zuge des ASMK-Prozesses eine Zuordnung von ambulanter und stationärer Leistungserbringung entfällt,
- dass die Pflegeversicherung im Interesse der Menschen einen Beitrag zur Weiterentwicklung leistet, ohne den im Verhältnis zur Pflege umfassenderen Rechtsanspruch auf Eingliederungshilfe zu beeinträchtigen,
- dass behinderte Menschen und ihre Familien eine möglichst flexible Einsatzmöglichkeit der Mittel der Pflegeversicherung erhalten,
- dass Leistungen der Pflegeversicherung als Persönliches Budget möglich werden und
- dass die Persönliche Assistenz behinderten Menschen als eine eigene Leistungsform ermöglicht wird.

Konversion

Die Konversion des bisherigen institutionsorientierten Hilfesystems in ein personorientiertes Assistenzsystem, das Menschen mit Behinderungen den vollen Genuss der selbstbestimmten Teilhabe entsprechend der UN-Behindertenrechtskonvention ermöglicht, ist ein sehr tiefgreifender Änderungsprozess, der bereits an vielen Orten gestaltet wird. Zum Gelingen, so zeigen es die Modellprojekte, brauchen insbesondere die Menschen mit Behinderungen ausreichende Sicherheit über ihre zukünftige Situation; darüber hinaus auch die Angehörigen, die Mitarbeiterinnen und Mitarbeiter der Einrichtungen und die Träger der Behindertenhilfe. Denn von deren Leistungsfähigkeit und Verlässlichkeit sind insbesondere Menschen mit komplexen Unterstützungsbedarfen abhängig.

Aus institutionsbezogenen Vergütungsbestandteilen landeseinheitliche Leistungsbestandteile zu entwickeln, ist aus Sicht der Verbände ein im Höchstmaß kritischer Prozess, der gut organisiert und mit einem ausreichenden Maß an Beteiligung der betroffenen Einrichtungen sowie der behinderten Menschen und ihrer Verbände begleitet werden muss. Die Leistungen werden deutlich in ihren Bestandteilen verändert. Vor diesem Hintergrund ist die Schiedsstellenfähigkeit der Leistungsvereinbarungen nach § 75 ff. SGB XII unabdingbar.

Der bisherige Leistungsinhalt und -umfang, der bereits einmal als angemessen beschieden wurde, ist ebenso wie der Standard der bisherigen Leistung bei der Umstellung der Finanzierungssystematik zu erhalten. Die Umstellung ist entsprechend budgetneutral für die Einrichtungen zu gestalten. Gleichwohl darf der personzentrierte Ansatz durch die Budgetneutralität nicht konterkariert werden. Auch im Rahmen von Bedarfsermittlungen und Zielvereinbarungen mit dem einzelnen Menschen mit Behinderung können sich Veränderungen ergeben. Im Sinne des Wunsch- und Wahlrechts sollen Menschen in bisherigen stationären Einrichtungen, entsprechend dem Sinn der §§ 4 und 11 WBVG ein Heimatrecht genießen.

Zu begrüßen ist, dass den Einrichtungsträgern angemessene Übergangsfristen eingeräumt werden sollen. Das bisherige „Brutto-Prinzip“ bei den stationären Vergütungssätzen soll in ein Prinzip der Gesamtverantwortung des Trägers der Eingliederungshilfe überführt werden, das dem einzelnen Leistungsberechtigten seine bedarfsdeckenden Hilfen und dem Leistungserbringer seine leistungsgerechten Vergütungen sichert unter Einbezug vorrangiger Leistungsverpflichteter.

Arbeit

Grundsätzlich gilt auch bei der Teilhabe am Arbeitsleben das Prinzip der Personzentrierung. Der Rechtsanspruch auf Leistungen zur Teilhabe am Arbeitsleben sowie deren Umsetzung sind zukünftig unabhängig vom Ort der Beschäftigung zu gewähren. Auch Menschen mit Behinderung und dauerhaftem Unterstützungsbedarf müssen auf der Grundlage des Wunsch- und Wahlrechtes mit individueller bedarfsgerechter Unterstützung sowie einem Ausgleich ihrer Leistungseinschränkung ein Angebot außerhalb der Werkstatt für behinderte Menschen erhalten. Das Leistungsspektrum der Eingliederungshilfe muss zur Förderung der Teilhabe am Arbeitsleben erweitert werden, um auch in diesem Lebensbereich den Gedanken der Inklusion voll umzusetzen. Die Einführung der neuen Leistungen „Förderung der Beschäftigung in Angebotsformen außerhalb der Werkstätten für Menschen mit Behinderungen bei anderen Leistungserbringern“ und „Förderung der Beschäftigung auf der Basis eines Arbeitsvertrages mit Lohnkostenzuschuss/Minderleistungsausgleich“ wird daher begrüßt und unterstützt. Allerdings bedarf es hier einer zügigen Klärung der Positionen der Leistungsträger untereinander, damit im weiteren Verlauf der Beratungen wichtige Detailfragen aufgearbeitet werden können.

Weiterhin muss im Vorfeld solcher grundlegenden Änderungen geklärt werden, welche Qualitätsanforderungen und Voraussetzungen von Arbeitsgebern oder anderen Leistungsanbietern gefordert werden. Für den Wettbewerb zwischen Werkstätten für behinderte Menschen und anderen Leistungsanbietern müssen faire und vergleichbare Bedingungen geschaffen werden. Es kann zudem keine Frage sein, dass auch die Eingliederungshilfe künftig dem Aufbau eines inklusiven Arbeitsmarktes stärker Rechnung zu tragen hat. Es muss daher zielorientiert an der Umsetzung gearbeitet werden. Dementsprechend müssen u. a. die Beratungen zum beruflichen Orientierungsverfahren zügig und konkret vorangetrieben werden. Vor dem Hintergrund der personzentrierten Ausrichtung hat das künftige Verfahren in seiner Zugangssteuerungsfunktion vor allem das Wunsch- und Wahlrecht des Leistungsberechtigten zu berücksichtigen.

Der Rechtsanspruch auf Teilhabe am Arbeitsleben in der Form der Beschäftigung in einer Werkstatt für behinderte Menschen muss erhalten bleiben. Es ist jedoch zu fordern, dass die Werkstätten sich für den Veränderungsprozess öffnen und diesen aktiv mitgestalten, z.B. durch eine stärkere Vernetzung mit der allgemeinen Wirtschaft.

Berlin, den 17.09.2010

VDK Sozialverband Deutschland
Bundesverband Rehabilitation
Sozialverband Deutschland
BAG Selbsthilfe
Lebenshilfe
Deutscher Blinden- und Sehbehindertenverband
Bundesverband für körper- und mehrfachbehinderte Menschen
Bundesverband Selbsthilfe Körperbehinderter
Deutsche Rheumaliga
Allgemeiner Behindertenverband in Deutschland
Weibernetz
Interessenverband Selbstbestimmt leben
Der Paritätische Gesamtverband
Deutsches Rotes Kreuz
AWO
Caritas Behindertenhilfe und Psychiatrie
Diakonie Bundesverband
BAG UB
Verband für anthroposophische Heilpädagogik, Sozialtherapie und Soziale Arbeit
Bundesverband privater Anbieter sozialer Dienste
Autismus Deutschland

Klaus Lachwitz

Weiterentwicklung der Eingliederungshilfe für Menschen mit Behinderungen

Arbeits- und Sozialministerkonferenz (ASMK) fordert die Verabschiedung eines Reformgesetzes noch in dieser Legislaturperiode![1]

Im Gegensatz zur großen Koalition, die im Jahr 2005 in ihrer Koalitionsvereinbarung Maßnahmen zur Weiterentwicklung der Eingliederungshilfe (§§ 53 ff. SGB XII) angekündigt hatte, erwähnt der von CDU/CSU und FDP abgeschlossene Koalitionsvertrag vom 26. Oktober 2010 („Wachstum, Bildung, Zusammenhalt") das Reformprojekt „Eingliederungshilfe" mit keinem Wort. Dies muss allerdings nicht zwangsläufig zur Folge haben, dass in der laufenden Legislaturperiode gesetzgeberische Maßnahmen im Bereich der Eingliederungshilfe unterbleiben. Zum einen ist nicht auszuschließen, dass insbesondere die Interessenvertreter der Städte und Gemeinden angesichts der desolaten Haushaltslage vieler Kommunen nach den Landtagswahlen in Nordrhein-Westfalen darauf drängen werden, die insbesondere durch steigende Fallzahlen bedingte Kostenentwicklung der Eingliederungshilfe mit Hilfe von Eingriffen in das Leistungsrecht zu bremsen.

Zum anderen haben alle Bundesländer anlässlich der 86. Arbeits- und Sozialministerkonferenz (ASMK) am 25. und 26. November 2009 in Berchtesgaden den Beschluss gefasst, „die Bundesregierung zu bitten, den Entwurf eines Reformgesetzes zur Weiterentwicklung der Eingliederungshilfe so rechtzeitig vorzulegen, dass dieses in dieser Legislaturperiode verabschiedet werden kann." Dieser Beschluss nimmt Bezug auf Eckpunkte zur Reform der Eingliederungshilfe, die im Verlauf des Jahres 2009 von einer Bund-Länder-Arbeitsgruppe unter Beteiligung von Verbänden und Selbsthilfegruppen behinderter Menschen und den Spitzenverbänden der Freien Wohlfahrtspflege erarbeitet worden sind. Diese Bund-Länder-Arbeitsgruppe ist nicht aufgelöst worden, sondern soll die begonnenen Reformarbeiten fortführen und auf der 87. Arbeits- und Sozialministerkonferenz im November 2010 berichten, ob es gelungen ist, grundlegende Fragen des Reformprozesses zu klären und bereits mit den Detailarbeiten zur Vorlage eines ersten Arbeitsentwurfs zur Novellierung der Eingliederungshilfe im SGB XII zu beginnen.

An dieser Bund-Länder-Arbeitsgruppe sind auch Vertreterinnen und Vertreter des für die Eingliederungshilfe zuständigen Bundesministeriums für Arbeit und Soziales (BMAS) beteiligt. Dies lässt vermuten, dass sich das Bundesministerium für Arbeit und Soziales im Verlauf der Legislaturperiode einer Gesetzesini-

---

[1] Der Beitrag wurde im Rechtsdienst der Lebenshilfe (RdL) Heft 1/2010 veröffentlicht. Inhaltlich gibt er den Vortrag auf der Tagung der HAW vom 14.11.2008 wider.

tiative, die möglicherweise von den Bundesländern ausgeht und zunächst in den Bundesrat eingebracht wird, nicht verschließen wird.

Die Beschlüsse der ASMK vom 25. und 26. November 2009

Die Beschlüsse zur „Weiterentwicklung der Eingliederungshilfe für Menschen mit Behinderungen" nennen folgende Rahmenbedingungen:

- Es ist nicht das Ziel des Reformvorhabens, „Teilhabemöglichkeiten und Leistungen der Eingliederungshilfe für Menschen mit Behinderungen und deren Angehörige einzuschränken, zu ihrem Nachteil zu kürzen oder wegfallen zu lassen."
- „Unbeschadet dessen streben die Ministerinnen und Minister, Senatorinnen und Senatoren für Arbeit und Soziales der Länder eine Kostenneutralität des Reformgesetzes an".
- Sie plädieren außerdem für eine „angemessene Beteiligung des Bundes an den Kosten" der Eingliederungshilfe.

Im Übrigen hat sich die 86. Arbeits- und Sozialministerkonferenz 2009 nur auf die Formulierung verständigen können, die dem Beschlussvorschlag als Anlage 1 beigefügten Eckpunkte der Bund-Länder-Arbeitsgruppe für die Reformgesetzgebung Eingliederungshilfe im SGB XII „zur Kenntnis" zu nehmen. Allerdings bekennt sie sich dazu, dass die in diesen Eckpunkten formulierten Ziele mitgetragen werden:

> Umwandlung von ambulanten, teil- und vollstationären Leistungen in personenzentrierte Teilhabeleistungen; Entwicklung eines durchlässigen und flexiblen Hilfesystems sowie Schaffung von Beschäftigungsalternativen zur Werkstatt für behinderte Menschen

Die von der Bund-Länder-Arbeitsgruppe im Jahr 2009 geleisteten Vorarbeiten hätten – so der ASMK-Beschluss – jedoch auch aufgezeigt, dass einzelne Problemfelder und Fragestellungen noch der vertieften Beratung bedürfen. Dazu zähle die „Entwicklung von Maßstäben für praktikable, möglichst bundesweit vergleichbare und auf Partizipation beruhenden Verfahren der Bedarfsvermittlung und des Teilhabemanagements, die Trennung der Leistungen zum Lebensunterhalt einschließlich Wohnen von den Fachleistungen der Eingliederungshilfe, die Förderung des (trägerübergreifenden) Persönlichen Budgets und der Teilhabe am Arbeitsleben auf dem allgemeinen Arbeitsmarkt" sowie die Abgrenzung der Eingliederungshilfe von den Leistungen der sozialen Pflegeversicherung und der zur Hilfe zur Pflege (§§ 61 ff. SGB XII).

Ausgehend von diesen Hinweisen haben das Bundesministerium für Arbeit und Soziales, das Ministerium für Arbeit, Soziales, Gesundheit, Familien und Frauen Rheinland-Pfalz und das Niedersächsische Ministerium für Soziales, Frauen,

Familie und Gesundheit mit dem Schreiben vom 1. Februar 2010 an die Behindertenverbände und die Spitzenverbände der Freien Wohlfahrtspflege mitgeteilt, dass sie folgende Begleitprojekte organisieren wollen:

- Arbeitsgruppe „Vereinheitlichung der Bedarfsermittlung sowie Förderung von mehr Selbstbestimmung und Beteiligung im Leistungsverfahren“,
- Workshop „Zuordnung von Leistungen“,
- Arbeitsgruppe „Förderung der Teilhabe am Arbeitsleben“,
- Workshop „Konversion stationärer Einrichtungen“.

Außerdem wird in einer weiteren ASMK-Arbeitsgruppe „Weiterentwicklung des Pflegebedürftigkeitsbegriffs“ darüber beraten, welche Folgen sich für die Eingliederungshilfe (§§ 53 ff. SGB XII) und die Hilfe zur Pflege (§§ 61 ff. SGB XII) ergeben, wenn sich die Koalition von CDU/CSU und FDP entschließt, in der sozialen Pflegeversicherung einen neuen Pflegebedürftigkeitsbegriff einzuführen, der insbesondere auf eine Besserstellung der Menschen mit Pflegebedarf zielt, die auf Grund einer Demenzerkrankung oder einer geistigen Behinderung in ihrer Alltagskompetenz dauerhaft und erheblich eingeschränkt sind.

Diese Aufgabenstellung geht ebenfalls auf einen Beschluss der 86. Arbeits- und Sozialministerkonferenz zurück, in dem es u.a. heißt: „Die Einführung eines neuen Pflegebedürftigkeitsbegriffs unterstreicht die Notwendigkeit, an einem Gesamtkonzept für die Unterstützung und Versorgung Pflegebedürftiger und Menschen mit Behinderung zu arbeiten, in das sowohl die Reformimpulse des neuen Pflegebedürftigkeitsbegriffs als auch die ASMK-Vorschläge zur Reform der Eingliederungshilfe einfließen. Mit der Einführung eines neuen Pflegebedürftigkeitsbegriffs sind auch das Verhältnis der Leistungen bei Pflegebedürftigkeit und der Umfang der Gewährung von Eingliederungshilfe neu zu bestimmen, da sich beide Bereiche in weit größerem Maße als bisher überschneiden. Hieraus ergibt sich auch die Notwendigkeit, die Zusammenarbeit zwischen den zuständigen Stellen in der Pflegeversicherung und der Sozialhilfe neu zu gestalten.“

Des Weiteren wird darauf hingewiesen, dass der vom Bundesministerium für Gesundheit eingesetzte Beirat zur Überarbeitung des Pflegebedürftigkeitsbegriffs ein Begutachtungsverfahren entwickelt hat, das als *Neues* Begutachtungsassessment (NBA) bezeichnet wird. Unter Verweis auf dieses unter pflegewissenschaftlicher Begleitung entstandene Projekt schlägt die ASMK vor, „zu prüfen, inwieweit das NBA in der Pflege bei entsprechender Ergänzung und Weiterentwicklung die Chance bietet, es auch für Hilfeplanverfahren und Feststellungen in der Sozialhilfe zu nutzen und so Doppelbegutachtungen zu vermeiden.“

Schließlich ist anzumerken, dass sich die 86. ASMK auch mit dem Thema befasst hat, ob die getrennte Zuweisung von Kindern mit seelischen Behinderungen in das SGB VIII (Jugendhilfe) und von Kindern mit körperlichen und geistigen Behinderungen in das SGB XII (Sozialhilfe) aufgegeben werden soll. Favorisiert wird die in der Fachdiskussion als „große Lösung“ bezeichnete Option, die Leistungen für alle behinderten Kinder und Jugendlichen künftig im SGB VIII (Jugendhilfe) zu regeln. Allerdings seien mit einer derartigen Aufgabenverlagerung von der Sozialhilfe auf die Kinder- und Jugendhilfe weitreichende finanzielle, organisatorische und personelle Konsequenzen verbunden, die einer sorgfältigen Aufbereitung bedürfen. Deshalb schlägt die ASMK vor, zunächst eine gemeinsame Arbeitsgruppe mit der Jugend- und Familienministerkonferenz (JFMK), dem Bund und den kommunalen Spitzenverbänden zu bilden, die „konkrete Schnittstellen und die vor Ort entwickelten Kooperationsformen zwischen Sozialhilfe und Kinder- und Jugendhilfe sorgfältig analysieren und Vorschläge entwickeln soll, wie erzieherische und behinderungsbedingte Hilfen nahtlos ineinander greifen können.“ Sollte es zur Bildung dieser Arbeitsgruppe kommen, soll sie gebeten werden, „zur nächsten ASMK einen Bericht vorzulegen.“

Zur Förderung des Persönlichen Budgets sind unterschiedliche Maßnahmen geplant: So sollen die Ergebnisse des zurzeit laufenden Förderprogramms des BMAS zur Strukturverstärkung und Verbreitung Persönlicher Budgets evaluiert und im Anschluss daran versucht werden, die Zahl der Budgetanträge zu steigern, indem die „Implementierung guter Anwendungen“ des Persönlichen Budgets „verbreitet und gefördert wird.“ Darüber hinaus sieht ein Beschluss zum Entschließungsantrag des Deutschen Bundestages zum Pflege-Weiterentwicklungsgesetz 2008 (BT-Drs. 16/8525, BR-Drs. 210/08) vor, dass auch in der sozialen Pflegeversicherung im Rahmen von Modellprojekten „die Inanspruchnahme von Persönlichen Budgets unter Aufhebung der bisherigen Gutscheinlösung bei Gewährung der ambulanten Sachleistungsbeträge als Budgetleistung und auch bei nicht zugelassenen Pflegeeinrichtungen oder nicht zugelassenen Pflegekräften vertieft wissenschaftlich erprobt wird.“

Inzwischen hat der GKV-Spitzenverband dieses Modellvorhaben „Budgets in der Sozialen Pflegeversicherung“ auf der Basis von § 8 Abs. 3 SGB XI ausgeschrieben und dazu in einer Kurzbeschreibung ausgeführt, dass das Vorhaben vier Phasen beinhaltet, die innerhalb eines Zeitraums von 4,5 Jahren abgewickelt werden sollen: Innerhalb der Phase 1, mit deren Durchführung ab dem 1. April 2010 begonnen werden soll, sind Literaturrecherchen sowie Experteninterviews durchzuführen. Resultierend aus den Ergebnissen der Phase 1 sollen im Anschluss in Phase 2 Strategien und Handlungsempfehlungen zur praktischen Implementierung von Budgets in der sozialen Pflegeversicherung dargestellt werden. In Abhängigkeit der Ergebnisse werden die Phase 3 (Praktische Implementierungen) und Phase 4 (Evaluation der praktischen Implementierung) nach Abschluss der ersten beiden Phasen voraussichtlich ab dem 3. Quartal 2011 angeschlossen.“

So sehr es zu begrüßen ist, dass das trägerübergreifende persönliche Budget auch im Bereich des SGB XI erprobt werden soll, muss die Befürchtung geäußert werden, dass mit diesem Modellvorhaben auch auf Zeit gespielt wird: Denn es ist unschwer vorauszusagen, dass sich die Pflegekassen in den nächsten Jahren bis zum Abschluss des Modellvorhabens „Budgets in der sozialen Pflegeversicherung" weiterhin nur mit Gutscheinen gem. § 35 a SGB XI an leistungsträgerübergreifendem persönlichen Budgets beteiligen werden. Dies auch dann, wenn die soziale Pflegeversicherung und die Eingliederungshilfe noch innerhalb der laufenden Legislaturperiode, d. h. vor Ablauf der für das Modellvorhaben angekündigten Erprobungsphase von 4,5 Jahren, novelliert werden sollten.

Eckpunkte zur Reform der Eingliederungshilfe

Wie ausgeführt, nehmen die Beschlüsse der 86. ASMK zur Reform der Eingliederungshilfe Bezug auf ein *Eckpunktepapier*, das im Verlauf des Jahres 2009 in mehreren von der ASMK eingerichteten Unterarbeitsgruppen unter Beteiligung der kommunalen Spitzenverbände, der Bundesarbeitsgemeinschaft der überörtlichen Träger der Sozialhilfe, der Behindertenverbände, der Spitzenverbände der Freien Wohlfahrtspflege u.a. erarbeitet und im Herbst 2009 in einer sog. Amtschefkonferenz der Arbeits- und Sozialminister der Bundesländer in die Fassung gebracht worden ist, die dem Beschluss der 86. ASMK zur Weiterentwicklung der Eingliederungshilfe als Anlage 1 angefügt ist.

In dieser Beschlussfassung der 86. ASMK zur Reform der Eingliederungshilfe wird in der Anlage 2 auch auf einen Bericht zu den Ergebnissen der Verbändeanhörungen im Jahr 2009 zum Eckpunktepapier der Bund-Länder-Arbeitsgruppe „Weiterentwicklung der Eingliederungshilfe für Menschen mit Behinderungen" verwiesen. In diesem Bericht wird nicht nur aufgelistet, welche Argumente von den Behindertenverbänden und den Verbänden der Freien Wohlfahrtspflege in den Anhörungen und Unterarbeitsgruppen vorgetragen worden sind, sondern auch der Versuch unternommen darzustellen, in welchen Problemfeldern der Eingliederungshilfe weitgehend Übereinstimmung zwischen den Interessenvertretern der ASMK und den Verbänden besteht und welche Eckpunkte bzw. Vorschläge der Bund-Länder-Arbeitsgruppe auf Ablehnung gestoßen sind und deshalb weiter beraten werden sollen.

Nachfolgend wird dieser Bericht bei der Darstellung der wichtigsten Eckpunkte der Bund-Länder-Arbeitsgruppe berücksichtigt.

Neuausrichtung der Sozialhilfe auf der Grundlage personenzentrierter Hilfen

Künftig sollen die Leistungen, die ein wesentlich behinderter Mensch zur Eingliederung in die Gesellschaft erhält, nicht mehr davon abhängig gemacht werden, ob es sich um ambulante, teil- oder vollstationäre Leistungen handelt. Personenzentrierung bedeutet, dass die Leistung nicht von der Wohnform abhängig gemacht werden soll, sondern vom individuellen Bedarf und dem Selbstbestimmungsrecht des Menschen, das sich in seinen Wünschen und Wahlentscheidungen äußert. Das Eckpunktepapier greift auf diese Weise Art. 19 der Behindertenrechtskonvention der Vereinten Nationen auf, die seit März 2009 geltendes deutsches Recht ist und besagt, dass „Menschen mit Behinderungen gleichberechtigt die Möglichkeit haben, ihren Aufenthaltsort zu wählen und zu entscheiden, wo und mit wem sie leben und nicht verpflichtet sind, in besonderen Wohnformen zu leben."

Es bestand daher bei den Beratungen in den Unterarbeitsgruppen Einigkeit darin, dass sich die Leistungen der Eingliederungshilfe künftig an der Person und nicht mehr an der Institution bzw. Wohnform auszurichten haben.

Dies wird weitreichende Konsequenzen nach sich ziehen, die noch in allen Facetten durchdacht werden müssen. Nach geltendem Recht (§§ 75 ff. SGB XII) erhält der Träger einer vollstationären Einrichtung, in der Leistungen der Eingliederungshilfe erbracht werden, vom zuständigen Träger der Sozialhilfe eine Vergütung, die sich aus einer Grundpauschale für Unterkunft und Verpflegung, einer Maßnahmenpauschale für die Eingliederungshilfeleistung und einem Investitionsbetrag zusammensetzt. Die Höhe der Vergütung ist insbesondere von der Prüfung abhängig, welcher personelle und sächliche Aufwand erforderlich ist, um die in der Einrichtung lebenden Menschen mit Behinderungen nach Maßgabe ihres jeweiligen Rechtsanspruchs auf Leistungen der Eingliederungshilfe zu fördern und zu betreuen. Im Regelfall werden die behinderten Menschen „Gruppen mit vergleichbarem Bedarf" zugeteilt. Für diese Gruppen wird ein Vergütungsmaßstab vereinbart, der sich am personellen Aufwand zur Förderung und Betreuung der behinderten Menschen in der jeweiligen Gruppe orientiert und – so die Praxis – Jahr für Jahr unter Berücksichtigung des vereinbarten Personalsschlüssels und der tariflichen bzw. außertariflichen Personalkosten für die vom Einrichtungsträger beschäftigten Fachkräfte ermittelt bzw. fortgeschrieben wird.

Künftig wird man sich nicht mehr an diesen Leitlinien ausrichten können. Die personenzentrierte Hilfe muss sich zunächst darauf konzentrieren, den Bedarf und die Wünsche des betroffenen Menschen festzustellen. Dies bedeutet, dass in einem individuellen Verfahren ermittelt werden muss, wo und wie der Mensch mit Behinderung leben möchte und welcher individuelle Aufwand an Personal und Sachmitteln erforderlich ist, um den Menschen dort, wo er seinen Lebensmittelpunkt hat bzw. haben möchte, bedarfsdeckend zu fördern und zu betreuen. Die Kernfragen, die sich bei einer Personenzentrierung der Hilfe stellen lauten: Benötigt der behinderte Mensch eine 24-stündige Förderung und Betreuung oder reicht es aus, dass er stundenweise, halbtags, tagsüber usw. Hilfe erhält? Müssen zur Deckung seines individuellen Bedarfs Fachkräfte eingesetzt werden oder reicht die Hilfe durch (geschulte) Laien aus? Welche Fachkräfte werden benötigt und über welche Qualifikationen müssen diese Fachkräfte verfügen, um den individuellen Bedarf des Menschen mit Behinderungen zu decken?

Läuft die erforderliche Hilfe auf eine individuelle Förderung und Betreuung hinaus, weil der Mensch allein oder in Gemeinschaft mit nichtbehinderten Menschen leben möchte oder kann die erforderliche Fachkraft mehrere Menschen mit Behinderungen gemeinsam und zeitgleich fördern und betreuen, weil diese in einer Wohngemeinschaft oder einem Wohnheim zusammenleben? Erst wenn diese Fragen eindeutig beantwortet sind, kann der zuständige Träger der Sozialhilfe feststellen, welche Leistungen zur Deckung des individuellen Bedarfs notwendig sind und welche Kostenfolgen sich daraus ergeben. Bei der Kalkulation der Kosten wiederum wird zu berücksichtigen sein, ob es überhaupt Leistungsangebote gibt, die qualitativ geeignet sind, den festgestellten Bedarf des Menschen seinen Wünschen entsprechend zu decken. Es liegt auf der Hand, dass bereits die vom Menschen mit Behinderung geäußerten Wünsche unterschiedliche Kosten auslösen können, denn es kann einen erheblichen Unterschied machen, ob der Mensch allein, gemeinsam mit nichtbehinderten Menschen oder mit Menschen, die ganz unterschiedliche Behinderungen aufweisen bzw. mit Menschen, die gleiche Beeinträchtigungen haben, leben möchte. Die Höhe der Kosten darf das Wunsch- und Wahlrecht des leistungsberechtigten Menschen mit Behinderungen nicht außer Kraft setzen oder unterminieren. Nimmt man das Selbstbestimmungsrecht des Menschen ernst und orientiert man sich weiterhin an seinem individuellen Bedarf, so ist künftig für den Mehrkostenvorbehalt gemäß § 13 SGB XII kein Raum mehr, der es den Trägern der Sozialhilfe nach geltendem Recht ermöglicht, einen behinderten Menschen auf eine stationäre Unterbringung zu verweisen, wenn diese zumutbar und die ambulante Leistungserbringung mit unverhältnismäßigen Mehrkosten verbunden ist.

Doch welche Standards sollen gelten, wenn – ausgehend von der jeweiligen Wohnform, für die sich der Mensch mit Behinderung entscheidet – festgestellt werden soll, welche fachliche Hilfe im Einzelfall erforderlich ist und wie diese kostenmäßig kalkuliert wird? In der Praxis kristallisiert sich heraus, dass die Kalkulation auf der Grundlage von Fachleistungsstunden erfolgen soll. Dabei ist unstreitig, dass Menschen mit unterschiedlichen Bedarfen eine unterschiedliche Zahl von Fachleistungsstunden benötigen. Klärungsbedürftig ist jedoch, inwieweit bei der kostenmäßigen Berechnung der Fachleistungsstunde ausschließlich auf den individuellen Bedarf und die spezifischen Wünsche des leistungsberechtigten Menschen abgestellt werden oder letztlich wieder nach Kriterien der Kategorisierung behinderter Menschen, wie z.B. der Bildung von Bedarfsgruppen, gesucht werden soll, um die Kostenerfassung zu vereinfachen oder die Kosten zu deckeln. In diesem Zusammenhang kann sich auch die Frage stellen, inwieweit die Erfassung der Kosten der notwendigen Hilfe davon abhängt, ob es einen oder mehrere Leistungsanbieter im lokalen Umfeld gibt, die in der Lage sind, die vom Leistungsberechtigten erwünschte Leistung zu preisgünstigeren Konditionen anzubieten als der Dienst oder die Einrichtung, für den sich der behinderte Mensch gerne entscheiden möchte.

Der Begriff der „Personenzentrierung“ beantwortet diese Fragen nur ansatzweise. Er muss weiterentwickelt werden und gesetzlich normierte Kriterien enthalten, die ihn sowohl für den Leistungsberechtigten als auch für den Leistungsträger handhabbar machen.

Teilhabemanagement, Partizipation, Personal

Unter dieser Überschrift befassen sich die Eckpunkte mit der Frage, welche Verfahrensabläufe vor- und eingehalten werden müssen, um dem Anliegen einer personenzentrierten Hilfe gerecht zu werden. Ausgangspunkt ist die genaue Feststellung des Bedarfs des behinderten Menschen. Hier bestand bei den Beratungen in den Bund-Länder-Arbeitsgruppen Einigkeit darin, dass die Bedarfsfeststellungsverfahren, die im Bereich der Eingliederungshilfe zur Anwendung kommen, nicht nur schon zahlenmäßig unübersichtlich, sondern auch nicht aufeinander abgestimmt sind und deshalb zu unterschiedlichen Zuteilungen von Leistungen führen können. Dies kann bewirken, dass Menschen mit Behinderungen im bundesweiten Vergleich keine gleichwertigen Leistungen erhalten, denn die Leistungszuteilung und -bemessung hängt in ihrem Ausgangspunkt von einer fairen und nach eindeutigen Kriterien überprüfbaren Bedarfsfeststellung ab. Es wird deshalb die Forderung erhoben, möglichst einheitliche Kriterien für die Bedarfsfeststellung im Bereich der Eingliederungshilfe zu ermitteln und im Gesetz zu verankern. Dabei wird sich auch die Frage stellen, ob es nicht sinnvoll ist, diese Kriterien unter Berücksichtigung leistungsträgerübergreifender Aspekte in den §§ 10 ff. SGB IX zu verankern und dabei auf Erkenntnisse zurückzugreifen, die im Bereich der sozialen Pflegeversicherung auf der Grundlage des neuen Begutachtungsassessments (NBA) gewonnen werden konnten.

Das Bedarfsfeststellungsverfahren kann nur dann „personenzentriert“ abgewickelt werden, wenn von Anfang an die Beteiligung des behinderten Menschen und der von ihm ausgewählten Vertrauenspersonen garantiert ist. Denn der Bedarf eines Menschen lässt sich nicht losgelöst von seiner individuellen Lebenssituation und seiner auf die Gestaltung der Lebensverhältnisse ausgerichteten Wünsche ermitteln. Insbesondere Menschen mit geistiger Behinderung oder psychosozialen Problemen benötigen dabei Unterstützung, wenn sie mit den Vertreterinnen und Vertretern der Sozialleistungsträger auf gleicher Augenhöhe verhandeln können sollen.

Auf der Grundlage des festgestellten Bedarfs ist unter Berücksichtigung der begehrten Eingliederungshilfeleistung ein Hilfeplan zu entwickeln, der die konkrete Lebenssituation erfasst und die Ziele beschreibt, die der Mensch mit Behinderung mit Hilfe der Eingliederungshilfeleistung im Rahmen seiner individuellen Möglichkeiten anstrebt. Auch dieser Hilfeplan kann nur unter Beteiligung des Leistungsberechtigten unter Beachtung seines Selbstbestimmungsrechts entwickelt werden, denn sonst bestünde die Gefahr, dass aus Kostengründen Maßnahmen in Betracht gezogen werden, die fremdbestimmt sind und sich nicht mit den vom Leistungsberechtigten geäußerten Wünschen und Interessen decken.

Liegt der Hilfeplan vor, so schließt sich die Entscheidung an, wie sich die durch Bedarfsfeststellung und Hilfeplan gewonnenen Erkenntnisse in einem Leistungsbescheid bündeln lassen und es dem Leistungsberechtigten auf diese Weise ermöglicht wird, die notwendigen Dienstleistungen unter Berücksichtigung seiner individuellen Wünsche zu erhalten.

Im Eckpunktepapier werden diese Erwägungen anerkannt und mit dem Begriff der „Partizipation" umschrieben. Doch die Detailarbeit muss noch geleistet werden. So heißt es zwar im Eckpunktepapier, dass nach Abschluss des Bedarfsfeststellungsverfahrens und der Verständigung auf einen konkreten Hilfeplan eine *Zielvereinbarung* zwischen dem Leistungsträger und dem Leistungsberechtigten abgeschlossen werden soll; es fehlt jedoch noch an Hinweisen, wie die Verfahrensabläufe im Einzelnen zu gestalten sind und welche Kriterien dafür im Gesetz geregelt werden müssen. Auch dabei wird sich wieder die Frage stellen, ob Sonderregelungen im Bereich der Eingliederungshilfe erforderlich sind oder ob es sich nicht anbietet, entsprechende Regelungen im Sozialgesetzbuch Neuntes Buch (SGB IX) zu verankern.

Unbestritten ist, dass eine qualitativ hochwertige Personenzentrierung der Eingliederungshilfe eine entsprechende Fort- und Weiterbildung der Sachbearbeiter der Sozialhilfeträger voraussetzt. Im Eckpunktepapier wird dieses Erfordernis unter dem Begriff „Teilhabemanagement" dargestellt. So notwendig es auch ist, dass der Leistungsträger „Sozialhilfe" auf die neuen Herausforderungen mit entsprechend ausgebildetem Personal reagieren kann, muss doch kritisch hinterfragt werden, ob neben dem „Teilhabemanagement" der Sozialhilfe eine neutrale Anlaufstelle etabliert werden muss, die den behinderten Menschen frei von Interessen der Leistungsträger und Leistungsanbieter berät und begleitet. Maßgeblich für diese Forderung ist die Erkenntnis, dass die Vertrauensperson, die z. B. ein Menschen mit geistiger Behinderung zur Bedarfsfeststellung und zur Festlegung und Vereinbarung des Hilfeplans hinzuziehen will, oft nicht über die Fachkenntnisse verfügt, die erforderlich sind, um „passgenaue" Hilfen zu ermitteln, zu verhandeln und aus dem häufig unübersichtlichen Angebot an unterschiedlichen Dienstleistungen herauszufiltern.

Gesamtsteuerungsverantwortung des Trägers der Sozialhilfe

Verständnis haben viele Behindertenverbände und Spitzenverbände der Freien Wohlfahrtspflege dafür, dass in den Eckpunkten zur Reform der Eingliederungshilfe „eine besondere trägerübergreifende Koordinations- und Strukturverantwortung" des Trägers der Sozialhilfe eingefordert wird, und zwar in der Weise, „dass der Träger der Sozialhilfe bei leistungsträgerübergreifenden Bedarfskonstellationen im Auftrag und im Namen der anderen beteiligten – auch vorrangigen – Leistungsträger handeln kann". Insbesondere Menschen mit mehrfachen Behinderungen sind auf Leistungen unterschiedlicher Leistungsträger angewiesen, z.B. auf Eingliederungshilfe, die der Sozialhilfe zugeordnet ist und auf Pflegeleistungen der sozialen Pflegeversicherung (SGB XI). Schon seit Einführung des Sozialgesetzbuchs Neuntes Buch (SGB IX) wird gefordert, das Rehabilitations- und Teilhaberecht so umzugestalten, dass Leistungen „aus einer Hand“ gewährt werden können. Dies kann und wird nur gelingen, wenn einem Leistungsträger die Gesamtverantwortung für die benötigten Leistungen übertragen wird. Für viele behinderte Menschen ist die Eingliederungshilfe die originäre und umfassendste Hilfe. Schon dies spricht dafür, dem Träger der Sozialhilfe die Gesamtsteuerungsverantwortung zuzuordnen. Anderseits darf nicht verkannt werden, dass dies auch zu neuen Konkurrenzsituationen führen kann, denn auch das Fachpersonal der allgemeinen Servicestellen (§ 22 SGB IX) und die Pflegeberater, die in Pflegestützpunkten eingesetzt werden sollen (§ 7 a SGB XI), haben die Aufgabe, leistungsträgerübergreifend tätig zu werden.

Überträgt man dem Träger der Sozialhilfe die Gesamtsteuerungsverantwortung und ermächtigt ihn, im Verhältnis zu anderen – an sich vorrangig zur Leistung verpflichteten – Leistungsträgern zu handeln, so schließt dies fast zwangsläufig die Verpflichtung ein, Vorleistungspflichten zu erfüllen. Damit dürfte sich eigentlich die Streitfrage erledigt haben, ob im Bereich der Eingliederungshilfe künftig weiterhin das Bruttoprinzip oder nur noch das Nettoprinzip gelten soll. Schon der Grundgedanke, dem Menschen mit Behinderung schwierige Verfahrensabläufe und Auseinandersetzungen mit unterschiedlichen Leistungsträgern zu ersparen, spricht dafür, dass der behinderte Mensch zunächst die für ihn erforderliche Leistung vom Träger der Sozialhilfe in vollem Umfang erhält und dieser sich im Anschluss daran mit der Frage auseinandersetzt, ob nicht andere Leistungsträger oder Unterhaltsverpflichtete in Anspruch genommen werden können.

Trennung von Eingliederungshilfe und Hilfe zum Lebensunterhalt/Grundsicherung im Alter und bei Erwerbsminderung

Die Eckpunkte wollen künftig zwischen den individuellen Fachleistungen der Eingliederungshilfe und Leistungen der Hilfe zum Lebensunterhalt unterscheiden: „Die Leistungen der Eingliederungshilfe werden – bei weiterhin offenem Leistungskatalog – als individuelle Fachleistungen ausgestaltet. Wie Menschen ohne Behinderungen erhalten die Menschen mit Behinderungen daneben existenzsichernde Leistungen zum Lebensunterhalt und Leistungen zum Wohnen.“

An dieser Stelle stehen harte Verhandlungen bevor, denn die Eingliederungshilfe ist nicht nur aus fachlicher Sicht, sondern auch durch den Verweis in § 53 SGB XII auf die Regelung des § 4 SGB IX eine ganzheitliche Hilfe, die nicht nach formalen Kriterien zwischen reinen Fachleistungen und Leistungen zum Lebensunterhalt bzw. zum Wohnen unterscheidet, sondern immer danach fragt, welche Hilfen der leistungsberechtigte Mensch mit Behinderungen insgesamt benötigt, um so selbständig und selbstbestimmt wie möglich am Leben der Gesellschaft teilhaben zu können (vgl. Urteil des Bundessozialgerichts zum Mittagessen in einer Werkstatt für behinderte Menschen: Urteil vom 09.12.2008 – Az: B 8/96 SO 10/07 R).

Unbestritten ist, dass viele behinderte Menschen Mehrbedarfe haben. Ob sich diese immer eindeutig der Fachleistung Eingliederungshilfe oder der Hilfe zum Lebensunterhalt zuordnen lassen, muss detailliert geklärt werden. Wenn eine willkürliche Zuordnung verhindert werden soll, bedarf es dazu klarer gesetzlicher Kriterien. Dies auch deshalb, weil sich die strukturellen Unterschiede zwischen der Fachleistung Eingliederungshilfe und den Mehrbedarfen von Menschen mit Behinderungen, die der Hilfe zum Lebensunterhalt bzw. der Grundsicherung im Alter und bei Erwerbsminderung zugeordnet werden, nach den Vorstellungen der Länder und der Träger der Sozialhilfe, die Eingang in das Eckpunktepapier zur Weiterentwicklung der Eingliederungshilfe gefunden haben, vergrößern sollen. Alles, was nicht Eingliederungshilfe ist, sondern der Existenzsicherung dient oder zum Bereich „Wohnen“ gehört, soll leistungsrechtlich nach den gleichen Grundsätzen gewährt werden, die für nichtbehinderte Leistungsempfänger der Sozialhilfe gelten, d. h. eigenes Einkommen muss in vollem Umfang eingesetzt werden und das Schonvermögen unterliegt der strengen Überprüfung gem. § 90 Abs. 1 Nr. 9 SGB XII i. V. mit der BarbetragsVO i. d. F. vom 27.12.2003, wonach bei der Inanspruchnahme von Eingliederungshilfe ein Betrag von 2.600 Euro geschützt ist. Im Vergleich dazu wird in der behindertenpolitischen Diskussion gefordert, die Fachleistungen der Eingliederungshilfe einkommens- und vermögensunabhängig zu gewähren. Maßgeblich dafür ist die Überlegung, dass – so der Koalitionsvertrag – die Reform der Eingliederungshilfe wie alle künftigen Gesetzesvorhaben, die Menschen mit Behinderungen direkt oder indirekt betreffen, an den Ansprüchen und Erfordernissen der Behindertenrechtskonvention (BRK) der Vereinten Nationen zu messen ist. Die sozialen Menschenrechte, die in der BRK geregelt sind, zielen auf die Beseitigung von Barrieren, die Menschen mit Beeinträchtigungen „behindern“ bzw. auf Nachteilsausgleiche, wenn sich die gleichberechtigte Teilhabe (Inklusion) behinderter Menschen nur mit Hilfe von besonderen Förder- und Unterstützungsmaßnahmen (Assistenz) erreichen lässt.

Würde die Eingliederungshilfe – wie dies insbesondere im Bereich der Leistungen der sozialen Teilhabe (Beispiel: Hilfe zum selbstbestimmten Leben in betreuten Wohnformen, § 55 Abs. 2 Nr. 6 SGB IX) der Fall ist – weiterhin davon abhängig gemacht, dass der Mensch mit Behinderung bedürftig ist, d. h. bestimmte Einkommens- und Vermögensgrenzen nicht überschreitet, so ist möglicherweise der sehr weit gefasste Tatbestand der Diskriminierung der Behindertenrechtskonvention (Art. 2, 3 b, 5 BRK) erfüllt, denn die Bedürftigkeitsprüfung bewirkt, dass behinderte Menschen mit weniger Einkommen und Vermögen auskommen sollen als z. B. viele ihrer nichtbehinderten Mitmenschen in vergleichbaren Wohn- und Arbeitsverhältnissen.

Inklusive Sozialraumgestaltung

Die Behindertenrechtskonvention fordert in Art. 19, dass „Menschen mit Behinderungen Zugang zu einer Reihe von gemeindenahen Unterstützungsdiensten zu Hause und in Einrichtungen sowie zu sonstigen gemeindenahen Unterstützungsdiensten haben“ und dass gemeindenahe Dienstleistungen und Einrichtungen für die Allgemeinheit Menschen mit Behinderungen zur Verfügung stehen und ihren Bedürfnissen Rechnung tragen müssen.

Die ASMK-Beschlüsse greifen diese Forderung auf und haben die Bund-Länder-Arbeitsgruppe beauftragt, „insbesondere mit den kommunalen Spitzenverbänden Handlungsstrategien zum Auf- und Ausbau eines inklusiven Sozialraums zu erarbeiten.“ Im Eckpunktepapier heißt es dazu, die Beseitigung von Barrieren und die sozialräumliche Entwicklung seien eine gesamtgesellschaftliche Aufgabe und nicht nur die alleinige Aufgabe der Kommunen oder anderer „öffentlichen“ Stellen in ihrem Zuständigkeitsbereich. Wer diese Aufgabe finanzieren soll, ist offen geblieben. Obwohl konzediert wird, dass der gesamtgesellschaftliche Mehrwert, der sich aus dem „Nutzen“ von Barrierefreiheit ergibt, die erforderlichen Ausgaben übersteigen wird, dürfte die Bereitschaft des Bundes, der Länder und der Kommunen, gezielt in den Sozialraum zu investieren, angesichts der Haushaltslage gering sein. Hier stehen mühsame politische Auseinandersetzungen bevor, die einen „langen Atem“ voraussetzen.

Reformvorschläge zur Teilhabe am Arbeitsleben von Menschen mit Behinderungen

Die Werkstätten für Menschen mit Behinderungen (WfbM) stehen nicht zur Disposition. Doch schon die große Koalition aus CDU/CSU und SPD hatte vereinbart, sich dafür einsetzen zu wollen, dass die Möglichkeiten des Übergangs aus dem Arbeitsbereich einer WfbM in den allgemeinen Arbeitsmarkt verbessert werden. Mit dem im Januar 2009 in Kraft getretenen Gesetz zur Einführung der Unterstützten Beschäftigung ist ein kleiner Schritt in diese Richtung getan worden: Außenarbeitsplätze der WfbM in Betrieben des allgemeinen Arbeitsmarktes können nicht nur vorübergehend, sondern auch „auf Dauer“ eingerichtet werden.

Die ASMK-Beschlüsse plädieren für „die Schaffung von Beschäftigungsalternativen zur Werkstatt für behinderte Menschen“. Es soll ein berufliches Orientierungsverfahren implementiert werden, das es „allen Schülerinnen und Schülern mit Behinderungen an Förder- und Regelschulen mit einem sonderpädagogischen Förderbedarf“ ermöglicht, schon vor der Schulentlassung zu prüfen, ob Maßnahmen der beruflichen Bildung am allgemeinen Arbeitsmarkt oder in einer WfbM angestrebt werden sollten. „Zur Abklärung von Stärken, Bedürfnissen und Wünschen sollen Praktika vorrangig in Betrieben des allgemeinen Arbeitsmarktes durchgeführt, begleitet und evaluiert werden.“ Die während der

Schulzeit begonnene „qualifizierte Integrationsbegleitung soll nach der Schulentlassung, sofern erforderlich, zielgerichtet fortgeführt werden".

Zur „beruflichen Teilhabe auf Arbeitsplätzen des allgemeinen Arbeitsmarktes" heißt es, es sei „notwendig, einen dauerhaften Nachteilsausgleich leisten zu können, um die Chancen für Menschen mit Behinderungen, die heute als werkstattbedürftig gelten, auf eine sozialversicherungspflichtige Beschäftigung auf dem allgemeinen Arbeitsmarkt zu erhöhen." Zu diesem Zweck sollen „anstelle der heute im SGB IX beschriebenen Leistungen im Eingangs-, Berufsbildungs- und Arbeitsbereich Leistungsmodule definiert werden", die der behinderte Mensch „unabhängig vom Ort und Träger der Leistungserbringung", d.h. auch außerhalb einer WfbM, zum Beispiel in der Form eines persönlichen Budgets in Anspruch nehmen kann.

Funktionieren wird dies allerdings nur dann, wenn die Eingliederungshilfe künftig nicht nur – wie bisher – zur Finanzierung der Förderung und Betreuung von Menschen mit Behinderungen im Arbeitsbereich einer WfbM eingesetzt werden kann, sondern z.B. auch zur Heranziehung einer Arbeitsassistenz in einem Betrieb des allgemeinen Arbeitsmarktes, die z.B. einen Menschen mit geistiger Behinderung begleitet und so unterstützt, dass nicht nur seine erforderliche Förderung sichergestellt, sondern aus der Sicht des Arbeitgebers auch ein adäquater Minderleistungsausgleich gewährleistet ist.

Förderung von Menschen mit schwersten und mehrfachen Behinderungen

Die Behindertenrechtskonvention der Vereinten Nationen stellt in Art. 1 klar, dass Menschen mit sehr schweren Beeinträchtigungen die gleichen Menschenrechte beanspruchen können wie alle anderen Menschen. Niemand soll ausgeschlossen oder zurückgelassen werden. Überträgt man diesen Grundansatz auf die Reformbestrebungen in der Eingliederungshilfe, so stellt man fest, dass die ASMK-Beschlüsse kaum Anhaltspunkte für den Personenkreis von Menschen mit Behinderungen enthalten, die z.B. als nicht werkstattfähig gelten und deshalb entweder ausschließlich in der Familie betreut und gepflegt oder in Tagesstätten oder Fördergruppen unter dem verlängerten Dach einer Werkstatt für Menschen mit Behinderungen versorgt und beschäftigt werden.

Es ist zu fordern, dass die Reformansätze, die in der Bund-Länder-Arbeitsgruppe der ASMK diskutiert werden, auch diesen Personenkreis gleichberechtigt berücksichtigen und z.B. auch die in Fördergruppen beschäftigten Menschen in den Sozialversicherungsschutz einbeziehen, der in einer WfbM zur Verfügung steht. Des Weiteren ist darauf zu achten, dass die Eingliederungshilfe auch in Zukunft an keine Altersgrenze geknüpft wird, sondern z.B. auch nach Erreichen des Zeitpunkts, in dem die Regelaltersrente einsetzt, die individuell erforderlichen Leistungen umfasst, die zur Teilhabe am gesellschaftlichen Leben erforderlich sind.

Forum behinderter Juristinnen und Juristen (FbJJ)

Gesetz zur Sozialen Teilhabe und zur Änderung des SGB IX und anderer Gesetze

Das Forum behinderter Juristinnen und Juristen legt mit diesem Gesetzentwurf[1] einen Vorschlag zur Neuregelung des Rechts auf „Soziale Teilhabe" vor, das bisher überwiegend im Siebten Kapitel des ersten Teils des Neunten Buches Sozialgesetzbuch (SGB IX) als „Leistungen zur Teilhabe am Leben in der Gemeinschaft" und teilweise im Sechsten Kapitel des Zwölften Buches (SGB XII) als „Eingliederungshilfe für behinderte Menschen" mit der dazu gehörenden Eingliederungshilfe-Verordnung geregelt ist. Mit diesem Vorschlag soll die Diskussion über die Neugestaltung der Eingliederungshilfe, die von der Arbeits- und Sozialministerkonferenz (ASMK) nur sehr verkürzt und vor allem unter fiskalischen Aspekten geführt wird, um ein umfassendes Konzept erweitert werden. Dieses Konzept erhebt den Anspruch, einerseits das Übereinkommen über die Rechte von Menschen mit Behinderungen der Vereinten Nationen – UN-Behindertenrechtskonvention (BRK) – für den Bereich sozialer Teilhabe umzusetzen und andererseits den Vorschriften über medizinische Rehabilitation, der Teilhabe am Arbeitsleben und den unterhaltssichernden und ergänzenden Leistungen ein gleichrangiges Kapitel über die „Soziale Teilhabe" an die Seite zu stellen.

Ziel unseres Vorschlages ist es, das Menschenrecht auf ‚Soziale Teilhabe' aus der BRK im Sozialrecht und vorrangig im SGB IX zu verankern. Dabei sollen die Anforderungen aus Art. 19 BRK umgesetzt werden, der vorschreibt, dass Menschen mit Behinderungen

1. die gleichen Möglichkeiten haben sollen wie andere Menschen, in der Gemeinschaft zu leben,
2. das Recht haben, in die Gemeinschaft voll einbezogen zu werden und an ihr gleichberechtigt teilzuhaben,
3. das Recht haben, ihren Aufenthaltsort selbst bestimmen zu können und nicht verpflichtet zu werden, in besonderen Wohnformen zu leben,
4. den Zugang zu gemeindenahen Unterstützungsdiensten einschließlich der Persönlichen Assistenz haben sollen, der es ihnen ermöglicht, gleichberechtigt am Leben in der Gemeinschaft teilzuhaben, und nicht isoliert und ausgesondert zu werden und
5. den Zugang zu Dienstleistungen und Einrichtungen erhalten, die für die Allgemeinheit bestimmt sind und die auch ihre Anforderungen und Bedürfnisse zu berücksichtigen haben.

---

1 Der Gesetzentwurf des FbJJ ist im Internet verfügbar: Deutscher Verein für Rehabilitation (DVfR).

Die BRK stellt eine Reihe von Gestaltungsgrundsätzen auf, die bisher im deutschen Sozialrecht nur rudimentär verankert sind bzw. die im SGB IX verfügt, aber in den Leistungsgesetzen konterkariert werden:

1. Das Recht auf Selbstbestimmung
2. Das Recht auf gleichberechtigte Teilhabe
3. Das Prinzip der Inklusion
4. Ein uneingeschränktes Wahlrecht
5. Das Diskriminierungsverbot

Das Recht auf **Selbstbestimmung** wird zwar als Grundsatz in § 1 SGB IX proklamiert, aber z.B. durch § 13 Abs. 1 SGB XII dadurch eingeschränkt, dass behinderte Menschen die vorrangigen ambulanten Leistungen nur dann erhalten, wenn diese nicht zu unverhältnismäßigen Mehrkosten führen und eine stationäre Versorgung zumutbar und geeignet ist. Diese Einschränkung dürfte mit Art. 19 der BRK unvereinbar sein, so dass die weitere Anwendbarkeit dieser Vorschrift in Frage steht. Aber auch andere Einschränkungen der Selbstbestimmung, z.B. bei der Auswahl der geeigneten medizinischen Rehabilitationseinrichtung durch den Rehabilitationsträger, bei der Auswahl des zur Unterstützung eingesetzten Personals durch die Leistungserbringer, die Beschränkung der berufsfördernden Leistungen für voll Erwerbsgeminderte auf die Werkstatt für behinderte Menschen, die Deckelung des Persönlichen Budgets und die strategische Verhinderung seiner Inanspruchnahme durch die Verwaltung, führt dazu, dass die Selbstbestimmung behinderter Menschen in der Praxis nur sehr schwer umgesetzt werden kann.

Auch das Recht auf eine **gleichberechtigte Teilhabe** wird zwar in § 1 SGB IX prominent verfügt. Allerdings wird dieses auf das Armutsniveau beschränkt, in dem für viele Leistungen der Teilhabe am Leben in der Gemeinschaft auf das Fürsorgerecht mit seinen Einkommens- und Vermögensanrechnungsvorschriften verwiesen wird. Es liegt auf der Hand, dass hierin eine Verletzung des Art. 28 Abs. 2 BRK liegen könnte, denn das Recht von Menschen mit Behinderungen auf sozialen Schutz und den Genuss dieses Rechts kann nicht ohne Diskriminierung auf Grundlage einer Behinderung nur nach Anrechnung von Einkommen und Vermögen in Anspruch genommen werden. Man kann in der Zuordnung der Ansprüche, die eine gleichberechtigte Teilhabe erst ermöglichen, zu einkommens- und vermögensabhängigen Leistungen als 'Recht der Sozialen Hilfe' zumindest eine mittelbare Diskriminierung wegen der Behinderung sehen. Stattdessen sollten die Leistungen dem ‚Recht der Sozialen Förderung' zugeordnet werden, das dem Gleichstellungsgedanken verpflichtet ist und deshalb weitgehend auf Einkommens- und Vermögensanrechnungsvorschriften verzichtet.

Noch weniger ist das Prinzip der **Inklusion** bisher im Behindertenrecht umgesetzt. Medizinische und berufliche Rehabilitationseinrichtungen sind in der Regel Spezialeinrichtungen für behinderte Menschen und gliedern zunächst einmal behinderte Menschen aus ihren bisherigen sozialen Bezügen aus. Das mag für einen begrenzten und überschaubaren Zeitraum noch vertretbar sein. Der quasi dauerhafte Ausschluss behinderter Menschen aus dem allgemeinen Arbeitsmarkt durch Werkstätten für behinderte Menschen lässt sich so nicht rechtfertigen. Art. 26 BRK spricht aus gutem Grund nur von umfassenden Habilitations- und Rehabilitationsdiensten und -programmen und nicht von entsprechenden ‚Einrichtungen'. Die Dominanz von stationären Einrichtungen zur medizinischen und beruflichen Rehabilitation verletzt mit Sicherheit ebenso die BRK wie die vorrangige Versorgung behinderter Menschen in stationären Wohneinrichtungen. Mehr als 80 Prozent der Ausgaben der Eingliederungshilfe für behinderte Menschen fließen in stationäre oder teilstationäre Einrichtungen wie Wohnheime und Werkstätten für behinderte Menschen. Art. 27 BRK sieht ein gleiches Recht auf Arbeit und den Zugang zum allgemeinen Arbeitsmarkt vor, und nicht die Verweisung auf die Werkstatt für behinderte Menschen als besonderen Arbeitsmarkt mit nur „arbeitnehmerähnlichen" Rechten. Auch wenn der hier vorgelegte Gesetzentwurf – mit Ausnahme der Vorschriften zum „Budget für Arbeit" und der schulischen Aus- und Weiterbildung – sich vor allem der „Sozialen Teilhabe" widmet, setzt eine Gesamtkonzeption eine fundamentale Veränderung des bisherigen Rehabilitationsgeschehens voraus. Wie bereits im SGB IX angelegt, muss das Konzept der ‚Rehabilitation' dem der ‚Teilhabe' weichen. Daher muss das **Prinzip der Rehabilitation**: *„durch ausgegliederte Förderung über zusätzliche Fertigkeiten einzugliedern"*, ersetzt werden durch das **Prinzip der Teilhabe**: *„mit inklusiver Unterstützung Ausgliederung zu vermeiden und Teilhabe zu ermöglichen"*.

Das **Wunsch- und Wahlrecht** nach § 9 SGB IX sieht eigentlich vor, dass den **berechtigten Wünschen** von Leistungsberechtigten entsprochen wird. Damit wird verfügt, dass alle sinnvollen Gestaltungswünsche für erforderliche Bedarfe von den Rehabilitationsträgern unabhängig von den Kosten zu berücksichtigen sind. Allerdings wird diese Verpflichtung durch § 7 SGB IX wieder eingeschränkt, der abweichende Regelungen in den Leistungsgesetzen zulässt. Für die Leistungen der Eingliederungshilfe für behinderte Menschen, die bisher die Soziale Teilhabe ermöglichen sollen, gilt dann die abweichende Regelung des § 9 Abs. 2 SGB XII, der nur die **angemessenen Wünsche** berücksichtigen soll. Damit wird das Wahlrecht unter Kostenvorbehalt gestellt. Auch die anschließende Regelung, stationäre oder teilstationäre Hilfeformen nur vorzusehen, wenn der Hilfebedarf anders nicht gedeckt werden kann, wird durch den Kostenvorbehalt in § 13 Abs. 1 SGB XII wieder aufgehoben. Dies verursacht in der Praxis regelmäßig Konflikte über die Frage Heim- oder häusliche Versorgung, wenn der Sozialhilfeträger nur die kostengünstigere Heimunterbringung bewilligt und behinderte Menschen gegen ihren Willen in Sondereinrichtungen oder Altenheimen untergebracht werden. Diese menschenrechtswidrige Praxis muss unterbunden werden ausschließlich die berechtigten Wünsche sind ohne Kostenvorbehalt zu berücksichtigen.

Mit der Gleichstellungsgesetzgebung sind in das Sozialrecht ein Diskriminierungsverbot aufgenommen worden und die Verpflichtung, Benachteiligungen behinderter Menschen entgegenzuwirken (z.B. § 10 Abs. Nr. 5 SGB I, §§ 1, 36, 81 Abs. 2 SGB IX). Dennoch bleibt es zweifelhaft, ob die konkrete Ausgestaltung der Sozialleistungen den bestehenden Benachteiligungen ausreichend entgegenwirkt oder nicht sogar neue erzeugt. Wenn die Elternschaft behinderter Erwachsener – mangels eines konkreten Anspruchs auf begleitete Elternschaft und Elternassistenz – nicht ausreichend unterstützt und damit die Unterbringung in einer Pflegefamilie oder Freigabe der eigenen Kinder zur Adoption erzwungen wird, liegt eine Menschenrechtsverletzung vor, die in Art. 23 Abs. 2 Satz 2 BRK konkretisiert wird. Aber auch die dürftige Ausgestaltung der sozialen Rechte zur Teilnahme am Leben der Gemeinschaft, die Begrenzung von Mobilitätshilfen auf berufliche Erfordernisse, die Zuweisung zu Sonderschulen oder die Einschränkung des Rechts auf Bildung auf erwerbsbezogene Ausbildung, beschränken und benachteiligen behinderte Menschen gegenüber nichtbehinderten Gleichaltrigen. Damit wird sowohl die gesetzliche Verpflichtung, Nachteile auszugleichen oder ihnen – entgegen zu wirken, verletzt als auch gegen die menschenrechtlichen Verpflichtungen im Rahmen des Diskriminierungsverbotes aus Art. 5 BRK in Verbindung mit Art. 19, 20 und 24 BRK verstoßen.

Schwerpunkte der Neuregelungen sind:

1. Behinderungsbegriff
2. Beeinträchtigungsdefinition
3. Barrierefreiheitsbegriff und Verpflichtung der Rehabilitationsträger
4. Inklusionsdefinition und Verpflichtung der Rehabilitationsträger
5. Stärkung des Wunsch- und Wahlrechtes
6. Anspruch auf Erläuterung in ‚Leichter Sprache' für Menschen mit Lernschwierigkeiten
7. Zuständigkeit der Jugendämter für die Soziale Teilhabe aller behinderter Kinder und Jugendlicher, sowie teilweise auch für junge Erwachsene
8. Zuständigkeit der Integrationsämter für die Soziale Teilhabe Erwachsener
9. Förderung einer vom Leistungsträger und vom Leistungserbringer unabhängigen Beratung
10. Einheitliche Begutachtung
11. Neuregelung des Persönlichen Budgets
12. Einführung der Persönlichen Assistenz als neue Form der Leistungserbringung für die Persönliche Unterstützung
13. Einführung des Budget für Arbeit als neue Form der Leistungserbringung bei der Teilhabe im Arbeitsleben
14. Zuordnung der schulischen Aus- und Weiterbildung zur Leistung der Teilhabe am Arbeitsleben und zu den Leistungen zur Sozialen Teilhabe
15. Bundesfinanzierung der Ansprüche auf Soziale Teilhabe

16. Völlige Neugestaltung dieser Ansprüche auf Soziale Teilhabe insbesondere in der Form der Persönlichen Unterstützung zur Sozialen Teilhabe und des Teilhabegeldes zum Ausgleich behinderungsbedingter Nachteile und Mehraufwendungen sowie der Hilfen zur selbstbestimmten Ausübung der Elternschaft und Elternunterstützung

Damit schlagen wir mit diesem Gesetzentwurf ein Leistungsrecht vor, das dem der anderen Bereiche, nämlich der medizinische Rehabilitation und der Teilhabe am Arbeitsleben, gleichwertig ist. Im Wesentlichen geht es um die diskriminierungsfreie Neuformulierung der Ansprüche und nicht primär um eine Ausweitung des Leistungsgeschehens. Die moderate Ausweitung der Leistungsansprüche wird teilweise dadurch kompensiert, dass eine zielgenauere Leistungserbringung Kosten spart. Statt primär die Angebotsträger zufrieden zu stellen, rücken die Bedarfe der Leistungsberechtigten stärker in den Vordergrund. Damit kann eine zielgenauere Bedarfsdeckung erreicht und die Aufgabe teurer stationärer Fehlversorgung ermöglicht werden. Durch die konsequente Förderung selbstbestimmter Leistungsformen können bei Steigerung der Qualität gleichzeitig Aufwendungen vermieden werden. Der finanziellen Entlastung der Bundesländer und Kommunen und der entsprechenden Belastung des Bundes bei den Leistungen zur Sozialen Teilhabe der Erwachsenen steht eine Belastung der Jugendhilfe, und damit der Länder und Kommunen, durch die Kostenzuständigkeit für alle Kinder und Jugendlichen – und nicht nur für „seelisch behinderte Kinder und Jugendliche" – sowie für einen Teil der jungen Erwachsenen gegenüber. Gleichzeitig wird das Teilhabegeld durch den Wegfall pauschaler Freibeträge nach dem Grad der Behinderung zur Ermäßigung der Einkommenssteuer für außergewöhnliche Belastungen gegenfinanziert.

Der Entwurf geht von einem dynamischen **Behinderungsbegriff** aus, der die Veränderungen des Alltags in der Gesellschaft und der Anschauungen von Behinderungen ebenso einbezieht, wie das gewandelte Rollenverständnis behinderter Menschen. Mit dem vorgestellten Behinderungsbegriff soll das Verständnis von Behinderung in der BRK als Wechselverhältnis von individueller Beeinträchtigung und gesellschaftlichen Barrieren ebenso einbezogen werden wie die Unterscheidungen der „Internationalen Klassifikation von Funktionseinschränkung, Behinderung und Gesundheit" (ICF) der Weltgesundheitsorganisation (WHO) in Schädigung, Aktivitätseinschränkung und Teilhabebeeinträchtigung sowie Kontextfaktoren. Dazu sind ein gestufter Behinderungsbegriff und eine Unterscheidung zwischen Beeinträchtigung und Behinderung notwendig, die im deutschen Behindertenrecht bisher nicht üblich ist. Mal wird bisher Behinderung mit einer Schädigung, mal mit einer Funktionsbeeinträchtigung und mal mit der Teilhabeeinschränkung gleichgesetzt. Dieses zu trennen, erlaubt erst den richtigen Unterstützungsansatz zu wählen: Soll durch einen medizinischen Eingriff eine Schädigung beseitigt werden? Ist ein geeignetes Hilfsmittel oder Persönliche Assistenz zur Verfügung zu stellen, um einen Funktionsverlust zu kompensieren? Oder sind Barrieren abzubauen, Vorurteile zu beseitigen oder

Strukturen zu verändern, um behinderten Menschen eine gleichberechtigte Teilhabe zu ermöglichen? Behinderung ist nach unserer Definition die Teilhabeeinschränkung, die aus dem Wechselverhältnis von funktionellen Beeinträchtigungen und gesellschaftlichen Barrieren resultiert. Damit unterscheiden wir nach den drei verschiedenen Ebenen der ICF (Schädigung, Aktivitätseinschränkung und Teilhabebeeinträchtigung) und setzen so den Behinderungsbegriff der BRK um.

Daher definieren wir das, was bisher nach § 69 SGB IX als Behinderung festgestellt wurde, als **Beeinträchtigung**. Sie spiegelt die „Aktivitätseinschränkung" als Wechselverhältnis zwischen der individuellen körperlichen, seelischen und geistigen Verfasstung und den gesellschaftlichen Anforderungen und Kontextfaktoren wieder. Sie ist quasi die technisch betrachtete Funktionseinschränkung in einer durchschnittlichen Umgebung und Anforderungsstruktur. Daher kann es vorerst grundsätzlich bei dem bisherigen Feststellungsverfahren bleiben. Ob aber eine Einstufung der Beeinträchtigung nach Zehnergraden sinnvoll ist, erscheint eher zweifelhaft. Um keine Friktionen im Behindertenrecht zu erzeugen, soll in einem Übergangszeitraum an dem Feststellungsverfahren nach den Grundsätzen der Verordnung zu § 30 Abs. 17 BVG festgehalten werden. Eine fünfstufige Unterscheidung in

- eine geringfügige Beeinträchtigung mit einem Grad der Beeinträchtigung von unter 30,
- eine erhebliche Beeinträchtigung mit einem Grad der Beeinträchtigung von 30 bis unter 50,
- eine schwere Beeinträchtigung mit einem Grad der Beeinträchtigung von 50 bis unter 80,
- eine besonders schwere Beeinträchtigung mit einem Grad der Beeinträchtigung von 80 bis unter 100 und
- eine schwerste Beeinträchtigung mit einem Grad der Beeinträchtigung von 100 soll statt der jetzigen Zuordnung künftig die Zehnerstufung ablösen.

Wegen der Gestaltungsverpflichtung aus Art. 9 BRK, umfassend **Barrierefreiheit** herzustellen, haben wir auch eine solche Verpflichtung der Rehabilitationsträger in das SGB IX mit aufgenommen. Dabei geht es nicht nur um Sozialleistungen für die Förderung der Anpassung des Wohnraumes und Wohnumfeldes an die Anforderungen behinderter Menschen, sondern auch um die Beseitigung physischer, informationeller und kommunikativer Barrieren sowie von Vorurteilen oder Fehleinstellungen, die behinderte Menschen in ihrer sozialen Teilhabe einschränken. Daher haben wir eine an der BRK orientierte Definition in § 2 Abs. 3 SGB IX aufgenommen und die Leistungsträger in § 4 SGB IX in einem neuen Absatz (1a) zu entsprechenden Maßnahmen verpflichtet.

Mit einer Verpflichtung der Rehabilitationsträger zur inklusiven Ausgestaltung aller von ihnen verfügten Maßnahmen in § 3 Satz 3 SGB IX wird zugleich eine Legaldefinition der **Inklusion** geleistet. In § 4 SGB IX wird sowohl die Zielbestimmung einer inklusiven Teilhabe an der Gesellschaft als auch die Ausgestaltung der Förderung behinderter Kinder als inklusiv verfügt. In § 19 Abs. 3 SGB IX wird die Verpflichtung zur inklusiven Leistungserbringung für behinderte Kinder und Jugendliche ebenso wie im Kinder- und Jugendhilferecht (§§ 11 Abs. 1, 22a Abs. 4, 35a Abs. 3 SGB VIII) verankert.

Das **Wunsch- und Wahlrecht** in § 9 SGB IX wird durch die Streichung des Verweises auf § 33 SGB I, der das Wahlrecht in Satz 2 auf die angemessenen Wünsche beschränkt, erweitert. Maßgebend sollen die berechtigten Wünsche sein, auf die § 9 Abs. 1 Satz 1 SGB IX abhebt. Deshalb wurde auch § 7 SGB IX in so weit abgeändert, dass nun nicht mehr restriktivere Regelungen in den Leistungsgesetzen diejenigen im SGB IX verdrängen können, sondern nur noch günstigere Gestaltungen zu berücksichtigen sind. Damit kommt auch für die Leistungen der Sozialen Teilhabe, die noch als Eingliederungshilfe vom Sozialhilfeträger zu erbringen sind (z.B. für Asylbewerberinnen und -bewerber), § 9 SGB XII nicht mehr zum Tragen, der lediglich auf die angemessenen Wünsche abstellt.

Sowohl bei der Ausführung der sozialen Leistung, als auch im Sozialverwaltungsverfahren (§ 17 Abs. 2a SGB I, § 19 Abs. 1a SGB X) sollen Menschen mit Lernschwierigkeiten einen Anspruch auf Übertragung und/oder Erläuterung wichtiger Inhalte in **leichte Sprache** haben. Auch wichtige Dokumente und Bescheide müssen ihnen in einer für sie verständlichen Form zugänglich gemacht werden. Die Kosten hierfür trägt der Sozialleistungsträger.

Leistungen für behinderte Kinder und Jugendliche werden – so wie jetzt schon für nichtbehinderte – ausschließlich vom **Jugendamt** erbracht bzw. koordiniert. Die jetzt noch geltende Beschränkung der Zuständigkeit auf „seelisch" behinderte Kinder und Jugendliche erscheint nicht sachgerecht und führt zu schwierigen Schnittstellen. Im Sinne einer inklusiven Erziehung sollen alle Leistungen für behinderte Kinder und Jugendliche in die anderen Leistungen der Kinder- und Jugendhilfe integriert werden und zusammen mit ihnen erbracht werden. Damit verringert sich die Anzahl der Fälle, in denen Leistungen durch unterschiedliche Kostenträger erbracht werden; notwendig ist dann nur noch ein einmaliger Wechsel in der Kostenträgerschaft beim Übergang zum Erwachsenenalter. Inhalt und Ausgestaltung der Leistungen sind über den Verweis in § 35a SGB VIII in den Vorschriften zur Sozialen Teilhabe im SGB IX geregelt. Allerdings werden die begleitete Elternschaft und die Elternunterstützung dem Integrationsamt zugeordnet, weil diese Leistungsansprüche den Eltern zustehen. Damit wird Befürchtungen entgegengetreten, die Jugendämter könnten aus Kostengründen Kinder in Obhut nehmen und in Pflegefamilien unterbringen, obwohl das Kindeswohl eine solche Entscheidung nicht rechtfertigt.

Die „Soziale Teilhabe" soll nach § 57 SGB IX (neu) für erwachsene behinderte Menschen vom **Integrationsamt** als neuen Rehabilitationsträger erbracht werden. Dieser Wechsel von der Zuständigkeit der örtlichen und überörtlichen Sozialhilfeträger zum Integrationsamt soll eine neue Verwaltungskultur ermöglichen, die mit dem alten Fürsorgedenken für diesen Leistungsbereich bricht. Die Kosten trägt der Bund (§ 58 SGB IX neu), der die Integrationsämter entsprechend auszustatten hat. Damit wird eine einheitliche Leistungsbewilligung unabhängig von der jeweiligen finanziellen Lage des Bundeslandes oder der Kommune sichergestellt.

Die Förderung einer möglichst von Betroffenen geleisteten und von Leistungsträgern und Leistungserbringern **unabhängigen Beratung** wird in § 14 Satz 3 SGB I und § 9 Abs. 3 Satz 2 SGB IX verfügt. Für die Förderung sollen die Rehabilitationsträger gemeinsame Empfehlungen verfassen (§ 13 Abs. 2 SGB IX). Dafür entfallen sämtliche Vorschriften über die **„gemeinsamen Servicestellen"** (§ 22 bis 25 SGB IX). Die gemeinsamen Servicestellen der Rehabilitationsträger haben sich als unnötige und ineffiziente, teils wenig kompetente Doppelung ihrer eigenen Beratungsangebote herausgestellt, die von den Ratsuchenden auch kaum genutzt werden. Viel wichtiger ist eine Beratungsstruktur, die nicht vorwiegend den Interessen der Rehabilitationsträger und der Leistungserbringer verpflichtet ist. Bei dieser Beratung soll möglichst das „Peer-Prinzip", also die Beratung durch ausgebildete Betroffene mit einem vergleichbaren Erfahrungshintergrund stärker gefördert werden. So ließe sich die Beratungsqualität auch mit wesentlich weniger Ressourcen erheblich steigern.

§ 14 Abs. 5a SGB IX (neu) sieht eine **gemeinsame trägerübergreifende Begutachtung** mit einem einheitlichen gemeinsamen Votum der begutachtenden Stellen vor. Sind verschiedene Gutachten erforderlich und mehrere Leistungsträger betroffen, hat der vorrangig zuständige Leistungsträger diese zu einer Gesamtbeurteilung zusammenzuführen und einen trägerübergreifenden Bescheid über die Komplexleistung zu erlassen. Dadurch soll vermieden werden, dass z.B. bei einem umfassenden Hilfebedarf der Medizinische Dienst der Krankenversicherung zunächst die Behandlungspflege beurteilt, dann im Auftrag der Pflegeversicherung von Pflegefachkräften über die Pflegestufe entschieden wird, das Gesundheitsamt die notwendigen zusätzlichen Pflegeleistungen durch den Sozialhilfeträger beurteilt und dessen Sozialdienst danach die ergänzende Eingliederungshilfe bestimmt. Insbesondere in der Form der Persönlichen Assistenz sollen möglichst alle Unterstützungsleistungen integriert erbracht werden, so dass das Selbstbestimmungsrecht der Leistungsberechtigten gewahrt bleibt.

Die Vorschriften über das **Persönliche Budget** (§ 17 a SGB IX neu) wurden weitgehend übernommen. Es entfällt die Lösung über Gutscheine, weil entsprechende Änderungen in den Vorschriften zur Pflegeversicherung im SGB XI vorgenommen wurden. Eine Deckelung durch die bisherigen Leistungen (§ 17 Abs. 3 Satz 4 SGB IX alt) erscheint nicht sachgerecht, da sich zwischen den vorher ermittelten Bedarfen und den nun beantragten Budgetleistungen Veränderungen ergeben können. Darüber hinaus soll auch eine Bewilligung höherer Leistungen, die sich aus der Form der Leistung ergibt, nicht ausgeschlossen werden. Die Erfahrung hat gezeigt, dass in fast allen Fällen eine für den Kostenträger günstigere Lösung durch das Persönliche Budget ermöglicht wurde. Daher kann im Ausnahmefall auch eine höhere Leistung berechtigt sein. Das Wahlrecht sollte daher nicht eingeschränkt werden.

Völlig neu ist der Gedanke, dass die persönliche Unterstützung auch in der Form der **Persönlichen Assistenz** (§ 17b SGB IX neu) erfolgen kann. Dazu muss zunächst eine Legaldefinition dieser Leistungsform erfolgen, um sie von anderen Formen von Unterstützungsleistungen abzugrenzen. Um von persönlicher Assistenz zu sprechen, müssen die sechs dort angeführten Kompetenzen (Personalkompetenz, Organisationskompetenz, Anleitungskompetenz, Raumkompetenz, Finanzkompetenz, Differenzierungskompetenz) den Nutzerinnen und Nutzern eine selbstbestimmte Leistungserbringung ermöglichen. Die persönliche Assistenz betrifft nicht nur Leistungserbringungen im Rahmen eines sog. Arbeitgeber-Modells. Auch genossenschaftliche oder andere selbstorganisierte Dienste können die persönliche Unterstützung in dieser Form erbringen. Mit dieser Form der Leistungserbringung soll in besonderer Weise die Selbstbestimmung der Assistenznutzerinnen und -nutzer ermöglicht werden.

Das **Budget für Arbeit** (§ 17c SGB IX neu) soll es behinderten Menschen – vorrangig aus Werkstätten für behinderte Menschen ermöglichen, eine normale sozialversicherte Tätigkeit auf dem allgemeinen Arbeitsmarkt zu einem tariflichen oder ortsüblichen Entgelt auszuüben. Die berufsfördernden Leistungen, die sie in der Werkstatt für behinderte Menschen erhalten, einschließlich der Grundsicherung für voll erwerbsgeminderte und alte Menschen nach dem SGB XII oder das Arbeitslosengeld II nach dem SGB II kann über einen Arbeitgeberzuschuss in die Finanzierung der Entlohnung und Unterstützung am Arbeitsplatz einfließen. Mit dieser Leistungsform können Menschen mit einer erheblichen Leistungseinschränkung eine Beschäftigung auf dem allgemeinen Arbeitsmarkt finden, ohne höhere Kosten zu verursachen. Die Länder Rheinland-Pfalz und Niedersachsen haben dieses Modell erfolgreich erprobt. Da unterschiedliche Auffassungen über die rechtliche Zulässigkeit dieser Modelle existieren, soll diese Leistungsform nun eindeutig rechtlich geregelt werden.

Das bisherige Rehabilitationsrecht geht immer noch von dem Ziel einer beruflichen Aus- und Weiterbildung zu einem Beruf aus, der aus dem Kanon der dualen Ausbildung ausgewählt wird. Dieses entspricht weder den heutigen Anforderungen der Arbeitswelt an eine berufliche Qualifikation, noch wird es einer zukunftsorientierten beruflichen Eingliederung behinderter Menschen gerecht. An Fachschulen, Fachhochschulen und im Studium an einer Universität erworbene Abschlüsse spielen eine immer größere Bedeutung im Arbeitsleben. Es ist weder sachgerecht noch menschenrechtskonform, Behinderte davon auszuschließen und sie auf nachrangige Fördersysteme oder stationäre berufliche Rehabilitationseinrichtungen der Stiftung Rehabilitation zu verweisen. **Schulische und im Studium erworbene Qualifikationen** müssen daher in den Kanon der Ansprüche auf Leistungen zur Teilhabe am Arbeitsleben aufgenommen werden (§ 33 SGB IX). Gleichzeitig sollte ein Anspruch auf den Erwerb dieser Qualifikationen für diejenigen eröffnet werden, die nicht mehr erwerbstätig sein können (§ 56f SGB IX neu), die aber damit eine sonstige Tätigkeit (z.B. im Rahmen von Gutachten, kleinere Lehrtätigkeiten, Computerarbeit) ausüben wollen, die ihnen zwar kein Einkommen in Höhe des Lebensunterhalts sichert, aber Einkünfte im Rahmen einer geringfügigen Beschäftigungen ermöglicht.

Eine umfassende **persönliche Unterstützung** insbesondere in der Form der persönlichen Assistenz ist für viele behinderte Menschen die wesentliche Voraussetzung zur Sozialen Teilhabe. Ihr kommt in vielen Bereichen eine zentrale Funktion zu. Bisher sind diese Ansprüche auf die verschiedenen Leistungsbereiche (z.B. Pflege, Krankenpflege, Eingliederungshilfe, Jugendhilfe, Arbeitsassistenz) verteilt, so dass es schwierig ist, diese zu einer alle notwendigen Leistungen umfassenden Persönlichen Unterstützung zusammenzuführen. Daher soll das Jugendamt für Kinder und Jugendliche und das Integrationsamt für Erwachsene eine umfassende Leistungszuständigkeit hierfür erhalten, in die die verschiedenen vorrangigen Rechtsansprüche einfließen. Z.B. sollen die Leistungen der Pflegeversicherung betragsmäßig in die Finanzierung der Persönlichen Unterstützung einfließen. Diese soll aber einheitlich den gesamten Bedarf abdecken und über das Jugendamt bzw. Integrationsamt finanziert und als Komplexleistung erbracht werden. Dazu sind die wesentlichen Leistungsbereiche in § 56 SGB IX (neu) aufgeführt.

Das **Teilhabegeld** (§ 56a SGB IX neu) soll pauschal den behinderungsbedingten Mehraufwand abdecken, der nicht über spezielle Ansprüche geltend gemacht werden kann, sowie behinderungsbedingte Nachteile ausgleichen. Es ersetzt die landesrechtlichen Leistungen für blinde, sehbehinderte, hörbehinderte, gehörlose und pflegebedürftige Menschen, die in ihrer Ausgestaltung und unterschiedlichen Höhe nicht mehr heutigen Anforderungen entsprechen. Gleichzeitig soll das sog. Restpflegegeld nach § 66 Abs. 2 SGB XII durch diese Leistungen ersetzt werden. Ebenso ist zur Gegenfinanzierung der Wegfall der Steuerermäßigung nach § 33b Abs. 1 bis 3 EStG vorgesehen: Die Steuerfreibeträge begünstigen vor allem behinderte Menschen mit höherem Einkommen und unterstützen nicht diejenigen, die wegen geringem Arbeitseinkommen oder Sozialleistungen keine Einkommenssteuer zahlen. Das Teilhabegeld gliedert sich in einen Grundbetrag und einen Zusatzbetrag. Der Grundbetrag richtet sich nach der Stufe der Beeinträchtigung. Er wird ergänzt durch einen Zusatzbetrag, der bestimmte behinderungsspezifische Aufwendungen für Menschen mit einer

Sehschädigung oder Hörbeeinträchtigung, wegen Pflegebedürftigkeit oder wegen der Mitarbeit in einer Werkstatt für behinderte Menschen sowie für Kommunikationsbedarfe bei Menschen mit Lernschwierigkeiten pauschal ausgleichen soll. Sind Ansprüche auf mehrere Zusatzbeträge gegeben, erfolgt eine Kürzung der weiteren Zahlbeträge um die Hälfte. Die Leistung wird auf insgesamt 1000 € monatlich begrenzt.

Die Ansprüche auf **Elternunterstützung** und **begleitete Elternschaft** (§§ 56l und 56m SGB IX neu) sollen das Recht von Eltern mit einer körperlichen, geistigen, psychischen oder Sinnesbeeinträchtigung auf Ausübung ihrer Elternschaft unterstützen oder erst ermöglichen. Bisher reagiert das Jugendamt zu häufig auf das Vorliegen einer Beeinträchtigung, die die Erziehungsfähigkeit der Eltern einschränkt, mit der Herausnahme des Kindes aus der Familie. Das Recht behinderter Eltern, eigene Kinder aufzuziehen und eine Familie zu gründen, wird dabei zu häufig mit der Begründung einer vermeintlichen Kindeswohlgefährdung eingeschränkt, und die Kinder werden in einer Pflegefamilie untergebracht oder zur Adoption freigegeben, obwohl Elternsorge und Erziehungsfähigkeit mit einer angemessenen Unterstützung durchaus hergestellt werden könnte. Dieser neu kodifizierte Anspruch soll dazu beitragen, einer weit verbreiteten menschenrechtswidrigen Praxis entgegenzuwirken.

Bei den zahlreichen Neuregelungen der Ansprüche auf Soziale Teilhabe wurden weitgehend die in der Eingliederungshilfe für behinderte Menschen (§§ 53, 54 SGB XII) und der dazu gehörenden Eingliederungshilfeverordnung sowie die bisher in den Leistungen zur Teilhabe am Leben in der Gemeinschaft (§§ 55 bis 59 SGB IX) normierten Ansprüche zu Grunde gelegt.

Gesetz zur Sozialen Teilhabe und zur Änderung des SGB IX und anderer Gesetze

Artikel 1
Änderung des Ersten Buchs Sozialgesetzbuch
– Allgemeiner Teil – (SGB I)

1. § 10 erhält folgende Fassung:
„Behinderte und von einer Behinderung bedrohte Menschen haben unabhängig von der Ursache der Beeinträchtigung zur Förderung ihrer Selbstbestimmung und gleichberechtigten Teilhabe Anspruch auf Leistungen, die notwendig sind, um
1. die Beeinträchtigung abzuwenden, zu beseitigen, zu mindern, ihre Verschlimmerung zu verhüten oder ihre Folgen zu mindern,
2. Einschränkungen der Erwerbsfähigkeit oder Pflegebedürftigkeit zu vermeiden, zu überwinden, zu mindern oder eine Verschlimmerung zu verhüten sowie den vorzeitigen Bezug von Sozialleistungen zu vermeiden oder laufende Sozialleistungen zu mindern,
3. ihnen einen ihren Neigungen und Fähigkeiten entsprechenden Platz im Arbeitsleben zu sichern,
4. ihre Entwicklung in einer inklusiven Erziehung und Bildung zu fördern,
5. ihre gleichberechtigte Soziale Teilhabe und eine möglichst selbständige und selbstbestimmte Lebensführung zu ermöglichen, zu erleichtern und zu erweitern sowie
6. Benachteiligungen auf Grund der Behinderung entgegenzuwirken und Barrieren abzubauen.“

2. § 11 erhält folgende Fassung:
„§ 11 Leistungsarten und –formen

Gegenstand der sozialen Rechte sind die in diesem Gesetzbuch vorgesehenen Dienst-, Sach-, Geld- und Beratungsleistungen. Die persönliche Unterstützung und erzieherische Hilfe gehört zu den Dienstleistungen. Die Leistungen können als Persönliches Budget, Persönliche Assistenz oder als Budget für Arbeit erbracht werden.

3. In § 14 wird folgender Satz 3 angefügt:
„Zusätzlich fördern die Leistungsträger eine vom Leistungsträger und Leistungserbringer unabhängige Beratung der Selbsthilfe.“

4. In § 17 wird folgender Absatz 2a eingefügt:
„(2a) Menschen mit Lernschwierigkeiten haben einen Anspruch bei der Ausführung von Sozialleistungen, insbesondere bei ärztlichen oder psychologischen Untersuchungen, therapeutischen Behandlungen und der Auskunft und Beratung nach diesem Gesetz, den Inhalt und das Ziel der Maßnahmen sowie der Auskunft und Beratung in leichter Sprache erläutert oder übertragen zu erhalten. Sie können verlangen, dass der Inhalt der für eine Entscheidung wesentlichen Dokumente in leichte Sprache übertragen wird. Satz 2 des zweiten Absatzes gilt entsprechend."

5. In § 27 Abs. 1 Nr. 4 werden die Worte „Eingliederungshilfe für seelisch" durch „Leistungen zur Sozialen Teilhabe für" ersetzt.

6. Die Nr. 3. in § 29 Abs. 1 wird wie folgt gefasst:
„3. Leistungen zur Sozialen Teilhabe, insbesondere
a) Persönliche Unterstützung zur Sozialen Teilhabe,
b) ein Teilhabegeld
c) Versorgung mit Hilfsmitteln,
d) heilpädagogische Leistungen für Kinder und Jugendliche,

d) Hilfen zum Besuch von Kindertageseinrichtungen sowie von anderen Einrichtungen und Maßnahmen der Elementarbildung,

e) Hilfen zu einer inklusiven Schulbildung und zum Besuch weiterführender Schulen einschließlich der Vorbereitung hierzu,

f) Hilfen zu einer den Neigungen und Fähigkeiten entsprechenden Fachschul-, Fachhochschul- und Hochschulbildung und für Angebote der allgemeinen Weiterbildung,

g) Hilfen zur Alltagsbewältigung, zur Ausbildung und Ausübung für eine sonstige angemessene Tätigkeit sowie zur Ausübung eines Wahlamtes oder einer ehrenamtlichen Tätigkeit,

h) Hilfen für eine barrierefreie oder an die Behinderung angepasste Wohnung,

i) Hilfen zur Teilnahme an ehrenamtlichen, verbandlichen, gemeinschaftlichen, sportlichen und kulturellen Veranstaltungen,

j) Hilfen zur Mobilität,

k) Hilfen zur selbstbestimmten Ausübung der Elternschaft und Elternunterstützung,

l) nachgehende Hilfen zur Sicherung der Wirksamkeit der ärztlichen und ärztlich verordneten Leistungen und zur Sicherung der Teilhabe am Arbeitsleben,

m) Hilfen für eine vom Leistungsträger und Leistungserbringer unabhängige Beratung,

n) Hilfen zur Bewältigung von sonstigen Alltagsverrichtungen,“

Artikel 2
Änderung des Zweiten Buchs Grundsicherung für Arbeitssuchende – (SGBII)

1. In § 7 wird folgender Abs. 1a eingefügt:
„(1a) Leistungen erhalten auch behinderte Menschen im Sinne des § 2 Absatz 1 des Neunten Buches, die mindestens drei Stunden täglich erwerbstätig sind und eine Beschäftigung mit Hilfe des Budget für Arbeit im Sinne des § 17c des Neunten Buches zu nichtüblichen Bedingungen des allgemeinen Arbeitsmarktes ausüben und die übrigen Voraussetzungen des Absatzes 1 erfüllen. Sie stehen den erwerbsfähigen Personen gleich.“

2. In § 8 wird folgender Absatz 1a eingefügt:
„(1a) Erwerbsfähigen gleichgestellt sind behinderte Menschen im des § 2 Absatz 1 des Neunten Buches, deren Leistungsminderung durch ein Budget für Arbeit im Sinne des § 17c des Neunten Buches ausgeglichen werden kann, so dass sie unter nichtüblichen Bedingungen des allgemeinen Arbeitsmarktes mindestens drei Stunden täglich erwerbstätig sein können.“

3. In § 11a Abs. 1 wird bei der Ziffer 3. der Punkt durch ein Komma ersetzt und die folgende Ziffer 4. eingefügt:
„4. Teilhabegelt nach § 56a des Neunten Buches.“

4. In § 16 Abs. 1 Satz 3 wird die Angabe „§ 101 Abs. 1, 2 und 5“ nach der Ziffer 2 durch ein Komma und die Ziffer „„2a“ ergänzt.

5. In § 16 Abs. 1 wird der nachfolgende Satz 4 eingefügt und der bisherige Satz 4 zu Satz 5:
„Eingliederungsleistungen für Leistungsberechtigte, die erwerbsfähigen behinderten Menschen gleichgestellt sind, umfassen auch Leistungen im Rahmen des Budget für Arbeit nach § 17c des Neunten Buches nach §§ 33 Absatz 3 Nummer 2 bis 4 und Abs. 8 Nummer 3, 38a, 40 und 41 des Neunten Buches und Leistungen des Arbeitslosengeldes II nach dem Abschnitt 2 des Kapitel 3.“

6. In § 21 Abs. 4 Satz 1 werden die Worte „Eingliederungshilfen nach § 54 Absatz 1 Satz 1 Nummer 1 bis 3 des Zwölften Buches“ durch die Worte „Leistungen zur Sozialen Teilhabe nach dem 7. Kapitel in Teil 1 des Neunten Buches“ ersetzt.

7. In § 21 Abs. 4 Wird folgender Satz 3 angefügt:
„Der Mehrbedarf wird auch geleistet, wenn Leistungen im Rahmen des Budgets für Arbeit erbracht werden."

8. Ziffern 2 und 3 in § 23 werden wie folgt gefasst:
„2. Mehrbedarfe nach § 21 Absatz 4 werden auch bei behinderten Menschen, die das 15. Lebensjahr vollendet haben, anerkannt, wenn Leistungen der Sozialen Teilhabe nach den §§ 55 Abs. 2 Nummer 6, 7 und 9 nach dem Siebten Kapitel des Neunten Buches oder entsprechende Leistungen der Eingliederungshilfe nach § 54 des Zwölften Buches erbracht werden;
3. § 21 Absatz 4 Satz 2 gilt auch nach Beendigung der Maßnahmen Teilhabe nach den §§ 55 Abs. 2 Nummer 6, 7 und 9 nach dem Kapitel 7 des Neunten Buches oder entsprechende Leistungen der Eingliederungshilfe nach § 54 des Zwölften Buches;"

Artikel 3
Änderung des Dritten Buchs Sozialgesetzbuch
– Arbeitsförderung – (SGB III)

1. § 19 wird wie folgt gefasst:
„Behindert oder von Behinderung bedroht im Sinne dieses Buches sind Menschen mit Behinderungen i.S. d. § 2 Abs. 1 des Neunten Buches, die in ihrer Teilhabe am Arbeitsleben beeinträchtigt sind."

2. In § 26 wird der folgende Nr. 3. eingefügt:
„3. Personen, die mindestens drei Stunden täglich erwerbstätig sind und eine Beschäftigung mit Hilfe des Budgets für Arbeit im Sinne des § 17c des Neunten Buches zu nichtüblichen Bedingungen des allgemeinen Arbeitsmarktes ausüben,"

3. In § 101 wird der folgende Abs. 2a eingefügt:
„(2a) „Förderungsfähig ist auch eine berufliche Aus- und Weiterbildung, die überwiegend Wissen vermittelt, das den berufsqualifizierenden Studiengängen an Hochschulen oder ähnlichen Bildungsstätten i. S. des § 33 Absatz 3a des Neunten Buches entspricht. § 85 Absatz 4 findet insoweit keine Anwendung."

4. In § 102 Absatz 1 Satz 2 wird hinter den Worten „besondere Einrichtun gen für behinderte Menschen" die Worte „oder in inklusiven Ausbildungsgängen" eingefügt.

5. In § 102 wird der folgende Absatz 3 eingefügt:
„(3) Die Leistungen nach Absatz 2 können auch als Budget für Arbeit nach § 17c des Neunten Buches erbracht werden."

6. § 103 Satz 1 wird bei der Ziffer 3. der Punkt durch ein Komma ersetzt und durch eine weitere Ziffer 4. ergänzt:

„4. die Leistungen im Rahmen des Budget für Arbeit.“

7. § 102 Satz 2 wird wie folgt gefasst:
„Die Leistungen können auf Antrag auch als Teil eines trägerübergreifenden Persönlichen Budgets, als Budget für Arbeit oder in Form der Persönlichen Assistenz erbracht werden; §§ 17 bis 17c und 159 des Neunten Buches und die Budgetverordnung finden Anwendung.“

Artikel 4
Änderung des Fünften Buchs Sozialgesetzbuch
– Gesetzliche Krankenversicherung – (SGB V)

1. In § 2 Abs. 2 wird Satz 2 durch folgende Sätze 2 und 3 ersetzt:
„Die Leistungen können auf Antrag auch als Teil eines trägerübergreifenden Persönlichen Budgets nach § 17a des Neunten Buches in Verbindung mit der Budgetverordnung oder als Teil einer Persönlichen Assistenz nach § 17b des Neunten Buches erbracht werden. § 159 des Neunten Buches findet Anwendung.“

2. In § 11 Abs. 1 wird die Nr. 5. Wie folgt gefasst:
„5. des Persönlichen Budgets nach § 17a und der Persönlichen Assistenz nach § 17b des Neunten Buches.“

3. In § 37 Abs. 1 Satz 1 werden nach den Worten „geeignete Pflegekräfte“ die Worte „oder als Teil der Persönlichen Assistenz nach § 17b des Neunten Buches“ eingefügt und die anschließenden Worte „wenn Krankenhausbehandlung geboten, aber nicht ausführbar ist, oder wenn sie durch die häusliche Krankenpflege vermieden oder verkürzt wird.“ ersetzt durch die Worte „im Anschluss an oder statt einer gebotenen Krankenhausbehandlung, wenn das Ziel der Krankenbehandlung nicht gefährdet wird.“

Artikel 5
Änderung des Sechsten Buchs Sozialgesetzbuch
– Gesetzliche Rentenversicherung – (SGB VI)

1. In dem Inhaltsverzeichnis werden in § 37 die Wörter „Altersrente für schwerbehinderte Menschen“ durch die Wörter „Altersrente für Menschen mit schweren, besonders schweren und schwersten Beeinträchtigungen“ ersetzt.
2. In dem Inhaltsverzeichnis werden in § 236a die Wörter „Altersrente für schwerbehinderte Menschen“ durch die Wörter „Altersrente für Menschen mit schweren, besonders schweren und schwersten Beeinträchtigungen“ ersetzt.

3. In § 1 wird die Nummer 2. durch folgende Ziffer c) ergänzt:
„c) im Rahmen eines Budgets für Arbeit eine geförderte Beschäftigung gegen Arbeitsentgelt ausüben,“

4. In § 9 Abs. 1 Nummer 1 wird das Wort „Behinderung“ durch das Wort „Beeinträchtigung“ ersetzt.

5. In § 10 Abs. 1 Nummer 1 wird das Wort „Behinderung“ durch das Wort „Beeinträchtigung“ ersetzt.

6. § 13 Abs. 1 Satz 2 wird durch folgende Sätze 2 und 3 ersetzt:
„Die Leistungen können auf Antrag auch als Teil eines trägerübergreifenden Persönlichen Budgets nach § 17a des Neunten Buches in Verbindung mit der Budgetverordnung oder als Teil einer Persönlichen Assistenz nach § 17b des Neunten Buches erbracht werden. § 159 des Neunten Buches findet Anwendung.“

7. In § 16 werden nach den Wörtern „Werkstätten für behinderte Menschen“ die Wörter „sowie als Budget für Arbeit“ eingefügt und die Angabe „§ 40“ durch die Angabe „§§ 40, 17c“ ersetzt.

8. In § 33 Abs. 2 Nummer 3. werden die Wörter „Altersrente für schwerbehinderte Menschen“ durch die Wörter „Altersrente für Menschen mit schweren, besonders schweren und schwersten Beeinträchtigungen“ ersetzt.

9. In § 37 wird in der Überschrift „Altersrente für schwerbehinderte Menschen“ durch die Wörter „Altersrente für Menschen mit schweren, besonders schweren und schwersten Beeinträchtigungen“ ersetzt.

10. In § 37 werden die Wörter „schwerbehinderte Menschen“ durch die Wörter „Menschen mit schweren, besonders schweren und schwersten Beeinträchtigungen“ ersetzt.

11. In § 50 Abs. 4 Nummer 2. werden die Wörter „Altersrente für schwerbehinderte Menschen“ durch die Wörter „Altersrente für Menschen mit schweren, besonders schweren und schwersten Beeinträchtigungen“ ersetzt.

12. In § 236a wird in der Überschrift „Altersrente für schwerbehinderte Menschen“ durch die Wörter „Altersrente für Menschen mit schweren, besonders schweren und schwersten Beeinträchtigungen“ ersetzt.

13. In § 236a Abs. 1 Nummer 2. werden die Wörter „Altersrente für schwerbehinderte Menschen“ durch die Wörter „Altersrente für Menschen mit schweren, besonders schweren und schwersten Beeinträchtigungen“ ersetzt.

14. In § 236a Abs. 2 Satz 3 Nummer 1. werden die Wörter „schwerbehinderte Menschen“ durch die Wörter „Menschen mit schweren, besonders schweren und schwersten Beeinträchtigungen“ ersetzt.

15. In § 236a Abs. 4 wird das Wort „schwerbehindert“ durch die Wörter „schwer, besonders schwer oder schwerst beeinträchtigt“ ersetzt.

16. In § 236a Abs. 4 Nummer 2.a) werden die Wörter „schwerbehinderte Menschen“ durch die Wörter „Menschen mit schweren, besonders schweren und schwersten Beeinträchtigungen“ ersetzt.

Artikel 6
Änderung des Siebten Buches Sozialgesetzbuch – Gesetzliche Unfallversicherung (SGB VII)

1. In dem Inhaltsverzeichnis werden in der Überschrift des Ersten Abschnitts im Dritten Kapitel die Wörter „Teilhabe am Leben in der Gemeinschaft“ durch die Wörter „Soziale Teilhabe“ ersetzt.

2. In dem Inhaltsverzeichnis werden in der Überschrift des Vierten Unterabschnitts des Ersten Abschnitts im Dritten Kapitel die Wörter „Teilhabe am Leben in der Gemeinschaft“ durch die Wörter „Soziale Teilhabe“ ersetzt.

3. In der Überschrift zum Ersten Abschnitt des Dritten Kapitels werden die Wörter „Teilhabe am Leben in der Gemeinschaft“ durch die Wörter „Soziale Teilhabe“ ersetzt.

4. In § 26 Abs. 1 Satz 1 werden die Wörter „am Leben in der Gemeinschaft“ ersetzt durch die Wörter „auf Leistungen zur Sozialen Teilhabe“. Satz 2 wird durch folgende Sätze 2 und 3 wie folgt gefasst:
   „Sie können ihren Anspruch auf Ausführung der Leistungen in der Form des Persönlichen Budget nach § 17a in Verbindung mit der Budgetverordnung und § 159, die Leistungen zur persönlichen Unterstützung in Form der Persönlichen Assistenz nach § 17b und die entsprechenden Leistungen zur Teilhabe am Arbeitsleben in der Form des Budgets für Arbeit nach § 17c des Neunten Buches beanspruchen. Bei der Heilbehandlung gilt dieses nur für die Leistungen zur medizinischen Rehabilitation und die häusliche Krankenpflege.“

5. In § 32 Abs. 1 werden nach den Worten „geeignete Pflegekräfte“ die Wörter „oder als Teil der Persönlichen Assistenz nach § 17b des Neunten Buches“ eingefügt und die anschließenden Wörter „wenn Krankenhausbehandlung geboten, aber nicht ausführbar ist, oder wenn sie durch die häusliche Krankenpflege vermieden oder verkürzt wird.“ ersetzt durch die Worte „im Anschluss an oder statt einer gebotenen Krankenhausbehandlung, wenn das Ziel der Heilbehandlung nicht gefährdet wird.“

6. In § 35 Abs. 1 werden nach den Wörtern „Werkstätten für behinderte Menschen“ die Wörter „sowie als Budget für Arbeit“ eingefügt und die Angabe „§ 40“ durch die Angabe „§§ 40, 17c“ ersetzt.

7. In der Überschrift zum Vierten Unterabschnitt des Ersten Abschnitts im dritten Kapitel werden die Wörter „Teilhabe am Leben in der Gemeinschaft“ durch die Wörter „Soziale Teilhabe“ ersetzt.

8. § 39 wird wie folgt gefasst:
„Die Unfallversicherungsträger erbringen die Leistungen zur Sozialen Teilhabe nach den §§ 55 bis 56m des Neunten Buches. Zum Ausgleich besonderer Härten kann den Versicherten oder deren Angehörigen darüber hinaus eine besondere Unterstützung gewährt werden.“

9. Die §§ 40, 41 und 42 werden gestrichen.

Artikel 7
Änderung des Achten Buchs Sozialgesetzbuch – Kinder- und Jugendhilfe – (SGB VIII)

1. § 2 Abs. 2 Nr. 5 wird das Wort „seelisch“ gestrichen.

2. In § 10 Absatz 4 wird Satz 2 gestrichen.
3. Nach § 11 Absatz 1 wird folgender Satz angefügt:
„Die Jugendarbeit ist inklusiv im Sinne von § 3 Satz 3 des Neunten Buches auszurichten.“

4. § 22a Abs. 4 wird wie folgt gefasst:
„(4) Kinder mit und ohne Behinderung sollen in Gruppen gemeinsam gefördert werden. Die Träger der Jugendhilfe berücksichtigen die Grundsätze der Inklusion nach § 3 Satz 3 und § 56d des Neunten Buches bei der Planung, konzeptionellen Ausgestaltung und Finanzierung des Angebotes. Angebote der Frühförderung nach § 30 des Neunten Buches sind in die Elementarerziehung in den Einrichtungen einzubeziehen.“

5. Die Überschrift zu Kapitel 2, Vierter Abschnitt wird wie folgt gefasst:
„Hilfe zur Erziehung, Leistungen zur Sozialen Teilhabe für behinderte Kinder und Jugendliche, Hilfe für junge Volljährige“

6. Die Überschrift des Zweiten Unterabschnitts des Vierten Abschnitts des zweiten Kapitels (vor § 35a) wird wie folgt gefasst:
„Leistungen zur Sozialen Teilhabe für behinderte Kinder und Jugendliche“

7. § 35a wird wie folgt gefasst:

„§ 35a Leistungen zur Sozialen Teilhabe für behinderte Kinder und Jugendliche

(1) Kinder und Jugendliche mit einer Behinderung im Sinne von § 2 Absatz 1 Satz 1 und 2 des Neunten Buches haben Anspruch auf Leistungen zur Sozialen Teilhabe nach den Vorschriften des 7. Kapitels des 1. Teils des Neunten Buches. Die Leistungen können insbesondere in der Form des persönlichen Budgets nach § 17a des Neunten Buches und als persönliche Assistenz nach § 17b des Neunten Buches erbracht werden. Die Leistungen werden von den Trägern der öffentlichen Jugendhilfe erbracht. § 27 Abs. 4 gilt entsprechend.

(2) Die Leistungen werden nach dem Bedarf im Einzelfall
1. in ambulanter Form,
2. in Tageseinrichtungen für Kinder oder in anderen teilstationären Einrichtungen,
3. durch geeignete Pflegepersonen und
4. in Einrichtungen über Tag und Nacht sowie sonstigen Wohnformen geleistet.

(3) Ist gleichzeitig Hilfe zur Erziehung zu leisten, so sollen Einrichtungen, Dienste und Personen in Anspruch genommen werden, die geeignet sind, sowohl die Aufgaben der Leistungen zur Sozialen Teilhabe zu erfüllen als auch den erzieherischen Bedarf zu decken. Sind Leistungen zur Sozialen Teilhabe für Kinder und Jugendliche in Einrichtungen zu erbringen, sollen solche Einrichtungen gewählt werden, in denen die Anforderungen der Inklusion nach § 3 Satz 3 und §§ 56d und 56e des Neunten Buches erfüllt werden."

8. In der Überschrift zum Dritten Unterabschnitt vor § 36 werden die Worte „Eingliederungshilfe für seelisch" durch die Worte „Leistungen zur Sozialen Teilhabe für" ersetzt.

9. In § 36 werden die Absätze 3 und 4 gestrichen.

10. In § 36a wird folgender Absatz 4 eingefügt:

„(4) Die Absätze 1 bis 3 finden bei Leistungen zur Sozialen Teilhabe nach § 35a keine Anwendung; stattdessen gilt § 15 des Neunten Buches."

11. In § 85 Absatz 2 Nummer 2 werden die Worte „Eingliederungshilfen für seelisch behinderte Kinder und Jugendliche" durch die Worte „Leistungen zur Sozialen Teilhabe nach § 35a" ersetzt.

12. In § 91 Absatz 1 Nummer 6 und Absatz 2 Nummer 3 werden die Worte „Eingliederungshilfe für seelisch" durch die Worte „Leistungen zur Sozialen Teilhabe für" ersetzt.

13. In § 91 Absatz 3 wird folgender Satz 2 eingefügt:
„Im Falle des Absatz 1 Nummer 6 und des Absatz 2 Nummer 3 umfassen die Kosten, zu denen Kostenbeiträge erhoben werden, ausschließ-

lich die Aufwendungen nach Satz 1; dies gilt auch für die Hilfe für junge Volljährige, die diesen Leistungen im Sinne von Absatz 1 Nummer 8 und Absatz 2 Nummer 4 entspricht."

14. In § 94 Absatz 5 wird folgender Satz 2 eingefügt:
„Im Falle des § 91 Absatz 3 Satz 2 ist von den in Satz 1 genannten Personen, die mit dem Leistungsberechtigten in häuslicher Gemeinschaft leben oder vor der Hilfegewährung gelebt haben, ein Kostenbeitrag nur in Höhe der für den häuslichen Lebensunterhalt ersparten Aufwendungen zu erbringen."

Artikel 8
Änderungen des Neunten Buches Sozialgesetzbuch – Rehabilitation und Teilhabe (SGB IX)

1. § 2 erhält folgende Fassung:

„§ 2 Behinderung, Beeinträchtigung und Barrieren

(1) Eine Behinderung liegt vor bei Menschen mit langfristigen Beeinträchtigungen, wenn sie in dem Wechselverhältnis mit verschiedenen Barrieren in der gleichberechtigten gesellschaftlichen Teilhabe eingeschränkt sind. Langfristig ist ein Zeitraum von voraussichtlich länger als 6 Monaten. Eine Behinderung droht, wenn eine Einschränkung der Teilhabe im Sinne von Satz 1 zu erwarten ist. Die Rechte aus diesem Gesetz stehen Personen zu, die ihren Wohnsitz, ihren gewöhnlichen Aufenthalt oder ihre Beschäftigung auf einem Arbeitsplatz im Sinne des § 73 rechtmäßig im Geltungsbereich dieses Gesetzbuches haben.

(2) Beeinträchtigung ist die Auswirkung der auf einer gesundheitlichen Schädigung beruhenden Einschränkung einer körperlichen Funktion, geistigen Fähigkeit, seelischen Gesundheit oder Sinneswahrnehmung im Wechselverhältnis zu üblichen Anforderungen. Sie wird in fünf Stufen festgestellt. Eine geringfügige Beeinträchtigung liegt bei einem Grad der Beeinträchtigung von unter 30, eine erhebliche Beeinträchtigung bei einem Grad der Beeinträchtigung von 30 bis unter 50, eine schwere Beeinträchtigung bei einem Grad der Beeinträchtigung von 50 bis unter 80, eine besonders schwere Beeinträchtigung bei einem Grad der Beeinträchtigung von 80 bis unter 100 und eine schwerste Beeinträchtigung bei einem Grad der Beeinträchtigung von 100 vor. Die Maßstäbe des § 30 Abs. 1 des Bundesversorgungsgesetzes und der auf Grund des § 30 Abs. 17 des Bundesversorgungsgesetzes erlassenen Rechtsverordnung gelten entsprechend. Die Feststellung erfolgt zunächst abgestuft nach Zehnergraden. Danach wird eine Zuordnung zur Stufe der Beeinträchtigung vorgenommen.

(3) Als Barrieren im Sinne dieses Gesetzes gelten alle physischen, informationellen, kommunikativen und sonstigen einstellungs- und umweltbe-

dingten Hindernisse, die geeignet sind, Menschen mit Beeinträchtigung an der gleichberechtigten gesellschaftlichen Teilhabe zu hindern."

(4) Erheblich beeinträchtigte Menschen im Sinne von Absatz 2 sollen schwer beeinträchtigten Menschen gleichgestellt werden, wenn sie ohne die Gleichstellung einen Arbeitsplatz im Sinne des § 73 nicht erlangen oder nicht behalten können.

(5) Für behinderte Menschen mit einer schweren, besonders schweren und schwersten Beeinträchtigung sowie ihnen nach Absatz 4 gleich gestellte Menschen gelten die Bestimmungen in Teil 2 dieses Buches.

2. § 3 erhält folgende Fassung:

„§ 3 Vorrang von Prävention und Inklusion

Die Rehabilitationsträger wirken darauf hin, dass der Eintritt einer Beeinträchtigung einschließlich einer chronischen Krankheit vermieden wird. Sie haben im Rahmen ihres Zuständigkeitsbereiches geeignete Maßnahmen zu treffen, um Barrieren abzubauen, die behinderte Menschen daran hindern, ihre gleichberechtigte gesellschaftliche Teilhabe ausüben zu können. Alle Angebote, Maßnahmen, Programme, Strukturen, Einrichtungen und Vorschriften sind darauf auszurichten, dass behinderte Menschen diese ohne Nachteile zusammen mit nichtbehinderten Menschen nutzen können (Inklusion)."

3. In § 4 Abs. 1 werden die Worte „Ursache der Behinderung" durch „Ursache der Beeinträchtigung" und in der Nr. 1 das Wort „Behinderung" durch das Wort „Beeinträchtigung" ersetzt.

4. In § 4 wird folgender Absatz (1a) eingefügt:

„(1a) Die Leistungen zur Teilhabe umfassen auch Maßnahmen zur Beseitigung oder Verringerung von Barrieren. Hierzu gehören wirksame und geeignete Maßnahmen, die

1. das Bewusstsein der Gesellschaft für Menschen mit Behinderung schärfen und die Achtung ihrer Rechte und ihrer Würde fördern,
2. Klischees, Vorurteile und schädliche Praktiken gegenüber Menschen mit Behinderung in allen Lebensbereichen bekämpfen, einschließlich derer aufgrund des Geschlechts, des Alters, der Religion oder Weltanschauung, sexuellen Identität, der Rasse oder wegen der ethnischen Herkunft,
3. das Bewusstsein für die Fähigkeiten und den Beitrag von Menschen mit Behinderung fördern,
4. ihnen den gleichberechtigten Zugang zur physischen Umwelt, zu Transportmitteln, zu Information und Kommunikation, einschließlich der Informations- und Kommunikationstechnologien und -systeme, sowie zu anderen öffentlichen Einrichtungen und Diensten ermöglichen."

5. In § 4 Abs. 2 Satz 1 werden nach den Wörtern „Absatz 1“ die Wörter „und Absatz 1a“ eingefügt.
6. In § 4 Abs. 2 wird folgender Satz 3 angefügt:
„Die Leistungen sollen eine möglichst inklusive Teilnahme behinderter Menschen an den allgemeinen Angeboten der Gesellschaft ermöglichen.“

7. § 4 Absatz 3 erhält folgende Fassung:
„(3) Leistungen für behinderte oder von Behinderung bedrohte Kinder und Jugendliche werden so geplant und gestaltet, dass sie so weit wie möglich in ihrem sozialen Umfeld gemeinsam mit nichtbehinderten Kindern und Jugendlichen erbracht werden und eine weitgehende inklusive Förderung, Therapie und Erziehung ermöglicht wird. Dabei werden behinderte Kinder und Jugendliche alters- und entwicklungsentsprechend an der Planung und Ausgestaltung der einzelnen Hilfen beteiligt. Ihre Sorgeberechtigten werden intensiv in die Planung und Gestaltung der Hilfen einbezogen.“

8. In § 5 Leistungsgruppen wird die Nummer 4 wie folgt gefasst:

„4. Leistungen zur Sozialen Teilhabe.“

9. § 6 Absatz 1 erhält folgende Fassung:

„(1) Träger der Leistungen zur Teilhabe (Rehabilitationsträger) können sein
1. die gesetzlichen Krankenkassen für Leistungen nach § 5 Nr. 1 und 3,
2. die Bundesagentur für Arbeit für Leistungen nach § 5 Nr. 2 und 3,
3 . die Träger der gesetzlichen Unfallversicherung für Leistungen nach § 5 Nr. 1 bis 4,
4. die Träger der gesetzlichen Rentenversicherung für Leistungen nach § 5 Nr. 1 bis 3, die Träger der Alterssicherung der Landwirte für Leistungen nach § 5 Nr. 1 und 3,
5. die Träger der Kriegsopferversorgung und die Träger der Kriegsopferfürsorge im Rahmen des Rechts der sozialen Entschädigung bei Gesundheitsschäden für Leistungen nach § 5 Nr. 1 bis 4,
6. die Träger der öffentlichen Jugendhilfe für Leistungen nach § 5 Nr. 1, 2 und 4,
7. die Träger der Sozialhilfe für Leistungen nach § 5 Nr. 1, 2 und 4,
8. die Integrationsämter für Leistungen nach § 5 Nr. 2 bis 4 mit Ausnahme unterhaltssichernder Leistungen.“

10. § 7 erhält die folgende Fassung:
„Die Vorschriften dieses Buches gelten für die Leistungen zur Teilhabe für die in § 6 genannten Rehabilitationsträger, soweit nicht in den für sie geltenden Leistungsgesetzen darüber hinausgehende Leistungen vorgesehen sind. Die Zuständigkeit und die Voraussetzungen für die

Leistungen zur Teilhabe richten sich nach den für den jeweiligen Rehabilitationsträger geltenden Leistungsgesetzen."

11. In § 9 Abs. 1 Satz 2 wird der 2. Halbsatz gestrichen.

12. § 9 Abs. 3 wird durch die folgenden Satz 2 ergänzt:
„Die Rehabilitationsträger fördern eine von den Leistungsträgern und Leistungserbringern unabhängige und möglichst von Betroffenen durchgeführte Beratung, die auf die Leistungsformen des Persönlichen Budgets und der Persönlichen Assistenz besonders hinweist."

13. In § 10 Abs. 1 Satz 2 werden nach Angabe „§§ 1 und 4 Abs. 1" die Wörter „und Abs. 1a" eingefügt.

14. § 10 Abs. 2 wird gestrichen.

15. In § 13 Abs. 1 und Abs. 2 werden die Wörter „Nr. 1 bis 5" gestrichen.

16. In § 13 Absatz 2 wird folgende Nr. 7 eingefügt:
„7. wie vom Rehabilitationsträger und vom Leistungserbringer unabhängige Beratung und Begleitung initiiert und gefördert werden kann,"

17. In § 13 wird Absatz 5 wird gestrichen.

18. In § 14 Abs. 1 Satz 3 wird das Wort „Behinderung" durch das Wort „Beeinträchtigung" ersetzt.

19. In § 14 wird folgender Absatz (5a) eingefügt:
„(5a) Der Leistungsträger wirkt darauf hin, dass im Rahmen eines Gutachtens der Teilhabebedarf möglichst umfassend und trägerübergreifend ermittelt wird. Sind aus fachlichen Gründen mehrere Gutachten erforderlich, sollen diese in eine Gesamtbeurteilung des Hauptgutachtens einfließen. Der zuständige Leistungsträger erstellt im Einvernehmen mit den anderen Leistungsträgern einen einheitlichen Bescheid und bleibt für die Leistungserbringung als Komplexleistung verantwortlich."

20. In § 15 Absatz 1 wird Satz 5 gestrichen.

21. § 17 erhält folgende Fassung:

„§ 17 Ausführung von Leistungen

(1) Der zuständige Rehabilitationsträger kann Leistungen zur Teilhabe

1. allein oder gemeinsam mit anderen Leistungsträgern,
2. durch andere Leistungsträger oder

3. unter Inanspruchnahme von geeigneten, insbesondere auch freien und gemeinnützigen oder privaten Rehabilitationsdiensten und -einrichtungen (§ 19) ausführen. Er bleibt für die Ausführung der Leistungen verantwort-

lich. Satz 1 gilt insbesondere dann, wenn der Rehabilitationsträger die Leistung dadurch wirksamer oder wirtschaftlicher erbringen kann.

(2) Leistungen zur Teilhabe werden auf Antrag durch ein Persönliches Budget, Leistungen zur Sozialen Teilhabe auf Antrag in Form der Persönlichen Assistenz und für voll erwerbsgeminderte Menschen Leistungen zur Teilhabe am Arbeitsleben und begleitende Hilfen im Arbeitsleben als Budget für Arbeit ausgeführt, um den Leistungsberechtigten in eigener Verantwortung ein möglichst selbstbestimmtes Leben zu ermöglichen. Alle Leistungsformen können kombiniert und mit anderen Sach-, Geld- und Beratungsleistungen zusammen erbracht werden."

22. Es werden folgende §§ 17a, 17b und 17c eingefügt:

„§ 17a Persönliches Budget

(1) Bei der Ausführung des Persönlichen Budgets sind nach Maßgabe des individuell festgestellten Bedarfs und der Art der Leistungen die Rehabilitationsträger beteiligt. Das Persönliche Budget wird von den beteiligten Rehabilitationsträgern trägerübergreifend als Komplexleistung erbracht. Budgetfähig sind neben den Leistungen zur Teilhabe auch die übrigen erforderlichen Leistungen der Rehabilitationsträger, die sich auf alltägliche und regelmäßig wiederkehrende Bedarfe beziehen und als Geldleistungen erbracht werden können. An die Entscheidung ist die antragstellende Person für die Dauer von sechs Monaten gebunden.

(2) Persönliche Budgets werden als Geldleistung ausgeführt, bei laufenden Leistungen monatlich. Persönliche Budgets werden auf der Grundlage der nach § 10 Abs. 1 getroffenen Feststellungen so bemessen, dass der individuell festgestellte Bedarf und die erforderliche kostenpflichtige Beratung und Unterstützung durch Dritte gedeckt werden. Dabei soll sich die Höhe des Persönlichen Budgets an den sonst zu erbringenden Sachleistungen orientieren.

(3) Enthält das Persönliche Budget Leistungen mehrerer Rehabilitationsträger, erlässt der nach § 14 zuständige der beteiligten Rehabilitationsträger im Auftrag und im Namen der anderen beteiligten Rehabilitationsträger den Verwaltungsakt und führt das weitere Verfahren durch. Ein anderer der beteiligten Rehabilitationsträger kann mit den Aufgaben nach Satz 1 beauftragt werden, wenn die beteiligten Rehabilitationsträger dies in Abstimmung mit den Leistungsberechtigten vereinbaren; in diesem Fall gilt § 93 des Zehnten Buches entsprechend. Die für den handelnden Rehabilitationsträger zuständige Widerspruchsstelle erlässt auch den Widerspruchsbescheid.

§ 17b Persönliche Assistenz

(1) Persönliche Assistenz ist die bedarfsdeckende individuelle persönliche Unterstützung oder Hilfeleistung, die es behinderten Menschen ermöglicht, gleichberechtigt mit anderen Menschen an der Gesellschaft teilzuhaben. Sie beinhaltet das Recht der behinderten Person,

1. die Personen, die die Hilfen erbringen sollen, auszuwählen (Personalauswahlrecht),

2. über die Einsatzzeiten und die Struktur der Hilfeleistung zu entscheiden (Organisationsrecht),
3. über Form, Art, Umfang und Ablauf der Hilfen im einzelnen zu bestimmen (Anleitungsrecht),
4. den Ort der Leistungserbringung festzulegen (Entscheidung über den Leistungsort),
5. die Finanzierung der Hilfen grundsätzlich zu kontrollieren (Finanzkontrollrecht) und
6. eine umfassende Unterstützung von einer Person, einem Dienstleistungserbringer oder einzelne Hilfen von verschiedenen Personen oder Dienstleistungserbringern in Anspruch nehmen zu können (Modularisierungsmöglichkeit).

(2) Der nach § 14 zuständige Rehabilitationsträger erhebt den Bedarf der Persönlichen Assistenz für alle Lebensbereiche als Komplexleistung. Er hat dabei den zeitlichen Umfang, die Art und die fachlichen Anforderungen der erforderlichen Leistungen zu ermitteln, die behinderten Menschen eine gleichberechtigte Teilhabe im Sinne des Absatzes 1 ermöglichen. Die Leistungen richten sich nach der Besonderheit des Einzelfalles, insbesondere nach der Art des Bedarfs und den örtlichen Verhältnissen. Auf dieser Grundlage wird die Vergütung nach Stundensätzen unter Berücksichtigung der örtlichen Verhältnisse und der Art der zu erbringenden Assistenzleistung vereinbart. Der zuständige Rehabilitationsträger kann sich bei der Ermittlung der Bedarfe der fachlichen Unterstützung anderer Rehabilitationsträger oder gutachtlicher Stellungnahmen bedienen.

§ 17c Budget für Arbeit

(1) Behinderte Menschen, die wegen ihrer Beeinträchtigung nicht in der Lage sind, mindestens drei Stunden täglich unter den üblichen Bedingungen des allgemeinen Arbeitsmarktes erwerbstätig zu sein, können Leistungen der Teilhabe am Arbeitsleben auch als Budget für Arbeit erhalten, um eine ihren Fähigkeiten entsprechende Beschäftigung gegen Entgelt auszuüben.

(2) Das Budget für Arbeit kann Leistungen zur Teilhabe am Arbeitsleben nach §§ 33 Absatz 3 Nummer 2 bis 4 und Abs. 8 Nummer 3, 38a, 40 und 41 sowie Leistungen der begleitenden Hilfe im Arbeitsleben nach § 102 Abs. 3 und 4 umfassen.

(3) Das Budget für Arbeit kann in eine Leistung an den Arbeitgeber zum Ausgleich der Leistungsminderung und für außergewöhnliche Belastungen umgewandelt werden. Dies setzt voraus, dass eine sozialversicherungspflichtige Beschäftigung mit einer tarifvertraglichen oder ortsüblichen Entlohnung für eine täglich mehr als drei Stunden dauernde Tätigkeit erfolgt.“

23. § 19 Absatz 3 wird wie folgt gefasst:

„(3) Leistungen für behinderte oder von Behinderung bedrohte Kinder und Jugendliche werden so weit wie möglich inklusiv zusammen mit der Unterstützung, Betreuung, Förderung und Erziehung nichtbehinderter Kinder und Jugendlicher erbracht."

24. §§ 22 bis 25 werden aufgehoben.

25. In § 30 Abs. 1 Satz 2 wird der Klammerzusatz „(§ 56)" durch den Klammerzusatz „(§ 56c)" ersetzt.

26. § 33 Absatz 3 Nummer 4 erhält folgende Fassung:
„4. Hilfe zu einer den Neigungen und Fähigkeiten entsprechenden beruflichen Ausbildung und zur schulischen Aus- und Weiterbildung, einschließlich der Hochschulausbildung, für angemessene berufliche Tätigkeiten,"

27. In § 33 werden nach Absatz 3 folgende Absätze 3a und 3b eingefügt:
„(3a) Die Hilfe zur schulischen Aus- und Weiterbildung für einen Beruf nach Abs. 3 Nr. 4 umfasst auch Hilfe
1. zur Ausbildung an einer Berufsfachschule, Berufsaufbauschule, Fachschule oder höheren Fachschule, Hochschule oder einer Akademie, sowie sonstiger öffentlicher, staatlich anerkannter oder staatlich genehmigter schulischer Ausbildungsstätten,
2. zur Ableistung eines Praktikums, das für den Besuch einer der unter Nummer 1 genannten Ausbildungsstätten oder für die Berufszulassung üblich oder erforderlich ist, sowie eines Auslandsaufenthaltes im Rahmen dieser Ausbildung,
3. zur Teilnahme am Fernunterricht; § 86 des Dritten Buches gilt entsprechend.

(3b) Die Hilfe nach Absatz 1 wird geleistet, wenn
1. zu erwarten ist, dass das Ziel der Ausbildung oder der Vorbereitungsmaßnahmen erreicht wird,
2. der beabsichtigte Ausbildungsweg für den gewünschten Beruf erforderlich ist,
3. der Beruf oder die Tätigkeit voraussichtlich eine ausreichende Lebensgrundlage bieten oder, falls dies wegen Art oder Schwere der Beeinträchtigung nicht möglich ist, zur Lebensgrundlage in angemessenem Umfange voraussichtlich beitragen wird.

28. Das Kapitel 7 wird wie folgt gefasst:

„Kapitel 7

Leistungen zur Sozialen Teilhabe

§ 55 Leistungen zur Sozialen Teilhabe

(1) Menschen mit Behinderung erhalten Leistungen zur Sozialen Teilhabe, die ihnen eine mit anderen gleichberechtigte Teilhabe am Leben in der Gesellschaft und soweit wie möglich ein unabhängiges und selbstbestimmtes Leben ermöglichen und sichern, soweit die Leistungen nicht nach den Kapiteln 4 bis 6 erbracht werden.

(2) Leistungen nach Absatz 1 sind insbesondere

1. Persönliche Unterstützung zur Sozialen Teilhabe,
2. Teilhabegeld zum Ausgleich behinderungsbedingter Nachteile und Mehraufwendungen,
3. Versorgung mit anderen als den in § 31 genannten Hilfs-mitteln,
4. heilpädagogische Leistungen für Kinder und Jugendliche,
5. Hilfen zum Besuch von Kindertageseinrichtungen sowie von anderen Einrichtungen und Maßnahmen der Elementarbildung,
6. Hilfen zu einer möglichst weitgehend inklusiven Schulbildung und zum Besuch weiterführender Schulen einschließlich der Vorbereitung hierzu; die Bestimmungen über die Förderung behinderter Schülerinnen und Schüler in den Schulgesetzen der Länder bleiben hiervon unberührt,
7. Hilfen zu einer den Neigungen und Fähigkeiten entsprechenden Fachschul-, Fachhochschul- und Hochschulbildung und für Angebote der allgemeinen Weiterbildung, soweit sie nicht durch Leistungen zur Teilhabe am Arbeitsleben nach § 33 gefördert werden,
8. Hilfen zur Alltagsbewältigung,
9. Hilfen zur Ausbildung und Ausübung für eine sonstige angemessene Tätigkeit,
10. Hilfen für die Ausübung eines Wahlamtes oder einer ehrenamtlichen Tätigkeit,
11. Hilfen für die Wohnung,
12. Hilfen zur Teilnahme an ehrenamtlichen, verbandlichen, gemeinschaftlichen, sportlichen und kulturellen Veranstaltungen,
13. Hilfen zur Mobilität, soweit sie nicht nach § 33 als Leistung zur Teilhabe am Arbeitsleben erbracht werden,
14. Hilfen zur selbstbestimmten Ausübung der Elternschaft,
15. nachgehende Hilfen zur Sicherung der Wirksamkeit der ärztlichen und ärztlich verordneten Leistungen und zur Sicherung der Teilhabe am Arbeitsleben,
16. Hilfen für eine vom Leistungsträger und Leistungserbringer unabhängige Beratung,
17. Hilfen zur Bewältigung von sonstigen Alltagsverrichtungen.

(3) Die Leistungen können als Sach-, Geld- oder Beratungsleistung sowie auf Antrag in Form des Persönlichen Budgets nach § 17a, als Persönliche Assistenz nach § 17b oder als Budget für Arbeit nach § 17c erbracht werden.

§ 56 Persönliche Unterstützung

(1) Persönliche Unterstützung zur Sozialen Teilhabe (§ 55 Abs. 2 Nr. 1) deckt den individuellen Hilfebedarf an personenbezogenen Dienstleistungen ab, der nicht durch Angebote für die Allgemeinheit abgedeckt, aber für die gleichberechtigte Teilnahme an diesem Angebot erforderlich ist. Die Per-

sönliche Unterstützung soll so weit wie möglich an den Kriterien des § 17b Absatz 1 orientieren.

(2) Die Leistungen der Persönlichen Unterstützung umfassen insbesondere die erforderliche

1. persönliche Kindergarten-, Schul- und Studienunterstützung,
2. Unterstützung bei der Ausübung eines Ehrenamtes, eines Wahlamtes oder einer sonstigen, mit einer Berufsausübung vergleichbaren Tätigkeit,
3. Begleitung und Unterstützung bei der Mobilität,
4. Kommunikationshilfe durch Vorlesekräfte, Gebärdensprach-, Lormen-, Schriftdolmetschende und Übertragung in leichte Sprache sowie andere persönliche Hilfen zur Kommunikation,
5. Elternunterstützung und begleitete Elternschaft,
6. Pflege als Grundpflege, Behandlungspflege und hauswirtschaftliche Versorgung,
7. Begleitung und Unterstützung bei Freizeitaktivitäten, kulturellen Veranstaltungen und Reisen.

(3) Die Leistungen der persönlichen Unterstützung im Kindergarten, in der Schule und im Studium werden ergänzend zu den allgemeinen Angeboten erbracht, wenn und soweit diese nicht ausreichen, um eine gleichberechtigte Teilnahme zu ermöglichen. Dazu gehören auch Angebote der allgemeinen Weiterbildung.

(4) Elternunterstützung wird als Persönliche Unterstützung insbesondere im häuslichen Umfeld geleistet. Sie soll körperlich-funktionelle Beeinträchtigungen bei der Wahrnehmung der Elternschaft ausgleichen.

(5) Persönliche Unterstützung im Rahmen der begleiteten Elternschaft soll behinderte Eltern mit geistigen oder seelischen Beeinträchtigungen in erforderlichem Umfang regelmäßig bei der Ausübung ihrer Erziehungsverantwortung durch pädagogische Anleitung, Beratung und Begleitung ausgleichen und die Wahrnehmung der Elternrolle unterstützen.

(6) Leistungen der Persönlichen Unterstützung werden bei einer vollstationären Krankenhausbehandlung, einer häuslichen Krankenpflege mit Anspruch auf Grundpflege und hauswirtschaftliche Versorgung, einer stationären Leistung zur medizinischen Rehabilitation oder einer Kurzzeitpflege sowie einer Behandlung, Förderung oder Unterstützung zum Übergang in das häusliche Wohnumfeld in der Regel bis zu einer Dauer von sechs Monaten weiter erbracht. § 11 Abs. 3, 1. Hs. des Fünften Buches gilt entsprechend.

(7) Wird die Pflege im Sinne von § 56 Abs. 2 Nr. 6 durch nahestehende Personen oder Verwandte des pflegebedürftigen Menschen oder im Wege der Nachbarschaftshilfe geleistet, werden diesen Pflegepersonen die im Zusammenhang mit der Pflegetätigkeit entstehenden angemessenen Aufwendungen erstattet. Ebenso werden Beiträge für eine angemessene Alterssi-

cherung der Pflegepersonen übernommen, soweit deren Alterssicherung nicht anderweitig sichergestellt ist.

(8) Vorrangige Leistungen anderer Sozialleistungsträger sind auf den Unterstützungsbedarf anzurechnen. Sie gehen in die Bedarfsermittlung durch den für die Soziale Teilhabe zuständigen Rehabilitationsträger ein, soweit sie einen zweckgleichen Bedarf betreffen. Persönliche Unterstützung wird als Komplexleistung erbracht.

(9) Die Bundesregierung kann durch Rechtsverordnung mit Zustimmung des Bundesrates nähere Bestimmungen über die Abgrenzung des berechtigten Personenkreises, Erhebungs- und Bemessungsverfahren der Persönlichen Unterstützung, den Entgeltformen, der Anrechnung zweckgleicher Leistungen und das Erstattungsverfahren durch andere Leistungsträger erlassen.

§ 56a Teilhabegeld

1. Zum Ausgleich ihrer behinderungsbedingten Nachteile und Mehraufwendungen haben behinderte Menschen einen Anspruch auf Teilhabegeld (§ 55 Abs. 2 Nr. 2). Das Teilhabegeld wird neben anderen Leistungen nach § 55 Abs. 2 erbracht und besteht aus einem Grundbetrag und einem Zusatzbetrag für den Mehrbedarf.
2. Die Höhe des Grundbetrages richtet sich nach der Stufe der Beeinträchtigung. Er beträgt monatlich
    1. 50,00 € für erheblich beeinträchtigte Menschen,
    2. 80,00 € für schwer beeinträchtigte Menschen,
    3. 100,00 € für besonders schwer beeinträchtigte Menschen und
    4. 120,00 € für schwerstbeeinträchtigte Menschen.
3. Die Höhe des Zusatzbetrages richtet sich nach dem beeinträchtigungsspezifischen Mehrbedarf. Er beträgt monatlich:
    1. bei einer schweren Hörschädigung 150,00 €,
    2. bei einer Gehörlosigkeit 300,00 €,
    3. bei einer schweren Sehschädigung 150,00 €,
    4. bei Blindheit 600,00 €,
    5. bei Taubblindheit 900 €,
    6. bei Pflegebedürftigen der Pflegestufe I 150,00 €,
    7. bei Pflegebedürftigen der Pflegestufe II 350,00 €,
    8. bei Pflegebedürftigen der Pflegestufe III 550,00 €
    9. bei Anerkennung eines Härtefalls nach § 36 Abs. 4 des Elften Buches 650,00 €,
    10. bei Beschäftigten in einer Werkstatt für behinderte Menschen 150,00 €,
    11. bei Menschen mit Lernschwierigkeiten mit einem Bedarf für die Verständigung in leichter Sprache 150,00 €.
4. Eine schwere Seh- oder Hörschädigung liegt vor, wenn die Voraussetzungen für eine schwere oder schwerste Beeinträchtigung allein wegen der Seh- oder Hörschädigung erfüllt sind.

5. Taubblind sind Menschen, bei denen gleichzeitig
   1. die optische Wahrnehmung dadurch eingeschränkt ist, dass kein Sehvermögen besteht oder das vorhandene Sehvermögen so gering ist, dass es auch durch den Einsatz geeigneter Sehhilfen zu einer im Sinne der Teilhabe am Leben in der Gesellschaft verwertbaren optischen Wahrnehmung nicht gesteigert werden kann, und gleichzeitig
   2. die akustische Wahrnehmung dadurch eingeschränkt ist, dass kein Hörvermögen besteht oder das vorhandene Hörvermögen so gering ist, dass es auch durch den Ein satz geeigneter Hörhilfen zu einer im Sinne der Teilhabe am Leben in der Gesellschaft verwertbaren akustischen Wahrnehmung nicht gesteigert werden kann, und ein natürlicher wechselseitiger, für eine Teilhabe am Leben in der Gesellschaft verwertbarer Ausgleich durch Sinnesreste nicht stattfindet und auch nicht entwickelt werden kann.
   3. Die Grund- und Zusatzbeträge werden nebeneinander geleistet. Bei Anspruch auf mehrere Zusatzbeträge wird der höchste Betrag nach Absatz 3 unvermindert geleistet, die weiteren Beträge in Höhe von 50 vom Hundert der jeweiligen Beträge.
6. Das Teilhabegeld beträgt monatlich nicht mehr als 1.000,00 €.
7. Die in den vorstehenden Absätzen genannten Beträge werden jeweils zum 1. Juli eines Kalenderjahres entsprechend dem Anstieg des allgemeinen Lebenshaltungskostenindex angepasst.
8. Das Teilhabegeld wird nicht als Einkommen berücksichtigt und unterliegt nicht der Pfändung. Wird das Teilhabegeld ganz oder teilweise an eine nicht erwerbsmäßig unterstützende Person weitergeleitet, gilt Satz 1 für diese entsprechend.

§ 56b Hilfsmittel zur Sozialen Teilhabe

(1) Zu den anderen Hilfsmitteln (§ 55 Abs. 2 Nr. 3) gehören, soweit behinderte Menschen wegen Art und Schwere ihrer Beeinträchtigung auf derartige Hilfsmittel angewiesen sind, auch:
   1. Hilfsmittel zur Erschließung von Information und Kommunikation,
   2. Hilfsmittel zur Sicherstellung der persönlichen Mobilität,
   3. Hilfsmittel zur Ausübung des Sports, insbesondere des Rehabilitationssports,
   4. Gebrauchsgegenstände des täglichen Lebens und zur nichtberuflichen Verwendung bestimmte Hilfsgeräte für behinderte Menschen.
   5. Pflegehilfsmittel, die zur Erleichterung der Pflege oder zur Linderung der Beschwerden des Pflegebedürftigen beitragen oder ihm eine selbstbestimmte Lebensführung ermöglichen.

(2) § 31 Abs. 2 bis 4 gelten entsprechend.

§ 56c Heilpädagogische Leistungen

(1) Heilpädagogische Leistungen (§ 55 Abs. 2 Nr. 4) werden erbracht, wenn

nach fachlicher Erkenntnis zu erwarten ist, dass hierdurch
1. eine drohende Beeinträchtigung abgewendet oder das Voranschreitendes Verlauf einer Beeinträchtigung verlangsamt oder
2. die Folgen einer Beeinträchtigung beseitigt oder gemildert werden können.

(2) In Verbindung mit Leistungen zur Früherkennung und Frühförderung (§ 30) und schulvorbereitenden Maßnahmen der Schulträger werden heilpädagogische Leistungen grundsätzlich als Komplexleistung erbracht.

(3) Die heilpädagogischen Leistungen können auch im Rahmen des Besuchs von Kindertagesstätten und Schulen oder in häuslicher Umgebung erbracht werden.

§ 56d Inklusive Elementarbildung

Die Hilfe zu einer inklusiven Elementarbildung (§ 55 Abs. 2 Nr. 5) umfasst
1. alle erforderlichen Maßnahmen und Unterstützungen, damit behinderte Kinder alle Angebote nach dem dritten Abschnitt des Zweiten Kapitels Achtes Buch gleichberechtigt mit anderen Kindern wahrnehmen können,
2. heilpädagogische sowie sonstige Maßnahmen zugunsten behinderter Kinder, wenn die Maßnahmen erforderlich und geeignet sind, die inklusive Förderung, Bildung, Erziehung und Betreuung in Kindertageseinrichtungen oder Kindertagespflege zu ermöglichen oder zu verbessern,
3. sonstige Hilfen der besonderen Förderung, Bildung, Erziehung und Betreuung, wenn im Einzelfall für ein behindertes Kind eine inklusive Elementarbildung nicht als möglich erscheint oder die Gesundheit oder das Wohlbefinden des Kindes voraussichtlich ernsthaft schädigen würde.

§ 56e Inklusive Schulbildung

Die Hilfe zu einer inklusiven Schulbildung (§ 55 Abs. 2 Nr. 6) umfasst auch Hilfen zum Besuch einer Grund- und weiterführenden Schule
1. heilpädagogische sowie sonstige Maßnahmen zugunsten behinderter Kinder und Jugendlicher, wenn die Maßnahmen erforderlich und geeignet sind, ihnen den Schulbesuch im Rahmen der allgemeinen Schulpflicht bis zur allgemeinen Hochschulreife zu ermöglichen oder zu erleichtern, sowie den gemeinsamen Unterricht mit nichtbehinderten Kindern und Jugendlichen zu fördern und zu unterstützen,
2. die Versorgung mit Hilfsmitteln nach § 56b, sofern diese Hilfen nicht nach anderen Vorschriften, insbesondere auf Grund des einschlägigen Schulrechts erbracht werden,
3. weitere Maßnahmen der Schulbildung zugunsten behinderter Kinder und Jugendlicher, wenn die Maßnahmen erforderlich und geeignet sind, ihnen eine ihren Neigungen und Fähigkeiten entsprechende und erreichbare Bildung zu ermöglichen,

4. Hilfen für sonstige Bildungseinrichtungen, die einen vergleichbaren Abschluss ermöglichen,
5. sonstige Hilfen, insbesondere auch zur Unterstützung des gemeinsamen Unterrichts mit nichtbehinderten Kindern und Jugendlichen, sowie zur Förderung des Kontakts zwischen behinderten Schülerinnen und Schülern.

§ 56f Schulische Ausbildung, Weiterbildung und Studium

(1) Die Hilfe zur schulischen Ausbildung, zur Weiterbildung und zum Studium (§ 55 Abs. 2 Nr. 7) umfasst auch die Hilfen

1. zur Ausbildung an einer Berufsfachschule, Berufsaufbauschule, Fachschule oder höheren Fachschule, Hochschule oder einer Akademie, sowie sonstiger öffentlicher, staatlich anerkannter oder staatlich genehmigter schulischer Ausbildungsstätten,
2. zur Ableistung eines Praktikums, das für den Besuch einer Fachschule oder einer Hochschule oder für die Berufszulassung üblich oder erforderlich ist, sowie eines im Rahmen dieser Ausbildung erforderlichen Auslandsaufenthaltes,
3. zur Teilnahme am Fernunterricht; § 86 des Dritten Buches gilt entsprechend,
4. zur Teilnahme an Angeboten fachspezifischer Weiterbildung, wenn sie für die Ausübung einer sonstigen angemessenen Tätigkeit erforderlich sind.

(2) Die Hilfe nach Absatz 1 wird gewährt, wenn

1. zu erwarten ist, dass das Ziel der Ausbildung, Weiterbildung oder der Vorbereitung hierzu erreicht wird,
2. der beabsichtigte Ausbildungsweg geeignet ist, eine sonstige angemessene Tätigkeit auszuüben, wenn die Ausübung eines Berufes wegen Art und Schwere der Beeinträchtigung nicht möglich oder nicht aussichtsreich ist, und
3. die Tätigkeit eine gleichberechtigte Soziale Teilhabe ermöglicht und voraussichtlich längerfristig ausgeübt werden kann. Diese Leistungen sind nur zu gewähren, wenn Leistungen zur Teilhabe am Arbeitsleben nicht gewährt werden.

(3) Die Hilfe kann auch für die Teilnahme an allgemeinen Angeboten der Erwachsenenbildung oder Weiterbildung geleistet werden, wenn dadurch die Soziale Teilhabe ermöglicht oder wesentlich verbessert wird.

§ 56g Hilfen zur Alltagsbewältigung

(1) Hilfen zur Alltagsbewältigung (§ 55 Abs. 2 Nr. 8) umfassen insbesondere die blindenspezifische Grundrehabilitation, Unterricht in Kommunikationstechniken für hörbeeinträchtigte, hörsehbeeinträchtigte sowie taubblinde Menschen, Mobilitätstraining, Wohntraining oder andere vergleichbare Leistungen für Menschen mit Lernschwierigkeiten, körperlich und psy-

chisch beeinträchtigte Menschen.

(2) Zur blindenspezifischen Grundrehabilitation gehören insbesondere Schulungen in Orientierung und Mobilität, das Training lebenspraktischer Fähigkeiten, das Erlernen der Brailleschrift und der Erwerb von Arbeits- und Kommunikationstechniken insbesondere zur nichtberuflichen Verwendung eines PC einschließlich erforderlicher Hilfsmittel sowie zur Nutzung von anderen Hilfsmitteln für die Erschließung von Informationen und zur Kommunikation. Ansprüche nach den §§ 26 und 33 bleiben hiervon unberührt.

(3) Mit dem Erlernen von Deutscher Gebärdensprache, lautsprachbegleitenden Gebärden oder anderen Kommunikationstechniken (z.B. Lormen bei taubblinden Menschen), soll die Kommunikation von hörgeschädigten Personen mit anderen Menschen ermöglicht und unterstützt werden. Der Anspruch umfasst auch die Hilfe für die Unterweisung in diesen Kommunikationstechniken von Personen mit denen hörgeschädigte Personen in regelmäßigem Kontakt stehen, insbesondere im Haushalt lebende Familienangehörige und Personen am Arbeitsplatz.

(4) Mit dem Mobilitätstraining für Menschen mit geistiger Beeinträchtigung soll die Fähigkeit zur Bewegung und Orientierung im öffentlichen und öffentlich zugänglichen Raum erreicht werden. Wohntraining oder andere Leistungen für Menschen mit geistiger Beeinträchtigung sollen ihre selbständige Lebensführung im privaten Umfeld ermöglichen.

(5) Training zur Mobilität mit Rollstuhl, Rollator oder anderen mobilen Gehhilfen für körperlich beeinträchtigte Menschen soll ihre Selbständigkeit im öffentlichen Raum und im privaten Umfeld unterstützen.

(6) Die Unterstützung zum Erlernen der Alltagsbewältigung für Menschen mit psychischen Beeinträchtigungen umfasst das Wohntraining und die Förderung der Fähigkeit zur Bewegung und Orientierung im öffentlichen und öffentlich zugänglichen Raum.

§ 56h Ausbildung und Ausübung für eine sonstige angemessene Tätigkeit

Hilfen zur Ausbildung und Ausübung für eine sonstige angemessene Tätigkeit (§ 55 Abs. 2 Nr. 9) werden erbracht, wenn die angestrebte Tätigkeit geeignet ist, die Soziale Teilhabe zu ermöglichen und eine berufliche Tätigkeit aus besonderen Gründen, vor allem wegen Art und Schwere der Beeinträchtigung, unterbleibt. Diese Leistungen sind nur zu erbringen, wenn Leistungen zur Teilhabe am Arbeitsleben ausgeschlossen sind.

§ 56i Ausübung eines Wahlamtes oder einer ehrenamtlichen Tätigkeit

Beeinträchtigungsbedingte Aufwendungen bei der Ausübung eines Wahlamtes oder einer ehrenamtlichen Tätigkeit (§ 55 Abs. 2 Nr. 10), insbesondere für eine gemeinnützige Organisation, werden in notwendigem Umfang geleistet. Der Anspruch besteht nur, soweit die Kosten nicht von der Körperschaft, der Einrichtung oder der Organisation selbst übernommen werden.

§ 56j Wohnungshilfen

Hilfen werden auch für die Beschaffung, die angemessenen Aufwendungen für den Umbau, die Ausstattung, die Anpassung und die Erhaltung einer Wohnung (§ 55 Abs. 2 Nr. 11) bewilligt, die den besonderen Bedürfnissen des beeinträchtigten Menschen entspricht, insbesondere zur Herstellung der Barrierefreiheit. Die Aufwendungen für die Beschaffung einer barrierefreien Wohnung umfassen auch die Wohnberatung für eine barrierefreie Wohnraumanpassung und die notwendigen Maklerkosten, wenn sie zur Beschaffung einer den besonderen Anforderungen genügende Wohnung erforderlich sind. Die Hilfen umfassen auch die Herstellung der Barrierefreiheit im individuellen Wohnumfeld.

§ 56k Mobilitätshilfe

(1) Hilfen zur Mobilität (§ 55 Abs. 2 Nr. 13) werden auf Wunsch der berechtigten Person für den Erwerb, den Umbau und die Unterhaltung eines geeigneten Fahrzeuges und zum Erwerb der Fahrerlaubnis (Kraftfahrzeughilfe) oder zur Teilnahme am Fahrdienst für behinderte Menschen geleistet.

(2) Für die Kraftfahrzeughilfe zur Sozialen Teilhabe behinderter Menschen gelten sinngemäß die Bestimmungen der Kraftfahrzeughilfe-Verordnung gemäß § 33 Absatz 8 Ziffer 1, soweit diese Vorschrift nichts Abweichendes bestimmt.

(3) Soweit kein Anspruch auf Kraftfahrzeughilfe im Rahmen der Leistungen zur Teilhabe am Arbeitsleben besteht und der behinderte Mensch nicht nur vorübergehend auf ein Kraftfahrzeug angewiesen ist, wird Kraftfahrzeughilfe geleistet, wenn dadurch die selbständige Führung eines eigenen Haushaltes, die Ausübung der Elternschaft, einer ehrenamtlichen Tätigkeit oder eines Wahlamtes oder die Teilnahme an regelmäßigen medizinischen oder therapeutischen Anwendungen gesichert wird, soweit nicht ein Anspruch nach § 26 besteht. Soweit Leistungen der Kraftfahrzeughilfe nach anderen Rechtsvorschriften zu erbringen sind, ist auch der zusätzliche Bedarf für die Soziale Teilhabe vom vorrangigen Träger zu berücksichtigen.

(4) Leistungen des Fahrdienstes für behinderte Menschen umfassen insbesondere

1. Hilfen zur Förderung der Begegnung und des Umgangs mit behinderten und nichtbehinderten Menschen,
2. Hilfen zum Besuch von Veranstaltungen oder Einrichtungen, die der Geselligkeit, der Unterhaltung oder kulturellen Zwecken dienen,
3. Hilfen zur Teilnahme am Behindertensport und Sportveranstaltungen, soweit sie nicht nach anderen Rechtsvorschriften geleistet werden,
4. Hilfen zur selbständigen Führung eines eigenen Haushaltes, zur Ausübung der Elternschaft, einer ehrenamtlichen Tätigkeit oder eines Wahlamtes und zur Teilnahme an regelmäßigen medizinischen

oder therapeutischen Anwendungen, soweit nicht andere Rehabilitationsträger Leistungen erbringen,

5. Hilfen zur Teilnahme an Weiterbildungsangeboten.

(5) Anspruch auf Leistungen des Fahrdienstes für behinderte Menschen haben Menschen mit schwerster Beeinträchtigung, denen nicht ständig ein Kraftzeug zur Verfügung zusteht und die

1. außergewöhnlich gehbehindert (Merkzeichen aG),
2. außerhalb der Wohnung ständig auf die Benutzung eines Rollstuhles angewiesen sind und
3. aus gesundheitlichen Gründen oder aufgrund der technischen Ausstattung ihres Rollstuhles den Öffentlichen Personennahverkehr nicht nutzen können.

Diesen Anspruch haben auch behinderte Menschen, die den Öffentlichen Personennahverkehr aus besonders schwerwiegenden gesundheitlichen Gründen nicht unter zumutbaren Bedingungen nutzen können.

(6) Die Leistung für den Fahrdienst kann in Form von Gutscheinen, Guthaben oder als Geldleistung oder als Persönliches Budget erbracht werden. Die Leistungen sind zweckbestimmt zu verwenden und die Verwendung gegebenenfalls nachzuweisen.

(7) Die Leistung für den Fahrdienst wird nach dem angemessenem Bedarf, mindestens jedoch für 26 Fahrten im Quartal oder in Höhe von 120 € im Monat bewilligt. Der Anspruch kann innerhalb eines Kalenderjahres und in das erste Quartal des folgenden Kalenderjahres übertragen werden.

(8) Für die Fahrten soll die jeweils kostengünstigste zumutbare Strecke gewählt werden. Zulässig sind Fahrtstrecken, die sich auf das Gebiet der Stadt oder des Landkreises des Wohnortes oder gewöhnlichen Aufenthaltes beschränken, zuzüglich einer Überschreitung um bis zu 10 km.

§ 56l Elternunterstützung

(1) Elternunterstützung (§ 56 Abs. 2 Nr. 14) erhält, wer wegen einer körperlichen Beeinträchtigung die mit der Ausübung der Elternschaft erforderlichen Verrichtungen nicht ohne Persönliche Unterstützung, besondere Dienstleistungen oder geeignete Hilfsmittel durchführen kann. Zu den Leistungen gehören auch die Mobilitätshilfen nach § 56k.

(2) Sie wird unabhängig von weiteren Ansprüchen der Kinder- und Jugendhilfe nach dem Achten Buch geleistet. Art und Umfang der Leistungen richten sich nach den funktionellen Erfordernissen auf Grund der Beeinträchtigung eines oder beider Elternteile und dem Recht auf Teilhabe bei der Wahrnehmung der Elternschaft als behinderte Eltern.

(3) Elternunterstützung wird dem behinderten Elternteil geleistet; sie ist nicht dadurch ausgeschlossen, dass der nichtbehinderte Elternteil einen Teil der Verrichtungen übernehmen kann. Sind beide Elternteile auf Elternunterstützung angewiesen, bestimmt sich der Bedarf nach der gemeinsamen Wahrnehmung der Aufgaben.

§ 56m Begleitete Elternschaft

(1) Begleitete Elternschaft (§ 56 Abs. 2 Nr. 14) ist die Unterstützung der Erziehungskompetenz von Eltern, die aufgrund einer geistigen oder seelischen Beeinträchtigung ihre Erziehungsverantwortung nicht in vollem Umfang ausüben können. Sie wird neben den Leistungen der Förderung der Erziehung in der Familie nach dem Zweiten Abschnitt des Zweiten Kapitels und der Hilfe zur Erziehung nach § 27 des Achten Buches geleistet.

(2) Ziel der Begleiteten Elternschaft ist die Förderung und Unterstützung der selbstbestimmten Ausübung der elterlichen Sorge für das Kind durch behinderte Eltern. Maßnahmen der Begleiteten Elternschaft gehen anderen Leistungen, die das elterliche Sorgerecht oder die Ausübung der selbstbestimmten Wahrnehmung der Erziehungsverantwortung durch die Eltern einschränken, vor.

(3) Die Leistungen umfassen insbesondere die Förderung, Schulung, Beratung, Begleitung und Unterstützung der Erziehungskompetenz der Eltern durch pädagogische Fachkräfte.

§ 57 Zuständigkeit

Die Leistungen nach diesem Kapitel werden für Leistungsberechtigte von dem zuständigen Integrationsamt erbracht, soweit nicht ein anderer Rehabilitationsträger vorrangig zuständig ist.

§ 58 Kostentragung

Die Aufwendungen der Integrationsämter für die Durchführung dieses Kapitels trägt der Bund.

§ 59 Verordnungsermächtigung

Die Bundesregierung kann durch Rechtsverordnung mit Zustimmung des Bundesrates Näheres über Voraussetzungen, Gegenstand und Umfang der Leistungen zur Sozialen Teilhabe sowie über das Zusammenwirken dieser Leistungen mit anderen Leistungen zur Rehabilitation und Teilhabe behinderter Menschen regeln."

29. In § 60 werden die Wörter „einer gemeinsamen Servicestelle oder" und das Wort „sonstigen" gestrichen.

30. In § 61 Abs. 1 Satz 2 werden die Wörter „einer gemeinsamen Servicestelle oder" und das Wort „sonstigen" gestrichen.

31. In Teil 2 sollen die Wörter „schwerbehinderte Menschen" durch die Wörter „schwer beeinträchtigte, besonders schwer und schwerstbeeinträchtigte Menschen" und „Grad der Behinderung" durch „Grad der Beeinträchtigung" ersetzt werden.

32. In Teil 2 erhält Kapitel 6 erhält folgende Überschrift:

Teil 2

„Besondere Regelungen zur Teilhabe schwer beeinträchtigte, besonders schwer und schwerstbeeinträchtigte Menschen (Schwerbehindertenrecht)“

33. In § 68 Abs. 1 wird das Wort „schwerbehindert“ durch die Wörter „schwer beeinträchtigte, besonders schwer und schwerstbeeinträchtigte Menschen“ ersetzt.

34. In § 68 Abs. 2 wird die Angabe „(§ 2 Abs. 3)“ durch die Angabe „(§ 2 Abs. 4) ersetzt.

35. In § 68 Abs. 4 wird die Angabe „(§ 2 Abs. 1)“ durch die Angabe „(§ 2 Abs. 2) ersetzt.

36. In § 69 Abs. 1Satz 1 werden die Wörter „Grad der Behinderung“ durch die Wörter „Grad der Beeinträchtigung und die Stufe der Beeinträchtigung“ ersetzt.

37. § 102 wird nach der Nummer 4in Absatz 1 folgende Nummer 5. eingefügt:
„5. Durchführung der Leistungen zur Sozialen Teilhabe nach dem Kapitel 7 des Teil 1.“

38. In § 102 wird folgender Absatz (4a) eingefügt:
„(4a) Das Integrationsamt kann im Rahmen seiner Zuständigkeit die Leistungen nach Abs. 3 Nummer 1.e), Nummer 2. a), c), e), Abs. 3a und 4 auch trägerübergreifend als Budget für Arbeit mit weiteren berufsfördernden und unterhaltssichernden Leistungen anderer Leistungsträger im Rahmen von § 17c erbringen.“

39. In § 145 Abs. 1 Satz 1 werden nach dem Wort „gehörlos“ die Wörter „oder taubblind“ eingefügt.

40. In § 145 Abs. 1 Satz 5 wird folgende Nummer 1a. nach der Nummer 1 eingefügt: „1a. die taubblind im Sinne des § 56a Abs. 5 sind oder“

Artikel 9
Änderung der Verordnung zur beruflichen Rehabilitation (Kraftfahrzeughilfe-Verordnung – KfzHV)

In § 5 Abs. 1 wird die Zahl 9500 durch 15000 ersetzt.

Artikel 10
Änderung der Schwerbehindertenausweisverordnung

In § 3 Abs. 1 wird der Punkt in der Nummer 6. Durch ein Komma ersetzt und folgende Nummer 7. eingefügt:

„ TBL wenn der schwer beeinträchtigte, besonders schwer und schwerstbeeinträchtigte Mensch taubblind im Sinne von § 56a Absatz 5 des Neunten Buches Sozialgesetzbuch ist.

Artikel 11
Änderung des Zehnten Buchs Sozialgesetzbuch
– Sozialverwaltungsverfahren und Sozialdatenschutz – (SGB X)

In § 19 wird folgender Absatz 1a eingefügt:
„(1a) Menschen mit Lernschwierigkeiten haben das Recht, im Verwaltungsverfahren den Inhalt und Gegenstand des Verfahrens, seinen Ablauf und notwendige Verfahrensschritte gegebenenfalls durch geeignete Personen in leichte Sprache übertragen oder in geeigneter Weise erläutert zu bekommen. Sie können verlangen, dass der Inhalt von schriftlichen Verfügungen, Entscheidungen oder anderen Verwaltungsakten sowie entscheidungserhebliche Dokumente in leichte Sprache übertragen wird; die Aufwendungen hierfür trägt der Leistungsträger."

Artikel 12
Änderung des Elften Buchs Sozialgesetzbuch
– Soziale Pflegeversicherung – (SGB XI)

1. In § 7a Abs. 1 wird der Punkt in der Nummer 5. durch ein Komma ersetzt und folgende Nummer 6. eingefügt:

„6. zu prüfen, ob und welche Leistungen zur Sozialen Teilhabe nach dem 7. Kapitel in Teil 1 des Neunten Buches Sozialgesetzbuch beansprucht werden können."

2. In § 7a Abs. 1 Satz 6 werden die Wörter „gemeinsamen Servicestellen nach § 23" ersetzt durch „Beratungsangeboten der Rehabilitationsträger nach § 6" ersetzt.

3. In § 13 wird folgender Absatz 2a eingefügt:

„(2a) Leistungen der Pflegeversicherung gehen Leistungen der Sozialen Teilhabe für behinderte Menschen nach dem Kapitel 7 des Neunten Buches vor. Sie werden als Teil eines Anspruches auf Persönliche Unterstützung nach § 56 des Neunten Buches geleistet."

4. In § 13 Abs. 3 Satz 3 wird nach den Wörtern „Zwölften Buch" die Wörter „soweit sie nicht Leistungen darstellen, die nach diesem Buch zu beanspruchen sind" eingefügt.

5. § 13 Abs. 4 wird wie folgt gefasst:

„(4) Treffen Pflegeleistungen mit Leistungen der Sozialen Teilhabe nach dem Kapitel 7 des Neunten Buches, mit Leistungen der Eingliederungshilfe für behinderte Menschen oder mit weitergehenden Leistungen der Hilfe zur Pflege nach dem Zwölften Buch zusammen, übernimmt das Integrationsamt die Leistungen und die Pflegekassen erstatten diesem die von ihnen zu tragengenden Kosten."

6. In § 14 Abs. 1 Satz 1 werden die Wörter „wegen einer körperlichen, geistigen oder seelischen Krankheit oder Behinderung“ gestrichen.

7. In § 14 wird Abs. 2 gestrichen.

8. In § 18 wird folgender Absatz 2a eingefügt:
„(2a) Sind neben den Pflegeleistungen noch Leistungen zur Sozialen Teilhabe im Sinne des Kapitel 7 des Neunten Buches zu erbringen, werden die Ergebnisse der Begutachtung unverzüglich an die begutachtende Stelle des Integrationsamtes weitergeleitet, damit eine trägerübergreifende Gesamtbeurteilung des Unterstützungsbedarfes im Sinne von § 14 Absatz 5a des Neunten Buches erfolgen kann.“

9. In § 20 Abs. 1 wird folgende Nummer 6.a. eingefügt:
„6.a. Beschäftigte im Rahmen des Budget für Arbeit nach § 17c, die eine mehr als geringfügige Beschäftigung unter nichtüblichen Bedingungen des allgemeinen Arbeitsmarktes ausüben,“

10. In § 29 Abs. 2 wird folgender Satz 2 eingefügt:
„Davon ausgenommen sind Leistungen, die auf Grund von Vertragsbeziehungen über die Leistungserbringung erbracht werden, die von Pflegebedürftigen im Rahmen des Persönlichen Budgets nach § 17a des Neunten Buches eingegangen worden sind.“

11. In § 33 Abs. 1 wird folgender Satz 2 eingefügt:
„Anträge auf Leistungen Persönliche Unterstützung nach § 56 des Neunten Buches stehen einer Antragstellung auf Pflegeleistungen gleich, soweit sie auch pflegerische Unterstützung mitumfassen.“

12. In § 35a Satz 1 wird die Angabe „§ 17 Abs. 2 bis 4“ ersetzt durch die Angabe „17a“. Der 2. Halbsatz des Satzes 1 wird gestrichen.

13. In § 36 Abs. 1 Satz 4 werden nach dem Wort „Einzelpersonen“ und dem Komma die Wörter „die von dem Pflegebedürftigen selbst beschäftigt werden oder“ eingefügt. Satz 7 wird gestrichen.

14. In § 43a Satz 1 werden die Wörter „am Leben in der Gemeinschaft“ durch die Wörter „die Soziale Teilhabe“ ersetzt.

15. In § 77 Abs. 1 Satz 1 werden nach den Wörtern „Verträge mit“ die Wörter „Pflegebedürftigen selbst über die Sicherstellung der Versorgung im Rahmen der Beschäftigung von Pflegekräften als Arbeitgeber oder im Rahmen des Persönlichen Budgets nach § 17a des Neunten Buches und“ eingefügt und der 2. Halbsatz gestrichen. Die Sätze 3 bis 6 werden gestrichen.

Artikel 13
Änderungen des Zwölften Buches Sozialgesetzbuch – Sozialhilfe (SGB XII)

1. § 53 SGB XII wird wie folgt gefasst:

„§ 53 Leistungsberechtigte und Aufgabe

(1) Personen, die im Sinne von § 2 Abs. 1 Satz 1 bis 3 des Neunten Buches behindert oder von Behinderung bedroht sind, aber nicht die Voraussetzungen des § 2 Abs. 1 Satz 4 des Neunten Buches erfüllen, erhalten Leistungen der Eingliederungshilfe, wenn und solange nach der Besonderheit des Einzelfalles, insbesondere nach Art oder Schwere der Behinderung, Aussicht besteht, dass die Aufgabe der Eingliederungshilfe erfüllt werden kann.

(2) Aufgabe der Eingliederungshilfe ist es, eine drohende Behinderung zu verhüten oder eine Behinderung oder deren Folgen zu beseitigen oder zu mildern und Menschen mit Behinderungen gleichberechtigt mit Anderen die vollständige Teilhabe an der Gesellschaft zu ermöglichen.

2. § 54 SGB XII wird wie folgt gefasst:

„§ 54 Leistungen der Eingliederungshilfe

Leistungen der Eingliederungshilfe werden nach den Vorschriften über die Leistungen zur Sozialen Teilhabe in §§ 55 bis 56m des Neunten Buches sowie der zu ihrer Ausführung erlassenen Verordnungen erbracht. Der Träger der Sozialhilfe erbringt die Leistungen, soweit nicht ein vorrangiger Leistungsträger zuständig ist.“

3. §§ 55 bis 60 SGB XII werden aufgehoben.

4. Die Verordnung nach § 60 des Zwölften Buches Sozialgesetzbuch (Eingliederungshilfeverordnung) wird aufgehoben.

5. In § 61 Abs. 1 Satz 1 werden die Wörter „wegen einer körperlichen, geistigen oder seelischen Krankheit oder Behinderung“ gestrichen.

6. In § 61 Abs. 1 Satz 2 werden die Wörter „Kranken und behinderten“ gestrichen.

7. § 61 Abs. 3 wird aufgehoben.

8. In § 66 Abs. 4 werden die Sätze 2 und 3 gestrichen.

9. Es wird in § 66 folgender Absatz 5 eingefügt:
„Werden Leistungen nach § 54 erbracht, besteht kein Anspruch auf Leistungen nach diesem Kapitel.“

Artikel 14
Änderung des Gesetzes über die Versorgung der Opfer des Krieges (Bundesversorgungsgesetz - BVG)

1. In § 26 Abs. 1 werden nach den Wörtern „Werkstätten für behinderte Menschen“ die Wörter „sowie als Budget für Arbeit“ eingefügt und die Angabe „§ 40“ durch die Angabe „§§ 40, 17c“ ersetzt.

2. Absatz 2 des § 26c wird gestrichen.

3. In § 27d Abs. 1 Nummer 3 werden die Wörter „Eingliederungshilfe für behinderte Menschen“ durch Wörter „Leistungen zur Sozialen Teilhabe“ ersetzt.

4. In § 27d Abs. 3 wird das Komma nach dem Wort „Fünfte“ und das Wort „Sechste“ gestrichen. Nach dem Wort „Sozialgesetzbuch“ werden die Worte „"und das Siebte Kapitel des Teil 1 des Neunten Buches Sozialgesetzbuch“ eingefügt.

5. In § 27d Abs. 5 werden die Ziffern 1 a) und 1 b) gestrichen.

6. § 27d Abs. 6 wird wie folgt gefasst:

„Die Leistungen zur Sozialen Teilhabe für behinderte Menschen nach dem Achten Kapitel des Teil 1 des Neunten Buches Sozialgesetzbuch“ werden ohne Anrechnung von Einkommen und Vermögen erbracht.“

7. § 27d Abs. 7 wird gestrichen.

Artikel 15
Änderungen des Bundeskindergeldgesetzes (BKGG)

In § 2 Abs. 2 Nummer 3 werden die Wörter „wegen körperlicher, geistiger oder seelischer Behinderung“ ersetzt durch die Wörter „wegen einer Behinderung im Sinne von § 2 Absatz 1 des Neunten Buches Sozialgesetzbuch“ ersetzt.

Artikel 16
Änderungen des Wohngeldgesetzes (WoGG)

1. In § 17 werden die Nummern 1. und 2. wie folgt gefasst:
„1. 1500 Euro für jedes behinderte zu berücksichtigende Haushaltmitglied mit einer schwersten Beeinträchtigung oder einer besonders schweren Beeinträchtigung im Sinne von § 2 Absatz 2 des Neunten Buches Sozialgesetzbuch bei Pflegebedürftigkeit im Sinne des § 14 des Elften Buches Sozialgesetzbuch und gleichzeitiger häuslicher oder teilstationärer Pflege oder Kurzzeitpflege;
2. 1200 Euro für jedes behinderte zu berücksichtigende Haushaltsmitglied mit einer schweren Beeinträchtigung oder einer besonders schweren Beeinträchtigung im Sinne von § 2 Absatz 2 des Neunten Buches Sozialgesetzbuch bei

Pflegebedürftigkeit im Sinne des § 14 des Elften Buches Sozialgesetzbuch und gleichzeitiger häuslicher oder teilstationärer Pflege oder Kurzzeitpflege;“

Artikel 17
Änderung des Sozialgerichtsgesetzes – (SGG)

1. § 51 Abs. 1 Nr. 7 erhält folgende Fassung:
„bei der Feststellung der Behinderung, bei der Feststellung und Einstufung von Beeinträchtigungen, ihrer Stufe und ihrem Grad sowie weiterer gesundheitlicher Merkmale, ferner der Ausstellung, Verlängerung, Berichtigung und Einziehung von Ausweisen nach § 69 des Neunten Buches Sozialgesetzbuch,“

2. § 51 Abs. 1 Nr. 9 erhält folgende Fassung:
„in Angelegenheiten der Sozialen Teilhabe nach dem Kapitel 7 Teil 1 des Neunten Buches Sozialgesetzbuch,“

3. In § 51 Abs. 1 wird folgende Nr. Nr. 9a eingefügt:
„in Angelegenheiten der Leistungen zur Sozialen Teilhabe nach § 35a des Achten Buches Sozialgesetzbuch,“

Artikel 18
Änderung des Einkommenssteuergesetzes – (EStG)

1. In § 33b wird die Überschrift wie folgt geändert:
„§ 33b Pauschbeträge für Hinterbliebene und gepflegte Angehörige“

2. In § 33b werden die Absätze 1, 2 und 3 gestrichen.

3. In § 33b Abs. 5 werden die Wörter „der Behinderten-Pauschbetrag oder“ gestrichen.

Unterstützt von:

Forum selbstbestimmter Assistenz behinderter Menschen e.V.- ForseA

Interessenvertretung Selbstbestimmt Leben in Deutschland e.V. – ISL

Die Erarbeitung des Gesetzentwurfes zur Sozialen Teilhabe des FbJJ wurde finanziell und logistisch von ISL e.V. und ForseA e.V. unterstützt. Drei weitere Verbände haben finanzielle Hilfe geleistet und wollen dies auch weiter tun: Deutscher Blinden- und Sehbehindertenverband e.V. (DBSV), Weibernetz e.V., Bundesverband Selbsthilfe Körperbehinderter e.V. (BSK).

Weibernetz e.V. - Bundesverband Selbsthilfe Körperbehinderter e.V. (BSK) - Deutscher Blinden- und Sehbehindertenverband e.V. (DBSV)

Impressum

Der Kontakt zum FbJJ kann über horst.frehe@kabelmail.de oder die unterstützenden Verbände erfolgen: www.forsea.de +++ www.isl-ev.de +++ www.weibernetz.de +++ www.dbsv.org +++ www.bsk-ev.org

Autorenverzeichnis

Lothar Flemming

Jg. 1954. Fachbereichsleiter Sozialhilfe beim Landschaftsverband Rheinland, Studium der Soziologie.

Dr. Thomas Flint

Jg. 1966, Richter am Landessozialgericht Hamburg. Vormals Wissenschaftlicher Mitarbeiter am Bundesverfassungsgericht (J. Limbach) und am Lehrstuhl für öffentliches Recht und Rechtsphilosophie an der Humboldt-Universität zu Berlin (B. Schlink).

Dr. Peter Gitschmann

Jg. 1954. Abteilungsleiter Rehabilitation und Teilhabe in der Behörde für Soziales und Familie der Freien und Hansestadt Hamburg. Studium der Mathematik, Politikwissenschaft und Soziologie.

Prof. Dr. Hanns-Stephan Haas

Jg. 1958. Vorstandsvorsitzender der Evangelischen Stiftung Alsterdorf, Hamburg, davor Fachhochschulprofessur und Pfarramt. Studium der Evangelischen Theologie und Philosophie, MBA (St. Gallen).

Dr. Christine Hohmann-Dennhardt

Jg. 1950. Mitglied des Vorstands der Daimler Benz AG, bis Januar 2011 Richterin am Bundesverfassungsgericht, davor Justiz- und Wissenschaftsministerin in der Hessischen Staatsregierung, davor Sozialdezernentin in Frankfurt und Richterin in der Sozialgerichtsbarkeit.

Ulrich Holschbach

Jg. 1966. Leiter Fachbereich Vorsorge und Reha-Leistungen bei der Deutschen Angestelltenkrankenkasse DAK. Ausbildungen als Sozialversicherungsfachangestellter, Betriebswirt (VWA) und Gesundheits- und Sozialökonom (VWA).

Prof. Dr. Gerhard Igl

Jg. 1947. Universitätsprofessor, Geschäftsführender Vorstand des Instituts für Sozialrecht und Sozialpolitik der Christian-Albrechts-Universität zu Kiel. Arbeitsschwerpunkte: Gesundheitssozialrecht, Pflegeversicherung, europäisches Sozialrecht, Recht der Sozial- und Gesundheitsberufe.

Prof. Dr. Thomas Klie

Jg. 1955. Hochschulprofessur an der Evangelischen Hochschule Freiburg, Leiter des Instituts für angewandte Sozialforschung Alter, Gesellschaft, Partizipation (AGP), nebenberuflich Rechtsanwalt. Studium der Rechtswissenschaft, Soziologie und evangelischen Theologie.

Klaus Lachwitz

Jg. 1946, Präsident von Inclusion International. Bis 2010 Bundesgeschäftsführer der Bundesvereinigung Lebenshilfe für Menschen mit geistiger Behinderung Berlin e.V., Jurist.

Peter Masuch

Jg. 1951. Präsident des Bundessozialgerichts.

Prof. Dr. Wolfgang Schütte

Jg. 1947. Hochschulprofessur für Sozialrecht an der Hochschule für Angewandte Wissenschaften Hamburg (HAW), nebenberuflich unparteiisches Mitglied der Hamburger Schiedsstellen nach KHG, SGB XI und SGB XII. Arbeitsschwerpunkte: Soziale Rechte bei Krankheit, Pflegebedürftigkeit und Behinderung sowie Sozialpolitiken im internationalen Vergleich.

Ingo Tscheulin

Jg. 1959. Referatsleiter Grundsätze der Eingliederungshilfe und Teilhabe. Jurastudium und juristische Staatsexamina.

Anje Welke

Jg. 1975. Leiterin des Arbeitsfeldes Alter, Pflege, Rehabilitation und Gesundheit beim Deutschen Verein für öffentliche und private Fürsorge e.V. Berlin. Juristisches Studium und Staatsexamina, Masterstudiengang in Humanitärer Hilfe (Bochum/Bilbao).

Anneke Wiese

Jg. 1982, Wissenschaftliche Mitarbeiterin an der Evangelischen Fachhochschule für Soziale Arbeit und Diakonie des Rauhen Hauses, Hamburg, Doktorandin an der Leuphana Universität Lüneburg. Diplom-Ökonomin